国家社会科学基金"十三五"规划2020年度教育学一般课题
"总体国家安全观视域下学校安全教育一体化研究"（BGA200060）研究成果

新时代学校安全教育一体化研究

董新良 ◎ 著

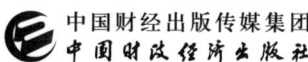

中国财经出版传媒集团
中国财政经济出版社

·北 京·

图书在版编目（CIP）数据
新时代学校安全教育一体化研究 / 董新良著.
北京：中国财政经济出版社，2025.5. -- ISBN 978-7
-5223-3879-8
Ⅰ. G474
中国国家版本馆CIP数据核字第2025US2403号

责任编辑：刘孺泾　　　　　　责任校对：徐艳丽
封面设计：陈宇琰　　　　　　责任印制：张　健

新时代学校安全教育一体化研究
XINSHIDAI XUEXIAO ANQUANJIAOYU YITIHUA YANJIU

中国财政经济出版社 出版

URL：http://www.cfeph.cn
E-mail：cfeph@cfeph.cn
（版权所有　翻印必究）
社址：北京市海淀区阜成路甲28号　邮政编码：100142
营销中心电话：010-88191522
天猫网店：中国财政经济出版社旗舰店
网址：https://zgczjjcbs.tmall.com
涿州汇美亿浓印刷有限公司印刷　各地新华书店经销
成品尺寸：170mm×240mm　16开　24印张　392 000字
2025年5月第1版　2025年5月河北第1次印刷
定价：72.00元
ISBN 978-7-5223-3879-8
（图书出现印装问题，本社负责调换，电话：010-88190548）
本社质量投诉电话：010-88190744
打击盗版举报热线：010-88191661　　QQ：2242791300

国家社会科学基金"十三五"规划 2020 年度教育学一般课题
"总体国家安全观视域下学校安全教育一体化研究"（BGA200060）
研究成果

山西师范大学教育学部"教授文库"资助项目

前　言

当今世界正经历百年未有之大变局。全球范围内政治、经济、军事、环境和公共卫生等各类安全风险日益突出，传统安全与非传统安全并存，给人类社会带来巨大威胁和挑战。总体国家安全观的提出为化解全球风险与保障人类安全、建立人类命运共同体提供了中国方案，对更新新时代学校安全教育理念、拓展学校安全教育视野，提出了新的要求。面对渐趋复杂、多样的社会风险，探讨新时代总体国家安全观视域下学校安全教育一体化及实现机制，对于将总体国家安全观转化为受教育者的认知和行为，具有重要的现实意义。

近年来，在《中小学公共安全教育指导纲要》（国办发〔2007〕9号）、《教育部关于加强大中小学国家安全教育的实施意见》（教思政〔2018〕1号）、《大中小学国家安全教育指导纲要》（教材〔2020〕5号）等政策指导下，各级各类学校积极探索学校安全教育目标、内容、方式与途径等，取得了一定成效，但学校安全教育目标不清晰、内容不系统、学段不衔接、评价体系不完善和途径单一等问题，程度不一地存在。如何破解新形势下学校安全教育面临的新问题，成为新时代学校教育需要突破的难点问题。

受国家社会科学基金资助，"总体国家安全观视域下学校安全教育一体化研究"（国家社会科学基金"十三五"规划2020年度教育学一般课题）课题组，历经四年，先后进行了基础研究、理论研究、实证研究、教育方案研制和实践探索，力求以总体国家安全观为统领，以学校为主阵地，构建集公共安全、国家安全和国际安全为一体，以幼、小、初、高、大等不同学段学生为教育对象，学校安全教育一体化理论框架与实现机制。

本课题运行之际，适逢党的二十大胜利召开。习近平总书记在党的二十大报告中将"推进国家安全体系和能力现代化，坚决维护国家安全和社会稳定"作为重要主题予以专门论述，并明确提出，全面加强国家安全教育，提高各级领导干部统筹发展和安全能力，增强全民国家安全意识和素养，筑牢国家安全人民防线。这对新时代学校安全教育一体化建设，提出了更高的要求。课题组努力将党的二十大精神贯彻落实在课题研究和实践中，取得了初步成效。

本书主要包括6章内容。第一章系统梳理国内外学校安全教育及相关主题的研究、实践与政策变迁情况；第二章阐释新时代学校安全教育一体化的内在逻辑、核心要义和基本体系，厘清公共安全、国家安全和国际安全及其内在关系，构建基于总体国家安全观的新时代学校安全教育一体化理论框架；第三章研制集公共安全、国家安全和国际安全为一体，幼、小、初、高、大有序衔接，螺旋式阶梯递进的学校安全教育一体化方案；第四章构建横向融会贯通、纵向有序衔接的学校安全教育课程体系；第五章基于总体国家安全观，各级各类学校及区域学校安全教育一体化实践案例展示；第六章基于实证研究，描述各级各类学校安全教育状况，梳理学校安全教育中存在的主要问题，探索总体国家安全观视域下，新时代学校安全教育一体化实现机制，提出优化对策。

学校安全教育直接关系着学生生命安全与健康、家庭幸福和社会稳定，事关民族未来和祖国的安危。希望本书的出版能够助推新时代学校安全教育水平提升，助力总体国家安全观落地生根。

董新良

2024年11月

目　　录

第一章　新时代学校安全教育一体化：研究与实践 / 1
　　第一节　"安全"及相关研究 / 3
　　第二节　国内学校安全及相关政策历史演进 / 38
　　第三节　国外学校安全及相关政策历史演进 / 50

第二章　新时代学校安全教育一体化：理论阐释 / 91
　　第一节　总体国家安全观与学校安全教育：核心要义 / 93
　　第二节　新时代学校安全教育一体化：体系建构 / 101

第三章　新时代学校安全教育一体化：实施方案 / 113
　　第一节　幼儿园阶段安全教育方案 / 115
　　第二节　小学阶段安全教育方案 / 128
　　第三节　初中阶段安全教育方案 / 147
　　第四节　高中阶段安全教育方案 / 165
　　第五节　大学阶段安全教育方案 / 183

第四章　新时代学校安全教育一体化：课程建设 / 201
　　第一节　新时代学校安全教育一体化：课程体系构建 / 203
　　第二节　新时代学校安全教育一体化：资源体系构建 / 214
　　第三节　新时代学校安全教育一体化：教学设计 / 227

第五章　新时代学校安全教育一体化：实践探索 / 267
　　第一节　幼儿园安全教育一体化实践探索 / 269

第二节　中小学校安全教育一体化实践探索 / 277

第三节　高校安全教育一体化实践探索 / 292

第四节　学校安全教育"区域一体化"实践探索 / 297

第五节　深化产学融合，构建"安全文化育人"模式 / 302

第六章　新时代学校安全教育一体化：主要问题及优化对策 / 315

第一节　新时代学校安全教育一体化：主要问题 / 318

第二节　新时代学校安全教育一体化：优化对策 / 324

附　　录 / 335

附录1　国内学校安全教育及相关政策名录 / 337

附录2　国外学校安全教育及相关政策名录 / 341

附录3　"学校安全教育一体化"实践基地信息表 / 345

参考文献 / 347

后　　记 / 372

第一章

新时代学校安全教育一体化：研究与实践

第一节 "安全"及相关研究

安全——无论是公共安全、国家安全还是国际安全，都是人类面临的突出问题。关于安全的定义，《韦氏大词典》解释为，安全是一种没有危险、恐惧、不确定的状态。一般认为，安全是指事物主体在客观上不存在威胁、主观上不存在恐惧的状态。我国一直高度重视安全问题。自党的十八大以来，以习近平同志为核心的党中央创造性地提出总体国家安全观这一重大战略思想。总体国家安全观坚持以人民安全为宗旨，以政治安全为根本，以经济安全为基础，以军事、文化、社会安全为保障，以促进国际安全为依托，囊括公共安全、国家安全和国际安全等各个维度，并将传统安全、非传统安全和新型领域等安全内容相结合，为安全理论赋予了丰富的内涵，也为新时代学校安全教育研究与实践注入了宝贵的思想源泉。基于对"安全"概念的理解，本节主要从学术史的角度对国家安全、学校安全和安全教育等主题词进行梳理，以期为本课题研究奠定文献基础。

一、国家安全

国家安全研究涉及政治、军事、经济、社会、文化和科技等多维度的综合性研究领域，对国家安全与发展具有重要的战略意义。在国际社会，国家安全研究较早受到广泛关注。美国、英国、德国等国家在国家安全领域具有较强的研究实力和研究资源。例如，美国的兰德公司、布鲁金斯学会、赫德研究所，英国的皇家国防学院、国防研究所，德国的汉堡国际问题研究所，等等。上述国家在国家安全领域的研究涵盖了军事、经济、文化和情报等多个方面。在我国，国家安全研究主要依托政府机构、军事院校和相关智库等开展。其中，政府机构包括国家安全机关、外交部、国防部等，主要从政策层面研究国家安全问题，制定和实施国家安全战略；军事院校主要从军事战略和军事战术角度研究国家安全问题；智库包括中国现代国际关系研究院（CICIR）、中国国际问题研究院（CIIS）、上海国际问题研究院（SIIS）、中国社会科学院（CASS）以及全球化智库（CCG）等，主要从学术角度出发，开展多层次、多角度的国家安全研究。此外，近年来，国内高校和一些研究机构也发挥各自专业优势和地域特点，积极开展国家安全相关研究，涉及网络安全、边境安全和反恐维稳等诸多方面，如中国人民大学国家安全研究中心、上海交通大学国家安全研究院、华东理工大学国家安全研究中心、武汉大学国家安全研究所、北京师范大学国家安全与应急管理学院等。

（一）国外研究动态

"国家安全"（National Security）这一概念及其现代用法最早出现在美国政治理论家沃尔特·李普曼（Walter Lippmann）所著的《美国外交政策：共和国之盾》（1943）[①]一书中，此后发展为美国国际关系理论界的专有名词。1947年，美国颁布《国家安全法》（National Security Act of 1947）。该法以促进美国国家安全为目的，涉及内容包括国防、国家军事体制以及军队管理等。由此，"国家安全"这一概念在官方文件中被正式采用，各国学者也开始逐渐就国家安全领域展开相关研究。

冷战前，西方学术界发表了大量关于国家安全方面的理论观点。在战争阴影的笼罩下，现实主义国际关系理论占据统治地位，以"人性自私"论为出发点，认为国家的性格也是自私的，以追求权力作为终极目标。同时，该理论也强调国际体系的无序性，认为国际关系是由国家之间的力量和权力关系决定的。如约翰·赫兹（John Herz）在《自由主义者的国际主义与安全困境》（1950）一文中提出"安全困境"论，并认为一个国家为了保障自身安全而采取的措施会降低其他国家的安全感，从而导致该国自身更加不安全的现象。[②] 罗伯特·杰维斯（Robert Jervis）在《安全困境下的合作》（1978）一文中，将"安全困境"作为分析攻防理论的载体，以攻防力量对比和功防意图能否分辨作为变量，研究"安全困境"下国家之间合作的可能性。[③] 此

[①] Peter Mangold. National Security and International Relations [M]. London：New York：Routledge，1990：2.

[②] John H. Herz. Idealist Internationalism and the Security Dilemma [J]. Wold Politics，VoL. 2，No. 2，1950（2）.

[③] Robert Jervis. Cooperation Under the Security Dilemma [J]. World Politics，VoL. 30，No. 2，January，1978.

外，新现实主义作为对传统现实主义的一种演变和延伸，在强调国际体系结构和非国家因素的同时，仍保留现实主义关注国家权力和国家安全的核心观点。如肯尼斯·华尔兹（Kenneth N. Waltz）在《国际政治理论》（2008）一书中认为，把世界看作一个相互依赖的单位在逻辑上是错误的，在政治上则是蒙昧主义的。① 罗伯特·吉尔平（Robert Gilpin）在其著作《世界政治中的战争与变革》（2007）中分析了国际体系的动态变化，认为国际体系的稳定与否取决于霸权国家的存在与否，以及霸权国家的实力与其他国家的实力差距。当霸权国家实力下降或者其他国家实力上升时，会导致权力在国际的转移。这种转移可能引发国际体系的不稳定、增加战争爆发的可能性。② 约翰·米尔斯海默（John Mearsheimer）在《大国政治的悲剧》（2014）一书中认为，国际体系是无政府的、恐惧的和竞争的，国家必须利用一切机会来增加自己的相对实力，甚至不惜发动战争。他认为，国际体系的平衡是不稳定的，因为国家总是试图打破平衡，实现霸权。③

冷战后，人们对安全研究的视角和范围发生了转变。随着全球化进程的不断深入，非传统安全威胁不断涌现，新安全观应运而生。1994年，联合国开发计划署提出"人的安全"，主张在国家安全的基础上关注人的生活和尊严，关注个体、国家和国际层面的内在融合，为理解国家安全提供了新的注解。同时，现实主义理论对冷战结束后复杂的国际关系现象缺乏解释力，从社会学视角解读国家安全问题的建构主义成为主流。与现实主义强调国家之间的力量和利益不同，建构主义更加关注国际体系中的观念、身份和文化等非物质因素对国家安全的影响，认为国家安全不仅仅是军事力量和战略利益的问题，更是一个复杂的社会构建过程。这种理论观点在解释非传统安全威胁、文化冲突以及国际合作与冲突等方面提供了新的思路。如亚历山大·温特（Alexander Wendt）在《国际政治的社会理论》（2000）一书中认为，国际体系的结构不仅影响国家行为，而且建构国家的身份和利益。他提出三种

---

① ［美］肯尼斯·华尔兹. 国际政治理论［M］. 信强，译. 上海：上海人民出版社，2008：9.
② ［美］吉尔平. 世界政治中的战争与变革［M］. 宋新宁，杜建平，译. 上海：上海人民出版社，2007：1.
③ ［美］约翰·米尔斯海默. 大国政治的悲剧（修订版）［M］. 王义桅，唐小松，译. 上海：上海人民出版社，2014：9.

国际政治文化类型，即霍布斯文化、洛克文化和康德文化，分别对应敌对、竞争和友好的国际关系。[①] 彼得·卡赞斯坦（Peter J. Katzenstein）在《文化规范与国家安全》（2002）一书中认为，文化是一种社会共有的知识，是国家行为的重要动因和制约。他认为，文化可以改变国家的认同、利益、安全和合作等方面，从而影响国际体系的性质和稳定性。他提出了四种国际政治文化的类型，即民族主义文化、马克思主义文化、自由主义文化和社会民主主义文化，分别对应不同的国家目标和发展战略。[②]

此外，也有其他学者提出了自己的理论观点。如乌尔里希·贝克（Ulrich Beck）在《风险社会》（2004）一书中指出，现代社会面临着越来越多的风险，这些风险不仅来源于自然灾害，还源自人类活动，如工业污染、气候变化、核泄漏等。因此，国家需要采取有效措施来防范和应对这些风险，以保障国家安全。[③] 纳西姆·尼古拉斯·塔勒布（Nassim Nicholas Taleb）在《黑天鹅：如何应对不可预知的未来》（2011）一书中提出了"黑天鹅"理论。"黑天鹅"是用来解释那些不可预测、影响巨大且在事后往往被不当合理化的事件。[④] 米歇尔·渥克（Michele Wucker）在《灰犀牛：如何应对大概率危机》（2017）一书中提出了"灰犀牛"理论，用来解释那些高概率、高影响且很可能被忽视的风险。[⑤] 这两种理论都与国家安全密切相关，促使国家在发展中更多考虑各种安全因素，努力形成在发展中保安全、在安全中促发展的良性循环，以更好应对不断变化的国际环境。巴里·布赞（Barry Buzan）在《人、国家与恐惧》（2009）一书中采用"人、国家、体系"的层次分析法，将安全的指代对象向下延伸到个人，向上延伸到整个国际体系，形成一个纵向的安全分析框架，并提出"宽泛的安全概念"，将国家安全的议题扩

---

① ［美］亚历山大·温特. 国际政治的社会理论［M］. 秦亚青，译. 上海：上海人民出版社，2000.12：244 - 248.
② ［美］彼得·J. 卡赞斯坦. 文化规范与国家安全［M］. 李小华，译. 北京：新华出版社，2002.1.
③ ［德］乌尔里希·贝克. 风险社会［M］. 何博闻，译. 南京：译林出版社，2004.7：7 - 10.
④ ［美］纳西姆·尼古拉斯·塔勒布. 黑天鹅：如何应对不可预知的未来［M］. 万丹，刘宁，译. 北京：中信出版社，2011.10.
⑤ ［美］米歇尔·渥克. 灰犀牛：如何应对大概率危机［M］. 王丽云，译，北京：中信出版社，2017.10.

展到政治、经济、社会、环境与军事等领域。① 美国学者托尼·史密斯（Tony Smith）在其著作《美国的使命：美国与世界争取民主的斗争》（2013）中提出"国家安全自由主义"（national security liberalism）这一概念，即促进海外民主不仅是道德正确的而且符合美国的自身利益。②

综上所述，国外国家安全研究具有以下特点。其一，其起源和发展深植于特定时代背景和地域文化，国家安全概念及现代用法的形成反映了国际形势和国家安全需求的变迁。其二，随着历史的演进，国家安全研究不断深化和拓展，从现实主义到新安全观再到对风险社会和人的安全的关注，体现了国际安全理论的时代性和创新性。其三，国家安全研究具有跨学科性和综合性，涵盖政治学、国际关系学等传统领域以及社会学、经济学、环境科学等多个学科，有助于更全面、深入地理解国家安全的复杂性和多样性。

（二）国内研究动态

相对而言，国内对"国家安全"的研究起步较晚，"国家安全"一词作为专业术语，最早出现在1983年的《政府工作报告》中，强调"为确保国家安全和加强反间谍工作，国务院提请批准成立国家安全部，以加强对国家安全工作的领导。"自20世纪90年代开始，国家安全研究逐渐增多。进入21世纪，特别是党的十八大以来，国家安全问题成为一个新的研究热点。2015年，《中华人民共和国国家安全法》出台。这是一部立足全局、统领国家安全各领域工作的综合性法律，将为制定其他有关维护国家安全的法律奠定良好基础，有利于中国特色国家安全法律制度体系的建立，为维护我国国家安全提供坚实的法律制度保障，也为学术研究提供了明确的法律框架和依据。近年来，国内学者对国家安全的核心概念、特征及构成要素等基础理论问题，以及国家安全面临的现实挑战与应对之策等实践问题进行了深入探讨。有学者还关注国家安全观发展历程、国家安全思想、国家安全学和国家安全理论体系的建构等问题，助力国家安全研究迈向新的高度。

---

① ［英］巴里·布赞. 人、国家与恐惧：后冷战时代的国际安全研究议程［M］. 闫健、李剑，译. 北京：中央编译出版社，2009：4-14.

② 宋良. 美国的使命：美国与世界争取民主的斗争（修订版）简介［J］. 冷战国际史研究，2013（2）：6.

1. 对国家安全的核心概念、特征及构成要素等基础理论问题的探讨

国家安全不仅是一种抽象的表达，更是对国家生存、发展和稳定的重要诉求。对其基础理论问题的探讨，有助于深入揭示国家安全的内在机制和规律，为促进学术研究、政策制定和实践操作提供有力支持。在国家安全核心概念的界定上，学术界尚未达成一致。学者通常基于各自的研究领域和学科背景，参照国家的法律法规等相关文件，对国家安全的核心概念进行分析和探讨。其中，吴庆荣（2006）认为，学术界对国家安全的界定大多仅从国际关系的视角出发，而国家安全作为一个法律专门术语，对其解释不应是随意的，应当从法律上作出明确的科学界定和立法解释。即国家安全是指一国法律确认和保护的国家权益有机统一性、整体性免受任何势力侵害的一种状况。① 刘跃进（2013）比较了"国家安全"的两种英语表达"State Security"和"National Security"认为，前者虽然符合国家安全学理论科学性要求，却弱化了国家安全学理论的人文关怀和民主精神；后者虽然强调了民族、区域之间的联系，却丧失了一门社会科学所应当具有的普遍性。应当使用一个与"国家安全"完全对等的英文语词"Guojia Security"，可将汉语国家安全概念的普遍性、科学性与人文性、民主性很好地统一起来。② 谢程远（2022）通过对 SSCI 数据库（2000—2022 年）中与国家安全相关的文献进行系统梳理，提出了一种国家安全概念的构建理路；认为，在本体上，国家安全是国家以实现安全为目标而自然形成的制度体系；在功能上，国家安全是评判国家利益和衡量安全能力的尺度和标准；在价值上，国家安全是立足于国家意志而形成的安全意识。③ 刘跃进（2023）认为，在当前国家安全学理论研究和学科建设中，存在着大量的概念定义问题，要分清国家安全的法律概念、政策概念和学术概念。法律概念是具有规范和强制功能的概念，政策概念是具有引导和规范功能的概念，学术概念是要准确描述或反映客观存在的现象和事实。④

---

① 吴庆荣. 法律上国家安全概念探析［J］. 中国法学, 2006（4）：62 - 68.
② 刘跃进. 国家安全中的"国家"概念［J］. 国际论坛, 2013, 15（1）：49 - 53、80 - 81.
③ 谢程远. 国家安全概念的国外研究向度和构建理路——基于 SSCI 数据库（2000 年至今）的系统性文献综述［J］. 情报杂志, 2022, 41（9）：55 - 61.
④ 刘跃进. 国家安全学理论中概念及其定义的几个问题［J］. 中共中央党校（国家行政学院）学报, 2023, 27（4）：29 - 40.

在国家安全的特征上,薛小荣(2013)提出了中国古代国家安全所具有的理念特征,即王朝重于国家,尚智不尚力,划疆自守、不事远图,无兵的文化等。① 颜旭(2016)讨论了新形势下我国国家安全具有的新特点和新趋势,即外源性挑战和内源性挑战叠加出现,传统安全和非传统安全问题相互交织,国家安全问题趋于复杂且风险加大。② 刘跃进、王啸等(2021)对总体国家安全观的基本特征进行了系统梳理,认为总体国家安全观具有旗帜鲜明的人民性、统筹全局的总体性、兼收并蓄的兼容性、思维方式的非传统性、指导现实的实践性和不断发展的开放性6个基本特征。③ 贾庆国(2022)认为国家安全是一个内涵极为丰富的概念,具有多面性、关联性、变动性、相对性、非唯一性、主观性和社会性等特征。④ 王秉(2023)提出国家安全能力包括基础性、威慑性、广泛性和总体性等11种主要特征,可划分为作用特征、元素特征与建设特征3个不同层面。⑤

在国家安全的构成要素上,严高鸿、张学明(2002)认为,国家安全观作为国家安全观念的集合,是一个复杂的观念系统,主要是由安全利益观念、安全威胁观念、安全空间观念、安全战略观念和安全效益观念等6个基本要素构成。⑥ 范维澄(2021)认为,国家安全分为经济安全、环境安全、粮食安全、边界安全、网络安全、能源安全、人身安全等。⑦ 刘跃进(2021)在对国家安全观中传统安全和非传统安全的构成要素进行系统分析后认为,《大中小学国家安全教育指导纲要》(2020)所列出的16个国家安全重点领域至少存在以下问题:首先,未把人民安全列入其中;其次,用"国家安全构成要素"来衡量,核安全、太空安全、极地安全、生物安全与其他11个安全领域,并不是处于同一层次的国家安全基本要素,而是处于更低层次的

---

① 薛小荣. 华夷秩序与中国古代国家安全的理念特征 [J]. 探索与争鸣,2013,290(12):97-100.
② 颜旭. 当前我国国家安全形势变化的新特点新趋势 [J]. 毛泽东邓小平理论研究,2016(1):62-69、93.
③ 刘跃进,王啸,陈将. 总体国家安全观的基本特征 [J]. 甘肃政法大学学报,2021,175(2):1-9.
④ 贾庆国. 对国家安全特点与治理原则的思考 [J]. 国际安全研究,2022,40(1):4-25、155.
⑤ 王秉. 国家安全能力的内涵特征、生成要素及建设维度 [J]. 人民论坛·学术前沿,2023(19):56-67.
⑥ 严高鸿,张学明. 论国家安全观的构成要素 [J]. 世界经济与政治论坛,2002(3):52-55.
⑦ 范维澄. 国家安全科学导论 [M]. 北京:科学出版社,2021:1.

国家安全次级要素；再次，用网络安全取代信息安全也不合适，网络安全是信息安全下的一个国家安全次级要素；最后，海外利益安全与其他安全不同，它们不是同一个划分标准下形成的种概念，因而不宜与其他安全并列。①

2. 对国家安全观发展历程的系统梳理

国家安全观的发展是一个逐渐演进的过程，既体现了对国家利益的多元性认知，又强调了国际形势的复杂变化。综合来看，我国的国家安全观具有明显的渐进性特点，表现为认知不断深化、体系不断完善、内容不断丰富，为构建全面、系统和可持续的国家安全体系提供了理论支持，为应对新时代的安全挑战提供了重要的经验与启示。②钟开斌（2018）从"国家安全形势（环境）""国家安全威胁（客体）""国家安全维护（主体）"三维度对国家安全观的演进过程进行考察，认为新中国成立以来，中国先后经历了传统国家安全观（新中国成立后至改革开放前）、转型国家安全观（改革开放后至党的十八大）、总体国家安全观（党的十八大之后）三阶段。③董春岭（2021）对中国共产党百年来国家安全思想的演进进行了系统分析，认为1921年至1978年属于"站起来"阶段，主要任务是捍卫国家主权安全；1978年至2012年属于"富起来"阶段，主要任务是维护国家的发展安全；党的十八大以后属于"强起来"阶段，主要任务是塑造国家的总体安全。④张琳、赵佳伟（2021）认为，中国共产党在国家安全观上实现了从传统安全、非传统安全到总体国家安全的历史演进，具体体现在党对国家安全重要性的认识不断提高；国家安全的内涵和外延日益丰富；国家安全的要素从多元走向系统；海外利益安全和共同安全日益凸显。⑤朱巧玲、杨剑刚等（2022）对中国共产党成立以来经济安全思想的历史演进进行了系统梳理，认为其经

---

① 刘跃进. 安全领域"传统""非传统"相关概念与理论辨析［J］. 学术论坛，2021，44（1）：27-48.

② 胡洪彬. 中国国家安全问题研究：历程、演变与趋势［J］. 中国人民大学学报，2014，28（4）：148-155.

③ 钟开斌. 中国国家安全观的历史演进与战略选择［J］. 中国软科学，2018，334（10）：23-30.

④ 董春岭. 中国共产党国家安全思想的百年演进［J］. 现代国际关系，2021，377（3）：5-14、63.

⑤ 张琳，赵佳伟. 中国共产党国家安全观的百年演进与现实启示［J］. 学习与探索，2021，317（12）：1-10、188.

历了启蒙时期（1921—1949 年）、探索时期（1950—1978 年）、发展时期（1979—2012 年）和成熟时期（2013 年至今）4 个阶段。① 王宏伟（2022）从国家安全内外环境变化的视角分析国家安全观的演变，将中国共产党的国家安全观分为新民主主义革命时期、社会主义革命和建设时期、改革开放时期和走向新时代 4 个时期。同时，在统筹发展和安全的视角下，探讨构建了新发展格局与有效维护国家安全的关系，阐释了推进国家安全体系和能力现代化的重要意义。②

3. 对国家安全思想的探究

在有关国家安全思想的探究中，马克思主义提供了基本的价值遵循和方法论指导。在对马克思国家安全思想的研究上，刘灿国、张艳（2012）对列宁在巩固政权安全、捍卫国土安全、维护社会安全、保障民生安全和争取国际安全环境等方面提出的国家安全思想进行了系统梳理，认为其思想对我国的现实启示体现为国家主权和安全要始终放在第一位；建设与国家安全相适应的强大人民军队；适应时代发展要求，树立总体国家安全观；加强政法队伍建设、强化维护国家安全职责。③ 柏坤、张伟（2019）从唯物辩证法、生产力与生产关系、人民群众是历史创造者、重点论原理、内因与外因辩证关系 5 方面论述了总体国家安全观中所蕴含的马克思主义基本原理。④ 胡惠林（2022）探讨了马克思主义国家文化安全理论与中国国家文化安全实践相结合的重大意义，认为中国国家文化安全既被国际文化安全所塑造，也在参与塑造国际文化安全体系的过程中不断发展，应当在推动全球安全中塑造中国国家安全和文化安全新格局，并由此推进和实现全球文化安全，构建人类安全共同体。⑤

与此同时，作为马克思主义国家安全思想的重要组成部分，中国国家领

---

① 朱巧玲，杨剑刚，侯晓东. 中国共产党经济安全思想的历史演进与启示［J］. 财经科学，2022，407（2）：74-88.
② 王宏伟. 国家安全体系和能力现代化研究［M］. 北京：中国人民大学出版社，2022：35-47.
③ 刘灿国，张艳. 论列宁国家安全思想及现实启示［J］. 理论学刊，2014，244（6）：21-25.
④ 柏坤，张伟. 浅析总体国家安全观对马克思主义基本原理的运用［J］. 当代世界，2019，451（6）：74-78.
⑤ 胡惠林. 以总体国家安全观塑造国家文化安全新格局——马克思主义国家文化安全理论与实践的中国化［J］. 福建论坛（人文社会科学版），2022，365（10）：29-42.

导人的国家安全思想也是学者研究的热点之一。孟祥青（1999）认为，江泽民同志所提出的"新安全观"，是在邓小平同志的国家安全观的基础上顺应冷战后世界发展趋势，并从国家的根本利益和长远利益出发所形成的。其特点为：以和平共处五项原则为基础，具有涵盖领域广、内容多的综合安全特征，以经济安全为核心，强调普遍安全的原则。① 刘国新（2009）认为，毛泽东同志的国家安全思想，是在极其复杂和严峻的国际环境中诞生的，主要体现在国家理论、国防军事理论和国际战略理论三维度。② 冷舜安、张安（2013）认为，邓小平国家文化安全思想包含方向、价值、实践三维度，即必须坚持社会主义方向不动摇，必须坚持为人民服务不动摇，必须立足于中国社会主义建设实践。③ 韩承鹏（2018）从唯物论、唯物辩证法、唯物史观三维度，对习近平总书记关于总体国家安全观的哲学基础进行了系统分析，并指出总体国家安全观是马克思主义立场、观点和方法指导下的产物，是灵活运用马克思主义的光辉典范。④ 童成帅、周向军（2023）认为，总体国家安全观坚持辩证唯物主义和历史唯物主义的立场观点方法，深刻揭示了国家安全工作的本质特征和一般规律，系统反映了国家安全的内涵要义与内在逻辑，具有深邃而完整的哲学基础。其中，安全本体论阐明了国家安全制度创设的本源依据与社会根基；安全认识论概括了国家安全工作体系的内容要素与实践理路；安全方法论为理解、回答和解决国家安全领域的重大现实问题提供了逻辑思维与方法指导；安全价值论反映了国家安全工作的价值指向与目标要旨。⑤

在对其他国家安全思想的研究上，丛鹏（2004）通过对美国、俄罗斯、英国、日本等国家历史和现状的分析，阐述了各国安全观的基本内涵，论述了其发展的特点及动因。⑥ 郑先武、李峰（2015）从传统英国学派安全思想

---

① 孟祥青. 把握后冷战世界发展趋势 实现跨世纪国家综合安全——江泽民新安全观初探［J］. 外交学院学报，1999（2）：31 – 36.

② 刘国新. 简论毛泽东的国家安全思想［J］. 国际政治研究，2009，30（4）：104 – 107.

③ 冷舜安，张安. 论邓小平国家文化安全思想的三个维度［J］. 当代世界与社会主义，2013，102（2）：68 – 72.

④ 韩承鹏. 习近平总体国家安全观的哲学基础［J］. 求索，2018，310（6）：35 – 42.

⑤ 童成帅，周向军. 习近平总体国家安全观的哲学意蕴［J］. 中南大学学报（社会科学版），2023，29（6）：30 – 40.

⑥ 丛鹏. 大国安全观比较［M］. 北京：时事出版社，2004.

出发，探讨了国际社会与国家安全之间的关系，认为安全的实质是一种以国家为中心，始终强调传统安全，逐渐兼顾非传统安全的秩序。① 石斌（2021）分析了美国国家安全战略的思想根源，认为物质与精神并重，权力尤其武力手段与道德、意识形态旗帜并举，是最具美国特色的战略思想，也是理解当前和未来美国国家安全战略的重要历史与思想线索。② 赵毅（2022）系统探讨了全球化背景下东南亚各国对国家安全认知上的差异，将其归纳为内外兼顾型、以内部安全为主型以及独特型 3 种主要类型。其中，越南、印度尼西亚两国注重从内外两个方面来考虑国家安全，属于内外兼顾型；马来西亚、菲律宾、泰国等主要从维护内部稳定来考虑国家安全，属于以内部安全为主型；新加坡强调生存，文莱注重宗教在国家安全中的重要作用，属于独特型。③ 孟晓旭（2023）认为，日本发布的《国家安全保障战略》是集"外交力、防卫力、经济力、技术力、信息力"为一体的综合考量，其将中国定位为"最大战略挑战"。日本国家安全战略的重大转向是日本追求"大国化"的表现，突破了日本战后长期坚持的"专守防卫"原则，导致其成为新的危险性安全变量，这将加剧大国安全竞争和地区安全冲突风险，导致中日安全关系更为复杂。④

4. 探究国家安全面临的现实挑战与应对之策

基于复杂多变的国际形势和全球化、现代化进程中的内生变量，关注国家安全实践层面的现实问题，探究国家安全面临的现实挑战和应对之策，是近年来国家安全研究的重要走向。主要体现为如下两个方面。

其一，探讨在全球化、信息化等特定背景之下我国所面临的国家安全问题和应对之策。王逸舟（1999）概述了全球化背景下国际安全的基本概念和新特点，论述了国际生态安全、经济安全和金融安全等全球性问题，并对我国所面临的环境安全及国内外新形势等进行了深入探讨。⑤ 张家年、马费成

---

① 郑先武，李峰. 国际社会与国家安全——传统英国学派安全思想探析 [J]. 国际观察，2015，135（3）：83 – 94.
② 石斌. 美国国家安全战略的思想根源 [J]. 国际政治研究，2021，42（1）：11 – 27、5.
③ 赵毅. 差异性与多样性：东南亚国家对国家安全的认知 [J]. 国际政治研究，2022，43（5）：90 – 103、7.
④ 孟晓旭. 日本国家安全保障战略调整评析 [J]. 国际问题研究，2023（2）：103 – 121、126.
⑤ 王逸舟. 全球化时代的国际安全 [M]. 上海：上海人民出版社，1999.

(2019）以总体国家安全观中的主要国家安全领域为对象，分析了新时代国家安全中相关重要领域存在的"黑天鹅"事件、"灰犀牛"事件和各类"安全陷阱"的挑战及其因由，并根据这些分析以及新时代国家安全工作之需要提出了国家安全战略、法治体系、风险识别、保障机制、安全能力、教育框架等方面的应对策略。① 马振超（2012）探讨了微博时代维护国家安全与社会稳定面临的新挑战，认为微博等新媒体已经成为中国与美国等各种西方国家反对势力直接交锋的平台，是影响社会稳定不可忽视的新因素，对政府的社会管理和执政能力提出了更高的要求。② 吴韵曦（2014）探讨了信息时代网络安全对国家安全的挑战及对策，认为实现网络安全必须处理好网络管理与网络发展的关系、宏观管理与微观管理的关系、网络法律与网络伦理的关系、国际竞争与国际合作的关系。③ 李锋（2023）探讨了在ChatGPT人工智能背景下国家安全情报工作的机遇、挑战和应对之策，认为ChatGPT人工智能是对国家安全情报工作的一次重大赋能，但技术局限性可能导致证伪困境、职能"错位"、竞争加剧等风险，应考虑着重发挥法律制度的"兜底"作用，以促进技术善治。④

其二，探讨在金融、网络等某一具体安全领域内我国所面临的国家安全问题和应对之策。王元龙（2003）在探讨金融全球化和金融安全理论的基础上，分析了中国金融安全环境及其面临的挑战，提出为了维护金融安全，应当建立健全金融监管体系、完善金融市场体系，应增强金融风险管理能力，并强调需要平衡自身利益和金融稳定性，以实现可持续发展。⑤ 石斌（2014）认为，"人的安全"与国家安全之间既有冲突、又兼容互补。促进"人的安全"有助于社会稳定从而巩固国家安全，但也可能成为国家安全受损的原因或借口。国家既是民众安全的"容器"，也可能成为其障碍或威胁来源。实

---

① 张家年，马费成. 总体国家安全观视角下新时代国家安全及应对策略[J]. 情报杂志，2019，38（10）：12－20、152.

② 马振超. 微博时代维护国家安全与社会稳定面临的新挑战[J]. 中国人民公安大学学报（社会科学版），2012，28（2）：92－96.

③ 吴韵曦. 网络安全对国家安全的挑战及对策[J]. 天津行政学院学报，2014，16（5）：21－25.

④ 李锋. 类ChatGPT人工智能背景下国家安全情报工作的机遇、挑战和应对[J]. 情报理论与实践，2023：1－8.

⑤ 王元龙. 中国金融安全论[M]. 北京：中国金融出版社，2003.

现"人的安全"不能否定国家的主导作用，也要借助各类非国家行为体的力量。[1] 史云贵（2016）认为，我国陆地边疆政治安全是国家安全的重要组成部分。当前，我国陆地边疆政治安全面临领土主权威胁、国家认同危机、经济利益分配失衡、边疆群体性事件多发等传统与非传统交织的政治安全挑战。为实现我国边疆政治安全，必须构建和运用战略边疆、利益边疆、文化边疆、和谐边疆、信息边疆的理念与方略。[2] 芮必峰、张冰清（2017）认为，网络空间治理的核心是治理权归属问题。中国倡导尊重"网络主权"，并积极承担网络空间的国际责任，在博弈和竞争中坚定维护网络主权，倡导新的真正平等与合作，建立网络空间新秩序，从而"推进网络空间和平、安全、开放、合作、有序"。[3] 赵世军、董晓辉（2021）从外部环境、基础研究水平、产学研一体化和科技渗透特质四方面分析了新时代我国科技安全风险的主要成因，并提出了相应的对策建议，即发挥社会主义市场经济条件下新型举国体制优势、加强基础研究强化原始创新、建立科技安全风险预警监测体系以及深度参与全球科技治理。[4] 张凯、黄培等（2023）探讨了国家信息安全治理体系和治理能力现代化建设面临的挑战，认为国家信息安全治理体系和治理能力现代化建设需要从党、政府、社会和公民个人4方面展开研究，特别是国家信息安全形势情报感知与预警及人才和应急管理平台的构建。[5] 肖晞、王一民（2023）认为，人工智能技术的重大突破性进展为高水平国家安全的实现提供了强大动力。就理念而言，"四个统筹"整体明确了人工智能赋能的价值引领，即统筹发展和安全、统筹维护安全和塑造安全、统筹自身安全和共同安全、统筹善智与善治。就机理而言，人工智能技术在机器感知、机器学习和机器行动三阶段与国家安全战略规划、国家安全能力提升、国家安全风险应对三方面耦合。就路径而言，人工智能赋能国家安全的具体实现方式包

---

[1] 石斌．"人的安全"与国家安全——国际政治视角的伦理论辩与政策选择［J］．世界经济与政治，2014（2）：85-110、158．
[2] 史云贵．我国陆地边疆政治安全：内涵、挑战与实现路径［J］．探索，2016，189（3）：27-34．
[3] 芮必峰，张冰清．建立国际网络空间新秩序［J］．国际新闻界，2017，39（6）：6-19．
[4] 赵世军，董晓辉．新时代我国科技安全风险的成因分析及应对策略［J］．科学管理研究，2021，39（3）：27-32．
[5] 张凯，黄培，方靖雯．国家信息安全治理体系和治理能力现代化建设面临的挑战［J］．情报杂志，2023，42（4）：165-171．

括增强人民群众的国家安全意识和能力、提升中国共产党的领导能力和巩固党的执政地位、维护中国特色社会主义制度安全和助力意识形态安全建设等。①

5. 探讨国家安全学和国家安全理论体系的建构问题

李文良（2013）认为，国家安全学基础理论框架的构建包括国家安全问题、国家安全认知、国家安全体系、国家安全能力、国家安全行为、国家安全极限等方面，应遵循"问题—过程—结果"的框架。其中，国家安全问题为逻辑起点和主线，国家安全问题构成预防和化解国家安全问题的"过程"，国家安全极限作为国家安全目标实现的"结果"。②江涌（2016）系统论述了我国国家安全体系建构中所面临的具体困境和挑战，包括国际安全、战略安全、主权安全、政治安全、社会安全和经济安全6个方面。为解决以上一系列安全问题，应确立总体安全观，走出一条有中国特色的国家安全道路。③刘跃进、宋希艳（2018）认为，在国家安全体系健全过程中，既要加强国家安全基础理论研究，也要始终坚持以总体国家安全观为指导。同时，将习近平国家安全论述中提到的每一个概念、每一个观点、每一种思想、每一个问题都有机地组织到国家安全体系之中，构建不同方面、不同内容、不同层次的国家安全子体系，努力将健全国家安全任务细化到不可再分的国家安全原子层次上。④释清仁（2020）指出，构建10项国家安全综合能力体系，应包括战略运筹力、政治凝聚力、外交博弈力、军事防御力、经济抗风险力、社会管控力等。⑤肖晞、刘治辰（2024）认为，国家安全学的设立既是呼应新时代发展课题的必然要求，也是国家安全总体战略布局中的重要一环。面向未来的中国国家安全学，需要牢牢把握总体国家安全观，以探索学科基础研究范式为主线，立足学科自身的交叉属性、战略属性和政治属性，推动国家安

---

① 肖晞，王一民. 人工智能赋能国家安全：理念、机理与路径［J］. 探索，2023（6）：53-66.
② 李文良. 国家安全学基础理论框架构建研究［J］. 国际安全研究，2022，40（5）：3-29、157.
③ 江涌. 国家安全体系建构的困境、挑战与忧思［J］. 人民论坛·学术前沿，2014，51（11）：21-34.
④ 刘跃进，宋希艳. 在总体国家安全观指导下健全国家安全体系［J］. 行政论坛，2018，25（4）：11-17.
⑤ 释清仁. 中国共产党国家安全战略思想研究［M］. 北京：人民出版社，2020：107.

全学自主知识体系建设与学术共同体建设，促进学科进一步高质量发展。①

综上所述，国内国家安全研究涵盖基础理论、战略规划和机制研究等多个层面，研究的广度和深度在逐步拓展。在研究对象上，国家安全研究聚焦国家和政府等核心主体，拓展至军队、民间组织和企业等多元主体，全面揭示国家安全的多维性。在研究热点和前沿领域上具有鲜明的时代特征，包括网络安全、反恐怖主义和国际安全合作等，呈现出高度的复杂性和挑战性，对于维护国家安全具有至关重要的意义。

二、学校安全

学校安全是社会领域安全的重要组成部分。其重要性远超学校自身，直接影响着整个社会的稳定和发展。当前，学校安全问题在国内外均受到广泛关注，学术界也展开了一系列研究。在国外，其研究范围广泛，包括校园枪击、学生心理健康等方面。在国内，学校安全研究通常关注校园暴力、学生欺凌、校园突发事件和学校应急管理等方面。国内外研究相互借鉴、取长补短，有助于拓展学校安全研究的广度和深度，制定出更加全面和有效的安全政策，建立更加安全、包容和健康的学校环境。

（一）国外研究动态

美国是世界上最早关注学校安全的国家之一。1958 年，美国、加拿大等地成立由大学警察局局长发起，高校安保组织负责人参与的国际性民间学术组织团体——国际校园执法者协会。② 该协会主办会刊《校园执法》，为了解国外的校园安全管理经验和学生安全问题提供了良好的信息交流平台。1987 年，美国政府颁发《美国校园安全守卫法令》（Campus Security Act），规定学校必须每年发布校园安全政策实施业绩和年度校园违法犯罪数据。1990 年，美国政府颁布《校园安全法》（Campus Crime Awareness and Campus Security

---

① 肖晞，刘治辰. 中国国家安全学：生成逻辑、体系创新与未来展望［J］. 国际安全研究，2024，42（2）：71－95，164－165.

② Cornell DG, Mayer MJ, Sulkowski ML. History and Future of School Safety Research. School PsychologReview. VoL 50, No. 2－3, 2020, pp. 143－157.

Act），明确规定了校园警察制度，使学校安全保卫工作的开展有了充足的法律依据。20世纪90年代后，有关学校安全的研究日益丰富。1994年，美国国会通过了《美国2000年教育目标》（Goals 2000：Educate America Act），其中第7项就是"安全的学校"，规定学校范围内禁止出现枪支和酒。此外，美国国家安全支持性学习环境中心（National Center on Safe Supportive Learning Environments）也对学校安全进行了定义，认为学校安全是指在学校和与学校相关的活动中，学生免受暴力、欺凌和骚扰以及物质滥用的影响。① 美国学者大卫·舍恩菲尔德（David J. Schonfeld）和纽加斯·斯科特（Newgass·Scott）（2003）将校园安全事件分为意外事故、心理健康、自然灾害、武器危险、教师罢工、校园环境等。② 美国著名学者勒纳（Lerne）通过调查发现，校园内经常发生的安全事件有：意外伤害、滥用药品、校园暴力、性侵犯等。③ 米斯杰·奈斯（Miesje M. Nijs）、克罗蒂尔德·布恩（Clothilde J. E. Bun）、旺达·滕普通拉尔（Wanda M. Tempelaar）等学者（2014）从社会学、心理学、教育学和法学等不同视角，对学校安全问题的成因进行了深入分析，发现校园安全与学生的心理健康息息相关。④ 丹尼尔·杜克（DanieL. Duke）在《创建安全的学校：学校安全工作指南》（2006）一书中，回顾了学校安全问题及近年来的发展，研究、分析了思考学校安全问题的6个视角和方法，即教育、心理、组织、政治、文化和设计视角。深入讨论了学校安全的7个标准，列举学校安全事例，归纳切实可行的建议，从主动预防措施到有效的处理方法等，全面指导安全学校的实际创建过程。⑤

还有一些学者从公共治理的视角关注学校安全问题。如美国学者斯盖特

---

① The contents of the National Center on Safe Supportive Learning Environments Web site. National Center on Safe Supportive Learning Environments ［EB/OL］. https：//safesupportivelearning. ed. gov/topic – research/safety. 2023 – 07 – 27.

② David J. Schonfeld, Newgass Scott. School Crisis Response Initiative. 2003.

③ Rosemary A. Thompson, Crisis intervention and crisis manage – ment：strategies that work in schools and communities ［M］. NewYork：Brunner – Rutledge, 2004.

④ Nijs, M. M., Bun, C. J., Tempelaar, W. M., Wit, N. J., Burger, H., Plevier, C. M., & Boks, M. P. Perceived School Safety is Strongly Associated with Adolescent Mental Health Problems. Community Mental Health Journal, 2014, 50：127 – 134.

⑤ 杜克著. 创建安全的学校：学校安全工作指南［M］. 唐颖, 译. 北京：中国轻工业出版社, 2006. 9.

（H. L. Schachter）在《重塑政府还是重塑我们自己》（1997）中探讨了政府改革和公民参与之间的关系，提倡开放、民主的公共行政，要让公民更直接地参与决策过程，其观点为多元主体参与治理学校安全提供了重要的理论基础。① 博盖森（P. Bogason）在《公共行政与后现代：美国人2000年后的一些研究重点》（1999）中以话语理论为立足点，提出了要以开发性的对话模式来激发公众的参与意识，以确保公共行政的有效实施。该理论为学校安全问题的治理找到了一条可行的路径。② 此外，也有一些机构针对学校安全问题展开了相关研究。如美国国家安全支持性学习环境中心（National Center on Safe Supportive Learning Environments）从学生、教师、校长和普通人的角度提供了有关学校犯罪的数据。③

（二）国内研究动态

我国关于学校安全的研究发端于20世纪90年代，2000年以来逐渐增多。我国最早颁布与学校安全有关的法律是《中华人民共和国义务教育法》（1986）。其中第十六条明确规定，学校建设应当符合国家规定的选址要求和建设标准，确保学生和教职工安全；学校应当建立健全安全制度和应急机制，对学生进行安全教育，加强管理，及时消除隐患，预防事故发生。2017年，在全国政协十二届五次会议上，"校园安全法"这一概念第一次被正式提出，全国人大代表周洪宇、全国政协委员高小玫等针对校园安全问题提出建议，呼吁尽快出台校园安全法，明确校园安全事件中的各方责任，切实保障教师和学生的安全，为教育教学创造良好的秩序环境。

目前，国内学者对学校安全的研究主要集中在学校安全概念、学校安全立法、学校安全风险防控和学校安全教育等方面。鉴于"学校安全教育"这一主题在本课题研究中的独特地位，在本节"安全教育"主题中单独讨论。

---

① Schachter, H L. Reinventing government or reinventing ourselves: the role of citizen owners in making a better government [J]. 1997.

② Peter Bogason. Public Administration and Postmodern Conditions: Some American Pointers to Research After the Year2000. Adminis-trative Theory and Praxis, 1999, 21（4）：508－515.

③ The contents of the National Center on Safe Supportive Learning Environments Web site. National Center on Safe Supportive Learning Environments [EB/OL]. https://safesupportivelearning.ed.gov/topic－research/safety. 2023－07－27.

1. 关于学校安全概念的研究

国内外学术界对学校安全的概念尚未作出明确界定,学者多将学校安全等同于校园安全。王鹰(2010)认为,学校安全是指学习、工作、生活在学校这一特定公共环境中的成员个人的权利,特别是人身权利和财产权利不受威胁、危害、侵犯的平安状态。① 马雷军(2011)认为,学校安全是指在学校的职责范围内,不发生学生和教职工伤害和财产损失的事故②。劳凯声(2013)认为,广义的学校安全应当包括学校的所有成员,即学生和教职工的人身与财产安全。③ 方益权(2017)认为,学校安全是指在学校运行过程中,在学校中学习、工作和生活的成员,其人身和财产权利处于不受威胁、侵犯的平安状态。④ 王才领、石东坡(2011)认为,校园安全既是指全体师生员工人身、财产、心理安全以及教学、科研、管理和对外交往所必须呈现出的稳定秩序和健康状态,又是指校园作为物理空间、生活空间和文化空间自身的有序性。⑤ 董新良(2019)对学校安全和校园安全进行了具体区分,认为校园安全是指通过避免校园内部及周围不安全因素的发生,使学生享有安全和谐的校园环境;而学校安全上指在学校范围内人和物都没有风险或将危险控制在学校个体生理和心理可接受范围内的状态。二者的本质区别在于:校园安全强调物的安全;学校安全既包括物的安全,也包括人的安全。⑥

2. 关于学校安全立法研究

近年来,随着我国法治进程不断推进,学校安全立法问题不仅受到党和国家的高度重视,也引起了学术界和社会公众的广泛关注。李昕(2011)针对当前学校安全立法中存在的基准规范缺位、立法内容重复、法律规范结构不完整、规范目的定位与逻辑起点不统一等问题,提出在立法之前要从理论层面梳理立法的目标、功能等问题,确定立法的模式、原则和制度框架⑦。林

---

① 王鹰. 创建安全的学校—学校安全管理与法律研究[M]. 北京:北京师范大学出版社, 2010:33.
② 马雷军. 学校安全工作[M]. 吉林:吉林大学出版社, 2011:1.
③ 劳凯声. 学校安全与学校对未成年学生安全保障义务[J]. 中国教育学刊, 2013(6):1-10.
④ 方益权. 中国学校安全治理研究[M]. 北京:中国社会科学出版社, 2017:15.
⑤ 王才领,石东坡. 校园安全立法的内容结构及其属性新论[J]. 教育与职业, 2011(18):170-172.
⑥ 董新良. 学校安全:理论、实务与案例[M]. 北京:中国财政经济出版社, 2019.10:20.
⑦ 李昕. 论校园安全保障的制度现状与立法完善[J]. 首都师范大学学报(社会科学版), 2011(3):43-50.

鸿潮（2011）认为，要对学校安全进行立法，必须在理论上对立法的目标、功能、模式、原则和制度框架具有清晰的认识。其中，学校安全立法的目标和功能是为学校应急管理机制的有效运行提供支撑和保障；学校安全的立法模式则应当选择制定一部适用于各级各类学校的统一立法；立法原则包括实质法治原则、权力优位原则、比例原则、权责能统一原则等；立法的制度框架应主要围绕学校应急管理中的关键机制展开。① 李继刚、李学莲（2014）通过对美国、英国、日本等发达国家校园安全立法经验的考察与借鉴，提出了完善我国校园安全立法的保障措施（即制定《校园安全法》），增强立法的可操作性，协调好学校管理权与学生权利的关系等。② 方益权、尹晓敏等（2017）在对我国学校安全及其立法现状进行详细分析的基础上，借鉴发达国家学校安全立法的经验，提出了我国学校安全立法的价值选择与基本原则、学校安全管理工作的法律制度和系统建构等相关内容。③ 李祥、艾浩等（2017）认为，我国在反校园欺凌依法治理中存在后果严重性认识不足、责任主体不明确、治理方法缺乏有效性等问题，提出了我国反校园欺凌的立法构想，即明确反校园欺凌立法目的与原则，理清立法主要内容以及明晰参与主体责权利边界。④ 方益权（2018）认为，学校安全与社会安全互相交融，不存在超然于社会安全母系统之外的学校安全。学校安全的立法研究应以符合学校安全形势的社会安全理论为指引，有效运用各种资源制定出一部综合性的《学校安全法》，以更有效地推动我国学校安全治理的制度化与法制化。⑤

3. 关于学校安全风险防控研究

关于学校安全风险防控的研究主要聚焦于学校安全管理、学校安全保障和学校安全事故处理等方面。在学校安全管理上，陈珍国（2008）对学校安

---

① 林鸿潮. 论学校安全立法及其制度框架 [J]. 教育研究, 2011, 32 (8): 13 – 19.
② 李继刚, 李学莲. 校园安全的立法保障研究——国外的经验与我国的选择 [J]. 教学与管理, 2014, 578 (1): 13 – 16.
③ 方益权, 尹晓敏等. 中国学校安全立法研究 [M]. 北京: 中国社会科学出版社, 2013: 4.
④ 李祥, 艾浩, 韦卫. 论我国反校园欺凌的实践困惑与立法构想 [J]. 基础教育, 2017, 14 (1): 28 – 36.
⑤ 方益权. 社会安全视野下的学校安全立法研究 [J]. 苏州大学学报（哲学社会科学版）, 2018, 39 (3): 63 – 71.

全管理的基本内涵、意义、主要内容进行了全面阐述，从日常学校安全管理实务角度将学校安全分为卫生安全、活动安全、交通安全等重要方面，并通过案例分析揭示其存在的问题，从而有针对性地提出了学校安全管理的相关对策与措施。① 尹晓敏（2006）提出学校安全管理的人文关怀理论，其中，以人为本是学校安全管理人文关怀理论的核心概念；主体建构是学校安全管理人文关怀理论的主要目标；回归生活是学校安全管理人文关怀理论的实践理念途径。② 顾闻钟、徐勇（2009）根据"人—机—环境"系统理论和《中小学幼儿园安全管理办法》，初步构建起了学校安全管理水平的评价指标体系，包括1项一级指标、5项二级指标和18项三级指标。③ 徐勇（2009）从管理科学角度、信息科学角度、生命科学的认知与心理角度、工程科学角度、教育学角度和医学角度等7个方面对学校突发事件与安全管理中的科学问题进行了系统探讨。④ 肖宝华、刘卫红（2013）从《中小学校岗位安全工作指导手册》出发，提出了学校安全管理和教育工作所需要进一步细化的具体内容，即编制有效的应急预案，明确各层级应急救援组织成员的职责，细化课间安全管理职责，明确教师对放学后滞留学生的管理职责等。⑤ 向铭铭、顾林生（2014）详细介绍了日本学校安全教育与管理的概况、经验、教训和案例，既有政策、法律层面的宏观内容，又有教育大纲和演练计划的微观内容。⑥ 董新良、姚真（2019）认为，在健康与安全风险管控方面，英国中小学校形成了较为完备的学校风险管控体系，主要包括风险识别、风险评估、风险控制、风险报告和风险审查等方面。借鉴英国经验，我国应从完善中小学安全教育体系、健全岗位安全职责制度和建立中小学风险防控制度等方面改进学校安全管理工作。⑦ 池骋、罗建（2023）探讨了"自甘风险"规则融

---

① 陈珍国. 学校安全管理［M］. 上海：复旦大学出版社，2008.
② 尹晓敏. 学校安全管理的人文关怀论［J］. 中国教育学刊，2006（8）：32-35、74.
③ 顾闻钟，徐勇. 学校安全管理水平评价指标体系的构建［J］. 中国学校卫生，2009，30（8）：685-686.
④ 徐勇. 学校突发事件与安全管理中的科学问题［J］. 中国学校卫生，2009，30（8）：675-676.
⑤ 肖宝华，刘卫红. 学校岗位安全职责需细化——从《中小学校岗位安全工作指导手册》看学校安全工作需细化的内容［J］. 中小学管理，2013，273（8）：21-22.
⑥ 向铭铭，顾林生编译. 日本学校安全教育与管理［M］. 上海：同济大学出版社，2014：12.
⑦ 董新良，姚真. 英国中小学校健康与安全：理念、职责与风险管控［J］. 中国人民大学教育学刊，2019（2）：5-19.

入学校管理时存在的争议和优化路径,认为面对"自甘风险"规则所带来的挑战,应当通过司法解释的方式适当扩张该规则在学校的适用范围,为学校的教育管理营造良好的法治氛围。① 关志康、董新良(2023)分析了新时代背景下学校安全治理的价值意蕴、现实困境与优化路径,认为校安全治理既是保障国家安全的题中应有之义,亦是推进社会治理现代化的内在要求,更是办好人民满意的教育的必然选择。②

在学校安全保障上,黄恩洪、李圣傅(2009)通过对高校公共体育意外伤害事故发生的原因进行分析,提出应当从建立高校公共体育伤害事故处理的法律法规、文件制度体系,制定有效评定伤害事故责任和处理的方案,制定康复、预防和保险的方案等方面来构建高校公共体育安全保障体系。③ 王鹏(2011)认为,校园安全保障体系的构建应当包括校园安全教育体系、校园安全法制体系、校园安全文化体系和校园安全管理体系4个维度。④ 劳凯声(2013)认为,学校的安全保障义务是法律附加于学校之上令其承担的在办学活动过程中保障受教育者人身安全的义务,包括选任、管理教职工,进行安全教育、安全管理,保障校内外教育教学活动安全,维护学校公共设施安全、公共卫生安全等法律法规所规定的各项义务在内。⑤ 郑红波(2017)对高校体育课程安全保障体系建构的必要性和实施策略进行了系统研究,认为要保证其有效落实必须从安全氛围、体育运动档案与管理规范、体育文化建设以及安全运行机制等4个方面入手。⑥ 钟林凤、谭净(2018)探讨了中小学研学旅行安全保障体系的具体构建措施,即加强对学生的安全教育,提高学生自我保护意识;加强安全监督管理,建立责任追究机制;强化应急防范

---

① 池骋,罗建. "自甘风险"规则融入学校教育管理的实践争议与优化路径[J]. 中国教育学刊, 2023 (7): 56-63.
② 关志康,董新良. 新时代学校安全治理:价值意蕴、现实困境与优化路径[J]. 教育学术月刊, 2023 (8): 41-48.
③ 黄恩洪,李圣傅. 高校公共体育学生安全保障体系的构建[J]. 武汉体育学院学报, 2009, 43 (7): 70-73.
④ 王鹏. 中小学校园安全保障体系的现实反思与多维重构[J]. 教学与管理, 2011, 476 (7): 12-14.
⑤ 劳凯声. 学校安全与学校对未成年学生安全保障义务[J]. 中国教育学刊, 2013, 242 (6): 1-10.
⑥ 郑红波. 高校体育课程安全保障体系实施策略研究[J]. 吉首大学学报(社会科学版), 2017. 38 (S2): 221-223.

措施，推进法律法规保障建设3个方面。① 董新良、刘艳等（2019）认为，风险防控意识薄弱、风险防控政策制定有瑕疵、风险防控政策执行有偏差、风险防控联动不力等是当前学校安全风险防控存在的主要问题。为了提高学校安全治理水平，应当坚持以生为本，牢固树立正确的学校安全观；加强顶层设计，完善学校安全风险防控配套政策；明确权责分配、加强政策沟通，矫正政策执行偏差；注重部门联动，完善协作体系等措施。②

在学校安全事故处理上，董新良、姜志峰（2007）以法学理论为指导，在梳理学校与未成年学生法律关系的基础上，分析和探讨了未成年学生伤害事故处理的归责原则。即未成年学生的伤害事故，公立学校应承担侵权责任；民办学校承担责任的性质，由未成年学生的监护人选择。③ 崔岳（2010）探讨了过错推定责任原则在处理学校事故中的具体应用，指出了其应用过程中的合理性和有限性，并认为要使该理论具有可操作性，应从考虑实行赔偿责任社会化、划清过错责任原则和过错推定责任原则使用的年龄界限以及充分考虑监护人责任几个方面进行。④ 崔祥烈（2016）以我国现行有效的校园安全最新法律法规文本为依据，阐述了学校在日常管理中对各类安全问题应当如何采取有效措施进行预防，并为教师防范与处理校园安全事故提供了案例参考。⑤ 申素平、周航（2018）认为，改革开放以来，我国学生伤害事故处理立法经历了起点、转折与体系化3个阶段。以学校与学生间法律关系性质和归责原则的处理为核心问题，形式上的立法多元参与与实质上的利益衡平成为学生伤害事故立法的两个基本特点。⑥ 李雯（2019）解析了《关于完善安全事故处理机制维护学校教育教学秩序的意见》，认为该政策具有依法治

---

① 钟林凤，谭净. 中小学研学旅行安全保障体系的构建［J］. 教学与管理，2018，739（18）：71－74.
② 董新良，刘艳，关志康. 学校安全风险防控：问题梳理与改进对策［J］. 中国教育学刊，2019（9）：65－69、80.
③ 董新良，姜志峰. 对未成年学生伤害事故处理问题的再认识［J］. 教育科学研究，2007（5）：43－46.
④ 崔岳. 过错推定责任原则在处理学校事故中的应用［J］. 教育科学研究，2010，188（11）：33－36.
⑤ 崔祥烈主编. 聚焦学校安全18类校园事故专业应对指南［M］. 北京：新华出版社，2016.
⑥ 申素平，周航. 我国学生伤害事故处理立法的回顾与展望［J］. 全球教育展望，2018，47（12）：118－128.

理、坚持问题导向、注重实践落实3个特点,要落实该政策必须通过大力宣传和主题培训深化认识,通过岗位履职和实践研究总结规律,以及通过密切合作和综合治理巩固成效。[①] 廖钰(2021)分析了学校安全事故社会救济机制的意义与特点,并从救济顺序、救济上限以及请求权使用条件3个角度来阐述了学校安全事故社会救济机制的具体实践要求。[②]

此外,针对近年频发的各类校园安全事故,学者们也对此进行了深入探讨。在学生欺凌事件上,王贞会、林苗等(2021)认为,治理校园欺凌的根本路径在于构建多方参与、协同联动的"预防—处理—救济"综合治理体系。事前预防既是重点也是难点,及时发现和处理是遏制校园欺凌的有力措施,有效的安抚救济是降低欺凌后果的必要配套措施。[③] 在教师体罚事件上,董新良、李玉华(2006)认为,造成基础教育阶段教育惩戒认识混乱及教育惩戒行为偏差的主要原因在于教育工作者对教育惩戒缺乏必要的理性分析和判断,并提出教育惩戒所应当坚持的基本要求和采取的具体对策。[④] 在学生自杀事件上,同雪莉、彭华民(2014)通过抗逆力理论模型对高校自杀学生的生理因素、心理因素和社会因素对进行分析,提出了抗逆力视角下的自杀危机干预策略。即聚焦优势的积极认知视角降低个体易感性;注重保护性因素的培养和发展;将个体咨询、团体辅导和家庭咨询结合起来共同干预等。[⑤] 在校车安全事件上,吴鹏飞(2012)认为,校车安全本质上是儿童安全,应该将校车安全纳入儿童福利体系。通过采取制定和完善相关儿童交通安全立法、强化校车安全的执法与执法监督等法治对策来预防校车安全事故的

---

① 李雯. 以法治思维和法治方式完善学校安全事故处理机制——教育部等五部门《关于完善安全事故处理机制维护学校教育教学秩序的意见》的内容解析与落实建议 [J]. 中小学管理, 2019, 349 (12): 46-48.

② 廖钰. 学校安全事故的社会化救济机制 [J]. 山西财经大学学报, 2021, 43 (S2): 120-122、138.

③ 王贞会, 林苗, 胡发清. 校园欺凌的现象观察及其治理路径重塑 [J]. 中国青年研究, 2021, 301 (3): 103-109、83.

④ 董新良, 李玉华. 关于基础教育阶段教育惩戒的实践与思考 [J]. 教育理论与实践, 2006 (15): 17-20.

⑤ 同雪莉, 彭华民. 抗逆力视角下高校学生自杀原因及干预路径探析 [J]. 中国青年研究, 2014, 222 (8): 98-104、110.

发生。①

总的来看，随着社会的不断发展和进步，学校安全问题已逐渐引起国内学术界的广泛关注。首先，研究范围不断扩大。从主要关注校园安全管理层面（如风险管理、应急管理等），到囊括更多领域（如安全立法、安全教育等）。其次，研究对象进一步得到扩展，除普通学校外，还包括中职学校、师范学校等。这些变化表明，学校安全研究已经逐渐从局部转向全局，其外延不断扩大。最后，从研究热点上看，当前国内学校安全的研究主要聚焦于高等教育阶段，在研究内容上以学校安全管理和学校安全教育居多。同时，有关学校安全风险防控体系建设的研究近几年增长明显，成为新的研究热点。这一趋势说明，在学校安全问题方面，构建重视综合治理和多方协同态度的风险防控体系已经逐渐成为共识。

三、安全教育

安全教育作为学校教育的重要组成部分，旨在帮助学生确立正确的安全观和生命意识，提高他们对各种风险的认识和防范能力。目前，关于安全教育尚没有明确的定义。《日本大百科全书》将安全教育定义为，确保人的身体、心理健康的同时，防范各种未发生的事故，在各种未知事故发生时，为能保护自身和他人生命安全的知识、技能进行的各种训练和教学的总称。②在国外，安全教育通常以预防意外事故和灾难为主要目标，涉及火灾、地震、洪水、交通事故等方面的应对策略。在国内，安全教育的研究更加关注学校内部的安全问题，包括学生安全素养提升和学校安全教育体系构建等方面，旨在为实践工作提供理论指导。

（一）国外研究动态

国外对"安全教育"的研究，起步于 20 世纪 30—40 年代。随着社会风

---

① 吴鹏飞. 校车安全与儿童权利保护：儿童福利的视角 [J]. 云南行政学院学报，2012，14（2）：121 - 122.

② 日本文部科学省. 教育. 学校保健、学校安全、食育. 学校安全 [EB/OL]. (2017 - 04 - 14) [2021 - 11 - 09]. http：//www. Mext. go. jp.

险不断增加，安全教育引起各国的重视。这一时期，西德尼·威廉姆斯（Sidney J. Williams）（1936）对学校提出了相关的"skill，attitude，character，program"等具体安全教育内容。[①] 学者沙利文（Sullivan J P，1938）和格雷厄姆（Graham G C，1946）等多围绕学校安全教育计划、课程实践等进行探讨。1975年，日本学者青岛贤司在其专著《安全教育学》中对安全教育的基本概念、原理、方法等进行了系统阐述。这是安全教育这一概念第一次被正式提出。[②]

20世纪80年代后，各国相继出台了一系列关于安全教育的政策法规。1994年，美国国会通过了《学校安全法》（School Safety Law），其核心是保障校园安全，为学生提供良好的学习环境。英国于1999年颁布了《国家健康学校标准》（The National Healthy Schools Standard），把小学生的校园健康和安全作为考核该学校的重要指标。日本则于2008年修改了《学校保健安全法》，旨在建立一个全方位、多层次、多措施并举的学校安全保障机制。其中，代表安全教育研究较高水平的地区主要集中于欧美和亚洲。其中，欧美国家以美国和英国为代表，亚洲国家以日本为代表。如米歇尔·埃诺·莫罗内（Michelle Henault Morrone）和松山由美（Yumi Matsuyama）（2008）提到日本的公办民办学校已经将学校安全教育内容进行格式细化，具体分成生活安全、交通安全和灾害安全。[③] CFISA（The Center for Information Security Awareness 2017）在安全教育课程与培训中明确5个基本原则：安全意识——"思考的安全"；行为安全准则；态度与观念的改变；安全行为与个性结合；安全课程一体化原则。美国国家教育统计中心（National Center for Education Statistics）发布了一份名为《学校犯罪和安全指标：2019》的报告，其中提到学校犯罪和安全的各种指标，包括学生、教师、校长和普通人群的观点。这份报告指出，定期更新和监测这些指标对于确保国家学生的安全非常重要。[④] Viviana

---

[①] Sidney J. Williams. Education for Safety in America's Secondary Schools [J]. NASSP Bulletin，1936，20（60）：18–26.

[②] [日] 青岛贤司. 安全教育学 [M]. 中国有色金属工业总公司翻译组，译. 成都：成都科技大学出版社，1990：11.

[③] Michelle Henault Morrone and Yumi Matsuyama School Safety in Japan：Mombusho and the Public/Private Di–vide [J]. Childhood Education，2008，84（6）：364–369.

[④] Institute of Education Sciences. Indicators of School Crime and Safety：2019 [R]. 2020.

Aguilar Munoz（2020）等根据南美各个国家关于学生如何应对学校安全和灾难安全来开发安全学习设施、学校灾害管理、降低风险和恢复的具体安全教育内容。①

此外，随着近年来各类安全事件频发，校园欺凌防治、网络安全教育、预防性侵教育等与生命安全教育相关的话题，成为安全教育研究领域的热点。戈尔德·史密斯（Gold Smiths，2011）基于英国学校防欺凌现状，提出基于学校且面向全体师生，开展反欺凌培训和教育，并对欺凌者和受欺凌者分别采取不同的干预和教育支持手段。②艾曼（Aiman）和穆萨纳（Muthanna）（2016）指出，网络欺凌在儿童和青少年中非常普遍，且呈现出多种不同形式，其发生率因计算机网络技术的广泛使用而不断上升。③玛格丽特·克罗科（Margaret S. Crocco）和阿夫纳·西格尔（Avner Segall）（2020）等从社会教育和教师教育两方面出发，认为公民教育工作者应当帮助学生理解个人和公众之间的紧张关系，尤其是在数字技术塑造民主社会的未来的方面对他们施加影响。④

（二）国内研究动态

进入新时代以来，我国关于安全教育的研究逐渐增多，成为新的学术热点。1992年，在国家技术监督局《学科分类与代码》中，安全教育首次以专门的学科出现。这也是我国第一次从学科体系层面对安全教育予以关注。⑤2007年，教育部颁布《中小学公共安全教育指导纲要》，第一次从国家层面对中小学公共安全教育提出规范性要求。2020年，教育部颁布《大中小学国家安全教育指导纲要》，要求大中小学系统、规范、科学地开展国家安全教

---

① Viviana Aguilar Muñoz, Barbara Carby, Enrique Castellanos Abella, Omar Dario Cardona, Tania López‐Marrero, VictorMarchezini, Lourdes Meyreles, Débora Olivato, Rachel Trajber, Ben Wisner. Success, innovation and challenge: Schoolsafety and disaster education in South America and the Caribbean [J]. International Journal of Disaster Risk Reduc‐tion, 2020, 44: 101395.

② Gold Smiths, University of London. The use and effectiveness of anti‐bullying strategies in schools [J]. Department for Education, 2011.

③ Aiman ElAsam & Muthanna Samara. Cyberbullying and the law: Are view of psychological and legal challenges [J]. Computer in Human Behavior. 2016 (65): 127–141.

④ Margaret S. Crocco, Avner Segall, Anne‐Lise Halvorsen, Alexandra Stamm, Rebecca Jacobsen. "It's not like they're selling your data to dangerous people": Internet privacy, teens, and (non‐) controversial public issues. The Journal of Social Studies Research, 2020 (44): 21–33.

⑤ 国家技术监督局. 学科分类与代码 [M]. 北京：中国标准出版社，1993: 34.

育。公共安全教育和国家安全教育成为学校安全教育研究领域的两大主要内容。近年来，随着安全教育实践的深化，学界开始探索安全教育一体化的概念，涉及安全教育一体化教学、课程设计与培训机制等方面。然而，就目前的情况而言，学术界对于"安全教育一体化"的研究还不够充分，相关研究成果较少。在总体国家安全观的视角下，仅有个别课题如"总体国家安全观下西南边境民族地区中小学校国家安全教育研究"等少数研究涉及这一领域。目前，国内学者对安全教育的研究主要集中在以下几个方面。

1. 对安全教育理念、目标和内容等问题的探讨

在安全教育理念方面，黄凯（2013）认为，培养学生全面安全素质是实验室安全教育理念的主要内容，并将其概括为坚持科学发展观中以人为本的核心要义，建立较为完备的实验室安全教育体系，培养学生具备全面的安全知识、自觉的安全责任意识、过硬的安全事故应对技能，从而为成为素质全面的行业领军人才打下坚实的基础。[①] 杨震（2015）认为，大学生安全教育的核心理念是"以人为本，生命至上"的伦理基础。大学生安全教育应当遵循的基本原则包括全程、全员、全面，传统安全和非传统安全并重，理论讲授与实践操作并重。实现大学生安全教育的重要途径是安全教育与思想政治教育工作和专业教学有机结合。[②] 董新良、桑晓鑫等（2021）认为，学校安全教育一体化必须坚持以总体国家安全观为引领，注重将个体安全、国家安全和国际安全紧密融合。其理念具体体现为突显生命底色，注重个体安全素养；厚植家国情怀，强化国家安全正确认知与责任担当；放眼国际视野，树立和深化人类命运共同体理念。[③]

在安全教育目标方面，刘建君（2002）认为，托幼机构的安全教育目标是使幼儿初步具备一些保护自身健康和安全的基本知识和能力。其主要包括：感知生命的重要，帮助幼儿树立安全意识；引导幼儿学习必要的安全保健常识，提高自我保护意识和能力；帮助幼儿养成良好的行为习惯，减少伤害事

[①] 黄凯. 北京大学实验室安全教育体系建设的探索与实践 [J]. 实验技术与管理，2013，30（8）：1－4.

[②] 杨震. 大学生安全教育的理念与原则 [J]. 中国高等教育，2015，537（2）：36－38.

[③] 董新良，桑晓鑫，李县慧. 总体国家安全观视域下学校安全教育一体化：理念、目标与体系构建 [J]. 中国教育学刊，2021，343（11）：50－54，92.

故的发生等。① 张永红、刘文良（2021）探讨推进高校生态安全教育的目标向度，即坚守理念、知识和能力三位一体的生态素养，确立全面、全程和全效多元协同的教育模式，构建定力、动力和活力有机统一的制度体系。② 王景云、齐枭博（2023）认为，民族高校开展国家安全意识教育，应以强化维护国家安全的认知、培养维护国家安全的情感、坚定维护国家安全的意志和践行维护国家安全的行为作为目标。具体而言，通过大学生国家安全意识教育，在建构国家安全教育体系中实现知、情、意、行的和谐统一。③

在安全教育内容方面，陆锦冲（2012）认为，对安全教育内容的思考应从宏观和微观两个层面进行。宏观层面包括政治安全、国家安全、环境安全、资源安全；微观层面包括心理安全、社交安全、生命安全、网络安全和就业安全。④ 胡鸿、吴超等（2014）对安全教育的内容进行了深入剖析，从内容层次上看，可分为安全思想意识教育、安全法律法规教育、安全基础知识教育、安全技能与素质教育和安全科学技术教育。从内容性质上看，可分为安全理论教育和安全实践教育。⑤ 韩标、刘再起等（2015）认为，当前高校学生安全教育应关注法律法规知识和法治思想教育、心理健康和心理安全教育、防盗防火防诈骗等常规安全知识教育、网络及信息安全教育四个方面。⑥ 邓晓凌、史大胜（2019）指出，对婴幼儿开展的安全教育应该包括安全心理与安全感、安全知识与安全认知、安全行为与自我保护能力、安全环境与保护措施四个方面。⑦

2. 学生安全素养及相关研究

当前学者对于学生安全素养的研究主要集中在以下方面。

---

① 刘建君. 托幼机构中安全教育的目标、内容、途径与方法 [J]. 学前教育研究，2002（6）：55-56.

② 张永红，刘文良. 高校生态安全教育的现实依据、目标向度与实施路径 [J]. 思想理论教育，2021，511（11）：60-65.

③ 王景云，齐枭博. 新时代加强民族高校国家安全意识教育的价值意蕴、目标导向与实践路径 [J]. 黑龙江民族丛刊，2023（2）：157-161.

④ 陆锦冲. 关于高校安全教育新内容的思考 [J]. 思想教育研究，2011，193（4）：49-52.

⑤ 胡鸿，吴超，廖可兵等. 安全教育学及其学科体系构建研究 [J]. 安全与环境工程，2014，21（3）：109-113，120.

⑥ 韩标，刘再起，黄学永. 高校学生安全教育探索 [J]. 思想教育研究，2013（7）：86-89.

⑦ 邓晓凌，史大胜. 安全标识与婴幼儿安全教育 [J]. 学前教育研究，2019，289（1）：93-96.

其一，探讨某一具体学段内学生的安全素养问题。沈艳华、孙善强（2012）围绕大学生"安全素养和责任能力形成"这一主线，对安全素养能力和责任素养能力的内涵、提升途径进行详细论述，并提倡让学生在"自我驱动"的环境下，自觉提高自身安全素养和责任素养。① 陆锦冲、王金刚等（2012）从安全素养的培养目标、内容、方式角度，探讨高职学生安全素养培养模式，认为高职学生安全素养的教学方式应当包括理论知识教学、实践及实训教学、校园安全文化氛围建设、案例教学和信息化教学 5 个方面。② 山西省学校安全中心研究团队构建了初中、高中和大学生安全素养测评指标体系。陈莹（2023）构建了初中生安全素养测评指标体系，包括 3 个一级指标和 8 个二级指标，这 3 个一级指标分别是安全意识、安全知识和安全技能。其中，安全意识包括安全警觉意识、安全应急意识、安全责任意识；安全知识包括个体安全知识、国家安全知识和国际安全知识；安全技能包括安全防护技能和求生逃生技能。张凯鹏（2022）构建了高中生国家安全素养测评指标体系，包括国家安全知识、国家安全意识、国家安全能力和国家安全行为 4 个要素。国家安全知识是由国家安全陈述性知识和程序性知识组成，国家安全意识是由国家安全重要性意识和防范性意识组成，国家安全能力是由国家安全辨别能力、防范能力和应对处置能力组成，国家安全行为是由社会行为和网络行为组成。李县慧（2021）构建了大学生国家安全素养测评指标体系，包括国家安全意识、国家安全知识、国家安全能力 3 个要素。其中，国家安全意识包括国家安全重要性意识、国家安全敏感性意识、国家安全应用性意识；国家安全知识包括国家安全基本理论知识和国家安全操作性知识；国家安全能力包括国家安全防范能力和国家安全应对处置能力。董新良、李县慧等（2019）通过对山西省 2806 名小学生进行安全素养状况测评，发现其存在法律知识薄弱、保护他人意识差、防范能力不足等问题。同时，在安全素养整体或部分指标表现上，不同性别、不同类型学校的学生之间存在显著差异：女生明显优于男生、公办学校学生明显优于民办学校学生、城市学校学生明

---

① 沈艳华，孙善强. 安全素养 责任素养 [M]. 保定：河北大学出版社，2012.
② 陆锦冲，王金刚，袁雄军. 高职院校学生安全素质培养模式研究 [J]. 教育与职业，2012，747 (35)：45 – 46.

显优于乡村学校学生。建议关注性别差异，针对男生、女生开展适切的安全教育；强化监管考核，督促民办学校落实安全教育工作；弥补师资短板，切实提升乡村学校教师安全教育水平。① 山西省学校安全中心课题组（2023）通过对全国 18 个省中小学生安全素养状况测评，发现中小学生安全素养整体水平较高且存在年级、性别、区域和校际差异。具体来说，从年级差异来看，六年级学生安全素养水平高于四、五年级学生；七年级学生安全素养水平高于八年级学生。从性别差异来看，小学阶段，女生安全素养水平高于男生；初中阶段，男生安全素养水平高于女生。从区域差异来看，东部小学生安全素养水平最高，西部小学生安全素养水平最低；东北部初中生安全素养水平最高，中部初中生安全素养水平最低。从学校性质来看，民办学校小学生安全素养水平高于公办学校小学生；公办学校初中生安全素养水平高于民办学校初中生。在学校安全教育方面，存在安全教育内容缺失、形式单一、时长无法保证和教育资源不均等问题。建议丰富安全教育内容和形式，实现安全教育的系统性；强化安全意识，重视安全教育课程体系建设；注重实践体验，提高安全能力水平；立足年龄、地域、个性等差异，增强安全工作针对性；形成教育合力，注重安全教育养成性。②

其二，就某一安全领域内学生的安全素养问题进行探讨。徐文闻、马治国（2013）认为，生命安全素养由安全警觉意识、生命安全知识、生存技能、生命安全情感与安全行为规范认同等 5 个基本要素构成。③ 白明凤（2016）提出，当前我国高校为迎接信息化时代的挑战，应当升级信息素养教育内容、创新信息素养教育模式、协同信息素养教育力量，共同促进信息素养教育的现代转型。教育内容主要包括数据素养教育、媒介素养教育和信息安全素养教育三方面。④ 陈刚（2018）梳理了网络时代黑客的起源、分类与特征，解读了黑客的攻防原理及著名黑客事件，在分析黑客对网络安全正反影响的基

---

① 董新良，李县慧，胡文端. 提升安全素养水平：为学生成长筑牢"防护墙"——基于山西省 2806 名小学生安全素养状况的调研与分析［J］. 中小学管理，2019（11）：41－43.
② 董新良等. 全国中小学安全素养状况调研报告［R］. 太原：山西师范大学，2023.1.
③ 徐文闻，马治国. 生命安全素养的基本构成要素、形成路径及教育建议［J］. 教育科学，2013，29（1）：32－38.
④ 白明凤. 信息化时代高校信息素养教育的现代转型［J］. 图书馆理论与实践，2016，203（9）：87－90.

础上，提出了青少年如何安全使用互联网，提升网络安全素养的构想。① 陈琦，熊回香（2022）围绕"国家—高校—学生个体"三个相关主体，提出大学生网络信息安全素养提升的对策建议，即国家层面的素养测评标准化统一战略引领与教育个性化扶持相结合；高校层面建立"三位一体"的渐进式网络信息安全素养教育培养体系；大学生个体层面应遵循"重视—学习—体验—提升"规律的网络信息安全素养提升策略。②

3. 公共安全教育研究

公共安全教育研究主要聚焦生命安全教育、网络安全教育和交通安全教育等方面。在生命安全教育方面，冯建军（2006）提出了当前开展生命教育的应然取向，即身心健康取向的生命教育、生死取向的生命教育、伦理取向的生命教育、宗教取向的生命教育和社会取向的生命教育，并提出应当以有形课程和无形课程相结合的方式开展生命教育，以形成学校、社会和家庭的合力。③ 王子朴、孙学明等（2013）对我国学校体育生命安全教育体系进行了构建，并认为其内容主要包括逃生技能教育、珍爱生命教育、生活安全教育和运动安全教育4个一级指标和越障逃生、生命意识、安全救护、保护技能等18个二级指标，结构体系主要包括组织体系、课程体系和评价体系3个方面。④ 王野川（2019）以国际化的生命教育视角，探索我国青少年教育成长过程中存在的某些安全危机，如道德信仰残损、健康能力薄弱、生涯发展隐忧等现象，并提出学校应当教导学生理性面对安全教育的"现实忧患"，科学探索生命教育中"理想旅程"等教育理念。⑤ 丁喜旺（2020）认为，生命安全教育要实现生命的物质价值、精神价值与人性价值的统一，要使学生认识和尊重生命，使学生热爱和享受生命，并提出生命安全教育面临的问题和实施途径。⑥ 董新良、张盼盼（2021）认为，在疫情背景下生命教育应秉承终身、系统和开放的教育理念，构建以生存教育、灾难教育、死亡教育、

---

① 陈刚著. 青少年网络素养读本 黑客与网络安全 [M]. 宁波：宁波出版社，2018.
② 陈琦，熊回香，代沁泉，顾佳云. 平台社会视阈下大学生网络信息安全素养能力评价及提升策略研究 [J]. 图书情报工作，2022，66（7）：75-87.
③ 冯建军. 生命教育的内涵与实施 [J]. 思想·理论·教育，2006（21）：25-29.
④ 王子朴，孙学明. 我国学校体育生命安全教育体系的建构 [J]. 体育学刊，2012，19（5）：93-95.
⑤ 王野川著. 中国学校生命与安全教育 [M]. 长春：吉林人民出版社，2019.9.
⑥ 丁喜旺. 生命共同体视域下的生命安全教育 [J]. 中学政治教学参考，2020，787（37）：57-58.

生涯教育为主题的生命教育内容体系。并以学校为主体，践行生命教育理念；以家庭为基础，携手开展生命教育；以社区为依托，营造生命教育氛围的生命教育实施网络。① 罗祖兵、周俊良（2021）指出，学校应将生命安全教育置于教育的首位，强调生命安全的优先性，强调开展生命安全教育的次序性原则，贯彻"生命第一"的教育观，采用具体方法使生命安全观念深入学生内心，教给学生保护生命安全的具体办法。② 谈苏欣、范国睿（2022）从价值基础、实施体系、保障机制三方面，对日本生命安全教育的建构逻辑进行了系统论述，认为其在工具价值与精神价值层面实现了联结融通，激发了生命安全教育高质量可持续发展的活力，对我国具有重要的借鉴作用。③

在网络安全教育方面，张俊（2013）认为，网络安全不仅涉及物理安全和技术安全，更涉及信息安全和意识形态安全，以网络为武器对大学生进行文化渗透已成为境内外敌对势力惯用的伎俩。高校应从构建大学生网络安全教育组织管理体系、大学生网络安全教育道德法规体系、大学生网络安全教育宣传引导体系等途径加强大学生网络安全教育。④ 张本青、李红革（2019）探讨了将网络意识形态安全教育融入高校思想政治理论课的有效路径，提出以"三协同"构建意识形态教育网上网下、课内课外联动机制，以"三加强"优化网络意识形态安全教学内容体系，以"三结合"实现网络意识形态安全教育。⑤ 蒋燕玲（2020）认为，网络安全教育事关国家意识形态安全，事关高校立德树人根本任务，具有重要的战略地位；并分析了目前高校网络安全教育所存在的具体问题和实施途径。⑥ 谢英香（2020）认为，目前基础教育学校在实施网络安全教育时面临着专业师资力量紧缺、专业教育资源短缺和重视程度不够等困境。鉴于此，基础教育学校可以从增强网络安全意识、

---

① 董新良，张盼盼. 疫情背景下的生命教育：理念、内容与实施途径［J］. 山西师大学报（社会科学版），2021，48（1）：106-111.
② 罗祖兵，周俊良. 中小学生命安全教育的泛化及其矫正［J］. 教育科学研究，2021，321（12）：62-67.
③ 谈苏欣，范国睿. 日本生命安全教育的建构逻辑论析［J］. 比较教育学报，2022，338（2）：75-88.
④ 张俊. 强化新形势下的大学生网络安全教育［J］. 思想理论教育导刊，2013（11）：116-118.
⑤ 张本青，李红革. 网络意识形态安全教育融入高校思想政治理论课的有效路径［J］. 思想理论教育导刊，2019（7）：97-100.
⑥ 蒋燕玲. 新时代高校网络安全教育的意义、困境与路径［J］. 中国高等教育，2020，657（20）：59-61.

强化网络安全知识与技能、丰富网络安全教育形式等方面着手，逐步开展网络安全教育。① 张红艳、武威（2022）从澳大利亚中小学在线网络安全教育目标入手，从学生、家长和教育工作者三方面详细分析了其内容体系和保障机制，并总结了对我国中小学在线网络安全教育发展的借鉴意义。张树启（2022）分析了移动互联网时代大学生网络安全教育所产生的新问题、新特点和新趋势，提出要深耕课堂教学、调查研究、加强自我教育，构建管理、反馈、评价、保障四项网络安全教育机制。② 刘田博（2023）认为，当前中国高校网络安全教育存在重视程度亟待强化、教育体系亟待规范化、师资队伍亟待专业化、教育形式亟待多元化的问题，并从提高高校网络安全教育的重要性、深入规范高校网络安全教育培养体系、全面培养高校网络安全教育师资队伍、加速创新高校网络安全教育学习形式4个维度提出了对策建议。③

在交通安全教育方面，张克勤（2009）指出，根据中小学生身心发展阶段的年龄特征，制定具体的安全教育目标和内容，并在各科教学教育活动中进行系统的安全教育。其包括以体育保健课为中心开展安全学习；在各门学科教学中穿插安全教育内容；在班级活动、课外活动与各项活动中进行安全指导。④ 宋洋、王雪松（2013）调研分析国内中小学生交通安全教育活动现状，确定了中小学生交通安全教育的重点内容和重点人群，并提出了相应的改善策略。⑤ 张雪、罗恒等（2020）针对儿童交通安全教育的具体需要，创设了一种新型的基于VR技术的探究式学习环境，提出了一种基于"探索—复盘—练习—反思"的探究式学习模式。⑥ 庞敬礼、张军等（2020）构建了大学生交通安全教育体系，包括思想体系、内容体系、理论体系、运作体系、

---

① 谢英香. 青少年网络安全教育困境与对策研究［J］. 上海教育科研，2020，398（7）：93-96.
② 张树启. 移动互联网时代大学生网络安全教育的策略研究［J］. 学校党建与思想教育，2022，687（24）：63-65.
③ 刘田博. 高校网络安全教育策略［J］. 山西财经大学学报，2023，45（S2）：198-200.
④ 张克勤. 守护生命：日本中小学的安全教育［J］. 外国中小学教育，2009（6）：33-38.
⑤ 宋洋，王雪松. 中小学生交通安全教育现状分析与改进策略研究［J］. 中国安全科学学报，2013，23（2）：153-159.
⑥ 张雪，罗恒，李文昊，左明章. 基于虚拟现实技术的探究式学习环境设计与效果研究——以儿童交通安全教育为例［J］. 电化教育研究，2020，41（1）：69-75、83.

实践体系和保障体系六方面。① 郭小倩（2022）认为，教师可以在环境创设中对幼儿渗透交通安全教育，包括开展交通安全游戏、在一日生活中随机进行交通安全教育、组织幼儿在实践中体验交通安全的重要性、促进家园合作等方法。②

4. 国家安全教育研究

自2014年习近平总书记提出总体国家安全观以来，国家安全教育作为实现总体国家安全观的重要主题受到了党和政府的高度重视，引发了一定的研究热潮，国家安全教育研究主要包括以下方面。

其一，推进国家安全教育一体化的研究。张琳等（2020）提出推进国家安全教育一体化建设的路径，着重从厘清课程目标、统筹教育内容、建设教师队伍、完善机制保障等方面进行探讨。③ 李欧等（2021）重点探讨了如何实现国家安全教育内容一体化。④ 李志强（2022）在对新中国成立以来大中小学国家安全教育一体化建设的历史进程进行系统梳理的基础上，从体现国家战略、明确教学主题、完善课程体系、形成联动机制四方面着重探讨了新时代如何建设大中小学国家安全教育一体化的方案。⑤

其二，中小学国家安全教育研究。整体来看，学者们对中小学国家安全教育的研究多聚焦于国家安全教育目标和内容、方式和途径等方面。一是关于中小学国家安全教育目标和内容。马喜宁、王涛（2021）认为，国家安全教育的目标依据不同学段学生发展特点而有所差异：小学注重国家安全意识的培养，初中注重国家安全知识的熟练掌握，高中注重国家安全价值的树立，大学注重国家安全能力全面提升，以全面深入推进大中小学国家安全教育。⑥

---

① 庞敬礼，张军，杭建伟. 大学生交通安全教育体系的构建［J］. 湖北开放职业学院学报，2020，33（6）：31-33.

② 郭小倩. 浅谈幼儿园交通安全教育［J］. 大连教育学院学报，2022，38（3）：60-61.

③ 张琳，杨思. 统筹推进国家安全教育一体化建设思考［J］. 中学政治教学参考，2020（37）：78-79.

④ 李欧，刘红叶. 大中小学国家安全教育内容一体化探析［J］. 中学政治教学参考，2021（39）：32-34.

⑤ 李志强. 刍议国家安全教育大中小学一体化建设［J］. 思想教育研究，2022，339（9）：125-130.

⑥ 马喜宁，王涛. 新时代推进大中小学国家安全教育多维探析［J］. 中学政治教学参考，2021（24）：1，4-6.

董新良、桑晓鑫等（2021）从个体、国家和国际三层面入手，认为总体国家安全观视域下的学校安全教育要突显生命底色，注重个体安全素养的培养；厚植家国情怀，强化国家安全正确认知与责任担当；放眼国际视野，树立和深化人类命运共同体理念。[①] 关于中小学国家安全教育的内容，学术界将国家安全的具体内容进行有机划分，认为中小学国家安全教育内容具有相似性，组间具有差异性，如刘跃进（2004）提出，国家安全的构成内容包括原生内容和派生内容。原生内容包括：领土安全、政治安全、国民安全、经济安全、主权安全、军事安全等6方面；派生内容包括：文化安全、信息安全、生态安全等四方面。[②] 夏保成、刘凤仙（2008）在《国家安全论》一书中认为，国家安全包括构成国家的硬件安全（人民安全、版图安全、政府安全）、软件安全（意识形态安全）及环境安全。[③] 二是关于中小学国家安全教育的方式和途径。大多学者对国家安全教育课程建设、学科渗透进行了研究。在国家安全教育课程建设方面，赵庆寺（2019）认为，必须通过科学严谨的国家安全理论研究，深入探索国家安全教育本质和规律、课程特点和要求、教材内容和体例等，以国家安全学科建设来支撑国家安全课程建设和教材建设。[④] 在国家安全教育学科渗透方面，杨亚丽（2019）[⑤] 对初中历史教学中国家安全教育现状进行了调查研究，提出了初中历史教学中渗透国家安全教育的建议。朱洁、汤程林（2020）研究了初中《道德与法制》课程中的国家安全教育，提出了加强国家安全意识教育的教学措施，并设计了教学案例。[⑥] 宋承国（2006）对国家安全教育与历史教学进行了有效思考，为如何将国家安全教育融入其他学科提供了借鉴。[⑦] 董晓辉（2019）则从时代要求、主要任务、路径探索等方面对如何将国家安全教育融入高校思想政治理论课进行了深入

[①] 董新良，桑晓鑫，李县慧. 总体国家安全观视域下学校安全教育一体化：理念、目标与体系构建 [J]. 中国教育学刊, 2021 (11): 50 – 54, 92.
[②] 刘跃进. 国家安全学 [M]. 北京：中国政法大学出版社, 2004: 65.
[③] 夏保成，刘凤仙著. 国家安全论 [M]. 长春：长春出版社, 2008: 4.
[④] 赵庆寺. 新时代高校国家安全教育的理念、逻辑与路径 [J]. 思想理论教育, 2019 (7): 103 – 105.
[⑤] 杨亚丽. 初中历史教学中的国家安全教育研究 [D]. 重庆：西南大学, 2019.
[⑥] 朱洁. 初中《道德与法治》课加强国家安全意识教育研究 [D]. 扬州：扬州大学, 2020.
[⑦] 宋承国. 寓国家安全教育于历史教学的思考 [J]. 上海教育科研, 2006 (9): 92 – 94.

探究。①

其三，研究国外国家安全教育的经验与教训也是国内学者关注的问题。曹晓飞等（2014）认为，美国出台"国家安全教育计划"有着深刻的政治、经济、军事、文化动因，围绕关键语言文化、地区研究人才培养展开，其中的中国因素尤为突出。因此，美国的"国家安全教育计划"不仅深刻影响了美国的对华政策，而且对我国政治安全、经济安全、军事安全、文化安全等领域产生了重要影响，应当引起高度重视。② 毕然（2015）总结了美国、俄罗斯、日本和部分欧洲地区的中小学国家安全意识教育现状，在借鉴国外经验和教训基础上，提出除学校课程外，还应加强国家安全教育的课外活动，以此提升我国中小学国家安全意识教育质量。③ 冯永刚、员志慧（2017）对俄罗斯中小学国家安全教育的发展与措施进行了论述，在借鉴俄罗斯中小学安全教育的有益经验基础上，提出要根据中小学学生身心发展规律，循序渐进地进行国家安全教育，增强中小学生的国家安全意识。④ 李猷艺（2020）对中美高校开展国家安全教育情况进行了比较，并提出相关建议。⑤

第二节　国内学校安全及相关政策历史演进

一、政策起步期（1949—1994 年）

新中国成立初期，我国面临着诸多困难和挑战，包括恢复和发展国内经济、确保社会稳定以及维护国家安全。其时，我国安全政策侧重国家建设与

---

① 董晓辉. 国家安全教育融入高校思想政治理论课的新思考［J］. 思想理论教育导刊，2019（8）：100－104.
② 曹晓飞，唐少莲. 美国"国家安全教育计划"对中国国家安全的影响［J］. 河北师范大学学报（教育科学版），2014，16（4）：106－111.
③ 毕然. 国际中小学国家安全意识教育的借鉴意义［J］. 中国德育，2015（4）：37－40.
④ 冯永刚，员志慧. 俄罗斯中小学安全教育及其对我国的启示［J］. 外国中小学教育，2017，（3）：18－24.
⑤ 李猷艺. 中美高校国家安全教育比较研究［J］. 延边教育学院学报，2020，34（4）：75－77.

国防建设,既注重发展内部经济和维护社会稳定,又注重维护国家安全和建设国防力量。国家建设包括经济建设、农业发展、科技进步和教育医疗事业等,满足人民基本生活需求。国防建设包括加强军队建设、制定国防政策和进行装备现代化改革等,确保国家自主防卫能力。

这一时期,我国教育工作逐步规整,重点改造旧学校、学制与思想,开展扫盲运动,满足上学需求。学校安全主要关注学生健康,涉及体育、卫生安全等。相关政策虽有限且多见于文件与领导指示,但关注方式正由政策倡导深化为制度引领和法治规范。1950年,针对学生负担过重、身体素质下降的状况,毛泽东主席在给教育部长马叙伦的信中指出:"此事宜速解决,要各校注意健康第一,学习第二。营养不足,宜酌增经费。"这是党和国家领导人首次就学生健康问题作出专门指示。1954年,《开展学校保健工作的联合指示》强调,要将学生的学习、生活和卫生工作、体育运动密切结合起来,培养全面发展的人才。《关于保证学生、教师身体健康和劳逸结合问题的指示》(1960)要求,对学生与教师进行卫生宣传教育,尤其要重视食品与饮食卫生。《进一步开展爱国卫生运动,做好学校卫生工作的通知》(1963)再次强调,通过切实改善环境卫生、加强饮食卫生管理、抓紧防治主要疾病等途径加强对学校卫生工作的领导。1966—1976年,受当时政治因素影响,各级各类教育事业受到重创,国家对学校安全重视程度不够。直至1975年,教育部、卫生部颁布《关于进一步加强中小学生卫生教育的几点意见》,学校安全重新进入公众视野。1978年12月,党的十一届三中全会召开,党中央作出了"一切以经济建设为中心、把工作重心转移到社会主义现代化建设上来"的战略决策。教育作为社会主义现代化建设的战略重点之一,其秩序得以恢复和重建,学校安全教育工作亦引起党和国家的重视。1982年,教育部制定《全国重点中、小学的体育、卫生工作检查验收实施方案》,督促学校做好学校体育、卫生工作,保证学生健康。《中华人民共和国传染病防治法》(1989)从保障国民健康和公共卫生出发,明确各级政府、职能部门、社会组织及个人在传染病预防方面应尽的职责,为学校公共卫生安全工作提供了法律依据。《学校卫生工作条例》(1990)进一步明确学校卫生工作的主要任务,为学校加强卫生工作、提高学生健康水平提供了重要的政策依据,有力地推动学校卫生与健康教育工作的开展。《中华人民共和国未成年人保护法》(1991)是我国第一部保护未成年人的专门法律,确立了保护未成年人的指导思想和工作原则,明确了家庭、学校、社会、司法等各有关方面保护未成年人的责任。《中国教育改革和发展纲要》(1993)要求关注学生健康成长,进一步加强和改善学校体育卫生工作。

二、政策探索期(1995—2005年)

这一时期,我国安全政策对内致力于实现经济发展、确保经济安全和政治安全,同时坚持四项基本原则。对外致力于全面发展同世界各国友好关系,提出并践行互信互利、平等协作的新安全观,为改革开放和社会主义现代化建设创造良好的外部环境。经济社会环境的改变与风险管理意识的提升,使得学校安全政策迎来了新的发展机遇。1995年,《中华人民共和国教育法》出台,这是我国历史上第一部由国家最高权力机关制定的关于教育的根本大法,意味着我国教育改革发展步入法制化轨道。该法所确立的教育基本原则和任务以及教育行政部门和学校的职责和权利,为学校安全政策的制定和实施提供了指导和依据。围绕日益突出的学校安全问题,研判中小学、幼儿园建筑、卫生和校车等公共安全事件频发的态势,全国人民代表大会、国务院、教育部等相继出台一系列法律法规和规章,以强化学校安全管理和防范工作。

1997年,《中华人民共和国防震减灾法》规定,学校应做好建设工程,制定地震应急预案,进行地震应急知识教育,组织开展必要的地震应急救援演练,培养学生的安全意识和自救互救能力。《中华人民共和国消防法》(1998)强调,教育、人力资源行政主管部门和学校、有关职业培训机构应当将消防知识纳入教育、教学、培训的内容。《中华人民共和国预防未成年人犯罪法》(1999)规定,学校应加强对有不良行为的未成年人的教育和管理。《中华人民共和国道路交通安全法》(2003)规定,教育行政部门、学校应当将道路交通安全教育纳入法制教育的内容。这些法律从不同领域对学校安全教育做出明确规定。同时,为了积极贯彻落实科学发展观、坚持"以人为本"的教育理念,把学校安全摆在教育工作的突出位置。我国在加强中小学安全法规制度建设、完善工作机制、加强安全教育培训和多方协作等方面采取了一系列措施,中小学校安全教育工作的针对性和实效性得到进一步增强。

2001年，教育部印发《全日制义务教育课程标准》，明确将各类地质和气象灾害风险教育纳入国家学校课程。2002年，教育部颁布《学生伤害事故处理办法》，对事故的责任、事故的处理程序、事故的损害赔偿以及事故的责任者处理四方面作出细致规定，有利于学校提高责任观念和预防意识，妥善、正确处理在校学生人身伤害事故。

三、政策发展期（2006—2013年）

这一时期，随着依法治国成为治国理政的基本方略，我国教育法治化进程逐渐加快，教育政策法规体系渐趋完善。2006年，《中华人民共和国义务教育法》首次将"中小学安全"写进法律，成为我国教育法制建设的一个重要标志。《中华人民共和国义务教育法》规定学校建设应当符合国家规定的办学标准，完善学校基础设施，确保学生和教职工安全。国务院和地方各级人民政府应及时足额拨付义务教育经费，确保学校的正常运转。同时，该法明确指出，学校应当建立、健全安全制度和应急机制，对学生进行安全教育。与此同时，党和国家从安全管理、安全教育、安全事故处理等多方面着手，颁布一系列政策法规，开拓了学校安全工作新局面。

其一，在安全管理层面。2006年，教育部等十部门发布《中小学幼儿园安全管理办法》。这是首个专门针对中小学安全管理的法规性文件，首个以十部委部长令的形式发布的有关中小学安全管理工作的文件。该政策提出积极预防、依法管理、社会参与、各负其责的学校安全管理方针，从校内安全和校园周边安全两方面，对各级人民政府、学校的安全管理职责与管理要求做出明确规定。2009年，教育部和公安部联合颁布《高等学校消防安全管理规定》，规定学校应当落实逐级消防安全责任制和岗位消防安全责任制，明确逐级和岗位消防安全职责，确定各级、各岗位消防安全责任人。同时，学校应当开展消防安全教育和培训，加强消防演练，提高师生员工的消防安全意识和自救逃生技能。2010年，中央综治办、教育部等三部门联合印发《关于进一步加强学校幼儿园安全防范工作建立健全长效工作机制的意见》，要求进一步依据学校、幼儿园安全防范工作的指导思想和工作目标，大力加强学校、幼儿园内部安全管理工作，着力强化学校、幼儿园周边治安管理和防范工作，建立健全维护校园安全长效工作机制，为我国中小学校、幼儿园安全保卫工作提供纲领性指导。2012年，国务院颁布《校车安全管理条例》，这是我国首部有关校车安全的专门立法，对学校和校车服务提供者、校车使用许可等内容作出详细规定，为我国校车安全管理走向制度化、规范化作出重要贡献。

其二，在安全教育层面。2007年，教育部出台《中小学公共安全教育指导纲要》，首次对我国中小学生公共安全教育的内容、实施途径与保障机制做出全面系统的规范和要求，为建立中小学安全教育长效机制奠定了基础。随后，国务院及有关部门围绕消防安全、网络安全、毒品预防、法制安全和国防安全等若干教育主题，陆续颁布多项政策。2010年，教育部基础一司、公安部消防局下发《关于加强中小学消防安全宣传教育工作的通知》（2010），强调加强中小学消防安全宣传教育工作的组织领导，完善学校经常性消防安全宣传教育制度，扎实组织火灾疏散逃生演练工作。《关于加强中小学网络道德教育抵制网络不良信息的通知》（2010）提出，加强网络道德教育、加强网络法制教育、加强绿色网络建设、加强重点关注和引导、加强学校家庭合作。2011年，中宣部等八部门联合制定《全民消防安全宣传教育纲要（2011—2015）》。这是我国首个由多个职能部门联合制定的针对消防安全宣传教育的规范性文件，推动了学校落实消防宣传教育主体责任。该文件要求学校将消防安全教育与教学工作同步进行，并根据不同年龄段学生特点，开展针对性宣传教育。此外，纲要还倡导通过举办"中小学生安全教育日"和"119消防日"等主题宣传活动，提高全民消防安全意识和技能。2013年，教育部等五部门颁布《关于进一步加强青少年学生法制教育的若干意见》，对青少年学生法制教育的总体要求作出规定，要求落实法制教育相关课程和活动、加强法制教育资源建设、增强法制教育的实践性，整体提升青少年学生法律素质。

其三，在安全事故预防、处理与安全保障层面。2008年，教育部等三部门下发《关于推行校方责任保险完善校园伤害事故风险管理机制的通知》，对推行校方责任保险制度的基本原则和基本要求作出规定，以建立和完善校园意外伤害事故风险管理机制。

2009年，教育部印发《教育系统事故灾害类突发公共事件应急预案》，要求建立和健全防范、指挥、处置事故灾难类突发公共事件的工作机制，进一步提高教育系统应对事故灾难类突发公共事件的能力。2013年，国务院办公厅颁布《突发事件应急预案管理办法》，要求各级人民政府及其部门、基层组织、企事业单位、社会团体等应预先制定工作方案，依法、迅速、科学、有序应对突发事件，最大限度减少突发事件及其造成的损害。

与此同时，一系列国家标准和行业规范也相继颁布，如《中小学理科实验室装备规范》（JY/T 0385-2006）、《学生用品的安全通用要求》（GB 21027-2007）、《农村普通中小学校建设标准》（建标109-2008）、《教学仪器设备安全要求总则》（GB 21746-2008）、《中小学校教室采光和照明卫生标准》（GB 7793-2010）、《专用校车安全技术条件》（GB 24407-2012）、《中小学、幼儿园安全技术防范系统要求》（GB/T 29315-2012）等。这些标准和规范从物质、技术等层面，为保障学校安全提供了技术性要求和指导。

四、政策规范期（2014年至今）

近年来，党和国家对国家安全的重视程度日益提升，提出一系列新理念新思想、出台一系列方针政策、推出一系列举措，彰显了国家在安全领域的全面布局和深入推进。2014年，习近平总书记提出"总体国家安全观"，坚持大安全理念，建设新安全格局，成为新时代党和国家安全政策基本遵循。2017年，党的十九大报告《决胜全面建成小康社会夺取新时代中国特色社会主义伟大胜利》中指出，要加强国家安全教育，增强全党全国人民国家安全意识，推动全社会形成维护国家安全的强大合力。2018年，习近平总书记在全国教育大会上强调，各级党委和政府要为学校办学安全托底，要依法处理，解决学校后顾之忧，维护老师和学校应有的尊严，保护学生生命安全。2022年，党的二十大作出"以新安全格局保障新发展格局"的战略部署，明确要求"推进国家安全体系和能力现代化，坚决维护国家安全和社会稳定"。同时，党的二十大报告还强调要"全面加强国家安全教育，增强全民国家安全意识，提升全民国家安全素养，筑牢国家安全人民防线"。这一时期，与学校安全相关的政策法规较多，整体可分为综合性政策和专项政策两个层面。

其一，综合性政策。2015年，《中华人民共和国国家安全法》颁布，明确了维护国家安全的各项任务，建立了维护国家安全的各项制度，对当前和今后一个时期维护国家安全的主要任务和措施保障作出了综合性、全局性、基础性安排，为构建和完善国家安全法律制度体系提供了完整的框架。其中，第七十六条规定："国家加强国家安全新闻宣传和舆论引导，通过多种形式开展国家安全宣传教育活动，将国家安全教育纳入国民教育体系和公务员教育培训体系，增强全民国家安全意识。"自此，全民性质的国家安全教育工作有了明确的法律依据与形式依托。2016年，国务院教育督导委员会办公室发布《中小学（幼儿园）安全工作专项督导暂行办法》，从组织管理、制度建设、预警防范、教育演练、重点治理以及事故处理六大方面，强化中小学安全防控工作，提升安全管理水平，督促地方政府及相关职能部门切实承担起主体责任和监管职责。《关于加强中小学幼儿园安全风险防控体系建设的意见》（2017）从完善安全风险预防体系、管控机制、事故和风险化解机制，强化领导责任和保障机制等方面，对中小学和幼儿园安全风险防控体系进行系统制度整合，把保障中小学和幼儿园安全放在公共安全的突出位置，是综合性、指导性较强的学校安全政策文件。《义务教育学校管理标准》（2017）明确了学校主要管理职责，包括建立切实可行的安全与健康管理制度，建设安全卫生的学校基础设施，开展以生活技能为基础的安全健康教育等。2018年，教育部颁布《关于加强大中小学国家安全教育的实施意见》，从内容体系构建、教材研发、学科建设、教学改进、推进建设实践基地、丰富教育资源、加强师资、建立健全评价机制8个方面明确了今后实施国家安全教育的重点工作方向。这是国家首次提出构建国家安全教育体系的要求，对全面实施国家安全教育工作具有更加明确的指导作用。《关于完善安全事故处理机制，维护学校教育教学秩序的意见》（2019），针对以往学校安全事故处置中的焦点、难点问题，尤其是"校闹"问题，构建了从加强预防、减少事故，完善程序、妥善处理纠纷到严格执法、依法惩治"校闹"行为，再到多部门合作、形成共治格局的完整治理体系。2020年，教育部颁布《中小学教育惩戒规则（试行）》，首次以部门规章的形式对教育惩戒作出规定，系统规定了教育惩戒的属性、适用范围以及实施的规则、程序、措施、要求等，把教育惩戒纳入法治轨道，推动学校全面贯彻党的教育方针、落实立德树人根本任务。《中华人民共和国未成年人保护法》（2021）明确提出未成年人六大保护，强调各级政府应建立未成年人保护工作协调机制，详细规定政府及其相关部门的职责，规定监护人监护责任、学生欺凌、性侵害未成年人以及未成年人沉迷网络等内容,为未成年人的健康成长提供了全面的法律保障。《未成年人学校保护规定》(2021)重点围绕"谁来保护""保护什么""如何保护"等问题,系统构建未成年人学校保护的制度体系,明确了学校保护职责、专项保护制度、学校管理要求、保护工作机制、支持监督措施等内容。

其二,专项政策。涵盖诸多学校安全关键领域,包括但不限于安全教育、学生欺凌防治、食品安全、消防安全、学生溺水预防,以及网络安全等。这些专项政策为学校提供了全面、系统的安全保护框架,有效保障学生身心安全。

(1)有关安全教育的政策。《中华人民共和国国防教育法》(2018)规定,国家通过开展国防教育活动使全体公民增强国防观念和忧患意识、掌握提高国防知识和国防技能、发扬爱国主义精神并履行公民国防义务。《中华人民共和国反恐怖主义法》(2018)提出,国家将反恐怖主义纳入国家安全战略,运用政治、经济、法律、文化、教育、外交、军事等手段,开展反恐怖主义工作。《新时代爱国主义教育实施纲要》(2019)阐明新时代爱国主义教育的指导思想、总体要求、基本内容,就教育对象和方法、实践载体、氛围营造、组织领导提出明确要求,为新时代加强爱国主义教育提供了根本遵循;同时,指出要大力弘扬民族精神和时代精神,广泛开展党史、国史和改革开放史教育,强化祖国统一和民族团结进步教育,加强国家安全教育和国防教育。2019年,中共中央办公厅、国务院办公厅颁发《关于深化新时代学校思想政治理论课改革创新的若干意见》,要求研究编制总体国家安全观进课程教材指南,将国家安全教育纳入思政课课程教材体系中。《大中小学国家安全教育指导纲要》(2020)明确国家安全教育主要内容,包括政治、国土、军事、经济、文化、社会、科技、网络、生态、资源、核、海外利益等12个领域安全以及太空、深海、极地、生物等4个不断拓展的新型领域安全,围绕各领域安全的重要性、基本内涵、面临的威胁与挑战、维护的途径与方法等方面提出学习要求。《生命安全与健康教育进中小学课程教材指南》(2021)要求坚持"生命至上、健康第一"理念,增强学生"安全为本"意识和能力,力求做到生命安全与健康教育进教材、进课堂、进学生头脑。内容主要涉及健康行为与生活方式、生长发育与青春期保健、心理健康、传染病预防与突发公共卫生事件应对、安全应急与避险等五大领域，包括健康问题与疾病预防控制、青春期心理、性侵害预防、珍爱生命、社交与社会适应、突发公共卫生事件应对等30个核心要点。《国防教育进中小学课程教材指南》（2021）明确了国防教育的内容范围、载体形式，提出学段、学科要求，以培养学生的家国情怀、忧患意识、英雄气概和国防参与四方面的素养为目标，进一步增强中小学课程教材国防教育的系统性，发挥育人功能。《中华人民共和国国防法》（2021）以专章的形式规定了国防教育，把新时代党关于"加强全民国防教育"的政策主张上升为法律规定。《反间谍安全防范工作规定》（2021）指出，国家安全机关同科技主管部门应指导学校向全体师生开展反间谍安全防范教育。《义务教育课程方案》（2022）指出，要将国家安全、生命安全与健康等重大主题教育有机融入课程，提高思想性。《关于加强和改进新时代全民国防教育工作的意见》（2022）是指导当前和今后一个时期全民国防教育工作的纲领性文件，主要分为着力构建基本格局、突出抓好重点对象、不断丰富实践载体、深入推进宣传普及、大力推动创新发展、充分发挥军队重要作用、切实加强组织保障7个部分。《关于开展大中小学思政课一体化共同体建设的通知》（2022）要求，深入推动全国大中小学开展思政课一体化理论研究和实践探索，切实发挥思政课立德树人关键课程作用，全面增强思政育人效果。《关于组织开展2023年全民国家安全教育日活动的通知》（2023）要求，各地各高校应围绕"贯彻总体国家安全观，增强全民国家安全意识和素养，夯实以新安全格局保障新发展格局的社会基础"主题，深入开展国家安全宣传教育活动。《关于组织开展2023年"全民国防教育月"活动的通知》（2023）要求，以"踔厉奋发强国防 勇毅前行向复兴"为主题，集中组织开展"全民国防教育月"活动，并作出开展基层宣讲活动、开展红色教育活动、开展国防教育进校园活动、开展军营开放活动、开展群众性宣传教育活动、开展网上宣传教育活动等安排。《中华人民共和国爱国主义教育法》（2023）明确规定爱国主义教育内容，包括思想政治、历史文化、国家象征标志、祖国壮美河山和历史文化遗产、宪法和法律、国家统一和民族团结、国家安全和国防、英烈和模范人物事迹等方面。《中华人民共和国反间谍法》（2023）指出，各级人民政府和有关部门应当组织开展反间谍安全防范宣传教育，将反间谍安全防范知识纳入教育、培训、普法宣传内容，增强全民反间谍安全防范意识和国家安全素养。《中华人民共和国保守国家秘密法》（2024）要求，各级保密行政管理部门、保密工作机构及保密干部要面向社会公众广泛开展保密普法宣传活动。

（2）有关学生欺凌防治的政策。2016年，教育部等九部门颁布《关于防治中小学生欺凌和暴力的指导意见》，对积极预防处置学生欺凌和暴力事件提出了宏观性、原则性的指导意见。《加强中小学生欺凌综合治理方案》（2017）严格区分了学生欺凌与打闹嬉戏的界限，明确积极预防与依法处置并重，提出"完善培训机制""建立考评机制""建立问责处理机制""健全依法治理机制"等4个方面的内容，完善了学生欺凌治理的制度体系。《未成年人学校保护规定》（2021）要求，学校应建立学生欺凌防控等专项制度、对学生欺凌等行为的零容忍处理机制和受伤害学生的关爱、帮扶机制。《防范中小学生欺凌专项治理行动工作方案》（2021）要求，全面排查欺凌事件、及时消除隐患问题、依法依规严肃处治、规范欺凌报告制度、切实加强教育引导、健全长效工作机制，指导各地进一步摸排工作死角，织牢联动网络，建设平安校园、和谐校园，促进学生健康快乐成长。《学生欺凌防范处置工作指引（试行）》（2024）强调，明确学校、教育行政部门和公安机关在学生欺凌防范和处置中的职责，完善舆情处置机制、复盘总结机制、督导考评机制和责任追究机制等长效机制。

（3）有关食品安全的政策。2016年，国务院食品安全办等六部门颁布《关于进一步加强学校校园及周边食品安全工作的意见》，指出要明确工作目标、工作重点、工作任务，加大工作力度，形成监管合力，进一步提高学校校园及周边食品安全质量。《关于做好学校食品安全与传染病防控工作的通知》（2017）要求，严格学校食品安全管理、严格学校传染病防控工作、强化卫生防病宣传教育、强化食品安全和传染病防控监督与指导，不断加强学校和幼儿园食品安全管理和传染病防控工作，保障学生身体健康。《学校食品安全与营养健康管理规定》（2019）规定，学校集中用餐实行预防为主、全程监控、属地管理、学校落实和坚持公益便利的原则，建立教育、食品安全监督管理、卫生健康等部门分工负责的工作机制，健全学校食品安全风险防控体系，保障食品安全，促进营养健康。《农村义务教育学生营养改善计划实施办法》（2022）指出，要对供餐管理、资金使用与管理、采购管理、营养健康监测与教育、应急事件处置等作出明确要求，持续改善农村学生的营养健康状况。《校园食品安全排查整治专项行动实施方案》（2023）要求，联合开展校园食品安全排查整治专项行动，着力解决管理不规范、责任落实不到位、食堂环境不卫生、校园食品安全事件多发等突出问题。《关于强化集中用餐单位食堂承包经营食品安全管理工作的通知》（2024）规定，学校、医疗机构和社会团体等集中用餐单位要建立食品安全应急管理和突发事故（件）报告制度，制定食品安全事故处置预案，定期开展食品安全管理人员和从业人员培训。

（4）有关消防安全的政策。《关于做好高等学校消防安全工作的通知》（2019）要求，通过加强消防安全工作的组织领导，健全安全管理制度，强化消防安全教育与演练，开展消防安全专项自查等，提高防范消防安全风险能力。《中华人民共和国消防法》（2021）要求，教育、人力资源行政主管部门和学校、有关职业培训机构应当将消防知识纳入教育、教学、培训的内容。《中小学校、幼儿园消防安全十项规定》（2024）要求，各地中小学校、幼儿园围绕建立消防安全责任制、组织开展消防安全培训教育和制定符合实际的灭火和应急疏散预案等，更加全面消除校园消防隐患。

（5）有关防范学生溺水的政策。2018年，教育部发布《关于防范学生溺水事故的预警通知》，强调各地教育行政部门和学校要按照预防溺水有关工作要求，切实落实安全责任，结合当地水文、水情特点，做好安全教育、联防联控和监督检查等工作，有效防范学生溺水事故发生。《关于做好预防中小学生溺水工作的通知》（2022）指出，要强化思想认识、隐患排查、巡查防控、防护设施、宣传教育、关心关爱、疏堵结合和督导考核，尽最大努力减少学生溺水事件发生，切实保障学生生命安全。

（6）有关学生心理健康的政策。2015年，教育部研究制定《中小学心理辅导室建设指南》，指出要进一步加强和规范中小学心理辅导室建设，对中小学心理辅导室的建设目标、功能定位、基本设置、管理规范等作出明确要求。2023年，教育部等十七部门印发《全面加强和改进新时代学生心理健康工作专项行动计划（2023—2025年）》，要求坚持问题导向和系统观念，统筹各项工作和要素，全面促进学生心理健康，进一步健全健康教育、监测预警、咨询服务、干预处置"四位一体"的学生心理健康工作体系，完善学校、家庭、社会和相关部门协同联动的学生心理健康工作格局。

（7）有关网络安全的政策。《中华人民共和国网络安全法》（2016）明确规定，各级人民政府及其有关部门应当组织开展经常性的网络安全宣传教育，并支持企业和高等学校、职业学校等教育培训机构开展网络安全相关教育与培训，采取多种方式培养网络安全人才。2018年，教育部办公厅发布《关于开展校园不良网贷风险警示教育及相关工作的通知》，要求各地各高校要利用秋季开学前后一段时间，集中开展校园不良网贷风险警示教育工作，大力加强金融安全教育、切实提高风险防范能力、不断完善预警防控机制、持续深化资助体系建设。2023年，国务院第十五次常务会议通过《未成年人网络保护条例》，这是我国出台的首部专门性的未成年人网络保护综合立法。该法重点规定了健全未成年人网络保护体制机制，提升未成年人网络素养，加强网络信息内容建设，保护未成年人个人信息，防止未成年人沉迷网络等内容。

与此同时，各类国家标准与行业规范也相继颁布，如《学生用品的安全通用要求》（GB 21027-2007）、《教学仪器设备安全要求总则》（GB 21746-2008）、《中小学校设计规范》（GB 50099-2011）、《中小学校传染病预防控制工作管理规范指南》（GB 28932-2012）、《学生心理健康教育指南》（GB/T 29433-2012）、《中小学与幼儿园校园周边道路交通设施设置规范》（GA/T 1215-2014）、《学校安全与健康设计通用规范》（GB/30533-2014）、《学生宿舍卫生要求及管理规范》（GB 31177-2014）、《中小学校地震避险指南》（GB/T 33735-2017）、《公共体育设施室外健身设施应用场所安全要求》（GB/T 34284-2017）、《公共体育设施 室外健身设施的配置与管理》（GB/T 34290-2017）、《食品安全国家标准》（GB 19304-2018）、《信息安全技术 个人信息安全规范》（GB/T 35273-2020）、《中小学生安全教育服务规范》（GB/T 38716-2020）、《中小学、幼儿园安全防范要求》（GB/T 29315-2022）和高等学校实验室消防安全管理规范（JY/T 0616-2023）。

总体来讲，这一阶段学校安全政策立足于学校安全的实际需求，积极推动党政同责、一岗双责，形成了政府主导、各职能部门和社会力量广泛参与的多元治理格局。同时，政策聚焦学生欺凌、上下学交通、校园周边环境综合治理等热点问题，注重专项治理，使政策议题更加集中以解决当前紧迫问题。此外，学校安全政策也直面安全教育中的棘手难题（如学生伤害事故处理等），明确了政策指向，为学校安全的深入推进提供了有力支撑，为学校安全的未来发展奠定了坚实基础。

第三节 国外学校安全及相关政策历史演进

维护学校安全，是教育事业发展的底线要求和基本前提。20世纪60年代以来，学校暴力文化泛滥、安全事故频发。学校安全问题遂引起社会各界的广泛关注，各国政府也开始陆续颁布一系列相关政策，并联合学校、社会团体和民间组织等进行多样化的实践探索。本部分主要选取具有一定代表性的美国、英国、日本、韩国和俄罗斯5个国家，探究国外学校安全政策演进及实践情况。

其中，美国、英国、日本较早颁布学校安全相关法案，政策主要聚焦于学校安全管理、学校安全保障和学校安全教育等方面，如日本的《学校教育法》（1947）、英国的《职业健康与安全法案》（1974）、美国的《校园安全法》（1990）等。20世纪90年代，韩国和俄罗斯开始陆续制定学校安全政策。与此同时，各国基于学校安全政策开展了一系列实践探索，如美国设立校园警察机构、开设"关注危险"（Risk Watch）学校安全教育课程；英国制定10年药物计划、消防安全教育培训计划；日本开设"儿童110之家"、配备防范警报器和自动定位系统等。

一、美国学校安全政策演进及实践探索

（一）学校安全政策演进情况

第二次世界大战后，美国弥漫着冲突与混乱，学生犯罪与校园暴力问题开始凸显，校园安全受到严重威胁。美国联邦政府和州政府先后颁布一系列法案，重点解决校园暴力与学生犯罪问题，同时关注饮食安全、网络安全等领域。美国学校安全政策分为探索建构期（20世纪60—90年代中期）和调整发展期（20世纪90年代中期至今）两个阶段。

1. 探索建构期（20 世纪 60—90 年代中期）

20 世纪 60 年代以来，受到民权运动、反文化运动和学校规模扩大等多重因素影响，学生犯罪与校园暴力等现象十分普遍。民权运动和反文化运动的兴起给美国社会带来动荡，传统的社会观念和道德标准受到冲击，一些青少年过于追求个人主义和自由主义，忽视社会规则和法律约束，导致少年犯罪数量激增。此外，随着学校规模的急剧扩大，学校管理和监控难度增加，难以及时发现和干预暴力倾向或行为。这为学生实施暴力提供了一定的空间和机会。

在此背景下，社会各界对校园安全问题变得敏感、焦虑，敦促立法者采取措施。自此，美国联邦政府和州政府开始重视对学生犯罪和校园暴力的预防和治理，积极探索并制定相关法案。1972 年，美国联邦政府颁布《教育法修正案第九条》，禁止在学校课程与教学活动中性别歧视。该法案的颁布是美国反性别歧视立法历史上的里程碑。1974 年，美国联邦政府颁布《青少年暴力预防法》，授权学校处理青少年犯罪和毒品问题。1986 年美国利哈伊大学发生凶杀案[①]后，为了防止校园犯罪的发生，布什总统于 1990 年签署了《克莱瑞法》，通过建设高校自身的及时预警制度、犯罪日志制度以及年度校园安全报告制度等，全面保护高校校园内学生与教职员工的人身财产安全。[②] 1990 年，美国联邦政府颁布《校园安全法》，通过建立犯罪案件统计、安全形势评估、信息披露与报告制度，打击犯罪行为，重建校园安全信心。[③] 该法案要求学校必须及时对校园内及周边地区的犯罪信息作出公示、定期出版校园最新制定的安全政策、定期更新有关威胁校园安全的犯罪统计的年度报告、及时警告学生和教职员工可能对校园安全构成威胁的危机事件。同时，该法案正式确立了校园警察制度，使校园安全治理工作的开展有了充足的法律依据。

---

① 1986 年 4 月 5 日早晨，珍妮·克莱瑞在美国利哈伊大学（Lehigh Clery）被同校一名男生强奸并残忍杀害。1987 年，美国高校至少发生了 31 起谋杀案、1500 多起抢劫案、13000 多起人身伤害案，其中大约只有 4% 的高校会报告说明校园犯罪数据。针对美国高校这一状况，珍妮的父母（Connie 和 Howard Clery）在悲痛之余开始呼吁高校加强安全防卫措施，以防止校园犯罪的发生。

② 杨化. 美国《克莱瑞法案》分析及其对高校个体安全预警的立法启示［J］. 上海公安高等专科学校学报，2013，23（2）：92-96.

③ Hartle, Terry. "Toward a Better Law on Campus Crime"［N］. Chronicle of Higher Education, 2001, 47（18）：10.

《校园安全法》是针对美国校园安全的专门性法律，使校园安全治理有了联邦法律依据，成为现今美国校园安全治理的总纲领。1994年，美国联邦政府颁布《2000年目标：美国教育法案》指出，到2000年，美国的每一所学校不再受暴力的干扰，形成有纪律且适合学习的环境。1994年，美国国会制定《校园禁枪法》，规定对携带枪支上学的学生给予停学一年的处分，对破坏学校安全、违反校纪的学生采用"零容忍"策略①。1995年，美国联邦政府颁布《安全、无毒品的学校和社区法案》，规定在青年暴力、酗酒及其他药物使用方面，为学校和社区方案提供联邦支助，具体包括支持与州和地方学校安全相关的广泛活动（如加强学校建筑的物理安全）、为学校管理人员提供应急管理培训等。该法案为州及地方教育机构等教育组织和非营利组织提供联邦基金和技术方面的支持，设立预防暴力的专项资金。

2. 调整发展期（20世纪90年代中期至今）

20世纪90年代中期，在美国联邦政府和州政府治理下，美国校园安全得到一定程度的保障，但仍存在少年犯罪和校园暴力等现象。美国联邦政府和州政府为保障学生安全，进一步完善预防学生犯罪和校园暴力的法律法规。

美国联邦政府在青少年犯罪、校园暴力等方面提供法律框架，为各州提供指导和支持。1998年，美国联邦政府发布《提前预警、及时回应：学校安全指南》，明确规定安全、无暴力学校的标准，如学校专门开设安全课程，与学生公开讨论校园暴力问题，教给学生解决暴力冲突的策略；学校能够公开地、客观地评述暴力事件，且有完善的暴力防治方案。② 2000年，美国联邦政府颁布《保护我们的孩子：行动指南》，规定减少校园暴力的具体实操步骤。③ 2001年，小布什总统签署《不让一个孩子掉队》法案，要求各州必须统计上报"长期处于危险境地的学校"，并将最终的评估结果公布于众。④ 为

---

① "零容忍政策"是指对所有违法行为进行严厉惩罚的政策，无论违法行为有多轻微。零容忍主要有两个维度：监控和惩罚。监控方面包括监视，包括从大厅监视器，警察和专业保安到摄像头、金属探测器、储物柜搜查，和其他在监狱中更常见的措施。零容忍的另一手段是惩罚。这种方法意味着，对于某些违法行为，比如使用枪支，学生将自动停学至多5天或被学校开除。

② 宋娴. 美国校园暴力及其治理模式［J］. 外国中小学教育，2007（3）：14-18.

③ U. S Department of Education, U. S Department of justice. Safeguarding Our Children: An Action Guide［R］. 2000: 4-35.

④ 杨坤. 美国预防中小学校园暴力的法律措施研究［D］. 沈阳师范大学，2011.

了提高学校的承载能力，2008年，美国联邦政府颁布《高等教育机会法案》，要求教育部门建立一个应对各类紧急情况的灾难计划，支持所有院校制定和实施国家最先进的校园危机处理系统。① 2015年，奥巴马总统授权将《不让一个孩子掉队》改名为《让每个学生都成功法案》。该法案更加注重校园欺凌的早期预防以及对不良行为的矫正，强调对校园欺凌行为应当及早发现，尽早干预。② 2019年，美国教育委员会颁布《提高校园安全系数的政策杠杆》，要求从安全计划、设施与审计、应急演习、威胁评估和校园驻警等方面，保障各州学校安全。2022年，美国国会颁布《两党更安全社区法》。该法案允许各州制定预警法律或危机干预计划，鼓励扩大对18～21岁购枪者的背景调查。③

面对日益频发且影响恶劣的学生犯罪和校园欺凌等事件，各州迅速响应联邦法案，制定各州法案。1999年，佐治亚州率先出台《反校园欺凌法》，要求学校实施明确针对校园欺凌的教育项目。1999年，肯塔基州参议院第71号议案要求州教育厅制定用于暴力预防和解决冲突的创新性计划，并在财政上进行资助。2000年，纽约州政府通过《反暴力安全学校教育法》，要求学校作出制定学校安全计划、实行年度暴力事件制度和设置安检系统等措施。2010年，新泽西州制定《新泽西州反欺凌法》，规定新泽西州各学区需要制定细化的反欺凌政策和全面的校园欺凌预防计划，为反欺凌工作开展提供政策和计划支持。④

为了保障校园安全，美国联邦政府还颁布了食品安全教育、网络安全等政策。在食品安全教育方面，1999年，美国联邦政府在全国初、高中实行学校食品安全教育计划，开设食品科学课程，并建立相关教育网站，重点普及"从农田到餐桌"以及"从食品加工到消费"各环节中的食品安全科学知识。2004年，美国联邦政府颁布《儿童营养和妇女、婴幼儿重新授权法案》，要

---

① 楚琳. 美国《高等教育机会法案》的内容、特点及启示 [J]. 外国教育研究，2009，36（6）：84-87.
② 文慧. 中小学校园欺凌法律治理研究 [D]. 陕西师范大学，2021.
③ Remarks by President Biden at Signing of S. 2938, the Bipartisan Safer Communities Act [EB/OL]. (2022-6-25) [2024-04-8]. https://www.whitehouse.gov/briefing-room/speeches-remarks/2022/06/25/remarks-by-president-biden-at-signing-of-s-2938-the-bipartisan-safer-communities-act/.
④ 李灵. 美国新泽西州校园欺凌预防与干预措施研究 [D]. 辽宁师范大学，2019.

求凡是加入国家校园午餐工程的各地教育机构，必须依法为各管辖学校制定健康政策，包括如何改善饮食来提高学生健康指数、降低青少年肥胖比例。①在网络安全方面，2000年，美国联邦政府颁布《儿童互联网保护法》，要求学校、家长及社会等各方协调解决儿童在互联网上接触淫秽或有害内容的问题。2021年，美国总统拜登签署《2021年K-12网络安全法案》，强调保护全国各地学校维护的敏感信息，加强美国K-12教育机构的网络安全，帮助保护美国学校的信息系统。②

（二）学校安全实践探索情况

20世纪60年代以来，美国学校枪击、校园暴力和偷盗等犯罪现象较为普遍，引发美国联邦和各州的高度重视。在《校园安全法》《校园禁枪法》等法案的指导下，经过多年的探索与治理，涌现出一批典型的实践案例。这些案例在完善学校安全管理工作、提高学校安全教育质量和改善校园氛围等方面取得了良好成效。

1. 设立校园警察机构

20世纪60年代，美国校园内的违法犯罪活动频发，师生的人身、财产安全得不到保障，甚至对社会秩序构成严重威胁。为了保障师生安全，华盛顿州议会率先授予各院校建立警察机构的权力。美国的校园警察机构是学校的职能部门之一，也是美国校园安全保障工作的重要组成部分，旨在及时应对突发情况，维护校园的公共安全。

美国校园警察机构人员在职责、学历和培训方面有严格要求。在职责方面，校园警察需承担防范安全、预防犯罪、执行学校制定的规章制度、维护校园治安秩序和为师生安全服务等安全管理职责。部分校园警察有执法权，可依照法律规定开展侦查破案、打击犯罪等工作。在学历方面，要求校园警察具有较高的文化程度，一般需要学士或硕士学位。在培训方面，校园警察在录用前需进行8周的野外训练，在职校园警察每年接受不同期限的业务培

---

① 王传军. 美国校园对垃圾食品说不[J]. 基础教育论坛, 2013 (23): 59.
② Statement of President Joe Biden on Signing the K-12 Cybersecurity Act Into Law [EB/OL]. (2021-10-08) [2024-04-8]. https://www.whitehouse.gov/briefing-room/statements-releases/2021/10/08/statement-of-president-joe-biden-on-signing-the-k-12-cybersecurity-act-into-law/.

训,不断更新知识技能。美国的校园警察机构在预防和干预校园犯罪、制止校园欺凌方面发挥了重要作用。[①]

2. 建立校园安全"黄金标准"系统

针对频频发生的校园枪支暴力问题,2018年5月,美国得克萨斯城独立学区建立了一套较为全面的校园安全保障系统——校园安全"黄金标准"。这套系统包括完善学区安保硬件和改善学生心理健康等内容。在完善学区安保硬件方面,主要采取5项措施。一是建立一支经验丰富的高水平安保团队,向安保人员配备步枪和无人机。二是教室的窗户玻璃上贴防爆膜,配备具有防弹性能的门锁。三是在各学校入口处安装应急反应设备,确保工作人员在发现危险时,可迅速关闭学校入口。四是建立"共享911"系统,该系统一旦遇到紧急情况,会锁定危险目标、指挥学生就地避难或疏散。五是使用P3校园匿名举报应用程序,家长和学生可通过此程序匿名提供任何有关学生不当行为的信息,如校园欺凌、偷窃、吸毒、性侵等。[②] 在改善学生心理健康方面,学区内每所学校都组建一支由临床心理学专家带队的心理健康专业团队,一旦发现学生在校的不良行为或心理问题,会及时通知家长对学生进行心理健康检查。采用该系统,加强了校园及周边的安全防范工作,促使学校的安全状况明显好转,为广大师生营造了更加安全的学习与工作环境。

3. 实施同伴调解项目

1960年,美国广泛兴起冲突解决教育理论,如约翰逊兄弟的社会互赖理论。为了解决校园暴力等问题,美国以冲突解决教育理论为依据,实施同伴调节项目。同伴调解项目旨在减少校园暴力和学生停学行为、化解校园冲突。该项目激发学生对解决冲突、了解正义和学习法律制度的兴趣,发展学生的批判性思维和问题解决能力,鼓励学生独立解决冲突。

同伴调解项目有其自身调解范围与实施模式。该项目的调节范围仅适用于发生在学生之间程度较低、轻微违反学校规定的冲突行为,如课堂上或课外活动中产生的冲突、轻微的人身攻击和打斗行为等。[③] 同伴调解项目有多

---

① Sloan, J. J. 2007. Campus police [A]. In The Encyclopedia of Police Science [C], ed. J. R. Green, 133-136. New York, NY: Taylor and Francis.
② 田颖. 美国校园安全的黄金标准 [J]. 现代世界警察, 2021, 428 (10): 26-30.
③ Peer Mediation [EB/OL]. [2024-01-16]. https://whmediation.org/peer-mediation/.

种实施模式，其中学生社团模式是美国中小学最常采用的同伴调解项目实施模式。以伊利诺伊州冲突解决研究所开展的学生社团模式为代表，实施过程包括建立项目团队、设计和规划项目、选择和培训调解员、组织项目宣传、运行与维护项目5个阶段。其最大优势在于调解员选择过程的灵活性以及代表学生群体的多样性。[1] 同伴调解项目帮助学生掌握有效沟通、关系修复和问题解决方面的知识和技巧，对预防未来的冲突、减少违纪行为发挥了重要作用[2]。

4. 制定"学校安全计划"

加利福尼亚州属于自然灾害频发地。为了开展自然灾害安全教育，洛杉矶联合学区应急服务办公室制定"学校安全计划"综合性模板，学区内各学校可根据该模板制定各自的"学校安全计划"，并组织开展应急演练[3]。

洛杉矶联合学区内各学校的"学校安全计划"分为三部分。一是学校安全与健康协调计划。该计划通过评估现有学校政策的有效性，为学生创造一个安全积极的环境。二是应急程序。建立紧急救援流程，并制定人员培训计划。三是干预和恢复。确保学校有充足的灾后恢复所需资源。此外，学校采用多元化的"群众参与模式"推动"学校安全计划"的贯彻落实，具体体现在每所学校成立校园危机小组与学校安全委员会。校园危机小组由事故指挥员、小组组长、媒体经理和危机咨询师等人员组成。学校安全委员会负责审查和更新"学校安全计划"。"学习安全计划"的实施进一步提高学生的安全意识与应对技能。

5. 实施尊重步骤项目

鉴于校园欺凌和学校暴力问题普遍发生，20世纪90年代，美国儿童委员会开发专门用于校园欺凌防治项目——尊重步骤项目。该项目旨在创建一个相互尊重、安全的校园，防止校园欺凌事件的发生。

美国华盛顿大学等学校应用尊重步骤项目，主要包括学校层面的环境干预、班级层面的课程干预和个人层面的选择性干预。学校层面的干预措施包

---

[1] Jeff S, Karin V. Managing School Conflict: the Peer Mediation Approach [EB/OL]. (2020-09-05). http://www.cfcj-fcjc.org/sites/default/files/docs/host-ed/16168-managing schooL.pdf.

[2] Robert D H. Unlocking the Learning Potential in Peer Mediation: An Evaluation of Peer Mediator Modeling and Disputant Learning [J]. Conflict Resolution Quaterly, 2005 (2): 141-164.

[3] 学校如何开展安全教育？——美国洛杉矶学校安全教育案例研究. [EB/OL]. (2022-03-27) [2024-01-16]. http://www.gadrrres.net/resources.

括制定反欺凌政策、明确违反规范的后果和成立督导小组等。同时，开展教师培训活动，具体包括提供相关欺凌知识、按照科学流程接收欺凌事件报告和辅导卷入欺凌事件学生等内容。班级层面的干预措施是为学生提供反欺凌课程。反欺凌课程包括友谊始于尊重、交朋友、融入同伴群体、识别欺凌、自信应对欺凌、拒绝欺凌与受欺凌、报告欺凌、什么是旁观者、旁观者的力量和班级反欺凌倡议等10个主题。个人层面的干预措施是教师对卷入欺凌事件的学生提供个人辅导和解决方案，并进行持续追踪、确保欺凌事件完全解决[1]。降低校园欺凌发生率，学生的攻击和受欺凌行为显著减少，反欺凌态度明显好转。该项目成为卓有成效且广泛应用的校园欺凌防治项目[2]。

6. 开设"关注危险"学校安全教育课程

美国中小学安全教育由学校、其他专业机构和社会组织等主体共同参与。1998年，由美国家庭安全委员会提供资助，美国消防协会在众多专业技术组织和各领域权威专家的帮助和支持下，推出"关注危险"安全教育课程。该课程专为中小学生设计，其在课程内容、课程资源、教学方式和教师培训方面有详细的要求[3]。在课程内容方面主要围绕意外伤害进行，具体包括交通工具安全、远离火灾和烫伤、窒息防范、中毒防范、高处跌落防范、武器伤害防范、自行车和行走安全、溺水防范、自然灾害伤害防治九大类。在课程资源方面，课堂卡片是特色之一，卡片背面提供课堂教学目标、教学所需材料、教学步骤等内容。在教学方式上，教师采用玩游戏、看录像、学唱歌、绘画、开办安全集市、创办报纸、表演小喜剧等活动形式向学生传授安全知识，提高安全技能。此外，该课程也非常重视对校长、教师、学校管理者和社区工作人员的持续培训，保证安全教育课程顺利进行。通过开设"关注危险"学校安全教育课程，提升学生识别危险和自我保护的能力。

7. 开设红十字会安全教育课程

1999年，美国红十字会以增长安全知识和提高安全技能为目标，设计了

---

[1] Brown E C, Low S, Smith B H, et aL. Outcomes from a school-randomized controlled trial of steps to respect: A bullying prevention program. School Psychology Review, 2011. 40 (3): 423-443.

[2] Hirschstein M K, Van Schoiack Edstrom L, Frey K S, etaL. Walking the talk in bullying prevention: Teacher implementation variables related to initial impact of the Stepsto Respect program. School Psychology Review, 2007, 36 (1): 3-21.

[3] 刘川. 美国中小学校园安全治理研究 [D]. 广西师范大学, 2022.

面向幼儿园至八年级学生的安全教育课程。该课程已正式列入美国的校园课程，主要有 4 种类型，学校、社区和家庭可以根据自身需要和兴趣选择相应课程。第一种是"小小熊"个人卫生课程，该课程重视关注学生的个人卫生。通过游戏活动、卫生竞赛等丰富有趣的形式开展课程。第二种是青少年急救护理课程，其主要内容是紧急事件应急训练，如面临突发事件、生命受到威胁等情况下应拨打 911 报警电话，需要向警察提供哪些有用信息等。第三种是灾难演习课程，该课程致力于讲授灾难知识和安全防范技能以及在灾难发生时如何作出正确反应等。第四种是水上安全教育课程，该课程通过传授在水边、水中的安全知识，提高学生的安全行为，减少溺亡风险。[①] 截至 2020 年 11 月，美国已有超过 380 个红十字分会在各自的社区通过教育者实施了这一课程，获得 4 个杰出奖项。[②]

二、英国学校安全政策演进及实践探索

（一）学校安全政策演进情况

在英国，"健康与安全"一词最初起源于职业健康领域，主要关注职业岗位方面的健康、安全和福利问题[③]，后被广泛应用于学校等社会组织领域。第二次世界大战后，英国学生价值观缺失，青少年的人格健康发展受到严重挑战与威胁，英国政府对此高度重视，颁布一系列相关政策维护学校安全。英国学校安全政策大致经历了广泛关注期（20 世纪 80 年代至 21 世纪初）和专门关注期（21 世纪初至今）两个阶段。

1. 广泛关注期（20 世纪 80 年代至 21 世纪初）

20 世纪 80 年代至 21 世纪初，英国面临严重的社会问题，如学生价值观缺失、吸毒、艾滋病、药物滥用和凶杀等。各种漠视生命的事件在学校层出

---

① 田茂，李聪影. 美国中小学安全教育的经验与启示［J］. 吉林省教育学院学报（上旬），2013，29（12）：17–18.
② 中国气象局. 美国的儿童防灾教育：美国红十字会"灾难演习"课程计划［EB/OL］.（2020.11.05）. cma.gov.cn.
③ 董新良，姚真. 英国中小学校健康与安全：理念、职责与风险管控［J］. 中国人民大学教育学刊，2019（2）：5–19.

不穷，青少年生命价值观的树立受到了严重的挑战与威胁。对此，英国政府就学生的生命安全与健康教育、学校安全风险防控做了相关规定。

其一，生命安全与健康教育。1988年，英国政府出台《教育改革法案》，规定学校要为学生提供广博、均衡的课程，以达成实现促进学生灵性、道德、社会及文化发展的教育目标，并根据实际情况灵活向学生传授安全知识和安全技巧教育，将安全教育贯穿日常教学工作。1990年，英国政府将健康教育、公民教育、环境教育和生涯教育等学科规定为跨领域国家课程。这些课程的开设意味着包括生命健康教育、生存环境教育等内容的生命教育开始受到英国政府的重视。1992年，英国成立教育标准局，主要督导学校是否传授有关道德观念方面的知识，包括对生命的尊重、诚实和守信、与他人生命的关系、与自己的关系以及与自然界和环境问题等的关系。[①] 2000年，英国教育与就业部[②]颁布《性与关系教育指南》，这是英国颁布的第一个独立的性教育指导文件。《性与关系教育指南》对中小学性与关系教育的实施做了细致的指导和说明：①学校颁布性与关系教育政策包括性与关系教育的界定、提供方式和监督评估等内容；②性与关系教育应放在个人、社会、健康和经济（PSHE）框架中进行；③性与关系教育中教师建立基本的课堂规则、采用疏远技术和鼓励反思等教学策略；④家长和社区广泛合作促进性与关系教育的实施；⑤确立保护隐私和关注少数群体原则等。2002年8月，英国教育与科学部将公民教育作为中等学校（七年级至十一年级）的正式课程、必修课程。[③] 至此，英国建立了以公民教育为核心，以个人、社会和健康和经济教育（PSHE）为辅的生命教育课程体系，标志着生命教育被纳入学校正规教育课程。

其二，学校安全风险防控。1998年，英国议会通过《学校标准与框架法》，明确规定学校教育、继续教育和教育资产委员会的工作职责和注意事项；反校园欺凌是各级公办学校的法定义务，并要求校方制定反校园欺凌的相关政策。同年，英国教育部出台《教育访问中的学生健康与安全》，提出

---

① 王桂岚. 英国中小学的教育督导 [J]. 外国教育研究, 1998 (1)：20-24.
② 英国教育部自20世纪90年代以来，经历了几次频繁更名，从"教育与科学部"到"教育与就业部"，再到"教育与技能部"；继而"儿童、学校与家庭部"成立不久，又改为"教育部"。
③ 徐秉国. 英国的生命教育及启示 [J]. 教育科学, 2006 (4)：84-87.

学校健康与安全管理工作的基本要求，并对学校领导和教职工的健康与安全职责做出了明确规定。此外，要求学校结合实际情况制定健康与安全政策，进一步加强学校安全管理工作，更好地保障学生安全。2003年，英国政府发布绿皮书《每个孩子都重要》，提出关于改革和提高儿童保育的多项提议，要求建立儿童信托关系，共同维护校园安全。①

2. 专门关注期（21世纪初至今）

21世纪以来，英国的学校安全政策从广泛关注期转向专门关注期。英国政府及相关机构从校园欺凌治理、关系与性教育（RSE）和学校安全保障三方面颁布一系列政策，促进学校安全。

（1）校园欺凌治理。英国主要从明确学校职责和权力两方面促进校园欺凌治理的有效落实。①明确学校反欺凌职责。2006年，英国政府颁布《教育和检查法》，规定学校要将防止学生遭受各种形式欺凌的措施纳入校园规定，并将相关规定传达给所有学生、教师和家长。2014年，英国政府颁布《教育（独立学校标准）条例》，规定学校要在合理可行的范围内制订和实施有效的反校园欺凌策略，阻止任何校园欺凌行为的发生。同年，英国教育部发布《预防和应对欺凌——给班主任、教职工和管理机构的建议》，提出学校应从欺凌政策、法律责任以及解决方式等三方面入手，对教职工进行反欺凌培训。②②明确学校反欺凌权力。2006年，英国政府颁布《教育和督学法案》，指出"教师惩罚学生的校外不当行为"的做法是合理的。2011年，英国政府修订《1996年教育法》，规定学校教师及工作人员有权扣押学生的电子设备，并且可检查学生电子设备中的数据和文件，如果有充分理由的话，甚至可删除相关资料。2016年，英国教育部发布《学校中行为与纪律：给校长和学校职工的建议》，指出对于制造混乱或实施欺凌行为的学生，学校可以将其置于隔离室进行反省。这一系列相关法律法规，为学校出台校园欺凌治理方案提供了法源依据，将校园欺凌治理工作置于教育管理的重要位置。

（2）关系与性教育。2017年3月1日，英国政府提议在小学引入"关系

---

① GOV. UK. Every child matters [EB/OL]. (2003-09-08) [2023-08-10]. https://www.gov.uk/government/publications/every-child-matters.

② 董新良，姚真，王瑞朋. 英美两国欺凌防治比较研究——基于学校的视角 [J]. 外国教育研究，2018, 45 (8): 68-78.

教育"（Relationships Education）这一新科目，并将中学科目更名为"关系与性教育"（Relationships and Sex Education），以强调健康关系在关系与性教育中的重要性。2019年，英国政府制定《关系教育、关系和性教育以及健康教育（英格兰）条例》，规定关系教育、关系与性教育成为公立学校基础课程的一部分，并在家长豁免性教育的基础上，规定学生有权豁免关系与性教育中的性教育内容。同年，英国教育部颁布《关于人际关系教育、关系与性教育（RSE）以及健康教育的法定指南》，取代了《性与关系教育指南》。该指南明确规定：①学校在具体教授关系教育、关系与性教育和健康教育必须遵守的法律责任；②关系教育为小学的必修课、关系与性教育为中学的必修课；③学校依托广泛和平衡的课程背景自由决定关系教育与性教育的内容；④指导学校教学策略提供循证和适龄的教学；⑤与家长、社区广泛合作共同致力于关系与性教育的实施等。[1] 2021年，英国教育部发布《每个女孩都上学、保持安全并学习：2021年至2026年5年的全球行动》，要求为女童提供获得性健康和生殖健康服务的机会。[2]

其三，学校安全保障。2011年，英国议会通过《教育法案》，指出总督察负责的学校视察报告中必须包括学生在学校的行为及安全。[3] 在学生安全事故频发、追责问责严峻的形势下，许多学校将学生活动局限于校舍之内，致使学生实践缺失，影响学生安全能力的培养。2012年，英国教育部发布《关于合法职权的健康与安全建议——面向地方政府、学校领导、教职工和董事会》，明确指出中小学生应该更加安全地体验各种各样的活动，并引导他们认识和应对生命中可能出现的风险。同时，从职责划分、教职工培训和事故上报等方面进一步阐释和简化健康与安全规定，确保中小学校活动的正常开

---

[1] Department for Education. Relationships and Sex Education and Health Education [EB/OL]. (2019-06-25) [2023-08-10]. https://www.gov.uk/government/consultations/relationships-and-sex-education-and-health-education.

[2] GOV. UK. Every girl goes to school, stays safe, and learns: 5 years of global action 2021 to 2026 [EB/OL]. (2019-06-25) [2023-08-10]. https://www.gov.uk/government/publications/every-girl-goes-to-school-stays-safe-and-learns-5-years-of-global-action-2021-to-2026.

[3] Legislation.gov.uk. Education Act 2011 [EB/OL]. (2011-11-15) [2023-08-10]. https://www.legislation.gov.uk/ukpga/2011/21/contents.

展。① 2018年，英国政府签署《安全学校宣言》，承诺在暴力冲突时期保护学生、教师、校园的安全。2022年，英国教育部发布《可持续性和气候变化：教育和儿童服务系统的战略》，规定学校要为学生提供参与提高气候适应力、减少碳影响和增强生物多样性活动的实际机会，以教育赋能可持续发展。②2023年，英国教育部颁布《保障儿童教育安全》，详细规定了保障儿童教育安全的内容，工作人员要能够及早发现问题，为儿童提供帮助，促进儿童的福利。③

（二）学校安全实践探索情况

英国作为世界安全绩效强国之一，在学校安全教育和学校安全保障等方面进行了一系列实践探索，提高了学校安全教育的质量，全方位保障了学校安全教育的有效实施。

1. 建立"儿童安全教育联盟"

建立儿童安全教育联盟是英国政府实施中小学校园安全教育的重要方式。诺丁汉大学一项针对全国儿童安全教育联盟的调查显示，7~11岁儿童是接受联盟开展安全教育最多的群体。各联盟所提供的儿童安全教育不仅针对各年龄段，还考虑到有特殊需求的儿童、有视听障碍的儿童、有学习障碍的儿童和残障儿童等特殊儿童群体。④ 这是英国政府为保护儿童健康和安全的一项重大举措，为学校和教师开展中小学安全教育提供途径，让更多的儿童和青年人具备保护自己的知识和技能，避免发生意外伤害事件。⑤

2. 开展"儿童交通俱乐部"教育项目

1989年，英国政府委托有关公司编写适合全国的教育材料，并把该教育

---

① GOV. UK. Childhood obesity: a plan for action [EB/OL]. (2017-01-20) [2023-08-10]. https://www.gov.uk/government/publications/childhood-obesity-a-plan-for-action.

② GOV. UK. Sustainability and climate change: a strategy for the education and children's services systems [EB/OL]. (2023-12-20) [2023-08-10]. https://www.gov.uk/government/publications/sustainability-and-climate-change-strategy/sustainability-and-climate-change-a-strategy-for-the-education-and-childrens-services-systems#action-area-1-climate-education.

③ GOV. UK. Keeping children safe in education [EB/OL]. (2023-12-20) [2023-08-10]. https://www.gov.uk/government/publications/keeping-children-safe-in-education--2.

④ Mulvaney, Watson, Walsh. Practical child safety education in England: Anational survey of the Child Safety Education Coalition [J]. Health Education Journal, 2013, 72 (4): 450-459.

⑤ 郭潇莹. 英国中小学校园安全教育 [J]. 中国德育, 2020 (23): 22-26、36.

项目命名为"儿童交通俱乐部"。这是一项专门针对儿童、父母及看护人的道路交通安全教育项目,旨在通过寓教于乐的方式,促使儿童掌握基本道路交通安全常识并为幼儿家长和看护人提供系统的帮助。该项目针对幼儿园及小学低年级、小学高年级不同年龄阶段的儿童,设置不同的教育内容。幼儿园及小学低年级(5~7岁)的教育内容包括"和成人一起安全地过马路""在车量较大的道路上应该如何做"和"在车里的安全行为"等;小学高年级(7~11岁)包含"独自过马路""骑自行车的安全注意事项"和"行人的安全"等内容。自"儿童交通俱乐部"教育项目开展以来,儿童增加了交通安全知识储备,家长提高了交通安全意识[①]。

3. 开展"儿童性安全"教育项目

2013年7月,英国防止虐待儿童协会(The National Society forthe Prevention of Cruelty to Children,NSPCC)发起了以"内衣规则"(The Underwear Rule)为主题的"儿童性安全"教育项目。通过广播、数字和电视广告等多种途径,向儿童普及性安全的有关知识,鼓励父母和看护人教导儿童如何避免性虐待。

针对4~11岁的儿童,NSPCC发布家长在线指南,通过一个卡通角色"内裤恐龙"(Pantosaurus),普及儿童性安全知识。英国的小学在预备班开学的第一个学期内,借助这只可爱的小恐龙,从一条"内裤"(PANTS)谈起,教给小朋友们一个简单清晰、实操性强、容易记忆的方案。具体体现为:P:Privates are private,即私密处是私密的;A:Always remember your body belongs to you,即永远记住你的身体属于你自己;N:No means no,即"不"就是不;T:Talk about secrets that up set you,即把让你不安的秘密说出来;S:Speak up,some one can help,即说出来,有人可以帮助你[②]。通过开展"儿童性安全"教育项目,增加儿童的性安全知识,减少性虐待等不良行为的发生。

4. 开设心理健康预防课程

为了积极响应2018年英国教育部颁布的白皮书《学校中的心理健康与行为》,英国中小学强调从根源上促进儿童的心理健康,将大量精力用于预防工

---

① 胡树成. 英国儿童道路交通安全教育简介 [J]. 城市交通,2009,7(1):93-95.
② https://www.nspcc.org.uk/keeping-children-safe/support-for-parents/pants-underwear-rule/.

作。为此，英国中小学开发了众多针对儿童心理健康的预防课程，如个人、社会、健康和经济教育等。这些课程主要分为两大类型，即生活技能课程和特定心理问题课程。

其一，生活技能课程。生活技能课程针对儿童的需要，教授其应对心理问题及获得成功生活的技能。如航海小学的生活技能课程，针对小学生的特点，以生活事件为切入点，开展生活技能教学。课程内容聚焦于小学生普遍面临的问题，如处理担心和焦虑情绪的策略、关键成长阶段的过渡、欺凌与友谊等。针对不同年龄阶段或特点的儿童，课程还会进行特殊的设计。如针对六年级学生，课堂教学包含性、毒品、酒精以及人际关系等话题；针对"有需要的儿童"，课程通过小组或"一对一"培训的方式进行特定生活技能教学。

其二，特定心理问题课程。特定心理问题课程主要是针对某项特定的心理问题，如焦虑、抑郁、暴力倾向等开展的心理健康辅导课程。[①] 如奥德汉姆六年制学院针对高中生易发抑郁症等情况，开设了辅导课程。辅导课程主题包括减少对抑郁问题的偏见、识别自己和他人的抑郁以及压力管理。课程通过分享和讨论的方式进行，首先是由学生分享心理问题和经历，其次分组讨论问题解决的策略，最后是由导师与学生进行"一对一"对话，增强学生抵抗压力的能力。通过开设心理健康预防课程，极大减少青少年心理疾病的发生，促进青少年健康快乐成长[②]。

5. 开展反欺凌周活动

为了增强学生对欺凌的识别、防范与应对能力，公益组织反欺凌联盟（The Anti Bullying Alliance）发起的反欺凌周活动，在每年11月对全体学生进行反欺凌教育。其倡导将反欺凌教育纳入学校课程并提供反欺凌活动周的课程计划、活动，倡导通过每年举办反欺凌活动周的活动，广泛宣传网络欺凌的

---

① MARSHALLL, WISHARTR, DUNATCHIKA, SMITHN. Supporting mental health in schools and colleges：Penpor traits of provision. [EB/OL]. (2018 – 05 – 08) [2024 – 01 – 10]. https：//assets. publishing. service. gov. uk/government/uploads/system/uploads/attachment – data/file/705083/Supporting – Mental – Health – pen – portraits. pdf.

② MARSHALLL, WISHARTR, DUNATCHIKA, SMITHN. Supporting mental health in schools andc olleges：Penpor traits ofprovision. [EB/OL]. (2018 – 05 – 08) [2024 – 01 – 10]. https：//assets. publishing. service. gov. uk/government/uploads/system/uploads/attachment – data/file/705083/Supporting – Mental – Health – pen – portraits. pdf.

危害。

如2017年英格兰反欺凌周主题为"各不相同，一律平等"（All Different, All Equal）。活动目标为：①鼓励学生和青年认识、欣赏自己及他人的独特之处；②促使学生和青年了解被重视和包容的重要性，鼓励他们成为自己，不再惧怕欺凌；③鼓励家长和看护人员与学校合作，并且与孩子探讨欺凌、差异和平等话题；④推动教师和专家采取个人行动和集体行动来防止欺凌，鼓励差异与平等，为学生创造安全的环境。[①] 2018年反欺凌周的主题是"选择尊重"，有79%的英国学校参加了反欺凌周活动，覆盖了19200多所学校的750万名学生。[②]

6. 提供网络安全教育在线服务

为引导儿童合理利用网络，英国政府和市级层面均采取一系列举措，为家长和青少年提供24小时网络安全教育在线服务。

其一，政府在全国范围内发起了一项家长在线服务，为家长提供在与孩子交流敏感问题等方面的支持和帮助以及儿童成年生活的相关建议和技巧。家长在线服务也被称为"家长信息"，为家长提供他们所需要的信息，以帮助其从生活中发现儿童自我伤害的迹象，使其在网络世界中拥有健康的身心和良好的理财能力。此外，这项在线服务也会为家长在与孩子交流敏感问题方面提供支持和增强其信心，为其处理具体问题提供帮助。新的在线服务为家长在应对网络风险时提供前所未有的建议和支持。[③]

其二，各市有效利用网络平台处理校园欺凌等一系列校园安全问题，其中，较为典型的是苏格兰格拉斯哥市（Glasgow）建立校园欺凌行为记录网站。苏格兰格拉斯哥市（Glasgow）规定中小学要将所有的校园欺凌行为记录在一个网站内，便于学校及时对欺凌事件展开调查以及教育行政部门集中收集相关数据。

---

① Anti–Bullying Alliance. About Anti–Bullying Week 2017 [EB/OL]. https://www.anti–bullying alliance.org.uk/anti–bullying–week/about–anti–bullying–week–2017.
② Anti–bullying alliance. antibullyingweek2018chooserespect [EB/OL]. [2024–01–10]. https://www.anti–bullying alliance.org.uk/anti–bullying–week/anti–bullyingweek–2018–choose–respect.
③ 赵芳. 英国政府提供在线服务助家长开展网络安全教育 [J]. 世界教育信息，2015，28（19）：77.

三、日本学校安全政策演进及实践探索

（一）学校安全政策演进情况

长期以来，日本学校事故频发，严重影响学生健康成长。学校安全成为社会关注的现实问题。为了更好保障师生安全，日本先后颁布了一系列相关政策。第二次世界大战以后，日本学校安全政策演进大致分为广泛关注期（20 世纪 50 年代—21 世纪初）和深化发展期（21 世纪初至今）。

1. 探索发展期（20 世纪 50 年代—21 世纪初）

第二次世界大战后，日本城市沦为一片废墟，国内经济急剧下滑，人民生活面临困难，教育陷入极度混乱。为恢复学校办学秩序，维护学校安全，日本在食品安全、防灾安全、体育安全等领域出台诸多相关政策，为学校安全开展指明方向。

其一，在食品安全方面。为了缓解战争带来的食物紧缺问题，着眼青少年健康成长，日本国会 1954 年出台《学校供食法》，明确制定学校供餐的规则和体制，具体包括：学校供食目标，经费分配，国家补助，学校、国家与地方公共团体任务等方面内容。该法明确学校安全负责人在卫生管理工作中的责任，规定各校要根据各地区实际情况，制定学校膳食指导总体计划和伙食卫生管理标准，针对性开展饮食教育，培养学生自我保持健康饮食习惯和态度。随着生活水平不断提高，营养不均衡、肥胖比例不断上升等成为社会关注的主要问题，对日本学校科学健康饮食提出新挑战。2005 年，日本国会发布《食育基本法》，明确国家、地方政府、食品相关经营者等在推进改善当地饮食生活工作中的职责，强调各方主体都应认识到饮食教育的重要性，积极开展饮食教育，并规定饮食教育的目的、内容、方式等。

其二，在意外伤害事件防控方面。1961 年，以伊势湾台风引发大范围风暴潮和海水倒灌事件为契机，日本国会颁布《灾害对策促进法》。作为防震减灾的基本法和日本防灾减灾抗灾的"总宪章"。该法涵盖对地震、洪水、海啸、火灾和大型交通事故等的处置办法，提出确立防灾行政体制，明确各方主体责任，制定防灾计划、紧急对策等，综合且有计划地推进防灾行政建

设。该法要求学校有义务依法制定学校安全计划,并按照学校安全计划开展避难训练,包括基础性和创造性避难训练。同年,为预防自然灾害危害学生生命安全,加强学校防灾能力,文部省相继颁布《学校防火规则》《学校防灾业务教育大纲》,明确规定学校应对灾害的对策,把防火教育列入教学大纲,要求中小学校必须对学生进行防灾教育,定期举行防灾训练演习,并规定学校应准备相应的防灾设备,用于救灾和防灾教育。

其三,在体育安全方面。日本国会广泛关注学校保健[①],1958 年,日本国会出台《学校保健法》,规定各校要制定和实施学校安全保健计划;通过日常检查设施设备,维持和改善学校环境卫生和安全;对学生和教职员进行健康诊断和健康咨询;预防传染病,设置校保健技师、校医、校药剂师及保健室等预防危险发生。2009 年,日本国会进一步完善《学校保健法》,并将其更名为《学校保健安全法》。该法在原有安全健康保健内容上增加了有关安全管理的条款,重点强调国家和社会机构团体在维护学校保健安全中的责任,形成了从上级统筹到下级落实的层级化样态。为了动员民众广泛参加体育活动,2011 年,日本国会出台《体育基本法》。该法紧紧围绕体育权利、青少年体育、人际交往、体育事业、残疾人体育、竞技体育、世界和平、加深国民对体育的理解等理念展开,提出应提高体育在残障人体育、职业体育、学校体育中的地位,明确规定学校各方在推进体育事业中的责任与义务,包括学校体育设施维护、学校体育活动保障等。

其四,在校园设施设备安全方面。2001 年,在日本大阪教育大学附属池田小学,发生了一起无差别杀人[②]事件,行凶者于 15 分钟内致使 8 位学生死亡,13 位学生及 2 位老师受到不同程度伤害。这一悲剧再次引起日本政府对学校安全的关注和重视,促使政府重新审视和加强学校安全措施。为了进一步规范学校办学安全、保护师生生命安全,日本文部省于 2001 年颁布《确保儿童安全的安全管理检查项目》,明确指出学校要安装相关的防范设备和设

[①] 在日本,学校保健教育是学校安全教育活动的重要内容。学校保健有两层含义:一是开展健康诊断和健康咨询等保健管理,二是通过保健体育学科来开展保健活动、学习保健知识。

[②] "无差别杀人"是指犯罪嫌疑人和被害人没有仇怨,随机选择作案目标、在作案现场见谁杀谁的杀人案件。犯罪嫌疑人作案是有预谋的,杀人的手段一般也是有预谋的,只是作案的对象是随机的。作案的目的一般是报复社会、挑起族群仇杀等。

施，除学生到校和离校时间以外，学校必须关闭大门并严格检查所有来访者。2006年，日本国会制定《学校安全法》，提出国家和政府作为学校安全基准制定主体、学校设置者及学校本身作为学校安全管理义务主体的责任和义务；规定学校应达到国家制定的学校安全最低标准，包括设置"学校安全基本计划审议会"、规定发生致死致残等重大事故之后的安全基准和建立与学校安全管理事项有关的法令等；设置"学校安全职员"，使安全行政工作制度化，并要求国家必须承担其财政开支；设置"日本学校安全中心"，针对学校发生的事故进行复盘，进而防止类似事故发生；强调学校应利用所有机会进行安全教育。2012年，日本国会针对学校安全问题发布《学校安全金町宣言》，提出学校要制定安全防范计划、加强家庭教育和加强学校安全监管等一系列具体措施，保障学校安全。

2. 深化发展期（21世纪初至今）

21世纪以来，日本学校安全事故不断增加，学生和教职员遭受伤害甚至死亡数量逐步递增，日本国会和文部省围绕校园欺凌、交通安全和突发事故等主题，出台多部学校安全相关政策。

其一，在校园欺凌方面。自21世纪起，学生欺凌已成为日本严重的社会问题之一，学校内发生多起中小学生因受欺凌而自杀的事件。如2006年北海道泷川市小学六年级学生自杀事件和2011年滋贺县大津市中学二年级学生自杀事件等，严重危害学生的身心健康。为了防范学生欺凌事件发生，日本国会于2013年颁布《防止欺凌对策推进法》，规定各级政府和学校在防范学生欺凌事件方面的法律责任与义务，提出学校应完善道德教育和体验活动。基于性暴力和性犯罪不断加剧的现实状况，日本国会于2020年出台《关于加强性犯罪、性暴力对策方针的决定》，强调以学校为中心开展旨在预防儿童性侵害的童年教育和启蒙活动，学校管理人员、教师、保健教师等相关教职员工都应围绕性侵害的严重后果和应对性侵害的措施等分别进行必要的研修，适时传授防性侵害相关知识。该法还要求强化学校提供咨询服务，建立"一站式支撑中心"，包括医疗支援、法律支援和心理支援等。2021年，日本国会相继出台《防止教师性暴力法》《生命安全教育指导规划》，主要对"因对学生实施性暴力而被免职教师的复职条件"做出严格限制，要求国家、地方政府和学校应针对猥亵等性暴力、性犯罪行为进行预防、及早发现并开展调查等。同时，加大对因猥亵行为等免职教师的处罚力度，以防教师猥亵学生，维护学生的身心健康。同年，在此基础上，日本文部省组织编写《为了不被性侵犯 生命安全教育》，强调通过编写生命安全教育教材和指导手册，推进生命安全教育，并针对幼儿期、小学期、初中期、高中期和大学期会遇到的不同暴力情境，分别提出相应的对策建议。

其二，在交通安全方面。日本文部省广泛关注学生上下学交通安全。2018 年，日本文部省颁布《关于学生上学时的安全》，强调警察和学校在确保学生上学、放学时的安全职责，在落实上学通道联合检查及改善环境建设、警察教育委员会与学校之间的信息共享、通过多种载体激活监护、完善防盗教育等方面提出具体措施。随后，日本文部省相继出台《关于令和三年秋季全国交通安全运动的实施》和《关于开展令和四年春季全国交通安全运动》，提出学校和警察等相关机构建立密切合作，促进学校区域内人行道的扩大，通过强化汽车交通限制、设置交通安全检查机制、绘制行人安全地图等措施，创建安全的道路交通环境；要求交通安全教育应涉及幼儿园、中小学和大学全学段，落实到普通学生与特殊学生全人群，各门课程都应进行安全相关指导。

其三，在学生意外伤害防控方面。近年来，操场塌陷事故、校园踩踏事故等意外伤害事故频发，学校意外伤害事故成为日本的关注重点。2009 年，日本文部省修订了针对幼儿园和中小学校的《设施整备指针》，规定学校在建筑设计和设备配置上的标准，具体包括在门、围墙、路灯、监控录像和绿化等方面的要求。规定学校必须定期修剪绿化树木、控制树高，以免妨碍视线，充分防止有犯罪企图的人接近和侵入。2016 年，日本文部省发布《学校事故应对指南》，运用 m – SHELL 模型，从软件、硬件和环境等方面对事故要素进行分析，在整理出各事故发生的原因基础上，提出应对学校安全事故的对策建议，为减少学校安全事故发生提供参考。2021 年，受宫城县白石市因防球网支柱倒塌导致儿童死伤事故影响，为防止此类事故再次发生并确保学校环境的安全，日本文部省出台《关于学校环境中的工件及机器等的安全检查》，明确规定安全检查对象、检查方法和安全措施，规定学校在每个检查项目中的分工和对工件及机器等的安全检查流程。

其四，在学生卫生与健康安全方面。日本十分注重学校传染病预防，

1999年出台《学校应当预防的传染病解说（第一版）》。此后，日本学校保健会根据传染病类型的不断增加和变化，不断更新相关解说，目前已发布至第三版，新版解说在已有的水痘、百日咳、麻疹等传染病基础上新增"非典"等新型传染病、中东呼吸综合征和特定鸟类流感，并详细介绍《学校安全保健法》的修订内容、相关法令政策、学校需要做出的防范措施以及各类传染疾病的具体内容。

此外，2010年，日本文部省组织编制《培养生存能力的学校安全教育》，为各部门践行学校安全提供参考。该手册规定不同学段学校安全教育的目标、内容、推进方法和评价等实施要求。从2012年开始，日本国会每五年出台一部《关于推进学校安全的计划》（以下简称《计划》），目前已出台至第三部《计划》。这三部《计划》均将安全教育和安全管理放在同等地位，提出全面有效推进学校安全的相关举措，构筑学校安全文化。同时，《计划》强调学校应与相关机关合作，充实防灾教育、网络安全教育、生命安全教育等内容，完善安全相关研修、训练和教育方法。

（二）学校安全实践探索情况

学校是育人的场所，最大限度保障学生安全是学校进行正常教育教学活动的基础。近年来，日本在学校安全管理、学校安全保障和学校安全教育等方面做了诸多努力且取得良好成效。

1. 开设"儿童110之家"

20世纪90年代，日本以儿童为对象的犯罪数量明显增多，为减少此类犯罪，日本各地相关主管部门在小学生上学路过的商店、车站、民宅等处为儿童设置专门紧急避难所——"儿童110之家"。警察或者家长到来之前，"儿童110之家"的人员要尽力确保儿童安全。对于有意成为"儿童110之家"的商店、民宅、出租车等，可以主动向地方政府申请，通过申请后统一获发"儿童110之家"的旗帜或牌子，儿童如遇到紧急情况可到贴有该标识的地方寻求帮助。"儿童110之家"标识的设计图案一般为可爱的卡通形象且会张贴在醒目之处，同时会照顾到儿童的视线，将标识张贴在较低位置。贴上"儿童110之家"标识的商店、车站及民宅，其成员不仅需要掌握正确应对儿童上门求助的措施，而且应及时了解本地域的犯罪信息。此外，挂有"儿童110之家"旗帜的机构还会定期举办让儿童认识"儿童110之家"的活动。例如，每年秋季千叶县镰谷市的青年会议所会邀请当地儿童参加南瓜品尝会，帮助儿童认识其地理位置，也会引导儿童在地图的引领下寻找当地其他"儿童110之家"。

除此之外，警方和地方团体还制作了"儿童110之家"专用对应手册。其内容主要包括：设立者要尊重儿童的隐私且有保守儿童秘密的义务；相关人员需对儿童耐心且体贴地安抚；发生紧急情况时要及时联系警察，自己不必去追踪或者试图抓捕给儿童带来危险的人；最重要的是确保儿童的安全等。自"儿童110之家"设立以来，针对儿童的犯罪数量明显下降。日本普及面最广的志愿者活动——"儿童110之家"，真正起到了儿童保护网的作用。

2. 设立"24小时儿童SOS咨询热线"与咨询机构

为了应对校园欺凌问题，更好为遭遇校园欺凌的青少年学生提供全天候的咨询和帮助，2015年，文部科学省专门开通了全国统一的免费求助热线——"24小时儿童SOS咨询热线"。学生一旦遭遇校园欺凌，可以随时拨打该咨询热线，连接所在地区教育委员会。当地教育委员会在收到报警信息后会迅速联系学校和家长了解具体情况，及时对校园欺凌行为进行处理，避免事态进一步恶化。[①] 日本全国各地还设有教育咨询机构。2015年，由都道府县教育委员会所管的教育咨询机构有180所，由市町村教育委员会所管的教育咨询机构有1506所，配合家庭和受害者做疏导工作。此外，全国各地教育委员会给家长提供各种学习机会和相关信息，鼓励亲子活动，支援父亲参与家庭教育，重视家庭在解决校园欺凌问题方面的作用。

3. 配备防范警报器和自动定位系统

日本政府给每一位小学生的书包上都免费配备防范警报器和自动定位系统。当遇到坏人或者是紧急情况时，学生轻轻一拉便可拉响警报以使周围的人听到警报声，警察局等安保部门和家长、学校都能收到报警短信。此外，日本小学生每人至少配有一双鞋垫下安装有GPS定位机器的鞋子，家长们可以将定位机器与手机连接，通过手机查看孩子当前位置信息。若孩子离开父母超过一定距离，机器就会自动发出提示，家长可借此追查孩子的去处。另

[①] 杨本明，王妍，潘雪. 日本校园欺凌的现状、防范机制及对我国校园安全教育的启示[J]. 上海教育科研，2023（1）：37-41.

外，警察及学校安全志愿者还会不定时在学校周围的路上巡逻，如果出现可疑人员，就会在第一时间通知所有小学生放学回家时注意人身安全[①]。防范报警器和自动定位系统的配备在学生安全保护方面起到了重要作用，进一步减少了学生安全问题的发生。

4. 设立家长委员会

家长委员会（Parent – Teacher Association，PTA）发源于19世纪的美国。1945年，美军占领军全面参与日本的战后教学改革，由此PTA开始引入日本。日本的PTA体系由三部分构成：一是社会法人PTA全国协议会；二是PTA地方组织，包括道府县、政令市PTA协议会等61个地方协议会；三是学校PTA，由年级PTA和班级PTA构成。

在日本，家长委员会与学校紧密配合、相互协调，高效推进安全工作的开展。家长委员会成员可以参与学校日常安全检查和上下学安全巡逻、学校安全相关制度的宣传与推广及避难用具、场所和方法的确认与使用等多项工作。家长委员会在保障学校和家庭的信息资源共享的基础上进一步帮助家长理解学校的教育方针和理念，也为孩子在学校的安全生活进行提供辅助。

5. 建立社区沟通合作机制

为了更好保护学生安全，学校与地区街道建立了良好的沟通合作机制，共享相关资源和信息，促进安全工作的开展和实施。合作内容主要包括：警察机关、消防部门等机构定期对学校进行安全教育和演练专业指导；允许运用防灾馆等设施作为学校的安全教学场所；允许学校调查和了解地区街道安全负责人的工作内容；积极参加相关的安全活动，提升安保能力，培养合作精神等[②]。除此之外，日本还在学校附近区域建立了学校、警察和社会普通民众共同参与的、针对可疑者的监视及举报等报警系统来保障学生的安全。同时，日本学校和校内外人士共同组成志愿者安全巡逻队，时时监视校园内外的安全，最大限度为学生的安全保驾护航。

6. 开设防灾课、编写专门教材

日本自然灾害频发，防灾是永远不能忽视的问题。早在20世纪90年代，

[①] 马力晗. 浅议日本对于小学生安全防护的对策［J］. 科技风，2019，（31）：193.

[②] 刘艳. 日本学校安全教育与管理的经验及启示［J］. 教育理论与实践，2019，39（35）：25 – 27.

日本的中小学就开设了防灾课,出版了针对中小学校园安全的教材并根据不同年级安排特定教学内容。日本各都、道、府、县教育委员会都编写有《危机管理和应对手册》或《防灾教育指导资料》等教材,指导各类学校开展危机预防和应对教育。学校除开设防灾课程外,还配有防灾心理辅导员,定期接受防灾咨询。政府还时常派防灾指导人员到学校对学生进行防灾知识教育,提高学生的防灾救灾意识。日本的学校在开学伊始会给学生发放一张地图,要求学生在图上标出放学回家的路线、警察署、公用电话、饮水处和可避难公园的位置。学校还会让儿童在模拟地震晃动的"体验车"里感受地震[①],让学生在模拟环境中感受灾难、深刻体会安全的重要性。

7. 以体育保健课为中心开展安全教育

日本安全教育的一个重要特色是将体育保健课作为实施安全教育的重点课程。体育保健课并非单纯传授体育知识及技能技巧,还包含着保健和安全等重要内容。在日本,小学开设"体育课",保健的内容是其中的一个部分,初中开设"保健体育课",保健的内容所占比重相对增加,高中则完全把"体育课"和"保健课"分开。

小学阶段,体育课保健内容的教学重点是"防止受伤",根据不同年级特点设计特定的保健内容。例如,三四年级主要围绕"每天的生活和安全"和"成长中的身体与我"来进行;五六年级主要围绕"防止受伤""心理健康"和"预防疾病"来进行;初中体育保健课主要以"伤害的防范"为重点;高中的保健课主要以交通安全教育为主。此外,学校把班级当做开展安全教育的主要阵地。在班会中,教师常围绕有关生活安全、交通安全、安全防范、尊重生命和环境问题等设定一些主题,与学生开展谈话讨论,并采取多种形式进行安全指导。在指导时,教师还根据季节的情况(特别是在暑期放假前),配合全校活动计划或是抓住事故发生后的关键时机进行指导。除班会外,在早会或放学前的终会上也很注意进行安全教育。

8. 开展"真人"模拟演练活动

结合生活实际开展安全教育可以激发学生的学习兴趣,也能够使学生更容易接受和学习安全知识和技能。日本中小学在实施安全教育时,十分注重

[①] 喻问琼. 日本防灾安全教育的经验和我国学校的安全教育 [J]. 教育探索, 2011 (7): 155–156.

"真人"模拟演练活动。如学校为了让中小学生切身体会到交通事故的危害，在开展"交通安全教育课程"时会邀请特级替身演员以"真人"的形式进行安全演练，为学生展示各种各样的安全事故现场①。在演练时，由特技替身演员导入交通事故模拟体验教育，高度还原现实生活中可能存在的交通安全事故，这种以"真人演练"的方式进行安全教育可以让学生更加直观感受到安全的重要性，也会起到良好的教育效果。

四、韩国学校安全政策演进及实践探索

（一）学校安全政策演进情况

随着青少年群体中学校安全问题的不断暴露，韩国更加重视学校安全。围绕日益突出的学校安全问题，韩国教育部等出台一系列相关政策和法案，为依法依规开展学校安全工作提供了有力支持。21世纪前，韩国重点关注爱国主义教育、学校饮食安全、校园暴力和交通安全等单一领域。21世纪以来，韩国对于学校安全的关注点从单一领域逐渐扩展到了学校管理和学校安全教育等综合领域。

近代以来，韩国遭受过殖民统治，促使韩国政府非常重视爱国主义教育。1945年，韩国教育委员会提出教育的基本目标是培育具有爱国精神的国民。1948年，韩国政府颁布《教育法》，强调实施公民教育，促使学生了解国家的历史与现状，培养学生的民族精神。1962年，韩国教育部颁布《第二次教育课程改革方案》，提出增强国民意识的培养方案。1968年，韩国政府颁布《国民教育宪章》，明确规定爱国主义教育的目标、任务和内容。为了贯彻落实《国民教育宪章》的精神，韩国学校从纵向和横向两个方面进行爱国主义教育，将"国民伦理教育"贯穿在所有学段和课程中。在《国民教育宪章》的指导下，韩国自20世纪70年代起对国民进行"有国籍的教育"。1973年，韩国进行了第三次课程改革，推广《国民教育宪章》的理念，加强国民精神教育和国防安全保卫教育。进入20世纪80年代，韩国着重强调民族共同体

---

① 肖忠华．日本中小学安全教育的经验与启示［D］．湖南师范大学，2016．

意识并将其融入教育活动中。21世纪后，随着韩国形势的不断变化，韩国政府也逐步修改教育方针，培养适应新时代的具有高度爱国主义觉悟的新一代青年。①

韩国秉持"校餐也是教育"的理念，十分重视学校供餐。1981年，韩国教育部颁布《学校供餐法》，规定各部门职责、学校设施配备、学校营养教师的配备、营养与饮食教育、食物供应、卫生和安全指南等多方面内容。1997年，韩国各地的小学开始提供收费校餐。为了改善校餐，2000年韩国农民和NGO团体（非政府组织）成立"校餐修正完善自治团体"，并制定相应的自治管理条例。2003年，韩国实现小学午餐免费，很多学校委托专门生产集体餐的公司为学生提供午餐。2006年，韩国发生了严重的学校集体食物中毒事件，首尔、京畿、仁川等地多所学校的多名学生发病，免费午餐的安全和营养成为大众关注的焦点。2008年，韩国食品和药物管理局制定《儿童饮食生活安全管理特别法》，提出将学校半径200米范围内设为绿色食品区域，禁止出售影响儿童健康饮食行为的食物。2009年，韩国农业部食品和农村事务部制订《饮食教育支持法案》，指出通过家庭、学校和社区的共同参与，推广传统韩餐并实施营养教育。为了提高学校供餐服务的质量，韩国教育部于2020年修订《学校供餐法》，规定国家和地方政府应提供行政和财政支持，提供高质量的学校膳食服务，通过营养教育继承和发展传统饮食文化，促使学生形成正确的饮食习惯。② 2021年，韩国农林畜产食品部修订《饮食教育支持法案》，规定国家和地方政府应积极开发饮食教育教材并提供相关资源，学校应当每年至少开展两次饮食教育，促进学生健康饮食。③

20世纪90年代以来，频发的韩国校园暴力事件引起了政府和社会各界的广泛关注。为了应对这一日益严重的问题，韩国国会、政府和教育部相继出台一系列政策来遏制校园暴力。1995年，韩国教育部联合多个政府部门发

---

① 马瑞芳. 韩国爱国主义精神探析［D］. 北京：首都师范大学，2014.
② SCHOOL MEALS ACT［EB/OL］.（2020-01-29）［2024-01-18］. https：//www. law. go. kr/LSW/eng/engLsSc. do? menuId = 2&section = bdyText&query = DIET + EDUCATION + &x = 28&y = 15#liBgcolor21.
③ SUPPORT FOR DIET EDUCATION ACT［EB/OL］.（2020-06-15）［2024-01-18］. https：//www. law. go. kr/LSW/eng/engLsSc. do? menuId = 2&section = lawNm&query = SUPPORT + FOR + DIET + EDUCATION + ACT&x = 31&y = 25#liBgcolor0.

布《校园暴力根治对策》,指出在教育部设立全国校园暴力防治本部,统筹全国校园欺凌和暴力问题应对工作。2004年,韩国教育部出台《校园暴力预防及对策法》,强调建立以政府为主导的全民治理机制,明确校园暴力防治政策推进中的各有关部门和学校的职责;规定有关校园暴力"预防教育的实施""对受害、加害学生的处理措施"和"调解纠纷"等方面的内容。同时,该法案要求教育部每隔五年制定一次《关于校园暴力预防及对策五年规划》。2011年,韩国连续发生3起由校园暴力引发的学生自杀事件,引起社会震动,也给韩国政府敲响警钟。随之,韩国政府相继颁布《校园暴力根治综合办法》(2012)、《"以学校现场为中心"校园暴力应对政策》(2013)、《2014年度"以学校现场为中心"校园暴力应对政策的促进计划》(2014),旨在通过一系列学校安全法案的出台及校园暴力防治项目的推进,建立以学校为主体,学生、家长及社会主动参与的新型校园暴力防治机制,构建一个"零暴力"温馨和谐的教育环境。① 运用惩罚措施治理校园暴力问题的效果有限,对此进行人性教育来抑制校园暴力。2015年,韩国国会颁布《人性教育振兴法》,以法律形式将人性教育②确立为韩国幼儿园及中小学的必修课,通过品性、艺能和体能等多样化和全方位的教育,完善综合型的人格。各级政府和学校为人性教育设立单独预算并制订相关教学计划,所有教师必须参加人性教育培训。2016年,韩国教育部制定《人性教育五年综合计划》,开展以人性教育为基础的校园暴力预防教育,主要包括开发及推广实施国家级的"防校园暴力项目"③以及扩大运营"同伴学校"④。随着学生对网络依赖程度的加深,学校暴力变得更加多样化和隐秘,需提供更多元的预防教育项目来抑制校园暴力。2018年,韩国教育部出台《2018年校园暴力预防教育推进方案》,规定开发并推广实施国家层面的"防校园暴力项目",开发信息伦理教育资料,

---

① 吕君. 韩国《"以学校现场为中心"校园暴力应对政策》述评[J]. 比较教育研究, 2016, 38(1): 84 – 89.

② "人性教育"是指以培养健康、正直、与他人、社区、自然一起生活所需的人性品格和能力为目的的教育。

③ "防校园暴力项目"是指通过共感与沟通形成幸福校园,是支援学生自我理解、自尊等内心成长的匹配型校园暴力预防教育项目。

④ "同伴学校"是指以学校为单位自主性的实施预防活动及支援在预防教育实施方面有困难的学校,主要目的是改善学生生活指导的条件。

普及网络暴力预防教育，推广网络暴力预防示范学校，构建网络暴力预防、咨询的支援团等内容，营造学生安全和幸福的校园生活氛围。① 2020 年，女性家族部颁布《性暴力预防和受害者保护法》，指出每年将有一周被指定为性暴力预防周，开展性教育和性暴力预防教育，制作防止性暴力宣传片，制定基于残疾人的特殊需求教育方案以及培训专业教师，帮助预防性暴力。② 2021 年，韩国妇女和家庭部颁布《保护儿童和青少年免受性侵犯法》，指出国家和地方政府应为国民提供教育和指导，预防儿童或青年的性犯罪，保护他们免受性剥削和性虐待。③

为了降低儿童交通死亡率，韩国于 1995 年实施针对儿童和成年人的交通安全教育。1996 年，韩国教育科学技术部要求幼儿园每年教授 30 个小时的道路安全教育，并强制要求小学、初中和高中每年讲授 21～23 小时的安全教育。为了使交通安全教育强制化，韩国政府于 2000 年修正《儿童福利法》。其中，关于道路交通安全方面，规定幼儿园教育注重教授人行道、横过道路和乘坐校车的规则；小学教育注重了解上放学路的交通规则和乘坐不同形式的交通工具；初中和高中教育注重使用和维护自行车、了解交通规则，防止意外发生。自此以前，韩国没有专门的校车安全管理制度，校车发生事故的频率较高。为此韩国出台和修订相关法案，降低交通事故发生频率。2006 年，韩国交通部修订的《道路交通法》指出，完善有关学生通勤车辆的安全管理，对校车申请、更换、保险、行驶规则、司机的义务与责任等内容进行规定。2009 年，韩国交通部修订《交通事故处理特例法》，指出严重处罚在儿童保护区域内造成交通事故的人员，相关行政机构也对事故承担连带责任。2010 年，韩国行政安全部与教育科学技术部、警署、市民团体联合制定《强化儿童保护区域交通安全的对策方案》，指出增加指定 6000 处儿童保护区域，

---

① 全婵兰. 韩国《2018 年校园暴力预防教育推进方案》述评［J］. 中小学心理健康教育，2018，(20)：27-30.
② SEXUAL VIOLENCE PREVENTION AND VICTIMS PROTECTIONACT［EB/OL］.（2020-10-20）［2024-01-18］. https：//www. law. go. kr/LSW/eng/engLsSc. do? menuId = 2&section = bdyText&query = + Sexual + Harassment + and + Violence + Cases + in + Universities&x = 25&y = 28#liBgcolor3.
③ CHILD SAFETY MANAGEMENT ACT［EB/OL］.（2020-05-26）［2024-01-18］. https：//www. law. go. kr/LSW/eng/engLsSc. do? menuId = 2&section = bdyText&query = Enforcement + order + of + personal + information + protection + law&x = 46&y = 24#liBgcolor21.

并对在儿童保护区域内违反交通规则的车辆处以双倍以上罚款。①

2001—2003年，韩国学校发生的学生安全事故不断增长，为预防和应对学校安全事故，教育人力资源部等部门出台相关政策法案。2004年，韩国教育人力资源部出台《学校安全事故预防及赔偿的特别法》，规定做好学校安全事故的预防；在事故发生时，给予受害者适当的赔偿，以减轻事故相关人员的经济负担，保证教学活动的正常进行。2008年，韩国教育人力资源部修订《学校安全事故预防及赔偿的特别法》，规定成立"学校安全互助政策审议委员会"，审议学校事故预防及学校事故赔偿互助项目，并规定实施学校事故赔偿互助项目的必要事项。② 针对许多学校存在老化、废弃的设施继续使用甚至在个别学校引发重大安全事故等问题，韩国教育部于2019年颁布《教育设施安全和维护法》。该法规定教育设施安全相关机构和组织可以向国家和地方政府申请所需资金，维修或更换教育设施，以弥补教育设施安全事故造成的损害或防止此类事故的发生。此外，该法案要求教育部部长建立教育设施安全研究所，履行与教育设施维护及教育设施互助方案有关的职能。③

2014年"世越号"沉船事件发生，反映出安全教育存在缺失。随之，韩国教育部颁布安全教育相关政策。2015年，韩国教育部发布《学校安全教育七大标准方案》，明确规定学校安全教育应涵盖生活安全、交通安全、暴力预防和人身保护、预防毒品与网络成瘾、灾害安全、职业安全和急救处理七大领域，并进一步细化为25个中分类和52个小分类。2018年，韩国教育部修订《学校安全教育七大标准方案》，规定七大领域和中分类保持不变，小分类从原来的52个增加为56个，将新近出现的环境污染等社会问题纳入其中。2022年，韩国首尔龙山区梨泰院一带发生大规模踩踏事故，引起韩国社会关注。为了防止类似大规模踩踏事故再次发生，韩国教育部再次修订《学校安全教育七大领域标准方案》，要求在安全教育课程中增加正确使用媒体、心肺复苏术培训和人群密集场所的安全守则等内容。其中，正确使用媒体的教育

---

① 本刊编辑部. 国外校车：如何实现"最安全"（下篇）[J]. 平安校园，2014（4）：60-63.
② 柳京淑. 韩国学校事故处理探析——以韩国汉城学校安全协议会为例[J]. 比较教育研究，2005（7）：58-62.
③ ACT ON THE SAFETY AND MAINTENANCE OF EDUCATIONAL FACILITIES [EB/OL]. (2019-12-03) [2024-01-18]. https://www.law.go.kr/LSW/eng/engLsSc.do?menuId=2&section=bdyText&query=&x=20&y=29#liBgcolor14.

内容被纳入"暴力预防和人身保护"领域；火灾、爆炸、恐怖袭击、洪水、台风等自然灾害和事故的应对要领包含在"灾害安全"领域之中；供餐室、大型超市、演出场等人群聚集场所的安全守则则包含在"生活安全"领域。提高学生在大规模人群密集的地区判断危险的能力，维护自身安全。①

学校暴力、非法摄影、毒品、多重密集事故、火灾地震、交通事故、侵犯教育权等问题频发，引发了社会对学校安全的广泛关注。对此，2023年，韩国教育部出台《新学期安全学校推进方案》，强调建设没有暴力、没有事故、健康和保护权利的学校。具体包括以下措施：第一，建立学校——警察局——有关机关之间的共同应对体系，利用学校用地、指定单行线等方式在上下学路上设置中央部门、地方自治团体、专门机关等联合检查儿童走学路；杜绝校内非法拍摄，普及检查非法拍摄仪器的手段，建立高科技应用检查体系。第二，检查学校设施，维修加固危险设施；利用体验馆进行安全教育，通过实习型灾难安全训练进行急救教育，提高应对地震、多重密集情况等灾难的能力。第三，完善防疫体系；扩大学生心理健康管理和心理支持；加强毒品预防教育。第四，加强侵犯教育活动的预防和应对；构建学生个性化综合支援体系，支持所有学生全面成长。②

（二）学校安全实践探索情况

韩国政府、教育部以及各级各类学校积极开展学校安全实践探索，通过建立"10校1警"的高效型校园安全管理体系，实行"步行校车"计划，在学校内部设置"校园欺凌自治委员会"和"校园欺凌专职机构"，成立"学校安全协议会"等保障学校安全。此外，韩国学校开展以"互动项目"为中心的校园暴力预防教育，开展"水上交通安全知识进校园"活动等，助力学校安全教育开展。

1. 建立"10校1警"校园安全管理体系

---

① '밀집사고 방지' 학교 안전교육 강화…"위험 인지-회피 방법 배워야" [EB/OL]. (2022 - 11 - 01) [2024 - 01 - 18]. https：//www. donga. com/news/article/all/20221101/116260387/1.

② 교육부. "다시 시작되는 학교, 안심하고 보내세요!" [EB/OL]. [2023 - 02 - 22]. https：//www. moe. go. kr/boardCnts/viewRenew. do？boardID = 294&boardSeq = 94001&lev = 0&searchType = null&statusYN = W&page = 1&s = moe&m = 020402&opType = N.

21世纪以来,韩国校园暴力事件频发,引起教育部高度重视。教育部要求学校建立"10校1警"校园安全管理体系来预防校园暴力。韩国学校把校园半径两百米以内的区域指定为"安全区域",并对这些安全区域实施"警察负责制",逐步形成"10校1警"的高效型校园安全管理体系。此外,为了进一步完善校园安全管理体系,在校园内及校园周边安装高像素的监控摄像头,加强校警、民警及志愿者对学校及周边地区的治安巡逻,尤其是夜间的巡逻及防范控制。

2. 划定"儿童保护区域"

21世纪以来,韩国校园周边校车与货车发生碰撞、校车失灵冲撞高架桥和学生过马路被撞等交通安全事故频发,引起韩国政府和学校对学校周边交通安全的重视。韩国政府于2010年划分特殊学校、幼儿园和小学等学校主要出入口半径300米以内的道路区域为"儿童保护区域",并规定在保护区域内违反交通法规将受到双倍处罚。[①] 2010年,韩国行政安全部宣布投入700亿韩元,在全国所有"儿童保护区域"安装监控录像设备,并组建"儿童保护区域改善专门小组"以加强对儿童的道路交通安全教育,增加划定儿童保护区域,增设减速带、改善安全设施,切实执行对在儿童保护区域内违规停车、超速等行为的加倍处罚。

3. 实施"步行校车"计划

21世纪以来,儿童保护区的交通事故呈逐年上升趋势,为了进一步加强对儿童的安全保障,韩国行政安全部于2010年5月31日协同教科部、警察厅与"安全生活实践市民联合"和"母亲指导者会"等16个与儿童安全有关的民间团体共同签署了"保障儿童交通安全"工作协议,通过实行"步行校车"计划的决议。"步行校车"(Walking School Bus)是指由穿黑色制服的志愿者在固定的时间和地点,带领上学、放学的小学生一起安全步行。每条上学、放学路线由两名志愿者负责,其中一人作为"司机"在前面,另一人作为"指挥"在后面,负责维持"车"内秩序,使学生顺利到达学校。"步行校车"也设置固定的"站点"以及固定的"时刻表"。"步行校车"制度

---

① 刘敏,姜晓燕,金东贤,李协京,王小飞. 看看法、俄、韩、日、美的校园安全措施[J]. 安全与健康,2014(10):32-33.

先在韩国 16 个市、道的 38 个学校试运行，逐步在全国范围内扩大推广。[①]
"步行校车"制度对于保障学生安全有着积极意义。其一，学生步行上学和放学这种经常性有规律的活动使学生身体活动总量增加，对学生的身体健康具有长远影响。其二，"步行校车"模式经大量推广和使用后，学校周边车流量减少，在缓解交通拥堵的同时使学生步行更安全，从而更进一步增加学生步行的意愿。[②]

4. 设立"校园欺凌自治委员会"和"校园欺凌专职机构"

根据韩国《校园欺凌预防及对策相关法》第十二条、第十三条和第十四条相关内容，教育部要求在学校内部设立"校园欺凌自治委员会"和"校园欺凌专职机构"。"校园欺凌自治委员会"主要包括学校教师、家长、法律界人士、警察界人士、医生等成员，主要职能包括负责制定保护学生的校本措施，讨论并公布对加害学生的处罚决定，调节被害人与加害人之间的矛盾纠纷等。各学校还要成立"校园欺凌专职机构"，专职机构的负责人由校监担任，全面负责该机构的运行。在校监的领导下，机构主要成员由欺凌事件担当教师、卫生保健教师和专业心理咨询师构成。[③] 担当教师负责欺凌事件的初步调查，与班主任、学年组长、心理咨询教师等合作，详细记录校园欺凌被害学生和加害学生对事件发生原因与过程的描述，保护现场证据和证人，并向"校园欺凌自治委员会"报告相关情况；卫生保健教师负责对欺凌事件中身体遭受侵害的学生进行救治和康复管理；专业心理咨询师主要对欺凌被害学生和加害学生进行心理疏导与诊疗。

5. 成立"扶安青少年综合支援团"

为了有效解决校园暴力引发的问题，全罗北道扶安郡警察署于 2012 年 5 月与当地 14 个机构及社团成立"扶安青少年综合支援团"。该支援团共有 200 余人，支援团主要作用在于对因遭受校园暴力而身心受损的学生进行帮助。一旦发现校园暴力事件，支援团将派出警察、专家共同对受害学生的家

[①] 中国驻韩国使馆教育处. 韩国加强学校周边交通安全管理 [J]. 基础教育参考，2011 (5)：27.

[②] 冯晓玲. 中小学课外体育活动的延伸——"步行校车"的启示及引入中国构想 [C] //中国体育科学学会（China Sport Science Society）. 2015 第十届全国体育科学大会论文摘要汇编（一）. [出版者不详]，2015：3.

[③] Hatzenbuehler ML, etaL. Associations betweer nanti – bullying policies and bullyingin 25 states [J]. JAMA Pediatrics, 2015, (10).

庭生活环境等进行调查,并对其进行心理检查和性格测试,通过不同的治疗手段恢复学生的身心健康。同时,为学生提供医疗、法律、人生规划等方面的咨询服务,让受害人尽快恢复正常生活。对于遭受校园暴力而放弃学业的学生,支援团还为其提供就业方面的帮助。[①]

6. 成立"学校安全协议会"

为了维持正常的学校教学秩序、有效调解学校和家长之间的事故纠纷,韩国汉城特别市教育厅于1987年在16个市、道陆续成立了"学校安全协议会",旨在调解学校与学生家长之间因学校安全事故引发的纠纷。当事故发生时,"学校安全协议会"会对受害人进行补偿,协调学校与家长之间的矛盾。2004年,"学校安全协议会"更名为"学校安全保险联合会",对在学校教育教学活动中发生的非因自然灾害引起的安全事故,给予适当补偿。

7. 启动"预防网络成瘾运动"项目

为了有效预防青少年网络成瘾问题,韩国青年委员会启动"预防网络成瘾运动"项目(Internet Addiction Prevention Campaign)。该项目的目标人群为教师和学生,其主要内容包括过滤有害网络信息、开展预防网络成瘾教育、培训顾问和治疗师以及免费提供网络成瘾咨询与治疗。该项目还发起了"青年巡逻行动"(Youth Patrol),旨在通过积极的同伴影响提高青少年网络自控与识别能力,传播健康的网络文化与网络伦理。

8. 通过学科开展性教育

韩国中小学的性教育是通过体育、家政、国民伦理等关联学科进行。韩国文教部在1966年发布青少年性教育指导方针,从1968年开始在初、高中的生物、体育和家政等相关学科的教学中实施以性伦理为重点、以"纯洁教育"为名的性教育。进入20世纪70年代以后,韩国文教当局积极倡导性教育。从1982年开始,文教部选择了性教育试点学校,发布《性教育指导资料——初高中学校教师用》,以任课教师为中心,组织了"促进性教育协同协议会",并开办以家长为对象的性教育讲习会。1990年,教育部发行了供中学教师使用的性教育指导资料,强调要向学生讲授婚前性关系与妊娠、性暴

---

① 陶建国. 韩国校园暴力立法及对策研究[J]. 比较教育研究, 2015, 37 (3): 55–60.

力、艾滋病等相关问题。①

9. 开展以"互动项目"为中心的预防校园暴力教育

为了预防校园暴力事件发生,韩国开展以"互动项目"为中心的校园暴力预防教育。"互动项目"是由芬兰土尔库大学开发研究的创新型校园暴力预防项目,被称作韩国型的"KiVa 项目",是一项旨在提高教师与学生对校园暴力的认识、应对及共感能力的体验型校园暴力预防教育活动。"互动项目"主要包括针对教师与学生的共感、沟通、纷争解决、自尊、感情调适、对校园暴力的认识及应对六方面内容,由学校开展诸如模拟心理咨询、模拟纠纷调解、模拟法庭等多种形式的活动,以预防校园暴力。②

10. 开展"水上交通安全知识进校园"活动

为了给学生普及交通安全知识,韩国交通运输部和教育部于 2014 年启动"水上交通安全知识进校园活动"。该活动以"水上平安交通,安全伴我成长"为主题,开展水上交通安全主题教育、安全知识宣传、现场演练、"海事开放日"等系列活动。主题教育以班级或学校为单位,通过互动演示、现场模拟、视频动画等趣味性强的教学方式,让广大师生了解水上交通安全常识,掌握事故防范和求生自救的基本技能。安全知识宣传通过编印教育指南、张贴宣传画、发放提示卡、播放教育片等形式,宣传紧急情况下的应急部署及应变知识、救生设备的使用方法等。"海事开放日"通过组织参观海巡船、搜救指挥中心等,丰富学生、家长、教师的航海知识。各级海事部门、教育主管部门合力推动建立由教育部门主导,海事、学校、社区和家庭等联动,社会资源广泛参与的小学生水上安全教育长效机制。③

11. 举办"韩国互联网梦之星"活动

针对韩国青少年中流行的"追星"文化,韩国互联网安全局(Korea Internet and Security Agency)推出了"韩国互联网梦之星"活动。该活动的主要内容包括评选拥有健康数字文化形象的青年榜样、举办网络素养与伦理讲座以及开展名为"创建美丽网络世界"的竞赛。韩国教育部要求学校开展与

---

① 索丰. 韩国中小学的健康教育 [J]. 外国教育研究, 2001 (3): 12 – 16、27.
② 吕君, 韩大东. 韩国青少年校园暴力情况及相关政策 [J]. 当代青年研究, 2016 (5): 16 – 20.
③ 两部启动水上交通安全知识进校园活动 [J]. 航海技术, 2014 (4): 40.

网络责任和安全相关的系列教育活动,成立网络安全教育中心,并组织研究和开发各种 ICT 伦理教育资源,促进网络成瘾的预防与治疗。①

五、俄罗斯学校安全政策演进及实践探索

(一) 学校安全政策演进情况

早在苏联时期,苏维埃社会主义共和国就尤为重视学校安全工作,将各级各类学校安全工作纳入国家管理范畴之内,学校安全工作处于相对有序状态。20 世纪 90 年代以来,随着苏联解体以及社会急剧转型,学生面临的生命安全威胁日益严峻,价值观混乱和犯罪率上升成为突出问题,俄罗斯政府从国家立法层面加强学校安全,为学校安全提供法律基础和制度保障。《俄罗斯联邦国家安全战略》《俄罗斯联邦教育法》和《俄罗斯联邦儿童权利基本保障法》等法律法规,强调国家为学生健康成长建立社会机制的必要性,明确提出保障学生基本生活和健康的具体要求。其中,《俄罗斯联邦国家安全战略》是关于国家安全的综合性指导方略,包括军事、政治、经济和文化等在内的多个方面,强调以国家安全稳定为基础,为学生创造良好的学习和成长环境。《俄罗斯联邦教育法》作为俄罗斯教育领域的基本法律,明确规定了国家在教育方面的责任和义务。《俄罗斯联邦儿童权利基本保障法》强调国家和社会在保障儿童权益方面的责任,包括为儿童提供必要的生活保障、医疗保障和教育保障等。20 世纪 90 年代至 21 世纪初,俄罗斯以保障学生安全为旨要,重点关注以生命安全教育为重心的公共安全教育;21 世纪初至今,俄罗斯出于对世界局势与政治形态的考虑,推动学校安全教育不断向国家复兴靠拢,重点关注爱国主义教育、网络安全教育等,着重培养学生国家利益至上理念。

20 世纪 90 年代,俄罗斯关注学生公共安全,生命安全教育相关文件逐步系统化、规范化。1991 年,俄罗斯联邦教育部颁布《253 号决议》,规定自

---

① 周小李,王方舟. 数字公民教育:亚太地区的政策与实践 [J]. 比较教育研究,2019,41 (8):3–10.

1991 年 9 月 1 日起，在基础教育阶段的二年级、三年级、六年级、七年级、十年级和十一年级开设安全教育课程①。同年，俄罗斯联邦教育部颁布《国立普通学校开设新课程〈生命安全基础知识〉》，提出在中小学生课程中增设《生命安全基础知识》课程。1994 年，俄罗斯联邦教育部与国防部联合颁发《关于在俄罗斯组织和开展安全学校的实验（草案）》，强调将生命安全基础知识纳入学校课程大纲，使生命安全教育贯穿于学生整个基础教育过程。同时，俄罗斯联邦教育部开始试行《生命安全基础》教学大纲。该大纲指出，《生命安全基础》课程旨在帮助学生构建预防有关自然和人为危险、有害因素的科学知识体系，引导学生习得识别自身及周围危险因素的基本知识和技能②。1997 年，俄罗斯普通教育与职业教育监察委员会颁布《生命安全基础课程最低内容限度》，明确"生命安全基础"课程的教学内容包括学生识别周围环境中存在的危险因素，可能造成的危险以及预防措施，掌握应急常识和急救技能，学习国防与军事基础知识等，保证学校安全教育教学内容有标可依③。2003 年，俄罗斯联邦教育部颁布《普通教育国家教育标准成分（草案）》，规定将生命安全基础知识课程作为学校必修课程，并将该门课程成绩纳入毕业鉴定内容。

21 世纪以来，俄罗斯面临国内外多重安全威胁，对外受美国和北约等国际威胁，对内恐怖主义事件频发。国家安全教育成为俄罗斯学校安全教育的重心，强调在保障学生生命安全基础上实现国家安全。其一，为了应对国内外威胁发布一系列国家安全政策。俄罗斯于 1997 年、2000 年、2009 年、2015 年与 2021 年先后出台五版《俄罗斯联邦国家安全战略》。其中，1997 年，叶利钦总统签署《俄罗斯联邦国家安全构想》；1999 年，叶利钦总统签署《俄罗斯联邦国家安全战略》；2009 年、2015 年和 2021 年，普京总统签署并通过《俄罗斯联邦国家安全战略》④。以上法案明确了俄罗斯在国防、社会、经济、科技等重要领域的安全威胁、战略利益与应对策略等，并指出加

---

① ЛогиноваВ. И. плохиепривычкихорошихдетей［M］. Москва：Просвещение，2012. 107. 221.
② 杨依依. 俄罗斯中小学安全教育课程安排及启示［J］. 新西部，2019（29）：165 - 166.
③ 杨依依. 俄罗斯中小学安全教育课程安排及启示［J］. 新西部，2019（29）：165 - 166.
④ 《俄罗斯国家安全战略》修订过五版。1997 年，俄罗斯颁布《国家安全构想》；1999 年起，俄罗斯将《国家安全构想》修改命名为《俄罗斯国家安全战略》，沿用至今。

强爱国主义教育已成为俄罗斯施政规划的重要组成部分。① 2014年以来，因克里米亚事件，以美国为首的北约国家在政治、经济、军事和外交等领域对俄罗斯全面施压，俄罗斯地缘环境加剧恶化。2020年，俄罗斯国家杜马②和联邦委员会通过《俄罗斯联邦宪法（修正版）》，将国家安全教育和训练列为正式课程。2021年，普京总统签署新版《俄罗斯联邦国家安全战略》，详细规划未来俄罗斯国家安全保障领域的重要利益、优先方向和政策目标，并指出国家应为公民提供优质教育。其二，就维护国家安全发布一系列爱国主义教育政策。俄罗斯是最早把爱国主义教育写入国家教育法中的国家之一。2001年以来，俄罗斯高度重视公民爱国主义教育，每隔五年颁布一版《俄罗斯联邦公民爱国主义教育纲要》，旨在保障爱国主义教育的连续性和系统性。2001年，经济解体、社会分化等对俄罗斯国内多数社会公民造成负面影响，第一版《俄罗斯联邦公民爱国主义教育纲要》问世，拉开了俄罗斯构建公民爱国主义教育体系以实现民族复兴的序幕。③ 2006年，第二版《俄罗斯联邦公民爱国主义教育纲要（2006—2010）》颁布，重点解决爱国主义教育组织机构建设不完善、普及程度不高等遗留问题，要求国家机构和社会组织以培养青少年爱国主义精神为教育重点，共同实施爱国主义教育活动。④ 2011年，第三版《俄罗斯联邦公民爱国主义教育纲要（2011—2015）》颁布，强调将爱国主义传统教育方法与现代教育手段相融合，深化俄罗斯公民爱国意识。2016年，第四版《俄罗斯联邦公民爱国主义教育纲要（2016—2020）》颁布，丰富了公民爱国主义教育内涵、形式和开展途径，吸收更多社会组织、青少年团体和非营利性组织参与爱国主义教育。同时，俄罗斯联邦教育部门先后颁布《俄罗斯联邦公民爱国主义教育构想》（2003）《俄罗斯联邦青少年公民

---

① 马文琴. 普京执政以来俄罗斯的爱国主义教育政策与实践 [J]. 思想理论教育导刊, 2017 (2): 57 - 61.

② 国家杜马（Государственная дума）是俄联邦议会的两院之一。它的职权范围包括通过联邦符合宪法的法律和联邦法，监督俄罗斯联邦政府的活动，根据总统的提名确认政府主席的人选，根据政府主席的提名确认政府副主席和联邦部长的人选，任命和解职中央银行行长、审计署副主席、人权监察员、宣布大赦、国际议会合作的问题。

③ 韩莉. 解体后俄罗斯爱国教育体系的重构及其特点 [J]. 西北师大学报（社会科学版）, 2008 (1).

④ Патриотическое воспитание граждан Российской Федерации на 2006 - 2010 годы [EB/OL]. http://base.garant.ru/188373/#friends, 2006 - 11 - 13/2024 - 02 - 27.

教育和爱国主义教育纲领》（2014）和《俄罗斯联邦公民爱国主义教育项目》（2021）等文件，进一步对爱国主义教育进行规范和指导，探索和完善转型期的爱国主义教育，保证爱国主义教育教学工作顺利开展。

此外，针对网络和现实安全性不强等问题，俄罗斯联邦政府颁布了网络安全教育、生命安全教育等相关政策。2010年12月，俄罗斯联邦政府出台《俄罗斯联邦青少年远离不良网络信息保护法》，要求相关部门加强对青少年网络保护工作的监督检查，为青少年提供安全、健康的网络环境。2023年9月，俄罗斯联邦教育部发布《中等普通教育阶段国家教育标准》，规定高中阶段（十至十一年级）的课程应至少包含生命安全基础知识、体育与俄语等13个科目。经过20年的发展，俄罗斯"生命安全基础"课程的教学内容日趋成熟，形成了较为稳定的课程体系。

（二）学校安全实践探索情况

为了落实《普通教育国家教育标准成分》《俄罗斯联邦公民爱国主义教育纲要》等政策要求，20世纪90年代以来，俄罗斯联邦政府、俄罗斯联邦教育部门以及各州、各级各类学校及民间组织机构积极开展学校安全实践探索。如俄罗斯联邦政府设立社会化管理委员会，加强家庭、学校与社区的联系，增强学校安全教育的整合性与实效性。俄罗斯联邦教育部与各级各类学校以学校为阵地，坚持课内教学与课外安全实践活动相结合。其中，课内教学以"一贯式"生命安全教育课程为主要教学内容，课外以"生存岛"安全教育基地为实践场所，着力提高学校安全针对性与实效性。俄罗斯联邦民间组织机构联合政府开展安全教育活动，"ZM"公司发起"100%能见度：儿童道路安全"教育计划，保障儿童夜间出行安全。

1. 设立"社会化管理委员会"

为了加强家校社协同共治，自20世纪90年代中期起，俄罗斯联邦政府建立社会化管理委员会，加强家庭、学校与社区的联系，协调社会补充教育[①]机构和文化机构的关系，增强安全教育整合性与实效性。在社会化管理

---

① "补充教育"（Дополнительное образование）一词是随着1992年俄罗斯《教育法》的颁布首次出现在官方文件中的专业术语，自此正式取代了苏联时期的"校外教育"。

委员会统筹管理下，各地区陆续设置中小学安全教育机构。如俄罗斯联邦斯塔夫罗波尔边疆区建立安全教育实验与社会关系中心，引导青少年树立安全意识，消除不安全行为，促进社会稳定等。社会化管理委员会的设立，带动了社会各界参与安全教育的能动性，促进了安全教育多样化开展。①

2. 设立"防火宣传与社会关系中心"

俄罗斯火灾频发，其中部分火灾源自儿童玩火，易造成人身伤亡和重大经济损失。全国各地逐步开设防火宣传与社会关系中心，为学生普及火灾常识与火灾应对处理方法等。1990年10月，俄罗斯联邦北奥塞梯—阿兰共和国的防火宣传与社会关系中心向学生开放，设立5个展厅，按照历史、组织服务、培训人才、消防战术、防火的工业设施和住房、防火宣传、火灾原因及后果等主题顺序排列材料。随后，俄罗斯联邦巴什科尔托斯坦共和国、阿迪格共和国迈科普市等地陆续建立防火宣传与社会关系中心。其中，俄罗斯联邦巴什科尔托斯坦共和国的防火安全与社会关系中心内设俄罗斯规模最大的防火安全展览馆。每年四五月，防火宣传与社会关系中心的工作人员联合国家紧急情况部、科学与高等教育部以及部分学校开展"预防儿童玩火"宣传月活动，组织者利用游戏和认知学习等方法，如小测试、猜谜语等吸引儿童学习兴趣，引导学生在面临烧伤、燃烧物中毒等情况时，学会自救与他救。此外，防火中心与学校合作创设校园消防安全角，指导学校消防员开展校园消防主题活动，创设校园消防安全环境，切实筑牢校园消防安全屏障。②

3. 配发身份识别卡

2004年，俄罗斯联邦北奥塞梯—阿兰共和国别林斯基市第一中学发生了残酷的校园劫持案。针对这一残暴、大规模的人质抢劫事件，俄罗斯科学与高等教育部制定了一系列学校安全行动，包括为中小学生配备类似军用的身份识别牌以及信息登记卡。其中，登记卡设计了学童信息区域和安全知识普及专栏等组块，学童信息区域包含学生姓名、指纹、照片、家人资料以及基本医疗信息等；安全知识普及专栏涉及洪水、火灾、交通事故以及恐怖袭击

---

① 冯永刚，员志慧. 俄罗斯中小学安全教育及其对我国的启示［J］. 外国中小学教育，2017，291（3）：18 – 24.

② О ролиграновуправленияобразованиемвобеспечениибезопасностишкольников［EB/OL］. http：//4bx. ru/nd/s03s3sec. htm, 2010 – 08 – 06/2024 – 02 – 27.

等安全知识,供学生了解与学习。①

4. 开设"一贯式"生命安全教育课程

1991年9月起,俄罗斯中小学全面开设《生命安全基础》课程。2003年起,《生命安全基础》课程成为基础教育阶段必修课程之一,至今已形成较为完善的课程体系。该课程遵循中小学生认知特点与年龄特征,在一至十一年级均有相应课程计划和课程大纲,每学年学习内容有较为详细的专题计划。其中,一至四年级,主要学习潜伏于家庭住所中的危险、学校与城市中的各种安全隐忧、自然环境中的安全问题等;五至八年级,主要学习周边环境和日常生活中的各种风险、自然灾害事故与人为责任事故、国家冲突与人的生命财产安全等;九年级,主要学习高科技背景下多重领域的重大风险,包括国防安全、灾害事故及防治等;十至十一年级,主要学习意外交通事故、暴力犯罪、无外援力量的生存等极端异常情况及救护等。②

5. 创设"生存岛"安全教育实践基地

"生存岛"安全教育实践基地,是俄罗斯青少年进行生命安全教育的重要场所,旨在通过开展多种多样的体验、训练、演示、模拟、演习等活动,帮助学生在参与式的有趣活动中获得自我保护的本领。1994年春,俄罗斯联邦图拉州图拉市举行"生命安全基础研讨会"。研讨会成员一致认为,实施生命安全教育课程迫在眉睫。图拉市政府专门建立面积约为4公顷的"生存岛"安全教育实践基地,为生命安全教育有效开展提供重要场所资源。"生存岛"安全教育实践基地设有水上救护场、火灾救护场、辐射和化学物质监控场、野外独立生存场等区域,为中小学生提供了模拟真实场景的安全作业环境。小学生多以游戏形式开展各类演练活动,如"抢救溺水者""我是火警小份子"等;中学生多利用"生存岛"情境开展消防演练、交通安全演示、生命安全演示和野外安全训练等,旨在提高学生安全防范意识以及应对突发事件的能力。③

---

① 王道春. 西方中小学校园安全管理对我国的启示 [J]. 江苏警官学院学报,2011,26(2):124-128.

② 冯永刚,员志慧. 俄罗斯中小学安全教育及其对我国的启示 [J]. 外国中小学教育,2017(3):18-24.

③ 唐宏贵. 俄罗斯学校的生命安全教育 [J]. 中国学校体育,2000(6):64-65.

6. 发起"100%能见度:"儿童道路安全"教育计划

由于汽车数量的持续增加,道路交通事故频发,引发多起儿童伤害事故。为了保障儿童出行安全,2012年2月起,"ZM"公司联合俄罗斯联邦科学与高等教育部儿童培养和社会化司、内务部道路交通安全总局等部门,实施"100%能见度:儿童道路安全"教育计划。此计划是指由"ZM"公司开发专门用于儿童夜间出行佩戴的感光材料,包括穿着、佩带感光服饰等,以保证司机在夜间或光线不足情况下驾驶交通工具时清楚看到儿童,避免交通事故;由俄罗斯联邦科学与高等教育部儿童培养和社会化司、内务部道路交通安全总局等部门确定莫斯科、圣彼得堡、叶卡捷琳堡、喀山和克拉斯诺达尔为第一批试点城市,为城市儿童免费提供2万套感光材料,同时面向全国的儿童宣传、推广使用感光材料。这一教育计划的施行使儿童夜间交通事故下降约1/3。[①]

7. 成立"俄罗斯学生运动"青年组织

21世纪以来,俄罗斯联邦政府高度重视社会组织在青年爱国主义教育中的独特作用,积极开展了一系列以政府为主导、以青年组织为主体的爱国主义教育活动。2015年,俄罗斯总统普京签署命令,成立全俄青少年非政府组织"俄罗斯学生运动"。该组织以中小学生为重点发展对象,旨在促进中小学生形成以俄罗斯传统价值体系为基础的价值观。在青年事务署领导下,"俄罗斯学生运动"以个性发展、军事爱国主义、公民积极性、传媒信息等板块为基础,举办讲座、竞赛和艺术节等各类安全教育活动,增强青少年对传统价值观认同感,提升青少年爱国之情。

---

① 马莉. 俄罗斯: 让安全伴孩子左右 [J]. 辽宁教育, 2014, 509 (16): 91-92.

第二章

新时代学校安全教育一体化：理论阐释

当前，我国站在新的历史起点上，在国内外因素的交织作用下，维护国家安全和社会稳定的任务十分艰巨。2014 年，以习近平同志为核心的党中央立足新时代历史方位，从中华民族伟大复兴战略全局和世界百年未有之大变局出发，创造性地提出关于国家安全的新思想、新理念和新战略，形成了总体国家安全观。总体国家安全观不仅是新时代国家安全工作的根本遵循和行动指南，也是学校安全教育的基本遵循。新时代学校安全教育一体化坚持以总体国家安全观为引领，注重将公共安全、国家安全和国际安全紧密融合，推动学校安全育人体系横向贯通、纵向衔接，助力总体国家安全观进学校、进教材、进头脑。

第一节 总体国家安全观与学校安全教育：核心要义

一、总体国家安全观与学校安全教育：基本内涵

（一）总体国家安全观

总体国家安全观是中国共产党国家安全思想与时代创新结合的结果。新中国成立后，中国共产党国家安全思想大致经历了单一的传统国家安全观时期、传统安全与非传统安全并行时期、总体国家安全观时期 3 个阶段。单一的传统国家安全观时期是新中国成立初期至 1978 年党的十一届三中全会。为巩固红色政权，毛泽东同志承继、借鉴列宁国家安全战略之基，提出防御优先型国家安全思想，体现在国防、政治、经济和外交等领域。传统安全与非传统安全并行时期是党的十一届三中全会至 2014 年国家安全委员会成立。在以和平与发展为时代主题和中国特色社会主义建设的崭新实践中，邓小平同志、江泽民同志、胡锦涛同志汲取毛泽东同志的国家安全思想精髓，提出以"发展"为主线，各有侧重的国家安全思想。邓小平同志认为，国家安全与综合国力紧密相关，提出经济发展型安全观。江泽民同志基于国内国际安全形势，提出互信协作发展型国家安全观。胡锦涛同志强调"对内构建和谐社

会，对外倡导和谐世界"思想，提出和谐发展型国家安全观。① 总体国家安全观时期是 2014 年以来至今。2014 年 4 月 15 日，习近平总书记在中央国家安全委员会第一次全体会议上首次正式提出"总体国家安全观"，强调"我们党要巩固执政地位，要团结带领人民坚持和发展中国特色社会主义，保证国家安全是头等大事"。习近平总书记指出，"当前我国国家安全内涵和外延比历史上任何时候都要丰富，时空领域比历史上任何时候都要宽广，内外因素比历史上任何时候都要复杂，必须坚持总体国家安全观，以人民安全为宗旨，以政治安全为根本，以经济安全为基础，以军事、文化、社会安全为保障，以促进国际安全为依托，走出一条中国特色国家安全道路。"② 这一论述深刻揭示了总体国家安全观的核心内容，是理解和把握总体国家安全观的重要依据。国家安全统筹传统安全与非传统安全，涵盖政治安全、国土安全、经济安全与文化安全等领域。其中，政治安全、国土安全、军事安全属于传统安全领域，经济安全、文化安全、社会安全、科技安全、网络安全、生态安全、资源安全、核安全、海外利益安全、太空安全、深海安全、极地安全和生物安全等新型安全领域属于非传统安全。③ 总体国家安全观具有总体性、人民性和统筹性等特征，三者相互联系、相辅相成，内在统一。其中，总体性是总体国家安全观的基本特征，体现了新时代国家安全内涵的深刻性和外延的广泛性；人民性是总体国家安全观的本质特征，是在充分吸收中华优秀传统文化中"关怀生命""重视民生"等安全思想的精神内核基础上形成的国家安全观的宗旨和目标；统筹性则是处理不同安全关系的根本方法，是实现总体国家安全的有效手段。④

（二）学校安全教育

安全教育具有广义和狭义之分。传统意义上，广义的安全教育是指以学校、家庭与社会等为教育场域，涵盖师生、家长与其他社会人员等多元教育

---

① 李营辉，毕颖. 新时代总体国家安全观的理论逻辑与现实意蕴［J］. 人民论坛·学术前沿，2018（17）：84－87.
② 习近平. 坚持总体国家安全观走中国特色国家安全道路［N］. 人民日报，2014－04－16（1）.
③ 刘跃进. 统筹传统安全和非传统安全［N］. 光明日报，2020－11－23（14）.
④ 陈锡敏. 总体国家安全观教育需把握的几个着力点［J］. 思想理论教育，2021（5）：97－101.

主体，着眼于以人为本、生命至上的安全理念，旨在通过社会安全教育、公共卫生安全教育与预防意外伤害教育等，增强个体安全意识，促进个体掌握必要的安全知识，形成自我保护和保护他人的能力。狭义的安全教育特指在学校这一特定场域，以提升学生个体安全素养为目的开展的安全教育，即学校安全教育。进入新时代，总体国家安全观的提出，为学校安全教育指明了新的方向。《教育部关于加强大中小学国家安全教育的实施意见》（2018）、《大中小学国家安全教育指导纲要》（2020）等政策的出台，对学校安全教育提出了更高的要求，学校安全教育内容从较多关注公共安全，拓展到公共安全、国家安全和国际安全的各个层面。新时代学校安全教育，强调以各级各类学校为主阵地、以总体国家安全观为引领、以国家相关政策法规为依据、以培育学生安全素养为导向，集公共安全、国家安全和国际安全教育于一体，运用多种教育方式，整合多种教育途径，统筹实施、整体推动。

二、总体国家安全观与学校安全教育：内在逻辑

（一）总体国家安全观：学校安全教育的基本遵循

随着全球化、信息化发展，我国面临重大安全风险挑战。学校安全教育承载了维护学生生命安全、促进学生健康成长的重要使命，也承担了构筑国家安全群众基础、助力国家安全能力建设的重要职责。总体国家安全观既为应对当今国内外安全形势新变化和人类社会面临的各类风险提供了重要的理论支撑，也对各级各类学校更新安全教育理念，拓展安全教育视野，构建安全教育目标和内容等提出了新的要求。

1. 总体国家安全观为学校安全教育提供价值引领

习近平总书记指出，坚持和贯彻总体国家安全观，必须坚持国家利益至上，以人民安全为宗旨，以政治安全为根本，以经济安全为基础，以军事、文化、社会安全为保障，以促进国际安全为依托。[①] 这五大要素有机统一，相

---

① 中共中央党史和文献研究院. 习近平关于总体国家安全观论述摘编 [M]. 北京：中央文献出版社，2018：4.

互影响、相互制约。其中，人民安全是国家安全的出发点和归宿，保障人民利益是国家对内对外开展一切活动的最终目的，贯穿于国家安全各个领域、各个层面和各个环节。同时，人民群众是保障总体国家安全有效实现的基本力量。只有人民群众将家国情怀和维护国家安全的意识转化为实际行动，才能汇聚起维护国家安全的强大力量，真正实现总体国家安全观。

基于总体国家安全观要求，树立生命至上与国家利益至上有机统一的学校安全教育理念。其一，贯彻落实党的二十大精神，推进健康中国建设，把保障人民安全与健康放在优先发展的战略位置。坚持"安全第一，预防为主"的思想，关注个体生命安全与健康，形成健康文明生活方式。其二，摒弃"国家安全只关乎国家层面"的狭隘观念，向学生厚植"国家安全，人人有责"的家国情怀，强化其维护国家安全和发展利益的责任担当。引导学生树立人类命运共同体意识，拓宽其全球视野，关注人类的前途与命运，为全球安全与发展贡献力量。

2. 总体国家安全观为学校安全教育提供目标指引

总体国家安全观涵盖"以人民安全为宗旨的公共安全观，集政治安全、经济安全和国土安全等为一体的国家安全观，以共同、综合、合作和可持续为特征的全球安全观"，强调公共安全、国家安全和国际安全三者紧密结合，既彼此独立又相互融通、相辅相成。基于总体国家安全观思想，形成包括公共安全教育目标、国家安全教育目标及国际安全教育目标的学校安全教育目标体系。

（1）公共安全教育目标：树立高质量生命安全观。个体生命安全与健康教育是公共安全教育的旨归。维护个体生命安全与健康是学校安全教育的逻辑起点。总体国家安全观以人民安全为宗旨是学校安全教育立足学生对生命的敬仰和尊重，注重生命关怀，将"珍爱生命、规避危险"的安全理念贯穿始终，树立高质量生命安全观的体现。在学校安全教育中，要强调引导学生了解生命的本质，热爱生命、尊重生命，形成生命至上的安全意识；启发学生以积极的人生态度应对挫折与挑战，实现自身安全发展；帮助学生树立积极认同和主动践行的终身安全观，不断提升自身安全意识、安全知识和安全能力，将安全防范意识内化于心、外化于行，为学生更高质量发展的生命成长奠基。

（2）国家安全教育目标：树立国家利益至上理念。国家安全是个体幸福生活的前提，学生个体是维护国家安全的重要主体。学校安全教育致力于使学生树立国家利益至上理念，厚植家国情怀，强化责任意识，事关青少年的健康成长，关乎国家的长治久安和中华民族的伟大复兴。在学校安全教育中，应引导学生形成正确国家观念，感受国家安全与个人成长息息相关，逐步树立家国意识和国家认同，增强中华民族的自豪感和归属感；正确领悟总体国家安全观的本质和要义，认识到维护国家安全的重要性，并自觉将总体国家安全观转化为个体的认知和行为；不断强化青少年的责任担当，使每一位国民都能自觉肩负起维护国家安全的重大使命，做到国家安全人人参与、人人尽责，推动全社会形成维护国家安全的强大合力。

（3）国际安全教育目标：构建人类命运共同体。国际安全是总体国家安全观的重要组成部分，是实现中华民族伟大复兴和构建人类命运共同体时代目标的关键要素。维护国际和平与稳定是保障国家安全的重要前提。总体国家安全观强调以促进国际安全为依托，实现公共安全与国家安全相统一，共同构建人类命运共同体。以人类命运共同体思想为引领，将国际安全教育的相关内容充分整合到学校安全教育体系中，是新时代学校安全教育的基本要求。应引导学生将学业与国家、民族、人类命运紧密联系在一起；引导学生学会尊重生命，与自然和谐相处，用实际行动珍惜地球资源、保护生态环境；拓展学生国际视野，培养世界眼光，积极参与国际上的友好交往，以欣赏、包容和互鉴的态度看待世界上的不同文明，培养学生合作应对全球风险挑战、捍卫全球共同利益和全人类整体安全的意识。

3. 总体国家安全观为学校安全教育确立内容导向

总体国家安全观蕴含着丰富的民本思想、传统安全与非传统安全相结合的安全理念和人类命运共同体意识等。总体国家安全观基于大安全理念，强调公共安全、国家安全和国际安全有机整合，构建集军事、政治、科技、生态等多种安全为一体的新型国家安全体系。同时，总体国家安全观要求构建大安全格局下的学校安全教育框架体系，形成新时代学校安全教育新的知识图谱。

以总体国家安全观为统领，学校安全教育应形成囊括公共安全、国家安全和国际安全的安全教育内容体系。其中，公共安全涉及保障个体生命安全与健康等多个领域内容；国家安全既涵盖政治、国土、军事、社会等传统安全领域的内容，又融入随时代发展起来的生态、科技、网络、资源、公共卫生等非传统安全内容；国际安全则以人类共同关注的安全问题为内容，包括生态环境、人权保障、国际交流与合作等。

（二）学校安全教育：总体国家安全观实现的基本指向

作为立德树人工作不可或缺的部分，学校安全教育是各级各类学校培养具备安全意识、知识和能力的时代新人的关键环节，是实现社会稳定、维护国家安全的固本之策。扎实、有效开展学校安全教育，提升学生安全素养、筑牢国家安全学生防线、实现总体国家安全观。

1. 提升学生安全素养

安全素养是适应个体健康成长、社会和谐稳定和国家长治久安所必备的品格和关键能力，是学校安全教育的目标指向。《关于全面深化课程改革落实立德树人根本任务的意见》（2014）指出，将安全素养的基本要素纳入核心素养体系，构建包含个人修养、社会关爱和家国情怀的学生发展核心素养体系。《义务教育课程方案（2022年版）》强调培养学生的爱国情怀、社会责任感、创新精神和实践能力。作为有组织、有计划开展教育活动的专门机构，学校的本体功能在于育人。素养导向的学校安全教育，能够更好地依据学生身心发展规律，培养具备较高安全素养的社会主义建设者与接班人。在新时代，学生安全素养包括安全与健康意识、爱国主义情怀、人类命运共同体意识等诸多要素，是安全意识、安全知识和安全行为的有机统一。全面提升学生安全素养，是各级各类学校落实党和国家教育方针、政策，实现立德树人目标、任务的必然要求。各级各类学校应通过开展各类安全教育活动，引导学生在逐步掌握以总体国家安全观为核心内容的安全知识基础上，深刻领会总体国家安全观的精神实质，确立集珍爱生命、规避危险的公共安全，家国情怀、民族认同的国家安全，世界眼光、全球格局的国际安全为一体的安全理念和基本认知，形成防范和化解社会风险的判断力和行动力，为成长为具备较高安全素养的社会主义建设者和接班人打下坚实基础。

2. 筑牢国家安全学生防线

党的十八大以来，中国特色社会主义进入新的时代方位，我国面临着安全和发展环境复杂多变、风险因素明显增多等形势特点。作为维护国家安全的柔性力量和先导力量，学校安全教育受到了党和国家的高度关注。《中华人民共和国国家安全法》（2015）（以下简称《国家安全法》）首次明确了"将国家安全教育纳入国民教育体系"的战略目标，国家安全教育上升为国家意志。《意见》《纲要》为大中小学系统、科学地开展国家安全教育提出了具体要求。《新时代爱国主义教育实施纲要》（2019）、《中华人民共和国爱国主义教育法》（2023）等爱国主义政策法规相继颁布，其指出新时代爱国主义教育开展形式和载体，为国家安全教育有效实施指明方向。新时代学校安全教育应在做好公共安全教育的同时，站在国家和社会稳定的广阔视角，坚持"统筹设计、整体规划，尊重规律、注重实效，多方联动、协同推进"的基本原则，构建融公共安全、国家安全和国际安全为一体的学校安全教育体系。各级各类学校应帮助学生正确领悟总体国家安全观的核心要义，认识维护国家安全和社会稳定的重要性。应引导学生明确自身与国家安全的关系，使学生厚植"国家安全，人人有责"的家国情怀，强化维护国家安全和发展利益的责任担当，在思想上高度认同党和国家的制度，在行动上自觉维护国家安全，筑牢国家安全学生防线。同时，引导学生放眼国际视野，树立和深化人类命运共同体理念，增强维护全球利益的责任感、使命感。

三、新时代学校安全教育一体化：要义阐释

新时代学校安全教育一体化是具有多重指向的复合概念，是基于对安全教育整体性的充分把握，是将各个学段建设通盘考虑，通过顶层设计、合理布局，用"十个指头弹钢琴"来实施，使学校安全教育各个环节与学生的认知规律相匹配，以达到安全教育最佳效果。具体而言，学校安全教育一体化是以总体国家安全观为引领，注重公共安全、国家安全和国际安全教育紧密融合，推动学校安全育人体系横向贯通、纵向衔接（见图2-1-1）。

（一）注重公共安全、国家安全和国际安全教育紧密融合

总体国家安全观主张"以人民安全为宗旨，以政治安全为根本，以经济安全为基础，以军事、文化、社会安全为保障，以促进国际安全为依托"，融

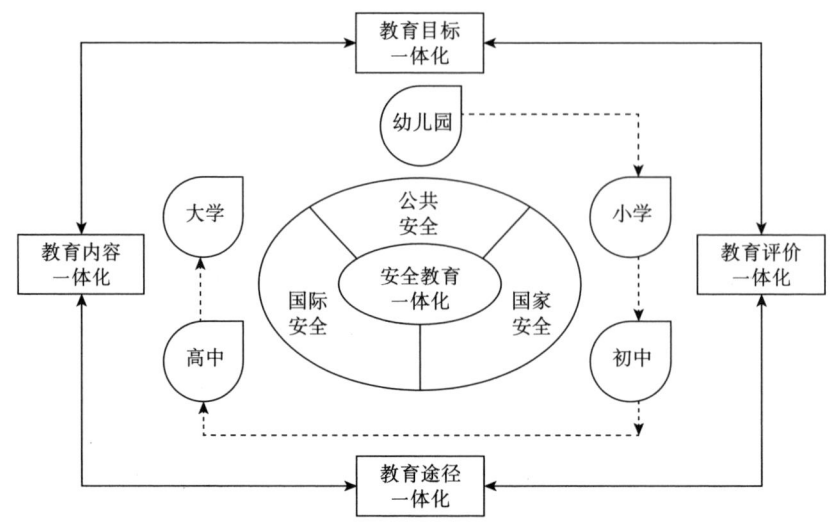

图 2-1-1　新时代学校安全教育一体化示意

内部安全与外部安全、国土安全与国民安全、传统安全与非传统安全为一体，全面拓展了当代安全理论与实践探索的视域。总体国家安全观视域下学校安全教育一体化将公共安全、国家安全和国际安全三者紧密结合，既彼此独立又相互融通、相辅相成。其中，公共安全是国家安全的基础，国际安全是国家安全的拓展。同时，公共安全、国家安全和国际安全均以"人的安全"为核心，把保障"人的安全"作为一切安全工作的根本目的，这体现了彼此内在的一致性。学校安全教育一体化建设，正是以总体国家安全观为统领，将三者统筹设计，着力构建融公共安全教育、国家安全教育和国际安全教育为一体的安全育人新格局，为新时代学校安全教育赋予更丰富的内涵。其中，公共安全教育重在帮助和引导学生了解维护个体生命安全和社会公共安全的基本知识和法律法规，掌握一般安全事件防范、应对与处置的方法和技能等；国家安全教育重在使学生通过学习国家安全、国防安全等知识，深入理解和准确把握总体国家安全观，牢固树立国家利益至上的观念，增强国家安全意识，具备自觉维护国家利益的能力；国际安全教育重在培养学生的全球化视野和思维，帮助学生形成"人类命运共同体"观念。

（二）推动学校安全育人体系横向贯通、纵向衔接

新时代学校安全教育一体化，旨在构建贯通、融合和协同发展的学校安

全教育体系。总体国家安全观视域下的学校安全教育一体化横向贯通体现在坚持运用系统思维,对幼小初高大各级各类学校安全教育目标、内容、途径和评价等进行统筹设计,整体构建整合度高、覆盖面广、适应性强的学校安全教育体系,发挥政府主导、学校主体、家庭和社会等多方联动的全员全程全方位协同育人优势,协同推进学校安全教育有效开展。总体国家安全观视域下的学校安全教育一体化纵向衔接则体现在学校安全教育实施充分考虑不同学段教育对象的身心发展规律和认识水平特征,选择与教育对象相匹配的教育内容与教育方式,满足不同学段学生的个体成长需求。同时,兼顾各学段相互之间的连续性,整体规划学校安全教育实施方案,遵循幼小中高大各自特点,有序推动学校安全教育实践,渐次实现学校安全教育目标。

第二节 新时代学校安全教育一体化:体系建构

新时代学校安全教育一体化坚持"一体"和"多面"相结合,注重学校安全育人体系横向贯通、纵向衔接。基于总体国家安全观视域下学校安全教育一体化基本理念,依据《纲要》《中小学公共安全指导纲要》(以下简称《指导纲要》)等,形成学校安全教育目标、内容、途径和评价为一体的学校安全教育一体化体系(见图2-2-1)。

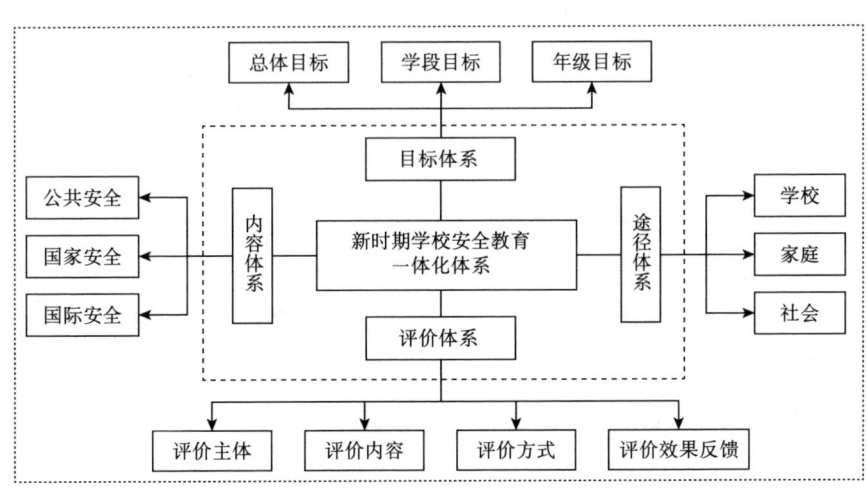

图2-2-1 新时代学校安全教育一体化体系示意

一、学校安全教育一体化目标体系

学校安全教育一体化目标体系旨在构建集公共安全、国家安全和国际安全为一体的学校安全教育总体目标，形成各有侧重的学校安全教育学段目标和年级目标。公共安全、国家安全和国际安全三者既彼此联系、相互贯通，又各有侧重，是全方位、立体化的有机整体。

（一）有机统一的学校安全教育总体目标

学校安全教育总体目标在目标体系中居于核心地位，统领各学段目标。新时代总体国家安全观视域下学校安全教育的总体目标为：深刻领会总体国家安全观的精神，确立辨识危险、爱护生命的公共安全，民族情怀、家国意识的国家安全，世界和平、稳定与可持续发展的国际安全为一体的安全理念，形成规避和化解人类社会风险的判断能力和行动力。

（二）各有侧重的学校安全教育学段目标

依据学生身心发展规律和幼小初高大各学段教育特点，形成学校安全教育学段目标。其中，幼儿园阶段，突出教育启蒙，侧重对幼儿安全情意和认知的培养。这一阶段主要包括启蒙幼儿安全意识，引导幼儿了解简单的生活安全常识，帮助幼儿初步了解祖国文化、感知人类文化的多样性。小学阶段，侧重对学生与日常生活密切相关的安全意识、安全知识和安全能力的培养，以公共安全教育为主，兼顾国家安全教育和国际安全教育。这一阶段主要包括引导学生初步具备自我保护意识，逐渐树立珍爱生命、热爱祖国、关爱地球的安全责任感；帮助学生了解基本的安全知识和危险规避方法。中学阶段，做好公共安全教育的同时，应注重对中学生家国情怀与国际安全意识的培养。这一阶段主要包括引导学生拥有服务社会、胸怀祖国、关心世界的广阔视野；帮助学生掌握系统的公共安全知识、国家和国际安全知识，全面提升学生安全能力。大学阶段，侧重于对大学生安全认知、情意与能力的整合与升华。这一阶段主要包括掌握各领域安全知识，了解与安全相关的政策、法规；树立国家安全底线思维和"人类命运共同体"理念，坚定文化自信等。

（三）清晰明确的学校安全教育年级目标

学校安全教育年级目标是学校安全教育一体化目标体系中最具体的一环，应更加贴近学生的学习和生活实际，反映学生成长的现实需要。学校安全教育年级目标基于学校安全教育一体化总体目标，围绕安全教育学段目标，根据不同年级学生的特征分解和细化而形成。以初中学段为例，初一年级安全教育目标是引导学生初步掌握必要的安全知识，了解总体国家安全观，掌握国家安全基础知识，增进对本民族传统文化和其他国家文化的了解；初二年级安全教育目标是引导学生初步掌握自救自护的方法，理解国家安全对个人成长的重要作用，尊重并理解多元文化；初三年级安全教育目标是确立正确的公共安全意识，初步形成自我保护和保护他人的能力，培养学生社会安全责任感，树立国家利益至上的观念，树立全球化观念。

二、学校安全教育一体化内容体系

学校安全教育一体化内容体系是在学校安全教育目标体系基础上，对公共安全、国家安全和国际安全教育内容进行整体性设计（见图2-2-2学校安全教育一体化内容体系示意）。其中，公共安全包括社会安全、公共卫生、意外伤害、自然灾害、网络信息安全和影响学生安全的其他事件等6个模块内容；国家安全包括政治安全、国土安全等领域；国际安全包括地球生态环境安全、国际人权保障、国际和平与安全、国际交流与合作以及全球化与我们等5个模块内容。公共安全、国家安全和国际安全具体要素涉及范围广泛，依据《指导纲要》《纲要》设计学校安全教育一体化内容要素释义表（参见附录2-1）。

（一）公共安全内容

公共安全有广义和狭义之分。广义的公共安全是指不特定的多人生命、健康、重大公私财产以及公共生产、生活的安全。它包括整个国家、整个社会和每个公民一切生活方面的安全。[1] 狭义的公共安全主要包括自然灾害、

---

[1] 高铭暄. 中国刑法学 [M]. 北京：中国人民大学出版社，1989，369.

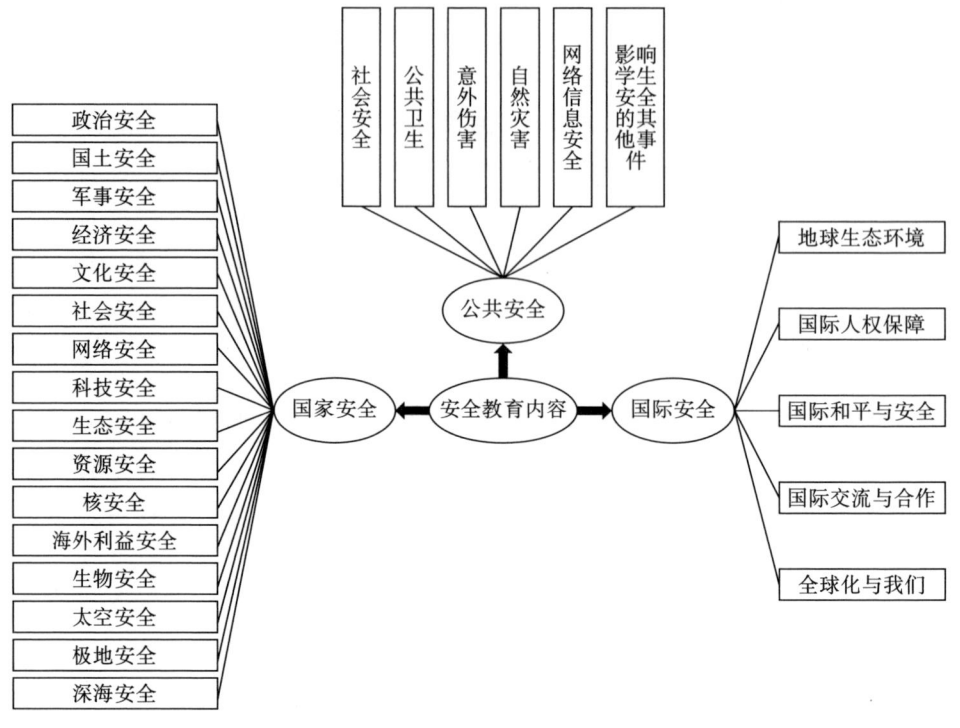

图 2-2-2 学校安全教育一体化内容体系示意

治安事故和犯罪侵害三个部分。① 公共安全是实现国家安全和国际安全的基本前提。其中，公共安全，在社会安全方面，涉及公共场所活动的安全常识等；在公共卫生安全方面，主要包括公共卫生、常见疾病和食品安全等；在意外伤害方面，主要包括道路交通安全、实验室安全和运动安全等；在自然灾害方面，主要包括自然灾害现象、自然灾害与人类的关系等；在网络信息安全方面，主要包括网络社交、网络暴力和隐私泄露等。此外，还有学生欺凌和人际关系处理等影响学生安全的其他事件。通过对公共安全内容的学习，可以帮助学生正确处理个体生命与自我、他人、社会和自然之间的关系，掌握一般安全事件防范、应对与处置的方法和技能等。

（二）国家安全内容

《国家安全法》中提出的国家安全，是指国家政权、主权、统一和领土

---

① 王勇. 论我国刑事保护性管辖权中的国家安全问题 [J]. 政治与法律, 2022 (1): 110-123.

完整、人民福祉、经济社会可持续发展和国家其他重大利益相对处于没有危险和不受内外威胁的状态以及保障持续安全状态的能力。刘跃进认为，国家安全是指国家既没有外部的威胁和侵害又没有内部的混乱和失序的客观状态。[①] 国家安全是保障国家生存与发展的重要基石。其中，国家安全在政治安全方面，包括政权安全、制度安全、意识形态安全等；在国土安全方面，包括领土以及自然资源、基础设施安全等；在军事安全方面，包括军事力量、军事战略和领导体制等；在经济安全方面，包括经济制度安全、经济秩序安全、经济主权安全、经济发展安全等；在文化安全方面，包括文化主权、文化价值观、文化资源安全等；在社会安全方面，包括社会治安、社会舆情、公共卫生等；在科技安全方面，包括科技自身安全和科技支撑保障相关领域安全，涵盖科技人才、设施设备、科技活动、科技成果、成果应用等；在网络安全方面，包括网络基础设施、网络运行、网络服务、信息安全等；在生态安全方面，包括水、土地、大气、生物物种安全等；在资源安全方面，包括可再生资源安全、不可再生资源安全等；在核安全方面，包括核材料、核设施、核技术、核扩散安全等；在海外利益安全方面，包括海外中国公民、机构、企业安全和正当权益，海外战略性利益安全等；在生物安全、太空安全、极地安全和深海安全方面，包括对生物、太空、极地和深海领域发展探索和保护利用等。通过对国家安全内容的学习，可以帮助学生掌握国家安全知识，深入理解和准确把握总体国家安全观，牢固树立国家利益至上的观念，增强国家安全意识，具备自觉维护国家利益的能力。

（三）国际安全内容

国际安全是指国际社会以及构成国际社会的所有国家及其人民的生存和发展得到保证，包括国际社会实现和平与稳定、国际秩序建立在合理与公正的基础上以及人类免受各种非传统安全威胁。[②] 国际安全是公共安全和国家安全的拓展。其中，国家安全在地球生态环境方面，主要包括地球环境情况、

---

① 刘跃进. 国家安全学理论中概念及其定义的几个问题［J］. 中共中央党校（国家行政学院）学报, 2023, 27 (4): 29–40.

② 朱明权. 国际安全与军备控制［M］. 上海：上海人民出版社, 2011.04.

生态环境国际议题、人与自然和谐发展等；在国际人权保障方面，主要包括人权保障制度和国际人权机构等；在国际和平与安全方面，主要包括战争给人类带来的影响、国际社会的热点问题、国际社会的和平与发展等；在国际交流与合作方面，主要包括面对气候变化、粮食安全、极端贫困等全球性问题，加强国际交流与合作；在全球化与我们方面，主要包括全球化相关议题、全球化与本土化之间的关系等。通过对国际安全内容的学习可以培养学生的全球化视野和思维，帮助学生形成全球观念和人类关怀的情感认同，主动承担"全球公民"的责任和义务，积极参与解决诸如全球污染、气候变化、反恐、艾滋病等国际问题，共同维护世界和平与安全稳定。

三、学校安全教育一体化途径体系

安全教育是学校、家庭和社会的共同责任。学校安全教育一体化途径体系坚持以学校为主导，家庭、社会等多元主体共同参与，统筹推进学校安全教育工作有序开展。其一是学校主导。学校是开展安全教育的重要载体和主阵地。通过安全教育课程、专题教育和学科课程渗透等渠道，系统推进学校安全教育一体化体系建设，改变学校安全教育在学校教育体系中被窄化、弱化，实施途径相对单一的现状。其二是家长尽责。家长是孩子的第一任老师，承担着对未成年人实施家庭教育的主体责任。《中华人民共和国家庭教育促进法》（2021）强调，父母或者其他监护人要关注未成年人心理健康，教导其珍爱生命，对其进行交通出行、健康上网和防欺凌等方面的安全知识教育，帮助其掌握安全知识和技能。《中华人民共和国未成年人保护法》（2020）强调，未成年人的父母或者其他监护人应当为未成年人提供安全的家庭生活环境，及时排除引发触电、烫伤、跌落等伤害的安全隐患，防止未成年人受到交通事故的伤害。家长尽责主要表现为：一是家长要明确主体责任；二是家长积极参与学校、社区举办的公益性家庭教育指导和实践活动。其三是社会支持。社会作为整合教育资源、营造良好教育环境的平台，是连接学校和家庭的桥梁。《关于健全学校家庭社会协同育人机制的意见》（2022）指出，社会有效支持服务全面育人，各类教育基地和活动场馆要面向中小学生及学龄前儿童免费或优惠开放。社会支持主要表现为：一是社区、街道等，充分履行职责，做好安全教育指导服务，积极探索数字化社会实践活动；二是展览馆、图书馆和博物馆等活动基地开展公益性安全教育宣传活动，积极引导社区成员参与教育工作。

四、学校安全教育一体化评价体系

学校安全教育一体化评价是诊断学校安全教育质量，提升学校安全教育水平的重要手段。依据《指导纲要》《纲要》，应形成评价主体、评价内容、评价方式和效果反馈为一体的学校安全教育一体化评价体系，有效推动学校安全教育高质量发展。

（一）学校安全教育评价主体

在学校教育体系中，学校安全教育相对于学科教育涉及面广、实施难度大。多元、复合的评价主体，有助于更加全面准确把握学校安全教育过程与结果。学校安全教育评价应遵循自评与他评相结合的原则。其中，自评是对自己学习的判断、反思和调控的过程，指向自我调节学习能力的培养；强调学生要发挥自我评价作用，通过参与安全教育评价活动，制定合理的学习计划，适时调整自我学习方式与方法。他评包括教师评价和家长评价。一方面，教师具备更为专业的理论知识，能够保证整个评价活动的科学性和有效性，应充分发挥教师评价作用，如在安全教育过程中教师对学生日常生活行为表现和课堂表现做出评价。另一方面，家长参与评价，对学生校外的安全学习情况及学生安全学习的过程与方法、情感态度价值观等维度进行评价，提供更多的评价信息。

（二）学校安全教育评价内容

安全教育评价内容重点从安全意识、安全知识和安全能力三方面对学生安全素养进行分析与评价。在安全意识方面，重点对学生个体头脑中是否建立起公共安全、国家安全和国际安全认知或认识，即个体是否生成生活中可能对自己或他人造成危害的客观事物或事件的一种戒备和警觉的心理反应。例如，公共安全方面，主要对学生是否形成自我保护意识等进行评价。在安全知识方面，对学生在公共安全、国家安全和国际安全方面是否具备安全的基本知识和法律法规进行评价。例如，国家安全方面，主要对学生是否了解我国的疆域、国土面积，掌握国土安全的相关知识等进行评价。在安全能力方面，对学生是否在公共安全、国家安全和国际安全方面将安全意识和安全知识内化，形成应对安全问题时的内在品质进行评价。例如国际安全方面，主要对学生是否具备保护地球环境、与不同民族的人平等交往、和睦相处等能力进行评价。此外，对安全意识、安全知识和安全能力的评价遵循螺旋上升和循序渐进等基本原则，符合幼小初高大学生认知能力发展的一般规律和各学段安全教育教学的基本要求。

（三）学校安全教育评价方式

学校安全教育评价注重定量评价与定性评价相结合，全面客观地收集信息，根据数据和事实进行分析判断，在幼小学段主要以定性评价的方式进行；在初高大学段则以定性与定量相结合的方式进行评价，以定性评价为主。同时评价应多采用鼓励性语言，最大程度发挥评价的激励作用，具体可通过考试、测量、综合素质评价、成长记录袋、观察、评语、自评和小组互评法等进行评价。其一，学校在月考、期末考试、知识竞赛和课程等考试中渗透安全教育理念和知识。其二，利用测评表和问卷测量工具对学生的安全知识、安全能力等进行测评。其三，在初高中毕业生综合素质评价中引入学生安全素养评价体系，通过政策引导确保学生100%接受安全教育。其四，在安全教育教学过程中，设计《安全素养成长记录袋》，对学生安全知识、安全意识和安全能力进行综合评价。其五，对学生的安全教育学习态度、学习安全相关知识的兴趣、安全课堂和实践活动的行为表现等进行评价、判断，获得即时信息，并做好观察记录表。其六，在安全教育专门课程、跨学科课程和实践活动期间，教师通过口头语言、书面语言和体态语言对学生的表现进行评价。其七，利用学生自评和小组互评方式进行评价。

（四）安全教育评价效果反馈

安全教育评价具有诊断、反馈和改进的功能。好的评价效果反馈对于提升安全教育质量、发挥评价的育人功能具有非常重要的作用。学生应利用评价反馈，对不足之处进行反思，针对安全知识或安全能力薄弱的地方查缺补漏，提高学习积极性，更加重视安全教育。教师应根据学生的日常行为表现及测试结果，了解学生是否掌握安全基础知识与技能，及时发现问题，调整教学活动，如预设的教学内容是否合理、教学设计检查有无出现遗漏板块、教学行为及课堂节奏做相应调整等。学校可通过安全评价结果反馈监测安全教育教学水平，及时找到安全教育教学过程中的薄弱领域和环节，为下一步改进提供依据。教育相关部门可根据安全教育评价结果，不断完善安全教育顶层设计。家长应通过安全教育效果的反馈及时了解孩子安全知识掌握情况，在日常生活中有针对性地补充安全知识。

附录 2-1

学校安全教育一体化内容要素释义表

	内容范畴	具体内容
公共安全	社会安全	社会安全的重要意义；社会安全类突发事故的危险和危害；公共场所活动的安全常识；与陌生人交往中的安全问题；敲诈、恐吓、性侵害等突发事件的处理方法
	公共卫生安全	公共卫生和饮食卫生常识；常见疾病和传染病的危害和预防措施；了解应对心理危机的方法和救助渠道；吸烟、酗酒等不良习惯的危害；健康的异性交往方式；亚健康的基本知识；艾滋病的基本常识和预防措施；辨别毒品的知识、方法和有关禁毒的法律常识
	意外伤害	道路交通安全常识；与学习和生活密切相关的特种设备安全知识；各种危险标志的识别；实验室的规范操作；事故灾害事件中自我保护和求助、求生的技能；公共安全事件的应对措施；体育活动中的注意事项；了解与学生意外伤害有关的基本保险知识
	自然灾害	自然灾害现象的相关知识；正确的应急办法；人类活动与自然灾害之间的关系
	网络信息安全	网络社交、网络游戏、信息保护等方面的常识；游戏成瘾、隐私泄露、网络暴力、网络病毒等相关法律法规知识，维护网络安全的途径与方法
	影响学生安全的其他事件	学生欺凌与暴力、心理健康；学生欺凌与暴力的危害；应对学生欺凌与暴力的方法；正确认识自我，接纳自己的优缺点；正确处理人际关系，合理调节情绪；提高抗压能力，正确应对挫折

续表

内容范畴		具体内容
国家安全	政治安全	政权安全、制度安全、意识形态安全等方面；政治安全的重要性；面临渗透、分裂、颠覆等敌对活动的威胁；政治认同与政治信仰弱化的威胁；通过加强党的领导、坚定理想信念等途径与方法维护政治安全
	国土安全	国家疆域及行政区划、领土以及自然资源、基础设施安全等方面；国土安全的重要性；在领土完整、国家统一、边疆边境、领空、海洋权益等方面受到的威胁和挑战；面临境内外分裂势力的挑衅；维护国土安全的方法途径
	军事安全	军事象征、军事生活、军事力量、军事战略和领导体制等方面；军事安全的重要性；军事相关的法律法规；面临世界军事变革深入发展带来的挑战和潜在的战争风险；维护军事安全的途径与方法
	经济安全	经济制度安全、经济秩序安全、经济主权安全、经济发展安全等方面；经济安全的重要性；面临国际经济金融动荡、走私活动和国内经济可持续发展的挑战；维护经济安全的途径与方法
	文化安全	传统文化教育、文化安全教育、文化自信教育、社会主义核心价值观教育等方面；文化安全对国家独立自主发展的重要性；文化安全所面临的如西方文化和西方意识形态侵蚀、文化自信和文化向心力缺失、不良网络文化威胁等挑战；维护文化安全的途径与方法
	社会安全	重大自然灾害、事故灾害、社会群体性事件、社会安全法制建设等方面；社会安全对国家和平发展的重要性；社会安全面临的如暴力恐怖活动事件时发、社会舆情复杂、新型违法犯罪方式等威胁和挑战；维护社会安全的途径与方法
	科技安全	科学技术与人类生产生活及社会发展之间的安全关系，涵盖科技人才、科技产业、科技活动、核心技术、成果应用等方面；科技安全对国家创新发展的重要性；科技安全面临的科技基础薄弱、新兴科技产业薄弱、核心技术受威胁、知识产权保护和科技保密工作有待加强等威胁与挑战；维护科技安全的途径与方法
	网络安全	文明上网、信息保护、合理利用网络资源、基础设施安全和运行等方面；网络安全的重要性；网络安全面临的如不良不实网络信息误导民众价值取向风险凸显、网络意识形态安全问题凸显、网络犯罪呈现高发态势和民众网络安全意识薄弱等威胁；维护网络安全的途径与方法
	生态安全	人类与自然的关系，气候、水、土地、大气和生物方面的基础知识，保护生态安全行动等方面；生态安全的重要性；生态安全面临的如生态破坏、气候变暖等威胁与挑战；维护生态安全的途径与方法
	资源安全	资源安全的内容、现状及途径方法三个方面；资源安全包括可再生资源的安全和不可再生资源的安全；资源安全的重要性；面临资源供需矛盾形势严峻、资源对外依存度高等威胁与挑战；维护国家资源利益的途径与方法
	核安全	核材料、核设施、核技术、核扩散安全和核事件分级等方面；核安全的重要性；面临核事故风险、涉核恐怖活动、核扩散威胁和核对抗挑战等。维护核安全的途径和方法

续表

	内容范畴	具体内容
国家安全	海外利益安全	重大自然灾害、重大新发突发传染病疫情、海外公民人身安全和基本权益保障、国际规则等方面；海外利益安全的重要性；面临的威胁与挑战有部分地区局势动荡与内战冲突威胁我国公民和法人在当地利益安全等；维护我国海外利益安全的途径
	新型领域安全	太空安全、深海安全、极地安全和生物安全等方面；新型领域安全的重要性；面临的威胁和挑战有开发外层空间、深海区域面临技术挑战等；维护新型领域安全的途径和方法
国际安全	地球生态环境	地球环境的基本情况、国际环境合作与环境保护机制、生态环境相关的国际议题、法律法规等方面；人与自然和谐发展的重要意义；面临全球环境破坏、温室效应等威胁和挑战；维护地球生态环境的途径
	国际人权保障	人权的普遍性内容、保护人权的基本技能、国际人权机构及其团体的职能等方面；人权保障的重要性；面临种族歧视、性别歧视等威胁和挑战；保障国际人权的途径
	国际和平与安全	战争给人类带来的影响、国际社会的热点问题、国际社会的和平与发展、建设和谐世界的基本主张等方面；维护国际和平与安全的重要性；面临不同类型的武装冲突对人类、发展和环境所造成的巨大威胁和挑战；维护国际和平与安全的途径
	国际交流与合作	经济全球化、非母语语言、"一带一路"倡议、亚太经合组织等国际合作项目、国际视野和多元文化等方面；国际交流与合作的重要性；面临全球金融危机、恐怖主义、民族主义等威胁和挑战；维护国际交流与合作的途径
	全球化与我们	国际理解教育的基本内容与基本要求、世界公民的权利与义务、人类命运共同体的内涵与主旨、全球化与本土化之间的关系等方面；全球化的重要性；面临逆全球化浪潮、全球化所带来的威胁和挑战；维护全球化的途径

第三章

新时代学校安全教育一体化：实施方案

学校安全教育承载着维护学生生命安全、促进学生健康成长的重要使命，在立德树人中发挥着重要作用。当下，学校安全教育实践面临着目标设置单一、内容重复陈旧、实施方式单一等问题，严重阻滞总体国家安全观在学校安全教育中的有效落实。据此，特研制《总体国家安全观视域下学校安全教育一体化实施方案》，为有效开展学校安全教育提供借鉴。

《总体国家安全观视域下学校安全教育一体化实施方案》以《指导纲要》《教育部关于加强大中小学国家安全教育的实施意见》（以下简称《意见》）、《生命安全与健康教育进中小学课程教材指南》《纲要》《幼儿园教育指导纲要（试行）》《3-6岁儿童学习与发展指南》等政策文件及中小学课程方案和课程标准为依据，以总体国家安全观为引领，从编写依据、实施目标、实施内容、实施建议和评价建议等方面入手，致力于构建融公共安全、国家安全和国际安全为一体，幼小初高大各学段有序衔接的学校安全教育框架，为各级各类学校统筹开展学校安全教育提供全面指引。

第一节 幼儿园阶段安全教育方案

一、编写依据

3~6岁幼儿发育不够成熟，身体机能不够完善。在生理上，幼儿的机体组织柔嫩、易受损伤、易感染疾病；在心理上，幼儿缺乏自主性，自我保护意识和能力不足。《幼儿园教育指导纲要（试行）》指出，要为幼儿提供健康、丰富的生活和活动环境，满足幼儿多方面发展需要，让幼儿知道必要的安全保健知识，学会保护自己。《3-6岁儿童学习与发展指南》指出，从健康、语言、社会、科学、艺术等5个领域描述幼儿学习与发展。《中小学幼儿园安全管理办法》要求，幼儿园应当将安全教育纳入教学内容，对幼儿进行安全教育，培养幼儿的安全意识，提高幼儿的自我防护能力。《幼儿园工作规程》要求，幼儿园应当把安全教育融入一日生活，并定期组织开展多种形式的安全教育和事故预防演练。《幼儿园保育教育质量评估指南》要求，幼儿园切实把安全教育融入幼儿一日生活,帮助幼儿学习判断环境、设施设备和玩具材料可能出现的安全风险,增强安全防范意识,提高自我保护能力。依据上述政策文件,结合幼儿身心发展特点,研制幼儿园阶段安全教育方案。

二、实施目标

(一) 认知目标

初步了解简单的健康知识,懂得珍爱身体和生命;知道必要的安全保健常识,懂得一些基本的安全自护知识和方法;初步形成对家庭、集体、家乡、国家等的认知。

(二) 情意目标

保持情绪安定愉快,能够大胆表现自己的情感;形成热爱生命、热爱大自然的生活态度;在日常生活中逐步树立自我保护意识;培育幼儿爱父母长辈、爱老师同伴爱集体、爱家乡、爱党爱国的情感,形成初步的归属感;感知人类文化的多样性和差异性。

(三) 能力目标

在日常生活中提高身体的协调能力,增强体质;遵守日常安全行为规范,养成良好的生活和卫生习惯,具备基本的生活自理能力。

三、实施内容

(一) 公共安全教育

模块一:预防和应对社会安全类事故或事件
1. 防性侵害
防性侵害主要包括初步了解人体简单的生理结构和生长发育特点;正确认识自己的性别,懂得如何保护自己的身体等。

2. 防拐骗

防拐骗主要包括不随便和陌生人讲话；不随意接受陌生人的东西；独自在家时不给陌生人开门；遇到坏人时要大声呼救，知道寻求警察的帮助等。

3. 防走失

防走失主要包括知道自己的名字、幼儿园的名称及父母（或主要监护人）的姓名、电话号码、家庭住址和工作单位；离园时，要静待家长，安全返家；在公共场合要紧跟大人不随意停留等。

4. 防恐怖袭击

防恐怖袭击主要包括面对突发事件不靠近、不围观；面对暴力袭击者，尽量不要哭喊，避免激怒暴力事件袭击者；遇到恐怖袭击，寻找大型遮蔽物遮掩等。

模块二：预防和应对公共卫生事故

1. 食品安全

食品安全主要包括初步养成良好的饮食习惯，餐前做好准备、餐后进行清洁；进食时不嬉笑打闹，避免食物进入气管；进食热汤或喝水时，注意温度，避免烫伤；吃鱼时，把鱼刺挑干净，避免鱼刺卡在喉咙里；不随便食用来源不明的东西；不吃腐烂、有异味的食物；注重饮食营养，摄入足够的维生素，多食富含优质蛋白、糖类及微量元素的食物。

2. 传染病防护

传染病防护主要包括初步养成良好的卫生习惯，咳嗽和打喷嚏时用餐巾纸、手巾或双手捂住口鼻；饭前便后要洗手，掌握七步洗手法等正确盥洗方法；在流感等传染病传播期间，出门佩戴口罩，与他人保持 1 米以上的距离；生病需要服药时，遵照医嘱及成人指导等。

模块三：预防和应对意外伤害事故

1. 交通安全

交通安全主要包括初步识记交通标识，如红绿灯、人行横道线等；掌握基本的交通规则，如红灯停、绿灯行，行人走人行道，走路靠右行等；了解易发生的交通安全隐患，如不在马路上奔跑、做游戏，乘车时不把头、手伸出窗外等。

2. 消防安全

消防安全主要包括初步懂得火灾的危害性和玩火的危险性，知道火警电话为119等。

3. 防触电

防触电主要包括初步了解触电的危害；掌握不随便玩电器，不用剪刀或小刀划电线，不将手、铁丝等插到电源插座里等基本知识。

4. 防溺水

防溺水主要包括初步了解防溺水常识，如意识到在河边、湖边等开放水域玩耍的安全隐患，知道要远离危险水域；当同伴失足落水时，懂得第一时间向现场其他人呼救等。

5. 生活安全

（1）了解生活安全常识。如不将身体探出阳台或者窗外，避免坠楼；不把塑料袋套在头上，避免窒息；不将手放在门缝里，避免夹伤；不随意逗弄小猫、小狗等动物，避免被抓伤或咬伤。

（2）不携带锋利的器具来园，不将锋利的器具放在口、鼻、耳中；手工课、美术课若使用刀、剪、针和锤等工具时，须经老师同意方可拿取，并在老师的监督下使用，用完后马上放回原处。

（3）帮助幼儿建立合理生活常规，避免选择款式烦琐的衣物，如背带裤、连体衣，有绳子或镶有钻石、珍珠、亮片以及金属制品的衣服、毛毛鞋等。

模块四：预防和应对自然灾害

（1）知道刮风和下雨等自然现象可能会引发的自然灾害及其危害。

（2）能识别地震预警信号，地震来临时，听从老师及家长等成人指挥，迅速采取室内紧急避震、震后迅速撤离等措施。

（3）了解防雷电的基本常识，如打雷时尽快躲到室内，不在高楼平台上逗留等。

模块五：预防和应对影响学生安全的其他事件

1. 玩具安全

（1）玩大型玩具。如滑滑梯时，知道不能拥挤，前面的幼儿未离开时，后面的幼儿不能往下滑；荡秋千时，要注意坐稳，双手拉紧两边的秋千绳；

玩跷跷板时，要坐稳并用双手抓紧扶手等。

（2）玩中型玩具。如玩积木、游戏棒时，不得用手中的玩具击打其他幼儿的身体，特别是头部。

（3）玩小型玩具。如玩玻璃球、木珠子时，不能将它们放入口、鼻、耳中，避免造成异物进入气管等伤害。

2. 心理健康

心理健康主要包括引导幼儿合理发泄不良情绪；学会分享与合作，体验帮助他人的快乐；提高适应生活环境变化的能力。

（二）国家安全教育

围绕爱国主义、国防安全、文化安全、科技安全和生态文化安全等方面进行国家安全教育，主要包括利用"五四""八一""十一"、清明、端午、中秋等特殊时间节点开展爱国主义教育主题活动。例如，引导幼儿认识首都和国旗，知道家乡美、家乡好，了解家乡的文化遗产和光荣历史等；通过语言教育增强幼儿对母语的认同，培养幼儿良好的语言习惯等；从幼儿生活中熟悉的科技成果入手，引导幼儿感受科学技术的重要性；组织幼儿接触大自然，感受大自然的美，培养对大自然的热爱之情，初步感知生态文化安全的重要性等。

（三）国际安全教育

初步了解世界，了解我国各民族和世界其他国家、民族的文化，感知人类文化的多样性和差异性，引导幼儿认识和尊重不同民族、不同肤色的人群。

四、实施建议

1. 公共安全教育

公共安全教育实施建议见表3-1-1。

表3－1－1　　　　　　　　公共安全教育实施建议

内容范畴			实施建议
公共安全	预防和应对社会安全类事故或事件	防性侵	1. 开展"预防性侵害，保护我自己"等主题教育活动。引导幼儿认识身体各部位，知道隐私部位在哪里，有人触碰自己隐私部位要及时告知家长和老师 2. 借鉴美国防性侵教育项目——"谈谈抚摸"项目①，使幼儿明白什么样的抚摸是合理的是爱的表示、什么样的抚摸是不合理的是应该拒绝的。在项目进行过程中不断提高幼儿的自我保护意识与能力
		防踩踏	开展"防踩踏""摔倒怎么办"等主题教育活动。引导幼儿知道上下楼梯要靠右走，不能拥挤；入园离园时要避开人多的地方，保持安全距离、礼貌让行
		防拐骗	1. 创设"公共场所游玩""陌生人敲门"等主题情景，培养幼儿防拐骗意识，懂得面对陌生人的诱惑该怎么做 2. 组织幼儿学唱《谁在敲门》等儿歌，牢记独自一人在家时，不能给陌生人开门
		防走失	1. 讲述《小兔汤姆走丢了》等故事，引导幼儿思考，使幼儿懂得外出时要紧跟爸爸妈妈，以防走失 2. 播放《迷路的小花鸭》等视频，让幼儿初步感知迷路走失的危险，结合生活实际与幼儿探讨有关"走失"的话题，引导幼儿思考不幸走失该怎么办
		防恐怖袭击	1. 展示刀、斧、炸弹、手枪等危险物品的图片，引导幼儿识别危险物，提高辨别危险的意识 2. 设计"危机躲避"等小游戏，在游戏过程中引导幼儿主动学习，帮助幼儿在亲身体验中学会如何躲避危机
	预防和应对公共卫生事故	食品安全	展示变质食品和有毒食品等相关图片，引导幼儿正确分辨变质食品和有毒食品，知道不能食用变质食品和有毒食品
		传染病防护	1. 播放预防流感等相关视频，引导幼儿了解流感等病毒的危害，懂得在流感及其他传染病传播期间要戴好口罩、做好防护等 2. 开展"卫生小标兵"等评比活动，引导幼儿养成健康的卫生习惯
	预防和应对意外伤害事故	交通安全	1. 设计"安全标志伴我行"游戏，制作游戏卡（如红绿灯），引导幼儿认识交通安全标志 2. 开展"我是小小指挥员"等角色扮演游戏，组织幼儿扮演警察叔叔指挥交通，在游戏活动中引导幼儿懂得横穿马路时要走斑马线，知道红灯停、绿灯行

① 注："谈谈抚摸"项目具体实施步骤详见于珍，董新良. 汇聚多种力量：美国预防性侵儿童犯罪的举措及启示［J］. 比较教育研究，2015，37（3）：44－47、60.

续表

内容范畴		实施建议
公共安全	预防和应对意外伤害事故	
	防触电	1. 播放有关幼儿触电等动画视频，引导幼儿认识触电的危害 2. 指导幼儿分小组进行情景表演，引导幼儿辨别在用电场景中的正确行为和不正确行为
	防溺水	利用图书、音像等教学资源，引导幼儿认识禁止下河游泳、水流湍急等安全标志
	消防安全	1. 组织"我是消防小能手"等游戏活动，引导幼儿认识灭火器、消防栓、烟雾探测器等消防设施，初步了解消防员的工作 2. 邀请消防员进班讲解消防安全知识：请消防员叔叔讲述火灾危害和常见火灾发生原因等知识；以游戏的形式，进一步加深幼儿对消防知识的理解 3. 组织火灾逃生演练：制定科学合理的演练方案，因地制宜开展火灾逃生演练，提高幼儿火灾逃生本领
	生活安全	1. 播放《爱受伤的豆豆》等视频，让幼儿思考豆豆受伤的原因，引导幼儿认识游戏活动中存在的危险 2. 展示锋利工具伤人的图片或播放相关视频，提醒幼儿不要玩剪刀等锋利工具
	预防和应对自然灾害	1. 设计"地震来了怎么办""危险来了我不怕"等情景，通过防震角色扮演等方式，提高幼儿的自救意识和自我保护能力 2. 组织地震、洪涝等逃生演练，在演练中引导幼儿掌握基本的逃生知识和技能
	预防和应对影响学生安全的其他事件	
	玩具安全	开展"玩具总动员"等活动，让幼儿将最喜欢的玩具带到园中，播放幼儿因使用玩具不当受到伤害的视频，引导幼儿了解不正确使用玩具带来的伤害，明白玩玩具时要注意安全
	心理健康	设计"和我交朋友"等游戏活动，激发幼儿参加游戏活动的兴趣，培养幼儿良好的心理素质和健康乐观的生活态度

2. 国家安全教育

国家安全教育实施建议见表3-1-2。

表3-1-2　　　　　　　国家安全教育实施建议

内容范畴		实施建议
国家安全	爱国主义	1. 结合幼儿的年龄特点和本班的实际情况确定教育的主题，在不同年级进行不同的爱国主义主题教育活动。如组织"叔叔阿姨贡献大"（小班）、"祖国妈妈真伟大"（中班）、"我是祖国小主人"（大班）等活动，引导幼儿感受祖国的伟大 2. 通过唱国歌和主题画展等方式进行爱国主义教育，如举办"我爱祖国妈

续表

内容范畴		实施建议
国家安全	爱国主义	妈"主题画展，幼儿通过绘画表达对祖国的情感 3. 展示中国地图，播放纪录片，了解祖国的山河风光 4. 创设阳光小兵营游戏区，组织开展"勇敢小小兵""沙场大练兵"等游戏，培养幼儿的国防安全意识 5. 组织幼儿参观爱国主义教育基地、国防教育基地、博物馆和纪念馆等场所，了解经典飞机型号、红色经典故事、英雄人物、中国海航及航天成果等 6. 充分挖掘幼儿园的地域特色，利用当地的红色文化资源，开展爱国主义教育
	文化安全	1. 提供童谣、故事和诗歌等类型的儿童文学作品和绘本，让幼儿自主选择和阅读；鼓励幼儿与同伴一起交流看过的图书、绘本、动画片等，引导幼儿养成良好的语言行为习惯，增强对母语的认同 2. 组织幼儿观看传统民间艺术表演，参加地方民俗文化活动，如皮影戏、剪纸和面塑等，充分挖掘当地本土文化和传统文化中具有启蒙意义和教育价值的部分，渗透到幼儿园的教学活动、游戏和一日生活中 3. 开展"传承中华传统美德"系列启蒙教育活动，让中华优秀传统文化成为根植幼儿内心深处的精神血脉和文化素养，激发幼儿内心深处的文化自信和民族自豪感
	科技安全	1. 播放钱学森、杨振宁等科学家的纪录片，引导幼儿感受科学家对国家和社会的杰出贡献 2. 展示实物模型和科技产品，让幼儿观察和探索，感受科技的魅力 3. 组织幼儿参观科技馆等，培养幼儿对科学的兴趣
	生态安全	1. 组织幼儿进行户外活动，使幼儿在接触大自然的过程中感受大自然的美 2. 组织幼儿进行种植和饲养活动，了解动植物生长发育的过程，感知生物的多样性和独特性 3. 播放《人与自然》等视频，引导幼儿体会人与自然的依赖关系，如动植物、季节变化与人类生活的关系，常见灾害性天气给人类生产和生活带来的影响等

3. 国际安全教育

国际安全教育实施建议见表3-1-3。

表 3-1-3　　　　　　　　　国际安全教育实施建议

内容范畴		实施建议
国际安全	了解我国各民族和世界其他国家、民族的文化,感知人类文化的多样性和差异性,培养理解、尊重、平等的态度	1. 组织幼儿观看不同民族文化的相关视频,了解多民族文化,感受世界文化的多样性 2. 展示地球仪等教具,引导幼儿认识地球,了解地球上有不同的国家 3. 组织幼儿参加国际交流活动,增进不同国家和地区幼儿的交流和互动,加深对彼此文化的理解 4. 设计"环球旅行"游戏,采用角色扮演的方式,组织幼儿扮演小导游和游客,分享自己所了解的国家

五、评价建议

1. 公共安全教育

公共安全教育评价建议见表 3-1-4。

表 3-1-4　　　　　　　　　公共安全教育评价建议

评价内容			评价建议
公共安全	预防和应对社会安全类事故或事件	防性侵	口头评价:教师设计性教育绘本阅读课,通过阅读《乳房的故事》《我从哪里来》《我们的身体》《请不要随便摸我》《呀!屁股》等绘本,引导幼儿认识自己的身体,预防可能发生的侵害。教师对幼儿是否了解身体的秘密和掌握自我保护的方法等进行口头评价
		防踩踏	观察法:教师利用观察记录表(见表 3-1-7),记录幼儿上下楼梯和游戏活动的情况。观察内容包括幼儿上下楼梯是否靠右走、上下楼梯是否有序不拥挤、在游戏活动中是否遵守规则等。教师根据观察记录表对幼儿表现给予评价
		防拐骗	情景模拟测试:教师组织幼儿开展防拐骗演练,观察幼儿表现。如在幼儿离园时,请其他班的老师或幼儿家长扮演幼儿父母的朋友接幼儿放学,观察幼儿是否会跟着走。教师根据幼儿表现对幼儿的防拐骗意识和行为给予评价
		防走失	口头评价:教师组织幼儿观看《小兔汤姆走丢了》等视频。教师提问幼儿"外出是否能紧跟家长不随意乱跑""如果在商场找不到爸爸妈妈,该怎么办?"等问题,根据幼儿的回答情况给予口头评价
		防恐怖袭击	体态语评价:教师组织幼儿开展"危机躲避"等小游戏。在游戏活动中设置"危险物",观察幼儿能否及时有效躲避。教师根据幼儿的表现,运用体态语言给予评价,如鼓励的眼神、表扬的手势等

续表

评价内容			评价建议
公共安全	预防和应对公共卫生事故	食品安全	口头评价：教师展示发霉、过期等食品的图片，并提问幼儿"发霉的食品可以食用吗？""过期的食品可以食用吗？"等问题，根据幼儿的回答情况，教师对幼儿的表现给予口头评价
		传染病防护	口头评价：家长对幼儿日常的卫生习惯、对传染病的认知情况以及预防能力等给予评价
	预防和应对意外伤害事故	交通安全	1. 口头评价：教师提问幼儿"过马路时需要注意什么呢？"等问题，根据幼儿的回答情况，教师对幼儿表现给予口头评价 2. 情景模拟测试：教师组织幼儿开展交通安全游戏，观察幼儿能否遵守交通秩序以及主动制止违反交通规则的行人。根据幼儿在游戏中的表现，对幼儿的交通安全意识、安全知识和安全行为给予评价
		防触电	口头评价：教师提问幼儿"湿手可以触摸电器吗？"等问题，根据幼儿的回答情况，教师对幼儿表现给予口头评价
		防溺水	口头评价：教师播放幼儿溺水的动画视频，引导幼儿讲述动画中的故事。教师根据幼儿的回答情况给予口头评价
		消防安全	情景模拟测试：学校组织幼儿开展应急疏散演练，如火灾发生时，组织学生有序进行疏散。相关人员做好演练的记录（包括摄像、摄影等）和计时等工作，教师根据幼儿表现给予评价
		生活安全	1. 成长记录袋：教师利用成长记录袋中幼儿生活安全记录表、作品集（含学生安全纸笔作品、音像作品等）、学期评价表等对幼儿的生活安全意识、安全知识和安全行为给予综合性评价 2. 口头评价：教师、家长结合幼儿的日常表现对幼儿日常生活中的安全意识和安全行为等给予评价
	预防和应对自然灾害		1. 情景模拟测试：幼儿园组织开展逃生演练，合理确定演练的疏散路线和保障措施等。在逃生演练时，教师观察幼儿的表现，根据幼儿的表现对幼儿逃生演练中的行为给予评价 2. 成长记录袋：教师将幼儿关于龙卷风、暴雨、雷电等自然现象的绘画作品收集起来，并放入成长记录袋中，根据幼儿作品中对自然灾害的认识给予评价
	影响学生安全的其他事件	玩具安全	口头评价：教师设计玩具安全专题课，让幼儿介绍自己的玩具，教师展示幼儿因玩具使用不当受伤的相关案例，引导幼儿分享自己因玩玩具受伤的情况以及如何避免玩玩具时受伤。根据幼儿的回答，教师对幼儿的玩具安全意识和知识给予口头评价
		心理健康	观察法：教师利用观察记录表（见附录3-1），记录一段时间内幼儿的心理健康状况，并根据观察记录表对幼儿心理健康状况给予评价

2. 国家安全教育

国家安全教育评价建议见表 3-1-5。

表 3-1-5　　　　　　　　　国家安全教育评价建议

评价内容	评价建议
国家安全	1. 观察法：在国家安全教育活动中，教师引导幼儿认识国旗，组织幼儿开展画国旗、唱国歌等活动。教师根据幼儿的表现给予评价 2. 口头评价：教师播放国家安全教育的相关视频，请幼儿分享观看视频的感受，根据幼儿的回答情况给予口头评价 3. 成长记录袋：教师利用成长记录袋中幼儿的国家安全教育活动记录表、作品集、学期评价表等给予综合评价

3. 国际安全教育

国际安全教育评价建议见表 3-1-6。

表 3-1-6　　　　　　　　　国际安全教育评价建议

评价内容	评价建议
国际安全	1. 观察法：在国际安全教育活动中，教师根据幼儿的言语表达等观察幼儿是否具有热爱和平的意识，根据学生表现情况作出评价 2. 情景模拟测试：教师组织幼儿扮演不同国家、不同民族的小朋友，根据幼儿与"不同国家"小朋友的相处交流情况，对幼儿给予评价

例如，幼儿园阶段的安全教育评价方法以观察法、口头评价、情景模拟测试和成长记录袋为主，注重过程性与发展性并重，以期高质量达成安全教育目标。具体请参阅以下安全教育评价示例。

示例一："小问题，大安全"专题教育评价示例

教师利用幼儿日常活动进行安全专题教育，以幼儿上下楼梯和如厕为切入点，启发幼儿思考上下楼梯和如厕的注意事项，根据幼儿的表现进行评价。

（一）活动建议

1. 教师展示上下楼梯的图片，引导幼儿观看图片，教师提问幼儿"图中的小朋友上下楼梯是靠哪边走的？"

2. 教师组织幼儿学习儿歌《上下楼梯》，请幼儿代表分享如何安全上下楼梯，教师给予口头评价。

3. 教师组织幼儿分组排队如厕，提问幼儿"男女厕所的标志和符号是什么？上厕所需要注意些什么？卫生间的地上有什么标记？"等问题，根据幼儿的回答，给予口头评价。

（二）评价建议

1. 评价目标：幼儿是否知道上下楼梯、如厕、入园和离园时需注意的安全事项。

2. 评价方法：口头评价、观察法。

3. 观测点：

（1）学生课间行为。在课间活动时，教师观察幼儿上下楼梯的情况，做好观察记录表，教师根据观察记录表对幼儿是否具备上下楼梯的安全意识和安全行为给予评价。

（2）学生发言情况。教师根据幼儿对"男女厕所的标志和符号是什么？上厕所需要注意些什么？卫生间的地上有什么标记？"等问题的回答情况，对幼儿的安全意识和安全行为给予口头评价。

4. 评价工具：观察记录表（见表3-1-7）。

表3-1-7 "小问题，大安全"专题教育观察记录表

观察对象		观察时间		观察地点		记录人	
观察目的							
观察内容	学生课间行为						
	学生发言情况						
观察记录							

示例二："小小童心画国旗"课程渗透评价示例

在绘画课上，教师讲解国旗的知识，组织幼儿画国旗，根据幼儿的表现进行评价。

（一）活动建议

1. 教师向幼儿讲解国旗图案的由来和其象征意义，引导幼儿认识国旗。

2. 教师组织"我来画一画"活动。幼儿根据自己对国旗的理解和认识，

画一画自己心中的国旗。

3. 教师请幼儿展示自己的作品,并分享自己的感悟。

(二) 评价建议

1. 评价目标:幼儿是否认识国家及了解国旗图案的象征意义。

2. 评价方法:口头评价、成长记录袋。

3. 观测点:

(1) 幼儿发言情况:教师根据幼儿对国旗的认识给予口头评价。

(2) 幼儿作品完成情况:将幼儿的作品放入成长记录袋。教师根据成长记录袋里学生的作品集等,对幼儿的国家安全意识和安全知识给予综合性评价。

示例三:"小白兔迷路了"主题活动评价示例

教师组织幼儿模拟小白兔和兔妈妈外出,小白兔迷路了的情景。借此情景,启发幼儿思考,根据幼儿的表现进行评价。

(一) 活动建议

1. 教师:老师请来了兔妈妈和她的孩子(小灰、小白),她们要给小朋友们表演节目,请大家一定要仔细看。

2. 邀请一位老师和两个小朋友一起进行情景表演。(教师扮演兔妈妈、一个小朋友扮演小灰兔、另一个小朋友扮演小白兔。)

教师:兔妈妈带两只小兔去森林里采蘑菇。妈妈告诉孩子们一定要在自己身边,不要独自到危险的地方去。

幼儿A:小灰兔在妈妈的身边采蘑菇。

幼儿B:小白兔悄悄地离开了。它只顾自己去捉蝴蝶了,最后迷了路。

兔妈妈找了很久才找到它,小白兔哭着对妈妈说:"妈妈,我错了。以后我再也不离开妈妈了。"

3. 教师组织幼儿讨论,请幼儿发表感想。

(1) 两只小兔谁做得对?

(2) 小朋友和父母外出时应注意什么?应该怎样做?

教师根据幼儿的发言,对幼儿表现给予口头评价。

(二) 评价建议

1. 评价目标:幼儿是否掌握外出时的注意事项。

2. 评价方法：口头评价、情景模拟测试。

3. 观测点：

（1）幼儿活动表现：教师在情景模拟环节观察幼儿是否能意识到小白兔因乱跑而迷路，根据幼儿的表现对幼儿给予评价。

（2）幼儿发言情况：在讨论环节，教师根据幼儿的发言对幼儿的安全意识给予口头评价。

第二节 小学阶段安全教育方案

一、编写依据

小学生身心发育尚未成熟，好奇心强，安全意识薄弱，公共安全、国家安全知识和国际安全知识普遍缺乏。《指导纲要》要求小学生应掌握必要的安全知识和技能，了解相关法律法规常识，养成在日常生活中正确应对突发安全事件的习惯，保障小学生健康成长。《意见》要求小学生了解、学习和掌握一些安全常识，增强紧急应对各类突发事件的技能，懂得以最有效的方式保护自身安全。《纲要》指出，小学阶段要初步了解国家安全基本常识，启蒙国家安全意识，感受个人生活与国家安全息息相关，增强爱国主义情感。《课程方案》要求，应在小学各学科教学过程中渗透安全知识。依据上述政策文件并结合小学生身心发展规律，制定小学阶段安全教育方案。

二、实施目标

（一）认知目标

了解必要的生命安全与健康知识，知道日常生活中基本的安全常识；初步建立国家和公民的概念，初步了解国家安全基本常识，明确维护国家安全是公民应尽的义务；对地球形成初步认识，理解人类与环境的关系；了解不同种族、文化、习俗间的独特性和差异性；认识战争带给人类的危害，意识到世界和平的重要性。

（二）情意目标

初步具备安全防范意识和自我保护意识；初步启蒙国家安全意识；热爱集体、热爱家乡、富有责任心，增强民族团结意识；初步感知中国在国际舞台上的重要地位，增强民族自信心和自豪感；树立关注健康、珍惜生命、热爱大自然和保护地球环境的观念。

（三）能力目标

初步具备在日常生活和突发安全事件中自救自护的能力，学会恰当避险；具备基本的逃生自救能力，在发生紧急情况时能有序、安全疏散；学会与自然和谐共处；能够与世界各国人民平等交往、和睦相处。

三、实施内容

（一）小学1~3年级的实施内容重点

1. 公共安全教育
（1）模块一：预防和应对社会安全类事故：
①了解与陌生人交往的注意事项，逐步形成基本的自我保护意识。
②初步了解性侵害、性骚扰的类型，懂得性侵害、性骚扰的危害；当遭遇性侵害时，学会向父母、老师、警察等求助。
③了解社会安全类突发事故的危险和危害。
④了解并遵守各种公共场所活动的安全规则。
（2）模块二：预防和应对公共卫生事故：
①了解肠道和呼吸道等相关疾病的预防常识，养成良好的个人卫生及饮食习惯。
②初步认识人体结构与生理功能，学会保护自己的身体。
③养成正确的读写姿势，掌握做眼保健操的正确方法。

④了解基本公共卫生和饮食卫生常识。

（3）模块三：预防和应对意外伤害事故：

①了解道路交通法相关内容，能够识别道路交通和安全标志，掌握出行时道路交通安全常识。

②初步识别禁止、警告等危险标志；学会正确使用家用电器、刀具等日常用品。

③初步具备使用电梯、自动门、索道和游乐设施等特种设备的安全意识。

④初步学会在意外伤害事故中自我保护和求助、求生的简单技能。学会正确拨打110、119、120等急救电话。

⑤初步形成体育运动规则意识，掌握基本的运动技能。

（4）模块四：预防和应对自然灾害：

①了解学校所在地区和生活环境中可能发生的自然灾害及其危险性。

②初步掌握在自然灾害发生时的自我保护、求助及逃生的技能。

（5）模块五：预防和应对影响学生安全的其他事件：

①掌握与同学、老师友好相处的方法，学会正确处理矛盾。

②建立对学生欺凌行为的认知，能够初步判断学生欺凌行为，掌握正确应对学生欺凌的方法。

③增强社会适应能力，适应新环境、新集体和新学习生活，形成集体归属感。

④掌握必要的心理健康知识，保持积极心理状态，增强抗挫折能力。

2. 国家安全教育

（1）模块一：总体国家安全观总论：

①初步了解总体国家安全观，意识到国家安全的重要性。

②明晰祖国、首都和家乡等概念，认识国旗、国徽和党旗，了解其图案的意义，不破坏国旗、国徽等国家象征物，树立热爱家乡、热爱祖国的观念。

③了解"七一""八一"和"十一"等纪念日的来历，萌生对中国共产党、人民解放军的敬意，珍惜来之不易的和平生活。

（2）模块二：国土安全：

初步了解我国的疆域、行政区划、国土面积、领土、领海、领空以及邻国等；培养热爱祖国国土的意识。

(3) 模块三：军事安全：

①认识军旗，了解军旗图案的意义，做到尊敬军旗；知道中国人民解放军是祖国的保卫者，了解中国人民解放军现役部队组成部分，了解英雄故事，初步感知故事蕴含的英雄精神；热爱、尊敬中国人民解放军。

②认识一般的枪、炮、飞机和军舰等武器装备。

(4) 模块四：文化安全：

①养成说普通话的习惯，感受汉语言的魅力；学习简单的国学知识，领悟中华文化的博大精深。

②了解享乐和消费文化的负面影响，学会合理消费。

③了解我国的风俗习惯、传统节日及重要文物，感受中华民族深厚的文化积淀，增强文化自信。

(5) 模块五：社会安全：

①了解重大自然灾害、重大事故灾害和暴力恐怖活动等社会安全事件，认识到维护社会安全的重要性。

②掌握重大自然灾害、重大事故灾害等社会安全事件的简单应对方法。

(6) 模块六：科技安全：

①了解常见科技产品及其给人类生活带来的改变；了解科技对人类生活方式和思维方式的影响；认识科技安全的重要性。

②走进科学世界，体验科学的奥妙，培养对科学的兴趣，激发探索科学的好奇心和求知欲。

(7) 模块七：网络安全：

①学习现代通信的种类和方式，知道人们的生活与现代通信息息相关。

②初步具备保护个人信息的意识，提高信息辨别能力。

③合理利用网络资源，增强网络安全意识，做到安全上网。

(8) 模块八：生态安全：

①了解生态安全包括土地生态安全和大气安全等内容。

②知道生态安全面临生态破坏和环境污染的威胁与挑战。

③明晰维护生态安全要治理环境和加强国门安全管理。

(9) 模块九：资源安全：

①初步了解资源安全包括可再生资源安全和不可再生资源安全等内容。

②意识到滥用资源的危害，树立珍惜资源、节约资源的意识。

（10）模块十：海外利益安全：

知道重大自然灾害、重大新发突发传染病、动植物疫情等对海外中国公民的安全存在威胁。

3. 国际安全教育

（1）模块一：热爱地球：

初步了解地球家园，形成热爱地球、热爱环境的基本认知。

（2）模块二：理解其他文化：

①知道地球上生存着许多不同的民族，知道各民族之间存在异同，了解不同国家人民的衣食住行等生活情况，增强对他文化的理解。

②了解世界上不同的语言环境，感受不同语言的特色，培养对外语的兴趣，为国际交往做准备。

（3）模块三：热爱和平：

了解战争带来的危害，初步树立热爱和平的意识。

（二）小学 4~6 年级的实施内容重点

1. 公共安全教育

（1）模块一：预防和应对社会安全类事故或事件：

①提高自我防范意识，学会应对可疑陌生人的方法。

②掌握应对敲诈、恐吓、性侵害的一般方法，提高自我保护能力。

③自觉遵守社会生活中人际交往的基本规则以及公共场所的安全规范。

④了解恐怖袭击等社会安全类突发事故或事件的危害，不参与影响和危害社会安全的活动。

（2）模块二：预防和应对公共卫生事故：

①加强卫生和饮食常识学习，养成良好的个人卫生和健康的饮食习惯。

②了解传染病的基本知识，初步认识常见传染病及其危害，掌握个人防护技能。

③初步了解吸烟、酗酒等不良习惯的危害，树立远离烟酒的健康生活意识。

④初步了解毒品的危害，形成远离毒品、拒绝毒品的意识。

⑤了解自己的身体，形成明确的性别意识；初步学习心理健康及相关保

健知识与技能；树立珍爱生命的意识。

⑥注意用眼卫生，学会适当缓解眼部疲劳。

（3）模块三：预防和应对意外伤害事故：

①培养遵守交通规则的良好习惯，形成主动避让车辆的意识。

②提高自我保护意识，了解私自到野外游泳、滑冰等活动的危害；学习预防和应对溺水、烫烧伤、动物咬伤、异物进气管等意外伤害的基本常识和处理方法。

③了解与学习和生活密切相关的特种设备安全知识，形成对存在安全隐患的设施与区域的防范意识。

④初步掌握应急常识，遇到紧急情况，能够拨打急救电话和报警电话；学会有效躲避事故灾害的常用方法和在事故灾害发生时的自我保护和求助及逃生的基本技能。

⑤学习科学实验操作的注意事项，了解基本的实验安全常识，如烫伤、机械伤害和触电等。

⑥了解体育运动的安全隐患，认真做好准备活动，初步养成良好的运动习惯，增强应对体育运动风险的能力。

⑦初步了解踩踏易发生的时间、地点和场所，积极参加防踩踏演练，学会应对踩踏的基本方法。

（4）模块四：预防和应对网络、信息安全事故：

①初步认识网络资源带给人类社会的积极影响，了解网络不良信息的危害。

②初步学会合理使用网络资源，增强对各种网络信息的辨别能力。

③学会控制自己的行为，防止沉迷网络游戏。

④了解诈骗的常见手段，掌握防诈骗的技巧，保护自己不受诈骗侵害。

（5）模块五：预防和应对自然灾害：

①了解影响家乡生态环境的常见问题，增强保护自然环境的意识。

②了解应急疏散演练的基本要求，在发生紧急情况时，能够有序、迅速地安全疏散。

③能够识别突发自然灾害预警信号，掌握基本的防范措施。

（6）模块六：预防和应对影响学生安全的其他事件：

①形成在遇到危及自身安全事件时向教师、家长、警察求助的意识。

②了解学生欺凌的起因和危害，掌握学生欺凌预防和应对的方法。

③正确认识自我，学会合理表达情绪；了解并掌握解决心理健康问题的主要方法和途径。

2. 国家安全教育

（1）模块一：总体国家安全观总论：

①了解国家安全是实现中华民族伟大复兴中国梦的重要基础，初步了解国家安全的含义。

②明白每个人都有维护国家利益和安全的义务，增强保家卫国的责任感。

③学习革命先烈、少年英雄的英勇事迹，培养革命英雄主义精神。

（2）模块二：国土安全：

①学会识读中国地图，正确辨认地图上的简单图例、方向和比例尺。

②知道我国的名山大川和名胜古迹，增强热爱国土的情感。

③理解领土和领海的概念；明白我国的领土主权不受侵犯、领土完整不被分裂；初步具备主权意识，意识到维护国土安全的重要性。

（3）模块三：军事安全：

①了解历史上反抗外来侵略的正义斗争，中国人民解放军在社会主义建设时期的功绩和我国在国际社会中的重要地位。

②意识到军事泄密的危害，树立军事安全意识。

（4）模块四：文化安全：

①了解中国的语言、风俗习惯、传统节日、古诗词等传统文化；继承和弘扬中华优秀传统文化和社会主义先进文化，初步了解人类文明优秀成果。

②感受文化安全的重要性，理解文化是国家和民族的灵魂，自觉维护文化安全。

③感悟无产阶级革命家的英雄气概、优良作风和高尚品质，体会捍卫民族尊严、维护国家利益和世界和平的伟大精神。

（5）模块五：社会安全：

①知道社会安全面临的威胁与挑战，如新型违法犯罪方式多样等。

②提升应对自然灾害、重大疫情等社会安全事件的能力，学会维护社会安全。

（6）模块六：科技安全：

①意识到科技安全的重要性，知道科技安全是国家安全的重要标志，是

维护国家利益的基础，是提升国家实力的前提。

②初步了解科学技术与人类生产生活及社会发展的关系，掌握基本的科学方法，能够进行简单的科学实验，初步具备必要的科学素养。

③认识科技应当为人类造福，崇尚科学，反对迷信，学会维护科技安全。

（7）模块七：网络安全：

①初步了解网络信息泄密的危害，形成网络信息保护意识。

②初步了解网络违法犯罪的危害。

③意识到网络诈骗的危害，树立防诈骗意识。

（8）模块八：生态安全：

①了解土壤、岩石、大气与气候变化等知识，了解全球气候变暖、海平面升高等现象；了解我国不同地区自然环境的差异，认识美丽的地球；培养关爱自然的情感，逐步形成保护生态环境的意识。

②了解生态安全的主要内容以及面临的威胁，如水资源短缺对生产、生活及地区安全的影响；森林草原退化导致生态系统功能的紊乱、失调和衰退；生物多样性丧失对生存环境的影响；气候变化威胁人类生存发展；空气污染威胁公众健康、生态环境和农业生产力等。

（9）模块九：资源安全：

①知道人类、动植物与环境是相互影响和相互依存的关系；认识人类与自然资源和能源的关系；知道地球上的资源是有限的。

②学会珍惜现有资源，培养节约用水、用电的习惯，养成绿色低碳的生活方式。

（10）模块十：海外利益安全：

①了解海外安全文明出行的常识。

②知道国际冲突、政局动荡及国际恐怖主义，学会主动维护祖国利益。

3. 国际安全教育

（1）模块一：热爱地球：

形成热爱地球、保护地球的意识；懂得人与自然和谐共生，培养爱护地球家园的情感。

（2）模块二：理解其他文化：

感受世界多元文化的差异，包括宗教、礼仪、语言、习俗、节日、美食、服饰、建筑等方面;学习简单的外语口语,包括问候语、告别语等,逐步掌握与国际友人交往的技巧。

(3) 模块三:热爱和平:

主动了解国际社会的热点问题;了解世界环境、科技与人类的关系;初步认识联合国组织机构;认识战争给人类带来的影响,热爱和平。

四、实施建议

(一) 小学 1~3 年级

在小学 1~3 年级,公共安全教育、国家安全教育、国际安全教育见表 3-2-1 至表 3-2-3。

1. 公共安全教育

表 3-2-1　　　　　　　　公共安全教育实施建议

内容范畴		实施建议
公共安全	预防和应对社会安全类事故	突发事故安全	1. 展示恐怖袭击等社会安全类突发事故的图片,引导学生了解社会安全类突发事故带来的危害 2. 组织学生模拟与陌生人交往的情景,从中学会自我保护的方法 3. 借鉴英国"儿童性安全"教育项目传授性安全知识,通过卡通角色"Pantosaurus"(内裤恐龙)使学生了解内裤覆盖的是私密部位,其他人不可以无故要求看和触摸
		公共场所安全	了解公共场所须注意的安全事项,引导学生形成基本的自我保护意识
	预防和应对公共卫生事故	常见疾病防护	组织学生制作预防肠道和呼吸道等常见疾病的宣传小报
		传染病防护	组织学生搜集传染病传播途径及科学预防的相关资料,完成关于"预防传染病"的手抄报
		个人卫生	举办"健康生活小达人"等活动,组织学生分享自己的良好卫生习惯
	预防和应对意外伤害事故	交通安全	组织学生画一画交通安全标志,唱一唱交通安全儿歌
		生活安全	举办"生活中的安全"等讨论会,组织学生讨论家用电器、煤气(柴火)、刀具等日常用品的安全注意事项

续表

内容范畴		实施建议
公共安全	预防和应对意外伤害事故	
	运动伤害	利用体育课,讲解运动安全常识,分组让学生演示正确的运动方式和不正确的运动方式,引导学生形成健康的运动习惯
	防踩踏	展示发生拥挤情形的图片或播放《预防拥挤踩踏,保障生命安全》等动画片,引导学生了解可能发生拥挤的情形并学会预防踩踏的方法,如在拥挤的人流中,不随便俯身捡拾东西或系鞋带等
	预防和应对自然灾害	1. 播放地震、洪水等自然灾害带来严重后果的视频,引导学生思考自然灾害发生时该怎么办,组织学生模拟演练在自然灾害发生时如何自我保护和求助 2. 开展与自然灾害国际日、世界环境保护日等相关的演讲比赛、辩论赛等系列活动
	预防和应对影响学生安全的其他事件	
	防学生欺凌	1. 开展"杜绝校园暴力,防范学生欺凌,共建阳光校园"等系列主题活动,如"反欺凌,讲文明"主题班会、"预防校园暴力,共建和谐校园"主题图片展等 2. 借鉴韩国的"互动项目"开展学生欺凌预防教育,采用模拟心理咨询、模拟纠纷调解、模拟法庭等形式,传授"互动项目"主中教师与学生的共感、沟通、纷争解决、自尊、感情调适、对校园暴力的认识及应对等六方面的内容
	心理健康	1. 开展心理健康教育主题班会,通过黑板报和墙报等形式宣传心理健康知识 2. 在《融入新集体》《悦纳自己》《调控情绪》等道德与法治课程中渗透心理健康教育内容

2. 国家安全教育

表3-2-2　　　　　　　　国家安全教育实施建议

国家安全	总体国家安全观总论	1. 开展画国旗、唱国歌等展评活动 2. 利用国家重要纪念日等时间节点办手抄报渲染爱国主义气氛,将优秀作品张贴到学校宣传栏
	国土安全	1. 展示纸质版中国地图,初步认识祖国版图形状,识别自己所在省份的轮廓 2. 播放《航拍中国》纪录片或展示相关图片,让学生领略祖国国土辽阔,感受保护国土的重要性
	军事安全	1. 播放《我和我的祖国》等纪录片,引导学生体会中国人民解放军的伟大 2. 开展军事安全主题班会,讲述中国人民解放军的英勇事迹,引导学生树立尊重人民解放军的意识 3. 利用"七一""八一"等时间节点举办歌颂中国人民解放军的合唱比赛

续表

国家安全	文化安全	1. 展示汉字结构的图片，引导学生感受汉字的博大精深 2. 举办书法大赛、诗词大赛、传统经典诵读等活动，培养小学生热爱中华文化的情感，增强学生文化自信 3. 组织学生参观革命文化圣地等，感受革命精神，增强学生对中国革命文化的认识 4. 组织学生观看有关我国历史重大发明或重要文化遗产的影片等
	社会安全	1. 在道德与法治课程中渗透社会安全知识，引导学生感受维护社会安全的重要性 2. 展示重大自然灾害、重大事故灾难和暴力恐怖活动等新闻报道的图片或播放相关视频，引导学生了解社会安全事件的危害性
	科技安全	1. 组织学生搜集生活中的科技产品，与组内同学交流科技产品给生产、生活带来的便利，感受科技与生活息息相关 2. 开展"一日阅读"等活动，引导学生了解著名工程师和发明家的事迹，如鲁班、蔡伦、黄道婆、詹天佑、瓦特、爱迪生、乔布斯等，感受科学家精神
	网络安全	1. 播放网络泄密或网络间谍等视频，让学生明白泄露国家信息是违法行为并会受到相应惩罚 2. 利用主题班会、讲座等方式进行预防网络诈骗和网络暴力防范教育，引导学生养成文明上网的习惯
	生态安全	1. 开展"保护环境，从我做起"等主题班会活动 2. 在植树节、地球日、世界环境日等时间节点开展"保护绿水青山，我参与我受益"倡议活动，引导学生为保护生态环境贡献力量
	资源安全	1. 展示资源使用的图片，引导学生辨别正确做法与错误做法 2. 排演合理利用资源的小品，引导学生树立合理利用资源的意识
	海外利益安全	1. 在道德与法治课程中渗透海外利益安全相关知识，引导学生认识海外利益安全的重要性 2. 播放境外旅游安全出行的宣传教育视频等，树立境外安全出行的意识

3. 国际安全教育

表3-2-3　　　　　　　　国际安全教育实施建议

国际安全	热爱地球	1. 组织学生观看日出、日落、蓝天、碧水等，感受人与自然的和谐之美 2. 设计触摸大树、倾听大自然的声音等游戏，运用感官感知自然，描述个人感受
	理解其他文化	1. 组织学生观看《家有儿女之文化差异》等视频，初步了解世界上不同文化的差异，引导学生理解他国文化 2. 开设"英语角"，让学生用英语进行对话交流，感受他国语言的特色，不断提升作为国际公民的语言交流技能
	热爱和平	1. 学唱《我热爱和平》《明天会更好》《我和你》等歌曲，引导学生形成热爱和平的意识 2. 组织学生观看《长津湖》等影片，感受维护和平的重要性

（二）小学 4～6 年级

在小学 4～6 年级、公共安全教育、国家安全教育、国际安全教育见表 3-2-4 至表 3-2-6。

1. 公共安全教育

表 3-2-4　　　　　　　　　公共安全教育实施建议

内容范畴			实施建议
公共安全	预防和应对社会安全类事故或事件	突发事件安全	展示有关敲诈、恐吓、性侵害等典型案例，引导学生学习应对此类突发事件的方法
		公共场所安全	开展有关公共场所安全的主题讲座，组织学生学习公共场所的安全规范
		社会安全	开展社会安全隐患调查等活动，组织学生根据调查结果分享存在的隐患及处理方式等
	预防和应对公共卫生事故	食品安全	组织学生如实记录一周的卫生和饮食情况，课上展示交流，引导学生形成良好的卫生和饮食习惯
		常见疾病防护	聘请医务人员介绍常见疾病的预防常识，引导学生了解常见疾病，掌握防范措施
		传染病防护	讲解手足口病、水痘等常见传染病知识，引导学生学会预防传染病
		毒品防范	1. 组织学生开展"吸毒危害大"等主题的板报或手抄报展示活动，引导学生了解吸食毒品的危害 2. 聘请禁毒警察讲解吸毒的危害及我国法律在禁毒方面的规定，引导学生远离毒品、拒绝毒品
	预防和应对意外伤害事故	交通安全	举办交通法规知识竞赛，强化学生交通安全意识
		防溺水	举办防溺水安全知识讲座。展示溺水事件的典型案例，引导学生远离危险水域，掌握基本的防溺水技能
		实验室安全	播放有关实验室意外伤害事故的视频，引导学生了解实验室不规范操作的危害，掌握基本的实验安全常识
		运动伤害	组织学生收集体育运动事故案例，引导学生掌握体育活动中需要注意的安全事项及自我保护的方法
		防踩踏	1. 开展防踩踏演练活动，熟悉疏散路线，掌握疏散方法，牢记防范踩踏的注意事项 2. 开展主题班会，展示踩踏发生的案例，引导学生了解踩踏的危害，预防踩踏事故的发生
		消防安全	举办安全知识讲座。展示火灾事故的典型案例，向学生介绍火灾事故预防和处理方法

续表

内容范畴		实施建议
公共安全	预防和应对网络、信息安全事故	1. 组织学生以小组讲演的方式，展示网络给生活带来的便利和网络不良信息的危害，交流如何正确使用网络 2. 引导学生查阅网络信息安全的相关资料，总结网络成瘾的原因和危害
	预防和应对自然灾害	1. 组织学生查阅、收集有关重大自然灾害的典型案例，认识自然灾害的破坏性 2. 举办自然灾害国际日、世界环境保护日等系列安全主题教育活动，引导学生了解自然灾害带来的影响及保护自然环境的重要性 3. 借鉴美国"关注危险（Risk Watch）"①学校安全教育课程，采用玩游戏、学唱歌、绘画、开办安全集市、创办报纸、表演小喜剧等方式向学生传授预防和应对自然灾害的安全知识，提高安全技能
	预防和应对影响学生安全的其他事件	防学生欺凌：1. 观看学生欺凌纪录片，引导学生正确认识学生欺凌 2. 开展预防欺凌的主题班会，组织学生分享正确应对学生欺凌的做法
		心理健康：开展心理健康教育，组织学生交流生活中遇到的问题，教师给予疏导和帮助

2. 国家安全教育

表 3-2-5　　　　　　　　国家安全教育实施建议

国家安全	总体国家安全观总论	1. 组织学生集体观看爱国主义教育影片（如《战狼》等），引导学生交流观影感悟 2. 借助国家公祭日、中国人民抗日战争胜利纪念日等时间节点，开展有关总体国家安全观的演讲、主题班会等活动，引导学生了解历史，做到知史爱国
	国土安全	1. 收集国土安全受到威胁的事例，引导学生感悟国土安全的重要性，树立保卫国土安全的意识 2. 设计中国地图拼图游戏活动，增强学生国家版图意识 3. 组织学生描绘中国海陆轮廓图，引导学生了解领海、领地等
	军事安全	1. 组织学生参观军事基地，增强国防意识 2. 学习正确的军姿，如稍息、立正等，培养学生的纪律性和集体意识 3. 播放军事演练、阅兵等相关视频，引导学生感悟军事安全的重要性，培养学生的国防意识

---

① 注：1998 年，美国消防协会（NFPA）制定了"关注危险"（Risk Watch）学校安全教育课程。该课程是专为中小学生设计的综合性伤害预防课程。在课程内容方面主要围绕意外伤害进行，具体内容包括交通工具安全、远离火灾和烫伤、窒息防范、中毒防范、高处跌落防范、武器伤害防范、自行车和行走安全、溺水防范和自然灾害伤害防治九大类。

续表

国家安全	文化安全	1. 开展"身边的书法艺术"等活动，展示课前收集的书法作品，如展示折扇、衣服、卷轴、书签等物品上的书法，引导学生感悟书法文化的魅力 2. 组织学生研学旅行、观看影视作品、参观博物馆、文化馆、革命纪念馆等，发挥红色文化资源的育人效能，增强学生对民族文化的认同感，强化维护文化安全的意识和责任感 3. 开展"战争与和平"等主题班会，引导学生了解战争给人类造成的灾难以及世界人民为和平做出的贡献
	社会安全	1. 组织学生观看有关恐怖袭击等社会安全事件视频，增强学生防范恐怖袭击等的意识 2. 设计"面对危险，你会怎么做？"等主题活动，引导学生学会简单的应对方法 3. 展示以"文化渗透"和"电信诈骗"等为主题的典型案例，以小组讨论为主要手段，让学生了解到威胁与挑战
	科技安全	1. 以科技发展给人类带来的影响为主题，组织辩论会，引导学生在辩论中感受科技的影响 2. 组织学生收集相关资料，了解新中国成立后，汽车、火车、轮船、高速列车、飞机等交通工具的变迁以及人造卫星、宇宙飞船等通信、军事事业的发展，了解我国科学家在科技领域中作出的突出贡献，帮助学生树立投身科技事业的志向
	网络安全	1. 播放有关网络诈骗的视频，引导学生意识到保护个人信息的重要性 2. 开展以"网络的利与弊"等为主题的辩论赛，引导学生了解网络的利弊，学会正确使用网络
	生态安全	1. 组织学生参与栽培花草树木、饲养小动物等活动，意识到动植物对生态安全的重要性 2. 组织学生比较我国不同区域的气候、地形、资源等差异，讨论这些差异对生产和人们的衣食住行产生的影响 3. 实地调查身边的自然环境，分析环境问题产生的原因及其危害，通过板报、标语、广播等形式进行环境保护宣传，在校内开展节水、节能等活动
	资源安全	1. 组织学生介绍家乡的生物资源和矿产资源等，引导学生意识到资源的重要性 2. 组织学生统计家中一周内用掉多少一次性用品，讨论一次性用品对资源的浪费和对环境的影响，提出解决方案，引导学生养成非必要不使用一次性用品的习惯
	海外利益安全	组织学生观看"国际社会冲突"等新闻或纪录片，知道国际社会上存在的地区冲突和资源争夺等热点问题

3. 国际安全教育

表 3-2-6　　　　　国际安全教育实施建议

国际安全	热爱地球	组织学生开展"环游世界""保护我们的家园"等活动，引导学生了解地球家园，初步树立人类命运共同体意识
	理解其他文化	组织学生以小组为单位，收集世界不同文化习俗的图片、邮票、明信片、影像等材料，开展不同文化习俗交流活动
	热爱和平	1. 收集战争给人类带来的损失和人们谋求和平的相关图片或文字资料，引导学生感受世界人民对和平的渴望 2. 开展"有朋自远方来"等主题活动，引导学生树立热爱世界和平的观念

五、评价建议

1. 公共安全教育

公共安全教育的评价建议见表 3-2-7。

表 3-2-7　　　　　公共安全教育评价建议

	评价内容		评价建议
公共安全	预防和应对社会安全类事故或事件	公共场所安全	口头评价：在安全教育课上，教师向学生提问："如果你的好朋友小方邀请你一起去网吧，你会怎么做？"教师根据学生的回答进行口头评价
		突发事件安全	1. 小组评价：教师组织小组成员分享自己知道的社会安全类突发事件，并组内交流"该如何面对社会安全类突发事件？"根据发言内容对其他小组成员的表现进行评价 2. 口头评价：围绕"当你被陌生人强行索要财物时，该怎么做？"等主题开展活动，教师根据学生的回答情况给予口头评价
	预防和应对公共卫生事故	食品安全	口头评价：教师呈现食品安全相关案例，启发学生思考，如"水果不洗可以直接食用吗？""油炸、烟熏、烧烤等食物可以经常性的食用吗？"等问题。教师根据学生的回答情况给予口头评价
		传染病防护	1. 知识竞赛：组织举办传染病知识竞赛，根据学生的作答情况对学生有关传染病知识掌握程度进行评价 2. 小组互评：小组成员分享自己知道的传染病类型以及如何预防传染病等，组内交流分享。组内成员根据交流内容对其他成员传染病知识掌握程度进行评价

续表

评价内容			评价建议
公共安全	预防和应对公共卫生事故	常见疾病防护	口头评价：教师在常见疾病安全教育教学过程中，提问学生"不慎感冒，我们应该怎样做？"等问题。教师根据学生的回答情况给予口头评价
		用眼安全	口头评价：教师组织学生做眼保健操，根据学生眼保健操动作熟练程度给予口头评价
	预防和应对意外伤害事故	交通安全	1. 随堂测验：展示各类交通标志图片，引导学生学会识别并说出具体含义，教师根据学生对交通标志的认知情况给予评价 2. 观察法：教师在交通安全主题教育活动中对学生学习交通安全知识的兴趣态度、行为表现等做好观察记录，并给予评价
		其他意外伤害事故	1. 评语评价：教师在设计预防和应对意外伤害事故主题活动课时，布置课后习题"如果你在学校被热水烫伤，你会怎么做？"等问题。教师根据学生的作答情况给予评语评价 2. 情景模拟测试：组织学生进行火灾紧急疏散演练。演练过程中，教师观察学生是否沉着冷静，服从指挥，能做到快速、护头、掩鼻等，不推挤、不喧哗，掌握基本的火灾逃生技能和方法，明确应急疏散的流程和纪律等，根据学生的行为表现给予评价
	预防和应对网络、信息安全事故	网络、信息安全	1. 知识竞赛：学校组织网络安全知识竞赛，教师根据学生的回答情况对学生网络安全知识掌握程度进行评价 2. 口头评价：教师在网络安全教育过程中，提问学生"小学生如何正确使用网络？""遇到网络诈骗，你会怎么做？"等问题。根据学生的具体回答情况给予口头评价
	预防和应对自然灾害	自然灾害	情景模拟测试：组织开展地震逃生演练。地震逃生演练时，教师观察学生地震逃生演练过程中的表现，如学生是否能沉着冷静、服从教师指挥，根据学生的行为表现给予评价
	预防和应对影响学生安全的其他事件	学生欺凌	评语评价：教师讲解学生欺凌专题知识后，请学生以书面的形式谈谈对学生欺凌的认识，教师根据学生对学生欺凌的认知情况给予评语评价
		心理健康	1. 观察法：教师利用心理健康观察记录表（见附录3-1心理健康观察记录表），记录学生日常学习生活的行为表现。如学生是否积极融入新集体、是否情绪低落、是否出现少言寡语或自暴自弃等行为。教师借助观察记录表对学生的心理健康状况给予评价 2. 成长记录袋：教师利用成长记录袋里学生的安全活动记录表、作品集（含学生安全纸笔作品、音像作品等）、学期评价表等，对学生心理健康状况给予综合性评价

2. 国家安全教育

关于国家安全教育的评价建议见表 3-2-8。

表 3-2-8　　　　　　　　国家安全教育评价建议

评价内容	评价建议
国家安全	1. 考试：在语文、道德与法治等课程考试中渗透国家安全教育的题目。教师根据学生的作答情况给予评价 2. 国家安全知识竞赛：学校在国家安全教育日等时间节点组织国家安全知识竞赛，根据学生的回答情况进行评价 3. 成长记录袋：教师利用成长记录袋里学生的国家安全活动记录表、作品集（含学生安全纸笔作品、音像作品等）、学期评价表等对学生国家安全意识、知识和能力给予综合性评价 4. 观察法：在升国旗仪式等过程中，教师观察学生是否尊重国旗、会唱国歌，升降国旗、奏唱国歌时是否肃立、脱帽、行注目礼等，根据学生的行为表现给予评价 5. 口头评价：教师讲解国家安全相关知识后，请学生谈谈对国家安全的认识，教师根据学生回答情况给予口头评价 6. 小组评价：教师组织各小组就国家安全有关内容进行交流，根据组内同学日常学习生活中的行为表现，小组成员给予评价

3. 国际安全教育

关于国际安全教育的评价建议见表 3-2-9。

表 3-2-9　　　　　　　　国际安全教育评价建议

评价内容	评价建议
国际安全	1. 成长记录袋：教师利用成长记录袋中学生的国际安全活动记录表、作品集（含学生安全纸笔作品、音像作品等）、学期评价表等，对学生给予综合性评价 2. 观察法：在国际安全主题活动中，教师观察学生是否有热爱国际和平的意识、能否与不同国家的学生友好相处，根据学生表现情况作出评价 3. 口头评价：开展国际安全专题教育活动。专题教育结束后，请学生谈谈对国际安全的认识，教师根据学生回答情况给予口头评价 4. 小组互评：教师组织同学两两互评，根据组内同学日常学习生活中的行为表现给予评价

例如，小学阶段的安全教育评价以安全素养为导向，做到内容与效果并重，过程与方法并重，保证安全教育内容的落实和目标的达成。小学阶段的安全教育评价主要利用观察法、口头评价、小组互评和情景模拟测试等方法进行多样化的评价。具体请参阅以下学校安全教育评价实施示例。

示例一：安全教育专门课程评价示例

以"校园内安全"为主题，教师组织"学校隐患，我发现"活动，引导学生主动寻找校园内存在的安全隐患，根据学生的表现进行评价。

（一）活动建议

1. 组织学生"开展我的校园我做主"活动。以教室为起点，绕校园走一圈（如"校门口→操场→食堂→厕所→教室"），引导学生发现校园里存在的安全隐患，并讨论如何消除隐患。

2. 设计总结分享交流会。引导学生总结归纳校园中存在的安全隐患及应对办法。教师根据学生的回答情况给予评价。

3. 教师在活动中观察记录学生的行为表现，作出总结性评价。

（二）评价建议

1. 评价目标：学生能否发现校园内的安全隐患。

2. 评价方法：观察法、口头评价。

3. 观测点：

（1）学生在寻找校园安全隐患活动中的行为表现。教师观察记录学生是否可以发现校园的安全隐患，根据观察记录表对学生的安全意识、安全知识和安全能力等作出评价。

（2）学生在总结分享交流会上的发言情况。教师观测学生是否可以将安全隐患归类，并说出应对办法，根据学生发言情况作出评价。

4. 评价工具：观察记录表（见表3-2-10）。

表3-2-10　　　　"学校隐患，我发现"活动观察记录表

观察对象		观察时间		观察地点		记录人	
观察目的							
观察内容		活动表现					
		发言情况					
观察记录							

示例二："防溺水小卫士"课程渗透评价示例

（一）活动建议

教师利用课程渗透的方式，在人教部编版语文课程二年级下册第六单元

《雷雨》课文学习中设计"我是防溺水知识播报员""我是防溺水知识宣讲员""我是防溺水知识评论员"三个环节，对学生的表现进行评价。

环节一："我是防溺水知识播报员"。此环节采用抽签问答的形式，学生抽取题目进行播报，考察偏旁、字词和文章背诵等内容，要求尽量与"水"这一情景有关，如关于"氵"的词或文章等，帮助学生回顾《雷雨》知识的同时，感知身边的水。

环节二："我是防溺水知识宣讲员"。在《雷雨》课程教学中渗透防溺水知识，警示学生远离危险水域，学生在认读《雷雨》课文词语、诵读内容中提高防溺水意识。

环节三："我是防溺水知识评论员"。通过整合语文口语交际内容，创设情景话题，如"同学约你到公园的池塘钓鱼，可是你觉得很危险，你会怎样劝阻他？"，作为"小小评论员"的学生们通过摆事实讲道理、陈述利害、换位思考等方式进行劝阻，提高防溺水的安全意识。

（二）评价建议

1. 评价目标：学生是否具备应有的防溺水的安全意识和安全知识。

2. 评价方法：观察法、评语评价。

3. 观测点：

（1）学生在课堂上参与活动的表现。在"我是防溺水知识播报员"活动中，运用观察法记录学生对"水""河流"的认知情况和情感表现；在"我是防溺水知识评论员"中，创设"同学约你到公园的池塘钓鱼"的情景，观察学生劝阻同学的内容是否全面、准确，是否能说出预防溺水的具体内容，情感是否真实深刻等，给予口头评价。

（2）学生对防溺水知识的掌握程度。在"我是防溺水知识宣讲员"活动中，评估学生是否了解哪些水域是危险水域、是否具备远离危险水域的意识，并给予评语评价。

示例三："祖国的昨天与今天"主题活动评价

（一）活动建议

开展"祖国的昨天与今天"主题活动，组织学生以小组合作的方式收集相关资料，通过手抄报、演讲活动等交流分享感悟。

(1) 小组分工，合作探究。查阅历史上的中国和新时代的中国等相关资料，了解旧中国曾经蒙受的耻辱和今日祖国的强大。

(2) 畅谈收获，分享感悟。学生交流分享本次活动的收获与感悟，激发对祖国的热爱之情。

(3) "不忘国耻，圆梦中华"演讲活动。学生依据活动收获，联系生活实际在班级进行演讲，表达自己的爱国情怀。

(二) 评价建议

1. 评价目标：学生演讲是否饱含热情，紧扣"祖国的昨天与今天"主题，清晰表达观点。

2. 评价方法：观察法、评语评价。

3. 观测点：

(1) 学生的课堂表现。在"畅谈收获，分享感悟"活动中，教师运用观察法，观测学生对本次活动的收获与感悟程度和情感表现。

(2) 学生的演讲表现。在"演讲活动"中，评估学生演讲观点是否正确；观测学生演讲时的情感是否情真意切、语调是否富有激情和感染力。

第三节　初中阶段安全教育方案

一、编写依据

初中生正步入青春期，情绪多变、敏感，追求个性，安全意识较弱且缺乏必要的安全知识与技能，易引发各类安全问题，影响学生健康成长。《指导纲要》指出，公共安全教育应贯穿学校教育的各个环节，使广大中学生牢固树立"珍爱生命，安全第一"的意识，具备自救自护的素养和能力。《意见》要求，中学生应掌握国家安全基础知识，增强国家安全意识。《纲要》指出，初中阶段学生应初步了解总体国家安全观，掌握国家安全基础知识，增强国家安全意识，理解安全对个人成长的重要作用。义务教育课程方案和课程标准指出，应在初中各课程教学过程中渗透各类安全教育知识。依据初中生身心发展规律和相关政策文件要求，制定初中阶段安全教育方案。

二、实施目标

（一）认知目标

了解基本的保护个体生命安全和维护社会公共安全的知识和法律法规，树立和强化安全意识；了解保障安全的方法并掌握一定的技能；掌握国家安全基础知识，认识个人与国家的关系，理解国家安全对个人成长的重要作用；理解法律对国家安全的保障作用，自觉履行维护国家安全的义务；初步掌握有关人类命运共同体的相关知识，增进对本民族传统文化和其他国家文化的了解，尊重并理解多元文化。

（二）情意目标

具备健康向上的心理品质，培养社会责任感；具备爱国精神、民族自尊心、自信心和自豪感，增强国家安全意识，初步树立国家利益至上的观念；树立保护环境、保护地球的理念，初步树立全球化观念。

（三）能力目标

掌握基本的生活技能和运动技能，具备情绪管理能力和挫折应对能力；逐步形成应对突发事件的能力，初步具备自救与他救的能力；初步具备抵御危害国家安全行为的能力，学习与其他国家和地区人民交往的基本行为规范，履行作为"全球公民"应尽的义务。

三、实施内容

（一）公共安全教育

1. 模块一：预防和应对社会安全类事故或事件

（1）增强自律意识，不去未成年人不宜进入的场所，逐步养成自觉遵守与维护公共场所秩序的习惯，养成健康的生活方式。

（2）抵制影响和危害社会安全的活动，理解社会安全的重要意义，形成社会责任意识，树立正确的人生观和价值观。

（3）掌握应对敲诈、恐吓、性侵害等突发事件的基本技能。

2. 模块二：预防和应对公共卫生事故

（1）了解重大传染病、食物中毒和生活用水污染的基本知识，初步了解我国公共卫生体系及突发公共卫生事件应对机制。

（2）掌握简单的用药安全知识，预防药物误用和滥用。

（3）初步了解艾滋病的危害和预防措施，形成自我保护意识。

（4）学会识别毒品的基本方法，拒绝毒品的诱惑。

3. 模块三：预防和应对意外伤害事故

（1）增强自觉遵守交通规则的意识，知道出行时存在的安全隐患，掌握在交通事故现场自救和他救的基本方法。

（2）学会使用灭火器等设备，具备防火、防盗、防触电及防煤气中毒的知识和技能。

（3）了解在校园活动中可能发生的公共安全事故，提高自我保护和求助意识，掌握基本的逃生技能。

（4）熟知实验室安全操作的注意事项，严格遵守操作规程和规章制度，知道如何正确使用化学药品、物理试剂等实验用品，能够在老师指导下正确进行实验操作。

4. 模块四：预防和应对网络、信息安全事故

（1）自觉遵守与网络、信息安全相关的各种法律法规，抵制不良网络信息，提高自我保护和预防违法犯罪的意识。

（2）提升网络信息安全素养，增强辨别网络不良信息的意识和能力。

（3）科学利用网络获取知识、了解世界，养成正确的上网习惯，避免沉迷网络。

（4）自觉抵制网络暴力行为，掌握应对网络暴力的方法。

5. 模块五：预防和应对自然灾害

（1）了解发生在我国的重大自然灾害，认识人类活动与自然灾害之间的关系，增强环境保护和生态保护意识。

（2）初步掌握地震、火灾、水灾等灾害发生的特点，学会预防和规避危险。

（3）学会冷静应对自然灾害事件，掌握在自然灾害事件中自救的基本技能，提高逃生自救能力。

6. 模块六：预防和应对影响学生安全的其他事件

（1）正确认识学生欺凌，了解其危害与应对的方法，增强自我保护意识和能力。

（2）增强自我认识，学会克服青春期的烦恼，逐步学会调节和控制情绪、抑制冲动行为；认识青春期的身心特征，正确建立与同学的友谊，把握与异性交往的尺度。

（3）积极适应社会和生活的变化，提高应对挫折和失败的能力。

（二）国家安全教育

1. 模块一：总体国家安全观总论

（1）初步掌握国家安全基础知识，明晰总体国家安全观的五大要素和五对关系。

（2）初步了解总体国家安全观，知道落实总体国家安全观是每个公民的法定义务。

2. 模块二：政治安全

（1）意识到政治安全的重要性、明白政治安全攸关党和国家安危，是维护人民安全和国家利益的根本保证，也是坚持和发展中国特色社会主义的根本前提。

（2）知道政治安全的主要内容包括政权安全、制度安全和意识形态安全等。

（3）了解反华势力的意识形态渗透、民族分裂势力的分裂活动和宗教极端势力的极端活动等行为并坚决抵制。

（4）明晰维护政治安全要加强党的自身建设和坚决抵御"颜色革命"。

3. 模块三：国土安全

（1）意识到国土安全的重要性，国土安全与其他领域的安全息息相关。明白国土安全是国家生存和发展的基本条件、人民幸福生活的基础。

（2）知道领海、领陆和领空的关系，知道我国的领空范围和临近空间的概念。

（3）了解国土安全面临着威胁与挑战，包括国土边境、海洋安全面临问题和反分裂斗争形势依然严峻等方面。

（4）初步了解有关国土安全的法律法规，明晰捍卫国土安全要完善国土安全法律和教育体系、加强国防和外交能力建设。

4. 模块四：军事安全

（1）意识到军事安全的重要性，认识到保卫和平、保卫祖国是当代青年义不容辞的责任，树立"居安思危"的国防观念。

（2）知道军事与国防的关系以及军事安全的力量组成。

（3）了解军事安全面临着国民战争忧患意识淡薄的威胁与挑战。

5. 模块五：经济安全

（1）懂得经济安全是实现人民宗旨、政治安全和军事、文化、社会安全的重要基础。

（2）了解经济安全主要包括基本经济制度安全和经济主权安全等内容。

（3）初步掌握维护经济安全的途径与方法，包括坚持以公有制经济为主体不动摇，坚持多种所有制经济共同发展，坚持新发展理念、促进高质量发展等方面。

6. 模块六：文化安全

（1）知道文化安全是建设社会主义文化强国的重要基础和国家安全的关键精神保证。

（2）初步了解国家文化主权的相关内容，初步形成对"三种文化"（中华优秀传统文化、革命文化和社会主义先进文化）的文化认同。

（3）了解文化安全面临的威胁与挑战，包括西方文化和西方意识形态侵蚀、文化自信和文化向心力缺失、文化民粹主义、不良网络文化威胁等方面。

（4）初步掌握维护文化安全的途径与方法，包括热爱中华优秀文化，增进文化自信，坚持党对文化建设的领导，培育和践行社会主义核心价值观等方面。

7. 模块七：社会安全

（1）了解社会安全包括社会治安、重大公共卫生事件、社会群体性事件、社会舆情监督等内容。

（2）知道社会安全面临社会群体性事件时发和境外势力渗透破坏日益严重等威胁和挑战。

（3）明晰维护社会安全要加强基层群众动员组织能力，建立信息防控机制。

8. 模块八：科技安全

（1）知道科技安全是保障其他领域安全的技术支撑。

（2）了解科技安全包括培养各类科技人才、加强研究开发活动、注重科研诚信等内容。

（3）知道当下科技安全面临新兴科技产业略显缺乏、核心技术安全受到遏制、知识产权保护与科技保密工作有待加强等威胁与挑战。

（4）了解维护科技安全的方法与途径，包括加大人才奖励制度、重视知识产权保护、完善科技安全保密法律法规等方面。

9. 模块九：网络安全

（1）意识到网络安全的重要性，知道网络安全事关广大人民群众生活安定、事关经济社会稳定运行、事关国家安全和发展。

（2）了解网络安全包括网络基础设施安全、运行与服务安全和信息安全等内容。

（3）知道当下网络安全面临不实网络信息误导民众价值取向、民众网络安全意识薄弱、应对网络风险能力差、关键基础设施薄弱等问题。

（4）懂得通过全面推进网络空间法治化，采取数据分类、重要数据备份和加密等措施加强网络管理。

10. 模块十：生态安全

（1）意识到生态安全的重要性，知道生态安全是经济安全的基本保障、政治安全和社会稳定的坚固基石、国土安全的重要屏障和资源安全的重要基础。

（2）掌握生态安全主要包括水安全、土地安全、大气安全和生物物种安全等内容。

（3）知道从生态安全监测预警和评估体系、生态保护和修复制度等方面维护生态安全。

(4) 认同"人与自然和谐共生"理念,自觉爱护公共环境。

11. 模块十一:资源安全

(1) 意识到资源安全的重要性,知道资源对国民经济发展和社会稳定的重要意义。

(2) 明晰可再生资源安全和不可再生资源安全的内容。

(3) 了解我国自然资源的数量、质量、空间分布与人类活动的关系,认识到我国资源面临的供需矛盾及开发利用水平较低的威胁与挑战,树立节约资源的意识。

(4) 掌握维护自然资源安全的途径与方法,遵循绿色发展理念,倡导节约资源的生活方式。

12. 模块十二:核安全

(1) 识别核辐射警示标志,意识到核安全的重要性,初步树立核安全意识。

(2) 认识核能的"两面性"及核恐怖主义对人类前途命运的威胁;初步了解核安全法规、核安全国际组织与国际公约;理解我国的核战略,自觉担当维护核安全的使命。

(3) 了解维护核安全的途径与方法,包括"四个强化"(强化核安全意识、强化核安全能力、强化国际合作、强化核安全文化)、信息公开和舆论引导以及核安全保障措施和基础设施建设、核安全应急体系建设等方面。

13. 模块十三:海外利益安全

(1) 理解我国海外利益的内涵,认识到海外利益安全的重要性。

(2) 了解海外中国公民、机构和企业合法权益以及海外战略性利益安全等内容,初步树立维护海外利益安全的意识。

(3) 知道通过健全工作机制、加强宣传教育培训、加强国际合作及加强国际执法合作打击跨国犯罪等途径维护海外利益。

14. 模块十四:新型领域安全

(1) 知道太空、深海、极地和生物是全人类共同财产,理解维护新型领域安全的重要性。

(2) 初步了解新型领域安全面临的威胁与挑战。

(3) 了解维护新型领域安全途径与方法,包括建立健全维护和塑造新型领域安全法律法规体系、加快新型领域核心科技创新与研发等方面。

(三) 国际安全教育

1. 模块一：全球化与我们

(1) 了解日常生活中的全球化，认识到全球化时代各个国家、地区之间的联系和影响正在日益加深。

(2) 树立全球化观念，以人类命运共同体为主旨，初步具备全球化背景下的政治、经济、文化、生态等方面的合作交流能力。

2. 模块二：地球生态环境

(1) 意识到人与自然和谐发展的重要意义，知道生态文明建设是构建人类命运共同体的重要内容。

(2) 了解生态环境的现状及生态环境遭到破坏的原因。

(3) 了解国际环境合作与环境保护机制、生态环境相关的国际议题、法律法规和组织等。

(4) 学会在与自然的交往中树立保护环境、保护地球的意识，提升保护自然的能力。

3. 模块三：其他文化理解

(1) 了解世界各地文明的诞生与发展、探寻人类文明的多样性与差异性。

(2) 理解世界文化之间交流的必要性，了解世界各国人民相处的方式，能够用平等的态度欣赏不同的文化。

4. 模块四：合作与发展

(1) 初步了解经济全球化与社会生产发展、经济竞争与合作、经济共同体建设等方面的内容，形成同舟共济、共同发展的观念。

(2) 初步了解发展中国家与发达国家的差距、世界经济发展格局等。

5. 模块五：共建和谐世界

(1) 正确认识中国的国际地位与国际影响力，了解中国对世界做出的贡献。

(2) 初步了解世界的冲突与纷争、冲突发生的原因以及建设和谐世界的基本主张。

(3) 初步形成人类关怀的情感认同，对其他国家人民遭受的苦难、不幸能够给予理解、关怀，培养国际情怀。

6. 模块六：尊重和保护人权

(1) 初步了解"人的尊严"，认识人权的重要性，了解保护人权的国际做法。

(2) 知道尊重人权、人人生而平等，树立尊重人权的意识。

四、实施建议

（一）公共安全教育

公共安全教育方面的实施建议见表 3-3-1。

表 3-3-1　　　　　　　　公共安全教育方面的实施建议

内容范畴		实施建议
公共安全	预防和应对社会安全类事故或事件	
	公共场所安全	1. 组织以"哪些场所不适宜未成年人进入"等为主题的讨论交流活动，使学生树立不去不适宜未成年人进入的场所的意识 2. 举办"如何有效预防社会安全类事件"等主题征文比赛
	社会安全	播放危害社会安全的相关视频，引导学生讨论如何避免社会安全类事件
	突发事件安全	1. 收集报纸、杂志、电视等媒体上揭露的骗术，总结骗术的共同特征，组织学生学习和讨论如何避免上当受骗 2. 模拟敲诈、恐吓等情景，引导学生掌握遇到突发事件时必备的技能
	预防和应对公共卫生事故	
	食品安全	1. 组织学生制作以"生活中的食品安全"等为主题的黑板报 2. 举办"食品安全"讨论会，组织学生分享生活中常见的食品安全问题
	传染病安全	1. 邀请有关专业人士开展传染病预防知识讲座 2. 组织传染病知识竞赛，引导学生掌握传染病预防的基础知识 3. 开展以"传染病预防"等为主题的班会活动

续表

内容范畴			实施建议
公共安全	预防和应对公共卫生事故	青春期教育	1. 组织学生制作以"宣传青春期健康常识"等为主题的黑板报 2. 组织学生观看"男孩女孩"等体现青春教育的相关视频，增强自我保护意识
		毒品防范	组织学生收集毒品防范的相关资料等，学习识别毒品的方法，引导学生认识毒品的危害，拒绝毒品的诱惑
		用眼安全	邀请有关专业人士到校讲解用眼卫生常识，引导学生学习保护视力的方法和用眼注意事项
	预防和应对意外伤害事故	交通安全	1. 组织以"交通安全"为主题的演讲活动等，引导学生深刻意识到交通安全的重要性，掌握必要的交通安全知识和技能 2. 借鉴日本经验，开展"真人"模拟演练活动。由特技替身演员导入交通事故模拟体验教育，把现实生活中可能存在的交通安全事故进行高度还原，让学生直观感受到交通安全的重要性
		校园活动安全	1. 开展以"校园安全"等为主题的班会。引导学生分享常见的校园安全事件类型，组织学生讨论在校园中应该注意哪些安全问题 2. 开展学校安全事件专题教育，提高学生防范学生伤害事件、校园隐患等的意识
		防溺水	1. 组织学生搜集防溺水的小常识，分享预防溺水的安全知识 2. 模拟"遇到有人溺水该怎么办"等情景，引导学生掌握相关自救和他救方法
		防触电	1. 展示绝缘体和导电体的图片，引导学生分辨绝缘体和导电体 2. 调查自己所在的社区发生过的触电事故，发现社区现存的触电隐患，向有关部门提出整改意见
		实验室安全	1. 组织学生观看实验室安全宣传片，提高学生实验室安全意识 2. 实验室老师讲解实验安全知识，邀请部分同学进行演示
	预防和应对网络、信息安全事故		1. 收集网络诈骗、网络成瘾和网络暴力等典型案例，开展主题教育班会 2. 组织学生观看网络诈骗等相关电影（如《孤注一掷》等），组织学生分享观后感 3. 举办"中学生使用网络的利与弊"等主题辩论赛，引导学生正确认识网络，分享如何科学合理上网

续表

内容范畴		实施建议
公共安全	预防和应对自然灾害	1. 组织学生进行火灾、地震等应急疏散演练，提高应对自然灾害的能力 2. 组织学生开展以"人类活动与自然灾害的关系"等为主题的调查活动，探讨人类活动与自然灾害的关系，增强环境保护意识
	预防和应对影响学生安全的其他事件	
	防学生欺凌教育	1. 收集有关学生欺凌的案例，组织学生分析产生欺凌的原因，提出正确的应对办法 2. 播放"不要欺负我"等体现防学生欺凌教育的相关视频，引导学生识别欺凌行为，学会保护自己与同学
	心理健康教育	1. 开展心理健康专题讲座，如"青春期青少年的生理、心理特点及指导" 2. 开设心理辅导活动课，引导学生寻求帮助，养成积极向上的品质

（二）国家安全教育

国家安全教育方面的实施建议见表3-3-2。

表3-3-2　　　　　　国家安全教育方面的实施建议

内容范畴		实施建议
国家安全	总体国家安全观总论	1. 在道德与法治、地理、语文、历史等课程中渗透总体国家安全观总论相关内容 2. 组织学生观看习近平重要讲话等有关国家安全的视频，深刻领会总体国家安全观的精神实质 3. 举办小组讨论及辩论等活动，引导学生意识到落实总体国家安全观是每个公民的法定义务
	政治安全	1. 展示历史上国家主权受到威胁的相关图片，引导学生理解个人安全与国家安全之间的关系，树立自觉维护国家安全的意识 2. 组织学生开展以"我爱祖国"等为主题的征文比赛或演讲比赛 3. 引导学生收集有关民族团结的历史资料、图片并在班级内交流学习 4. 组织学生观看我国香港和澳门回归纪录片，体会我国维护国家统一的坚定信念 5. 在道德与法治、地理、历史、语文等课程中渗透政治安全相关内容，了解政治安全的重要性
	国土安全	1. 开展国土安全知识竞赛、专题演讲等活动 2. 播放戍边战士保卫祖国领土的视频，引导学生发表自己的观后感，提出维护国土安全的方法

续表

内容范畴		实施建议
国家安全	军事安全	1. 开展军事安全主题教育，引导学生明白军事安全是建设巩固国防的重要前提，了解军事与国防的关系 2. 组织学生观看国防教育宣传片，学唱军旅歌曲，听军事知识讲座等 3. 组织学生参加军训活动和军事夏令营，体验军营生活，感受军人的贡献
	经济安全	1. 在道德与法治、地理、历史等课程中渗透经济安全相关内容，引导学生意识到经济安全的重要性，掌握基本经济制度安全和经济主权安全等内容 2. 邀请有关专家开展经济安全讲座，引导学生树立经济安全理念
	文化安全	1. 收集我国传统习俗、传统文艺、传统建筑等方面的典型素材，召开中华传统文化推介会 2. 举行诗文朗诵比赛，根据所学诗文进行拓展阅读，感受传统文化的魅力 3. 在道德与法治、地理、语文、外语、历史、艺术等课程中渗透文化安全相关内容，引导学生意识到文化安全的重要性
	社会安全	1. 组织学生围绕"社会安全面临的挑战"等问题展开讨论，引导学生了解当下社会安全面临着社会群体事件时发等挑战 2. 在道德与法治、语文、外语、历史、地理、化学、体育与健康等课程中渗透社会安全相关内容，引导学生了解社会治安及社会舆情监督等内容
	科技安全	1. 组织学生收集改革开放以来我国在科技、教育等领域取得的重大成果，与同学交流我国实施科教兴国战略的现实意义 2. 开展"科技·创意·生活"等主题活动，展示自己的小创意和小发明，体会科技创新的意义和价值
	网络安全	1. 在信息技术、道德与法治、语文、外语等课程中渗透网络安全相关内容，引导学生了解网络安全的重要性，知道网络信息影响民众意识形态和价值取向，了解我国网络关键基础设施面临的安全隐患 2. 开展网络安全知识竞赛，组织学生观看网络安全主题节目
	生态安全	1. 组织学生调查家乡当地生态环境存在的问题，分析产生的原因及对当地居民生活的影响，意识到自己在保护生态方面的责任 2. 以"环境保护，人人有责"等为主题，组织学生进行植树等实践活动，引导学生积极参加社区绿化等活动
	资源安全	1. 在地理、生物、化学、外语、道德与法治等课程中渗透资源安全相关内容，引导学生了解我国资源安全的现状、资源安全的重要性以及面临的威胁挑战；了解生物、海洋、矿产等资源保护和开发利用的途径与方法 2. 组织学生设计家庭节水和校园节水的调研方案，理解节约用水的必要性；调查能源消耗问题，并在班级中分享交流 3. 组织"节约资源，人人有责"等主题演讲比赛，引导学生树立节约资源的理念

续表

内容范畴		实施建议
国家安全	核安全	1. 在物理、道德与法治、地理、化学等课程中渗透核安全相关内容，引导学生了解核安全的重要性，知道核材料、核设施、核扩散是核安全的主要内容 2. 组织学生观看核泄漏、核污染等造成灾难的影视资料，引发学生思考核安全问题
	海外利益安全	1. 在道德与法治、地理、外语等课程中渗透海外利益安全相关内容，引导学生了解海外利益安全的重要性 2. 播放我国公民在海外生活视频，引导学生了解维护我国公民在海外合法权益的途径与方法
	新型领域安全	在道德与法治、地理、生物、化学、体育与健康等课程中渗透新型领域安全相关知识，引导学生了解新型领域安全的重要性，了解极地和生物安全面临的威胁与挑战

（三）国际安全教育

国际安全教育方面的实施建议见表3-3-3。

表3-3-3　　　　　　国际安全教育方面的实施建议

内容范畴		实施建议
国际安全	全球化与我们	1. 播放习近平主席在联合国大会发表讲话的相关视频，体会我国在世界格局中的重要地位 2. 展示工业用品、农产品和矿产品等进出口产品，引导学生了解全球化与我们日常生活的密切联系
	地球生态环境	1. 收集生态环境相关资料，围绕生态破坏现象，探究导致生态破坏的原因和防治对策 2. 开展"保护地球"等主题演讲、征文比赛活动，引导学生树立热爱地球、保护地球的意识 3. 开展"绿色消费，你行动了吗？"等主题活动，倡导低碳环保生活方式
	其他文化理解	1. 以"假如我是文化交流大使"等为主题，设计创意计划书，向世界各国展现"古老的中国、多彩的中国、现代的中国" 2. 开展"我在地图上旅行"等演讲活动，讲述不同国家的自然风光、人文历史、现实发展等故事，增进对其他国家的了解
	共建和谐世界	组织学生收集世界和睦相处、和平进步的相关事例，引导学生领悟和谐发展、和睦相处、合作共赢、和美生活是全世界的共同理想
	尊重和保护人权	开展"尊重和保护人权"主题教育，增强人权意识，引导学生树立人人平等的观念，拒绝种族歧视

五、评价建议

(一) 公共安全教育

公共安全教育方面评价建议见表 3-3-4。

表 3-3-4　　　　　公共安全教育方面评价建议

评价内容			评价建议
公共安全	预防和应对社会安全类事故或事件	公共场所安全	1. 随堂测试：教师讲授完公共场所安全相关内容，安排随堂测试，设置如"在人群聚集的公共场所如何更好保护自己？"等问题，根据学生的作答情况给予评价 2. 考试：学校在道德与法治等课程考试中增加 1~2 道公共场所安全的试题，根据学生作答情况给予评价
		社会安全	1. 问卷测评：教师在社会安全感现状调查问卷中设置开放性问题，如"当面对恐吓勒索时，应该怎么处理？"根据学生作答情况给予评价。设置问卷时要注意问卷的结构、类型、题目和答案设置等合理性 2. 口头评价：教师在语文、道德与法治等课程中渗透社会安全内容，根据学生的课堂表现给予评价
		突发事件安全	口头评价：教师在与学生交流互动过程中，了解学生对于突发事件的知识储备情况，以口头语言的形式对学生的安全意识、安全知识和安全行为给予评价
	预防和应对公共卫生事故	食品安全	1. 随堂测试：教师在课堂上设置如"日常生活中可以直接饮用生水吗？""购买食品时，我们要关注食品标签的哪些信息？"等问题，根据学生的作答情况给予评价 2. 知识竞赛：组织食品安全知识竞赛，根据学生的作答情况予以评价
		传染病防护	1. 考试：教师在生物等相关课程考试中设置传染病相关知识测试题，根据学生作答情况进行评价，并将最终结果放入成长记录袋 2. 口头评价：教师在讲解传染病安全教育知识过程中，对学生随机提问，根据学生作答情况给予口头评价
		青春期教育	1. 考试：教师可在道德与法治等课程考试中增加 1~2 道相关题目，如"现阶段的我们该如何与异性交往？""学习压力大或者心情不好时应该如何缓解？"等问题，根据学生作答情况予以评价 2. 口头评价：教师在讲解青春期相关知识过程中，对学生随机提问，根据学生作答情况给予口头评价

续表

评价内容		评价建议
公共安全	预防和应对公共卫生事故	毒品防范	1. 知识竞赛：组织学生参加禁毒知识竞赛，根据学生的作答情况进行评价 2. 口头评价：教师讲解毒品相关知识，提问学生"毒品对我们有什么危害？""在面对其他人引诱我们吸食毒品的时候应该怎么处理？"等问题，根据学生的回答情况给予口头反馈
		用眼安全	知识竞赛：学校组织用眼卫生知识竞赛，教师根据学生的表现给予评价
	预防和应对意外伤害事故	交通安全	1. 知识竞赛：教师在班级内展开交通安全知识竞赛，根据学生回答情况进行评价 2. 观察法：开展交通安全主题教育活动，在活动中教师观察、记录学生的行为表现，给予评价
		校园活动安全	评语评价：请学生以书面形式就身边的校园活动安全谈谈自己的看法以及遇到此类情况如何应对，教师根据学生的作业完成质量给予评价
		防溺水	1. 口头评价：教师讲解防溺水相关知识，根据学生掌握情况予以评价 2. 情景模拟测试：学校组织学生开展溺水急救演练，教师根据学生溺水急救方法的掌握情况予以评价
		防触电	评语评价：教师通过对学生防触电学习过程的观察和记录，针对学生预防和应对触电事故的具体表现，写出评语
		实验室安全	1. 口头评价：教师在课堂上就所学知识对学生进行提问，根据学生的作答情况给予评价 2. 小组评价：在实验室操作结束后，同一小组成员根据各自对操作规范的掌握程度相互评价
	预防和应对网络、信息安全事故		1. 口头评价：教师在课堂上对网络诈骗、网络暴力等相关知识进行提问。如"你的好朋友通过微信向你借钱，你应该怎么处理？""如何正确应对网络暴力？"等问题，根据学生回答情况给予口头评价和反馈 2. 观察法：教师对学生的课堂表现和实践活动表现等进行评价，获得即时信息，并填好观察记录表
	预防和应对自然灾害		情景模拟测试：学校组织学生开展自然灾害应急疏散演练，如发生地震、洪水等自然灾害时学生如何正确避险或逃生。教师采用视频录像等方式记录学生的表现，对学生的安全意识及安全行为做出评价

续表

评价内容			评价建议
公共安全	预防和应对影响学生安全的其他事件	防学生欺凌	1. 评语评价：开展"防学生欺凌"等征文活动，请学生以书面形式谈谈对学生欺凌的认识，教师根据学生理解情况进行书面评价 2. 口头评价：教师可在课堂上对学生进行随机提问，如"当遭遇学生欺凌时我们应该怎样做？"，根据学生的回答情况给予口头反馈
		心理健康	1. 观察法：教师观察、记录学生日常学习生活的行为表现和心理状况，如学生是否积极融入新集体、是否长时间情绪不佳等，根据观察情况对学生的心理健康状况做出评价 2. 考试：学校在语文、道德与法治等课程考试中，增加1~2道关于心理健康教育的测试题，根据学生作答情况给予评价

（二）国家安全教育

国家安全教育方面评价建议见表3-3-5。

表3-3-5　　　　　　　国家安全教育方面评价建议

评价内容	评价建议
国家安全	1. 观察法：教师根据学生在日常生活中的行为表现进行评价。如学生能否做到自觉检举、制止危害国家安全的行为等，并把观察结果放入成长记录袋 2. 知识竞赛：教师在班级内组织知识竞赛，根据学生作答情况进行评价 3. 考试：在地理、道德与法治等课程考试中加入1~2道国家安全相关测试题。根据学生作答情况给予评价 4. 随堂测试：教师在课堂上就所学知识对学生进行测验，如"升国旗时我们应该怎样做？""作为中学生的我们能够为国家做些什么？"根据学生的作答情况给予评价 5. 小组评价：组内或组间的同学针对日常生活中与维护国家安全相关的行为表现互相进行评价 6. 口头评价：教师在课堂上对学生就国家安全相关知识进行提问，根据学生作答情况给予评价

（三）国际安全教育

国际安全教育方面评价建议见表3-3-6。

表 3-3-6　　　　　　　　　　国际安全教育方面评价建议

评价内容	评价建议
国际安全	1. 考试：学校在语文、道德与法治等课程考试中设置 1~2 道国际安全相关试题，根据学生的作答情况给予评价 2. 口头评价：教师在课堂上对学生就国家安全相关知识进行提问，根据学生的回答情况给予评价，同时注意评价语言的适切性 3. 成长记录袋：教师利用成长记录袋留存学生的国际安全相关活动记录表、作品集（含学生安全纸笔作品、音像作品等）、学期评价表等，对学生国际安全意识、知识等给予综合性评价

例如，初中阶段安全教育教学以提升学生安全素养为目的，突出内容的整体性和综合性，从安全意识、安全知识、安全能力和行为等多方面进行考察。安全教育教学评价应秉持"发展、改进、激励"的原则，发挥评价功能，提高安全教育教学质量。具体请参阅以下学校安全教育评价示例。

示例一：安全教育专门课程评价示例

在"交通安全记心间"主题教育中，教师讲解交通安全知识，引导学生增强交通安全意识，根据学生的课堂表现进行评价。

（一）活动建议

1. 教师讲解交通安全知识，组织学生在课堂上分享自己了解的交通安全知识。

2. 教师提问学生课堂收获，根据学生回答情况给予评价。

（二）评价建议

1. 评价目标：学生是否具备交通安全意识和安全知识。

2. 评价方法：随堂测试、口头评价。

3. 观测点：

（1）学生课堂参与情况。课堂分享交流时，教师观察学生是否积极参与。

（2）学生课堂发言情况。课堂提问时，教师关注学生是否掌握交通安全知识。

示例二：防震减灾主题教育评价示例

（一）活动建议

1. 教师组织学生在校内进行地震逃生演练。

2. 畅谈收获，分享感悟。学生交流分享本次活动的收获与感悟。

（二）评价建议

1. 评价目标：学生是否具备应对突发事件的基本技能、是否掌握防震减灾知识。

2. 评价方法：观察法、成长记录袋。

3. 观测点：

学生地震逃生演练活动的行为表现。地震逃生演练活动进行过程中，教师着重关注学生是否掌握在地震中自我保护、自救及互救的方法。

4. 评价工具：观察记录表。（见表3-3-7）

表3-3-7　　　　　防震减灾主题活动观察记录表

观察对象		观察时间		观察地点		记录人	
观察目的							
观察内容	相关知识掌握情况						
	活动表现						
观察记录							

5. 观测点

（1）学生课堂展示情况。学生是否积极主动参与小组讨论，认真学习防震知识。

（2）学生实践活动参与情况。在地震演练实践活动中，教室里的学生能否做到在教师的指挥下迅速抱头、闭眼、躲在课桌下；操场或室外的学生能否做到在避开高大建筑物或危险物的情况下，原地不动下蹲并用双手保护头部等。

示例三："感怀'五四'精神"课程渗透评价示例

（一）活动建议

利用课程渗透的方式，在九年级上册《道德与法治》第三单元文明与家园中设计"感怀'五四'精神"评价活动。

1. 指导学生根据自己的兴趣和特长，分别从"文字描绘中的'五四'""影像记录中的'五四'""歌曲吟唱中的'五四'"等方面，搜集有关"五四"运动的视频资料、图片资料、文字资料等，还原"五四"运动的历史场景。

2. 在全班学生中推选出几名代表，分别作"我心目中的五四精神"主题报告。

3. 组织全班同学讨论并进行交流分享。

（二）评价建议

1. 评价目标：学生是否理解五四精神。

2. 评价方法：评语评价、成长档案袋。

3. 观测点

学生课堂展示情况。学生是否充分了解五四精神，是否对五四爱国主义精神和勇于担当的优秀品质表现出强烈的认同感与敬佩之情，是否表现出对当下国家、社会的高度责任感。

第四节 高中阶段安全教育方案

一、编写依据

高中生正处在迅速走向成熟而又尚未成熟的过渡时期，独立性思维和批判性思维尚未完善，安全知识掌握不够全面，缺乏必要的安全技能，易引发安全问题，影响其健康成长。《指导纲要》指出，高中阶段学生应了解相关安全知识和法律法规常识，培养社会责任感，逐步形成安全意识，掌握应对日常生活中突发事件的必备技能，最大限度预防安全事故发生，减少安全事件造成的伤害。《纲要》指出，高中阶段要重点围绕理解人民福祉与国家关系，树立总体国家安全观。同时，《纲要》要求，高中阶段学生要初步掌握国家安全各领域内涵及其关系，认识国家安全对国家发展的重要作用，树立忧患意识，增强自觉维护国家安全的使命感。《意见》要求，中学生应掌握国家安全基础知识，增强国家安全意识。依据上述政策文件并结合高中生身心发展规律，研制高中阶段安全教育方案。

二、实施目标

（一）认知目标

了解基本的保护个体生命安全和维护社会公共安全的知识和法律法规，强化安全意识；确立总体国家安全观，系统了解国家安全具体内容，自觉维护国家安全；理解环境、和平、人权等概念，厘清地球、社会与人类的关系。

（二）情意目标

树立正确的生命观、健康观和安全观；具备公民意识和责任意识，树立"国家安全和国家利益高于一切"的观念；形成人类命运共同体意识，具有关心世界的广阔视野。

（三）能力目标

摒弃不良行为习惯，能够运用法律法规维护自身合法权益，初步具备保障自身与他人安全，维护社会公共安全的能力；具备鉴别危害国家安全信息的能力；用尊重、欣赏、平等的态度对待不同文化与不同种族。

三、实施内容

（一）公共安全教育

1. 模块一：预防和应对社会安全类事故或事件
（1）自觉遵守与生活紧密相关的各种行为规范。
（2）了解考试泄密、违规的相关法律常识，养成维护考试纪律和规范的良好行为习惯。
（3）自觉抵制影响和危害社会公共安全的活动，提高社会责任感和国家意识。
（4）基本理解国际政治、经济、宗教冲突现象，努力维护国家和社会的稳定与团结。

（5）继承和发扬中华优秀传统文化，汲取其他国家文化的精华，抵制不良文化习俗的影响。

2. 模块二：预防和应对公共卫生事故

（1）掌握常见传染病预防及应对的基本知识和传染病防治相关法律法规，了解我国公共卫生体系相关政策法规。

（2）掌握突发公共卫生事件的应急技能，当发生公共卫生事件时，能够进行自护自救。有报告事件的意识和了解报告的途径和方法。

（3）掌握亚健康的基本知识和预防措施，养成科学锻炼的习惯。

（4）了解应对心理危机的方法和寻求帮助的渠道，促进个体身心健康发展。

（5）进一步了解青春期保健知识，树立健康文明的性观念，自觉摒弃不良生活习惯和可能感染艾滋病毒的危险行为，正确对待艾滋病患者。

（6）知道毒品有害身心健康，能够自觉远离毒品。

3. 模块三：预防和应对网络、信息安全事故

（1）树立网络交流中的安全意识，养成合理利用网络的习惯，提高网络道德素养。

（2）不利用网络发送有害信息或进行反动、色情、迷信等宣传活动；坚决抵制窃取国家保密信息等行为。

（3）遵守国家网络信息安全相关法律法规，进一步提升防范网络电信诈骗能力。

4. 模块四：预防和应对自然灾害

（1）知道自然灾害防范知识，掌握在自然灾害中自护自救和救护他人的基本技能。

（2）掌握校园应急疏散演练的基本要求，发生紧急情况时，能有序、迅速地疏散，确保生命安全。

（3）了解有关环境保护的法律法规；能结合当地实际情况，为保护和改善自然环境作贡献。

5. 模块五：预防和应对影响学生安全的其他事件

（1）能够自觉抵制学生欺凌，维护自己和同学的生命安全。

（2）懂得安全使用化学药品等危险试剂，熟练掌握实验试剂储存的规范

流程。

（3）熟知校园内安全出口的位置，掌握发生火灾、地震等安全事件时的正确应对方法。

（4）掌握预防踩踏的相关知识，学会应对踩踏的正确方法。

（5）树立正确的安全道德观念，在关注自身安全的同时关注他人的安全，并提供力所能及的援助。

（二）国家安全教育

1. 模块一：总体国家安全观总论

（1）深刻理解总体国家安全观的重大意义。

（2）牢固树立总体国家安全观，养成依法维护国家安全的习惯，树立自觉维护国家安全的主人翁意识。

2. 模块二：政治安全

（1）认识到我国政治安全面临着国际反华势力对我国发展道路、社会制度等歪曲诬蔑、遏制和打压加剧等危险与挑战。

（2）理解维护政治安全要强化意识形态工作，坚持"两个巩固"（巩固马克思主义在意识形态领域的指导地位、巩固全党全国人民团结奋斗的共同思想基础）、深化中国特色社会主义和中国梦宣传教育。

3. 模块三：国土安全

（1）认识到我国国土安全面临着西方国家制造不实国际舆论、部分周边国家制造舆情激化矛盾等危险与挑战。

（2）知道维护国土安全要坚持陆海统筹发展、推进共建"一带一路"、推进海洋强国战略实施和加强国防和外交能力建设。

4. 模块四：军事安全

（1）了解战争内涵与战争样式的变化，掌握军事外交的形式和特点等基础知识，知道我国坚持"党指挥枪"的根本原则和制度。

（2）认识到我国军事安全面临着境外人员渗透窃密、网络军事窃密、军队存在和平积弊等威胁和挑战。

（3）知道维护军事安全要做到丰富军事外交内涵、配合国家外交斗争、加强外交主动预置等。

5. 模块五：经济安全

（1）理解经济安全是实现国际安全的重要基础。

（2）掌握经济安全的主要内容，经济秩序安全包括生产领域秩序安全、流通领域秩序安全和其他重点经济领域秩序安全；经济发展安全包括发生经济危机的风险和化解经济危机风险的能力。

（3）认识到我国经济安全面临着金融安全风险、财政安全风险、产业安全（含粮食安全）风险、重要经济信息泄露风险、走私活动风险等威胁与挑战。

（4）了解实现经济秩序安全和经济发展安全的途径与方法。

6. 模块六：文化安全

（1）理解文化安全是国际博弈的重要领域。

（2）加强文化自觉和文化自强教育。

（3）知道维护文化安全要健全文化产业体系和文化市场体系、完善公共文化服务体系、构筑文化安全阵地防线和提高文化软实力。

7. 模块七：社会安全

（1）认识到我国社会安全面临着内部反动势力、外部敌对势力、舆情炒作和谣言冲击等威胁与挑战。

（2）知道维护社会安全要健全社会安全法制体制机制、提升应对社会安全事件能力、预防和妥善处置群体性事件、加强反暴力反恐怖斗争和加强社会舆情引导管控。

8. 模块八：科技安全

（1）掌握设施设备安全、科技活动安全和成果应用安全等知识要点。

（2）认识到我国科技安全面临着基础研究和原始创新不强、科学数据和科技资源存在失控风险、人才结构不合理、缺乏领军人才等威胁与挑战。

（3）知道维护科技安全要完善国家创新体系、完善科技创新体制机制、培养创新领军人才、建立完善科技安全预警体系和审查制度。

9. 模块九：网络安全

（1）认识到我国网络安全面临着网络舆情事件呈现高发态势的威胁与挑战。

（2）了解维护网络安全要加强网络空间治理、推动网络信息技术研发和制定网络信息安全标准。

10. 模块十：生态安全

（1）树立"绿水青山就是金山银山"的重要理念和科学论断。

（2）了解维护生态安全主要途径，包括实施重要生态系统保护和修复重大工程，划定生态保护红线、永久基本农田、城镇开发边界三条控制线。

11. 模块十一：资源安全

（1）了解我国资源型地区分布以及经济转型发展状况；理解市场对绿色技术创新和产业发展的导向作用；深刻领会构建清洁低碳、安全高效能源体系的重要性，自觉践行节约资源理念。

（2）认识到维护资源安全要推进绿色发展，利用好两个市场、两种资源，健全预防预备体系。

12. 模块十二：核安全

（1）了解核燃料循环和放射性废物处理贮存处置设施、掌握核技术的分类与应用、核事件的分级等知识。

（2）掌握维护核安全的途径与方法，包括保持核设施处于较高安全水平、不断提升应急处置能力和维护国际核安全体系。

13. 模块十三：海外利益安全

（1）理解海外利益安全是统筹国内国际两个大局的时代召唤。

（2）了解全球部分地区动荡局势与内战冲突以及政局不稳定因素威胁我国公民和法人在当地的利益安全，认识我国海外利益面临的风险与挑战。

（3）了解维护海外利益安全要增强海外利益风险监测、评估、预警、沟通及处置能力，加强国家对于海外机构和人员的安全保护力量，建立常态化国际反恐合作机制，提高军队海外护航、反恐演习、灾害救援等行动能力。

14. 模块十四：新型领域安全

（1）掌握太空开发的国际竞争战略，生物技术的研究、开发和应用，人类遗传资源和其他生物资源安全等知识要点。

（2）认识到新型领域安全面临着开发外层空间、深海区域的技术问题和太空开发经营的安全问题等危险与挑战。

（3）知道维护新型领域安全要制定新型领域发展规划，加快新型领域基础设施建设，加快新型领域人才培养和推进新型领域国际合作。

（三）国际安全教育

1. 模块一：全球化与我们

（1）了解世界公民的权利与义务，学会正确行使世界公民的权利并履行世界公民的职责。

（2）理解全球化与生活、全球化与本土化的关系，认识全球化时代面临的挑战。

（3）牢固树立全球治理观，以人类命运共同体为主旨，在全球化背景下对政治、经济、文化、生态等方面具有批判思考能力与合作交流能力。

2. 模块二：地球生态环境

（1）认识人与自然之间的辩证关系，学会思考发展与环境的矛盾问题。

（2）深入了解目前生态环境的现状及恶化原因。

（3）深入学习国际环境合作与环境保护机制、生态环境相关的国际议题与法律法规等，知道实行环境管理必须进行国际合作。

（4）树立可持续发展观，能够采取实际行动保护自然环境、珍惜地球资源，学会人与生态环境友好相处。

3. 模块三：其他文化理解

（1）深入了解各国文化价值观，识别不同文化价值观的影响。

（2）理解文化的多样性与差异性，提高跨文化交流能力。

（3）学会处理本国文化与他文化之间的关系，既要维护本国文化的独特性，又要尊重他国文化的多样性。

（4）培养开放与包容的多元文化心态，能够与具有不同文化背景的个体进行有效互动，提高与他人协作、调节纷争等能力，为集体福祉和可持续发展采取有效行动。

4. 模块四：国际关系

（1）了解不同国家的国体和政体，理解国家管理形式的多样性，领会维护国家统一、捍卫国家主权的意义。

（2）了解战争的演变史，认识国家之间合作、竞争和冲突的本质，理解影响国际关系的主要因素。

（3）警惕霸权主义和强权政治的危害，了解共商共建共享的全球治理观，树立人类命运共同体意识。

5. 模块五：共建和谐世界

（1）深入理解中国提出的建设和谐世界的理念和主张，理解不同国家和民族之间的合作与交往；掌握与不同国家公民交往的基本常识。

（2）理解不同国家和民族的价值观，尊重和包容不同国家和民族的价值观念和生活方式，树立全球价值共识。

（3）自觉担当起促进世界和平与交往的重任与使命。

（4）关注国家局势和重大事件，关心全人类共同面对的课题。

6. 模块六：尊重和保障人权

（1）掌握人权与民主等基本知识，树立人权和民主观念。

（2）了解世界各个国家的人权状况，掌握保护人权的基本技能，自觉反对种族歧视和人权威胁。

四、实施建议

（一）公共安全教育

公共安全教育的实施建议见表3-4-1。

表3-4-1　　　　　　　　公共安全教育实施建议

内容范畴		实施建议
公共安全	预防和应对社会安全类事故或事件	防社会暴力	1. 播放社会暴力事件带来不良后果的视频，引导学生意识到社会暴力事件的危害 2. 展示社会暴力事件发生时有效保护自身和救助他人的典型案例，引导学生掌握发生暴力事件时有效应对的方法
		防性侵	1. 邀请有关专业人士开展防性侵讲座，丰富学生防性侵相关知识 2. 组织以"青春期常识、性健康、性道德"等为主题的辩论赛、知识竞赛，提升学生防性侵意识
	预防和应对公共卫生事故	防艾滋病	1. 组织预防艾滋病知识竞赛，引导学生掌握预防艾滋病的基本知识 2. 呈现国家领导人关爱艾滋病人的相关材料，引导学生正确对待艾滋病患者

续表

内容范畴		实施建议
公共安全	预防和应对公共卫生事故	毒品防范	1. 展示禁毒相关图片，引导学生学习禁毒日相关知识 2. 展示青少年因吸毒导致面貌变化的图片，引导学生了解吸食毒品的危害 3. 播放青少年戒毒反省相关视频，警示青少年远离毒品
	预防和应对网络信息安全事故		1. 呈现真实的网络诈骗或网络信息泄露案例，提升学生防诈骗和防信息泄露的意识 2. 召开网络信息安全教育主题班会，组织学生讨论如何有效应对网络信息安全事故 3. 开展《全国青少年网络文明公约》等与网络信息安全相关政策文件学习宣传活动，帮助学生深入了解相关政策法规要求
	预防和应对自然灾害		1. 展示地震、洪水、泥石流等自然灾害现场图片并组织学生交流观后感，引导学生掌握自然灾害发生时的正确应对方法 2. 组织学生制作森林防火宣传海报，提高防火意识 3. 定期开展应急疏散演练，提高学生的应急反应能力 4. 在地理课程中设置"预防和应对自然灾害"相关话题，组织学生讨论在自然灾害中自救与互救的方法
	预防和应对影响学生安全的其他事件	防学生欺凌	1. 组织学生搜集学生欺凌相关案例，引导学生深刻认识学生欺凌带来的不良后果 2. 展示有关学生欺凌的案例，引导学生掌握学生欺凌发生时的正确应对方法
		心理健康	1. 举办"斯芬克斯之谜"等戏剧表演活动，在活动参与中引导学生正确认识自我 2. 安排心理健康小测试，帮助学生正确评价自己的心理及行为特征

（二）国家安全教育

国家安全教育的实施建议见表3-4-2。

表 3-4-2　　　　　　　　　　国家安全教育实施建议

内容范畴		实施建议
国家安全	总体国家安全观总论	1. 在语文和思想政治等课程中设置相关话题，讨论坚持总体国家安全观的重要意义 2. 举办以"理性爱国，从我做起"等为主题的演讲比赛、以"全球化进程中我国维护国家利益的具体举措"等为主题的交流会、以"我国在国际事务中维护自己国家利益"等为主题的讲座等，深化学生对总体国家安全观的认识 3. 播放《复兴之路》等纪录片，引导学生了解中国人民对中国特色社会主义道路的探索历程
	政治安全	1. 在思想政治、语文和历史等课程中渗透政治安全相关内容，了解目前我国政治安全面临的威胁与挑战，知道强化意识形态等维护政治安全的途径 2. 收集有关中国特色社会主义发展历程的相关资料，引导学生交流分享 3. 召开以"中国特色社会主义""放飞中国梦"等为主题的班会，引导学生进行交流并撰写心得体会
	国土安全	1. 在思想政治、地理、历史和信息技术等课程中渗透国土安全相关知识，引导学生了解国土安全面临的严峻威胁，掌握维护国土安全的途径与方法 2. 组织学生观看陆海统筹以及我国的海洋战略等相关视频，了解国土安全相关知识
	军事安全	1. 在思想政治、历史、外语和信息技术等课程中渗透军事安全相关知识，了解军事秘密泄露的威胁，树立忧患意识 2. 列举近年来国家在军事发展方面取得的重大进展，引导学生了解军事外交的形式 3. 播放有关间谍窃取军事秘密等视频，引导学生了解泄露军事秘密的严重后果 4. 组织学生观看阅兵、军人驻守边疆等视频，感受边防战士的伟大
	经济安全	1. 在思想政治、历史、地理和信息技术等课程中渗透经济安全相关内容，引导学生了解经济安全是实现国际安全的重要基础，识别主要经济领域安全存在的风险 2. 组织学生搜集近年来国家在促进经济发展方面发挥宏观调控作用的事例并进行分享 3. 围绕"引进来、走出去"的典型实例，讨论如何积极参与国际竞争与合作
	文化安全	1. 在思想政治、语文、历史、外语、艺术、地理和体育与健康等课程中渗透文化安全相关内容，引导学生了解文化安全是国际博弈的重要领域，增强文化自觉和文化自信 2. 以各种纪念日或节假日为依托，开展国家安全教育活动。例如，利用抗战胜利纪念日、红军长征纪念日、革命领袖纪念日等特殊节日，加强爱国主义宣传、教育和引导 3. 组织学生寻访当地的物质文化遗产，走访当地非物质文化遗产传承人，了解当地文化遗产的发展历史及保护现状，体会地方传统文化的魅力 4. 组织学生参观当地博物馆或革命纪念馆，体会中国共产党人对中华民族精神的继承与弘扬

续表

内容范畴		实施建议
国家安全	社会安全	1. 在思想政治、语文、历史、外语、地理和信息技术等课程中渗透社会安全相关内容，引导学生意识到我国社会暴力恐怖活动事件时发、社会舆情复杂等威胁，掌握维护社会安全的途径与方法 2. 组织"新时代社会安全"等讨论会，引导学生讨论当今社会存在哪些影响人民生活的重大问题
	科技安全	1. 在思想政治、物理、化学、生物和信息技术等课程中渗透科技安全相关内容，引导学生理解科技安全的重要性，了解科技安全的主要内容 2. 组织"科技安全"交流会，引导学生讨论当今科技安全面临的威胁与挑战 3. 组织学生参观当地科技馆，了解科技方面新进展 4. 举办科技文化节，加深学生科技认知，激发学生对科学探索的兴趣
	网络安全	1. 在思想政治、语文和信息技术等课程中渗透网络安全相关内容，了解网络舆情事件带来的危害 2. 开展"网络语言是否冲击汉语言文化"辩论会，搜集网络语言，引导学生讨论网络语言的传播对汉语言文化的影响，形成正确对待网络文化的态度 3. 举办国家网络安全知识竞赛、演讲比赛等活动，丰富学生网络安全相关知识
	生态安全	1. 在地理、思想政治和生物等课程中渗透生态安全相关内容，了解健全生态保护和修复制度的具体措施 2. 组织学生结合当地居民对生态环境状况的满意度以及历史上英国伦敦"雾都"、比利时马斯河谷烟雾等事件，分析我国目前面临的雾霾、赤潮、地下水污染等环境问题的成因及危害 3. 展示人与大自然和谐相处的典型案例，组织学生交流人与自然和谐相处的意义 4. 召开"良好生态环境与民生福祉"等主题班会并组织学生在班会上进行交流讨论，引导学生掌握保护生态环境的方法
	资源安全	1. 在地理、思想政治、化学和外语等课程中渗透资源安全相关知识，引导学生了解资源安全的含义 2. 播放"资源消耗"的相关视频，引导学生了解目前我国资源安全现状，掌握维护资源安全的途径与方法 3. 开展社会实践活动，组织学生到当地工厂参观，收集资料，提升学生保护资源的意识
	核安全	1. 在物理、化学、外语、地理、思想政治和信息技术等课程中渗透核安全相关知识，了解核事件分级，掌握维护核安全的途径与方法 2. 播放《核安全文化》视频，引导学生了解我国核安全领域 3. 邀请有关专业人士举办"核安全与核能安全"等为主题的知识讲座，丰富学生核安全相关知识

续表

内容范畴		实施建议
国家安全	海外利益安全	1. 在思想政治、地理、外语和信息技术等课程中渗透海外利益安全相关内容，知道海外利益安全面临的威胁与挑战，掌握维护海外利益安全的途径与方法 2. 组织学生围绕"如何维护我国海外利益安全"等问题进行讨论，引导学生认识到海外利益安全的重要性 3. 组织学生观看《狼群》等与海外利益安全相关的电影，交流观后感
	新型领域安全	1. 在思想政治、地理、生物、物理、外语和信息技术等课程中渗透新型领域安全相关内容，了解太空和深海安全面临的威胁与挑战 2. 组织学生观看科技频道，了解太空、深海、极地、生物等新型领域等方面知识 3. 举办新型领域安全专题讲座，邀请相关领域专家进行演讲，引导学生认识到新型领域安全的重要性

（三）国际安全教育

国际安全教育的实施建议见表3-4-3。

表3-4-3　　　　　　国际安全教育实施建议

内容范畴		实施建议
国际安全	全球化与我们	1. 搜集世界多极化进程中各国文化交流的实例，引导学生正确认识全球化 2. 召开以"世界越开放，越需要我们具有世界眼光"等为主题的研讨会，深入理解全球化与"我们"的关系
	地球生态环境	1. 列举人与地球和谐相处的例子，引导学生感受人与地球的关系 2. 结合当前地球生态环境问题召开主题班会并进行讨论交流，引导学生自觉采取行动保护环境 3. 组织学生观看《地球公民》等生态环保影片并交流观后感
	其他文化理解	1. 组织学生选择自己感兴趣的民族，了解其主要传统节日的风俗及其来历，搜集反映这些民族传统节日的图片，体味民族文化的多样性，并以"民族传统节日风俗"为主题，举办一次板报创作 2. 组织学生搜集世界各国文化交流的资料并在班级内进行分享，引导学生理解并尊重他文化
	国际关系	1. 组织学生查阅近年来我国参加的维和行动，体会我国在国际上展现的负责任大国形象 2. 播放《大国外交》等纪录片，引导学生认识到建立新型国际关系的必要性

续表

内容范畴		实施建议
国际安全	共建和谐世界	1. 组织学生搜集世界人民爱好和平的故事并与同学交流，引导学生深刻认识到世界和平的重要性 2. 开展主题班会，引导学生讨论中学生能够为世界和平与发展事业作出哪些贡献
	尊重和保障人权	1. 选取种族歧视等相关人权问题，组织学生展开研讨或辩论，探究种族歧视产生的原因 2. 组织以"人权尊重"为主题的演讲比赛，引导学生明白尊重人权的重要性

五、评价建议

（一）公共安全教育

公共安全教育的评价建议见表3-4-4。

表3-4-4　　　　　　　　公共安全教育评价建议

评价内容		评价建议
公共安全	预防和应对社会安全类事故或事件	防社会暴力	口头评价：教师在讲解预防和应对社会暴力类突发事件的过程中，对学生随机提问并根据学生作答情况给予口头反馈
		防性侵	问卷测评：教师在问卷中设置防性侵相关问题，如"如何有效预防性侵害？""性侵害发生后如何处理？"等问题，根据学生的回答情况给予评价
	预防和应对公共卫生事故	防艾滋病	1. 知识竞赛：组织艾滋病防治知识竞赛，根据学生作答情况给予评价 2. 口头评价：教师在讲解艾滋病知识的过程中，对学生随机提问并根据学生作答情况给予口头反馈
		毒品防范	评语评价：教师根据毒品防范相关知识，设置如"为什么说选择毒品就是自我毁灭？""如何向毒品说不？"等问题，根据学生的作答情况给予评语评价
	预防和应对网络、信息安全		1. 考试：在思想政治等考试中，设置1~2道网络安全相关试题，如"在现实生活中，如何预防网络电信诈骗？"等问题，根据学生的作答情况给予评价 2. 口头评价：教师在课堂上就网络、信息安全相关知识对学生进行随机提问，如"在网络上如何防止个人信息泄露？"，根据学生的回答情况给予口头评价 3. 知识竞赛：由学校组织，通过网络答题方式普及网络安全知识，根据学生作答情况给予评价

续表

评价内容		评价建议
公共安全	预防和应对自然灾害 — 应对自然灾害	1. 情景模拟测试：组织学生开展自然灾害应急疏散演练，如发生地震时如何进行避险和疏散，教师根据学生的表现作出评价 2. 考试：教师在地理等课程考试中增加1~2道有关地震、洪水等自然灾害的试题，根据学生的作答情况给予评价
	预防和应对影响学生安全的其他事件 — 防学生欺凌	口头评价：教师在讲解学生欺凌知识的过程中口头提问学生，如"我们应该如何预防学生欺凌的发生？"根据学生的回答情况给予评价
	预防和应对影响学生安全的其他事件 — 心理健康	观察法：教师观察、记录学生日常学习生活的行为表现。如学生是否长时间情绪低落、是否以合理的方式缓解学业压力等，根据观察情况对学生的心理健康状况作出评价

（二）国家安全教育

国家安全教育的评价建议见表3-4-5。

表3-4-5　　　　　　国家安全教育评价建议

评价内容	评价建议
国家安全	1. 考试：在地理、思想政治等课程考试中，设置2~3道关于国家安全的相关试题。如在思想政治考试中设置"简述我国积极推进现代海洋牧场建设对国家安全的意义"等题目，根据学生的作答情况进行评价 2. 口头评价：教师在讲解国家安全知识的过程中对学生进行随机提问，如"作为高中生，我们能为国家安全做些什么？"，根据学生的回答情况给予口头反馈 3. 知识竞赛：由学校组织国家安全知识竞赛，教师根据学生的作答情况给予评价 4. 成长记录袋：教师利用成长记录袋记录学生的作品集（含学生安全纸笔作品、音像作品等）等，对学生给予综合性评价 5. 观察法：教师根据学生在日常生活中的表现进行评价，如学生在升国旗时态度是否严肃认真、是否积极关注国家安全的相关事件等，对学生的表现进行评价

（三）国际安全教育

国际安全教育的评价建议见表3-4-6。

表 3-4-6　　　　　　　　国际安全教育评价建议

评价内容	评价建议
国际安全	1. 成长记录袋：教师利用成长记录袋留存学生的国际安全活动记录表、作品集（含学生安全纸笔作品、音像作品等）等，对学生给予综合性评价 2. 考试：在语文、思想政治等课程考试中，设置 1~2 道国际安全相关试题。如在思想政治课程考试中设置"中学生能够为世界的和平与发展事业做些什么？"等问题，根据学生的作答情况给予评价 3. 口头评价：教师可在讲解国际安全知识的过程中对学生进行随机提问，如"对于种族歧视问题，你怎么看？"根据学生的回答情况给予口头评价 4. 观察法：在国际安全主题教育活动中，教师注意观察学生是否尊重世界各国文化、是否拥有热爱和平的意识等，根据国家安全主题活动观察记录表对学生作出评价 5. 问卷测评：教师在国际安全问卷中设置"面对变乱交织的国际形势，全球安全经历了怎样的'危'与'机'？"等开放性问题，根据学生的回答情况给予评价

高中阶段安全教育教学以全面提升学生安全素养为目标，在评价过程中，贯彻以促进学生安全素养提升为宗旨的评价观，坚持发展性、教育性和多元性相结合的评价原则，发挥教育评价的导向和激励功能，引导学生增强安全意识、掌握必要的安全知识、提高安全能力。具体请参阅以下评价示例。

示例一："警钟长鸣"网络安全班会课评价示例

（一）活动建议

在网络安全教育主题活动中，教师讲解网络安全相关知识，引导学生树立正确的网络安全观，理解网络安全知识要点，根据学生表现进行评价。

1. 小组讨论，合作探究。在课堂上组织学生讨论网络交往中可能存在的安全隐患，并交流如何应对。

2. 观看案例，畅谈感受。教师在课堂上给学生展示网络诈骗、网络个人信息泄露、网瘾少年等相关事例，让学生畅所欲言，发表看法。

3. 教师总结。网络为我们提供了丰富的信息资源，也存在着隐患。学生要遵守法律法规，正确使用网络，养成良好的上网习惯。

（二）评价建议

1. 评价目标：学生是否具备网络安全意识、网络安全知识，是否形成了正确的网络安全行为。

2. 评价方法：观察法、口头评价、小组互评。

3. 评价工具：小组互评表（见表3-4-7）、观察记录表（见表3-4-8）。

表3-4-7　　　　　　　　网络安全教育小组互评表

小组成员	小组内互评20分				总分
	网络安全意识（5分）	网络安全知识（5分）	网络安全能力（5分）	团队合作（5分）	

表3-4-8　　　　　　　　网络安全教育观察记录表

观察对象		观察时间		观察地点		记录人	
观察目的							
观察内容	小组活动参与情况						
	网络安全相关知识掌握情况						
观察记录							

4. 观测点：

（1）小组活动参与情况。在"小组讨论，合作探究"活动中，教师根据学生活动参与情况进行评价。

（2）网络安全相关知识掌握情况。在"观看案例，畅谈感受"活动中，教师根据学生对网络安全相关知识掌握情况进行评价。

示例二：爱护环境主题教育评价示例

（一）活动建议

以"走进社会，低碳环保"为主题开展调查活动，调查前的具体准备工作包括：

1. 成立调查小组。自主选择小组成员，初步确定调查目标。

2. 制定方案。方案的设计要注意科学性、可操作性及安全性。

3. 完善方案。各小组交流展示实施方案，教师根据学生的成果展示，给予指导。

调查中：实施方案。开展调查活动，获取各社区居委会、各年龄段群体进行访问调查，填写问卷，获取数据，作出初步分析。

调查后：汇报交流。根据调查结果提出环保倡议，经班级讨论汇总，为相关部门提供决策参考。

（二）评价建议

1. 评价目标：是否具备环保意识。

2. 评价方法：评语评价、成长记录袋。

3. 观测点：

（1）学生参与调查活动情况。教师根据学生是否积极参与方案的制定、完善等工作，给予评价。

（2）学生汇报交流情况。教师根据学生对调查结果分析的科学性、准确性给予评价。

示例三："反对战争，追求和平"课程渗透评价示例

利用课程渗透的方式，在人民教育出版社统编版高一年级必修《中外历史纲要》第八单元中华民族的抗日战争和人民解放战争中设计评价活动。

（一）活动建议

1. 事先发放史料：《抗日英雄的妹妹给侵略者妻子的一封信》[1]

1938年，空军英雄陈怀民撞向日机，与敌人同归于尽。此时，人们发现了日机驾驶员高桥的妻子写的劝其珍惜生命的家信。陈怀民的妹妹陈难写了这样的回信：

我失去胞兄的心境，使我设身处地想到你失去高桥先生的心境，中日两国人民竟是如此凄惨地牺牲于贵国军阀的错误政策之下。目前我能向你说的，即是任何国家，若不能控制它的疯狂的侵略野心，这些悲剧是永不能停止的……

---

[1] 资料来源：《抗日英雄的妹妹给侵略者妻子的一封信》，中国共产党新闻网。

怀民哥坚毅地猛撞高桥的飞机,和高桥君同归于尽。他和高桥君并没有私人的仇恨,他们只是代表着两种不同的力量粉碎了他们自己。

我家里的父母非常深切地关怀你,像关怀他们的女儿一般。我盼望有一天让我们的手互相友爱地握着,沉浸在年轻人的热情里。我们有理由为这个信念而努力。

2. 介绍这封信在当时产生的国际影响

这封用血泪写成的信,在当时被译成多国文字,成为强大的反法西斯舆论武器,表达了中华民族的坚毅精神、宽阔胸怀和争取和平的真诚愿望。让全世界看到中日之间的这场战场是正义与邪恶的较量,正义的中国人民必将取得胜利。

请学生思考:如果说对日本帝国主义的仇恨,无人能及陈怀民和陈难一家,而为什么恰恰是这样一家人在刚刚被日本法西斯夺去亲人的时候展示了这样的胸怀?

3. 小组讨论:是什么促使陈难超越个人怨恨,盼望有一天能和敌国的人民"互相友爱"地握手?(注:教师注意引导学生认识战争给被侵略国和侵略国的人民同样带来了灾难,正是这种灾难唤起人民内心深处对和平的渴望。)

(二)评价建议

1. 评价目标:是否具备关爱生命、反对战争、追求和平的理念。

2. 评价方法:学生互评与教师评价相结合。

3. 观测点:

(1)学生活动参与情况:教师根据学生课堂是否积极参与小组讨论给予评价。

(2)学生课堂发言情况:教师根据学生对"这封信产生的影响"及"陈难超盼望有天和敌国人民握手"两个问题的发言情况给予评价。

第五节　大学阶段安全教育方案

一、编写依据

信息化时代各种社会思潮广泛传播、价值观日益多元化，大学生世界观、人生观和价值观尚未完全成熟，面临的安全问题日益复杂。《普通高等学校学生安全教育及管理暂行规定》要求，高校学生在日常教学及各项活动中，应遵守纪律和有关规定；在公共场所，要遵守社会公德，增强安全防范意识，提高自我保护能力。《意见》指出大学生应接受国家安全系统化学习训练，增强维护国家安全的责任感和能力。《纲要》要求大学阶段应重点理解中华民族命运与国家关系，践行总体国家安全观，树立国家安全底线思维，将国家安全意识转化为自觉行动，强化责任担当。《中华人民共和国爱国主义教育法》要求，各级各类学校和其他教育机构应当按照国家规定建立爱国主义教育相关课程联动机制，针对各年龄段学生特点，确定爱国主义教育的重点内容，采取多样化教学方式，增强爱国主义教育的针对性、系统性、亲和力和感染力。依据上述政策文件并结合大学生身心特点研制大学阶段安全教育方案。

二、实施目标

（一）认知目标

掌握社会安全、公共卫生安全和网络、信息安全等相关知识和预防措施，深度了解与公共安全相关的法律法规；了解有关总体国家安全观的政策法规，掌握总体国家安全观等相关知识；关注国际安全动态，掌握全球金融危机、生态危机等国际安全相关知识。

(二) 情意目标

树立公共安全意识，认识到维护社会安全、公共卫生安全和网络、信息安全的重要性；强化国家安全意识，理解中华民族命运与国家安全之间的密切关系；增强国际安全意识，树立构建人类命运共同体理念。

(三) 能力目标

不参加影响和危害社会公共安全的活动，掌握和运用突发公共卫生事件卫生应急的相关技能，能进行自救、自护；遵守相关法律规定，抵制违反和损害国家安全利益的行为；以总体国家安全观为指导，自觉维护国家的国际形象，树立国家安全意识并付诸行动，增强文化自信，抵制外来文化带来的消极影响；辩证看待世界各国文化。

三、实施内容

(一) 公共安全教育

1. 模块一：预防和应对社会安全类事故或事件

（1）深入了解性骚扰、性侵的相关知识，具备防范能力。

（2）掌握遇盗、抢劫时的应对措施。

（3）掌握防诈骗相关知识，具备识别欺诈性信息和行为的能力。

（4）掌握拥挤踩踏、地震洪水、恐怖袭击等社会安全事故或事件的应对方法。

（5）自觉遵守公共场所的安全规范。

（6）了解考试泄密、违规的相关法律常识，养成维护考试纪律和规范的良好行为习惯。

2. 模块二：预防和应对公共卫生事故

（1）了解突发公共卫生事件应急预案的体系、组织结构和分类。

（2）掌握有关吸毒危害和禁毒法律常识，能够自觉抵制毒品诱惑。

（3）了解重大传染病等相关内容，掌握艾滋病的预防和防治措施。

（4）掌握预防食物中毒的知识，正确处理与应对食物中毒情况。

3. 模块三：预防和应对网络、信息安全事故

（1）了解《中华人民共和国网络安全法》，具备文明上网、预防网络诈骗等法律知识。

（2）深入了解网络病毒的相关知识，掌握防范网络病毒、黑客的技巧。

（3）掌握防范网络信息诈骗、防止个人隐私泄露及抵制不良信息诱惑的方法。

（4）学会正确利用网络资源，不沉溺于网络。

4. 模块四：预防和应对自然灾害

（1）掌握自救和他救的基本知识，具备良好的灾难防范意识与处理能力。

（2）了解有关环境保护的法律法规。能够结合当地实际情况，为保护和改善自然环境作贡献。

5. 模块五：预防和应对意外伤害事故

（1）了解《中华人民共和国道路交通安全法》等，遵守交通法规。

（2）具备防火、防水、防电、防震等相关知识，掌握求助、逃生及救助他人的技能。

（3）了解使用大功率、不正规电器，乱拉电线和电动车充电等行为的危害，掌握触电事故的应对方法。

（4）了解运动器械的性能、用途，能够选择适合自己身体状况的体育项目，并掌握预防和应对运动伤害的方法。

（5）了解并掌握实验室关于防火、防水、防中毒、防触电和防烫伤等基本知识，知道实验室意外事故产生的原因，掌握意外事故发生后的处理方法。

6. 模块六：预防和应对影响学生安全的其他事件

（1）了解校园暴力与学生欺凌的危害及相关法律法规，掌握维护自己和同学人身安全的方法和技能。

（2）了解心理健康的重要性以及常见的心理问题类型（如焦虑症、抑郁症、强迫症、孤独症、神经衰弱等），正确认识心理疾病。

（3）运用适合自己的心理调适方法，从容应对各种挫折，学会排解负面情绪，维持身心健康。

(二) 国家安全教育

1. 模块一：政治安全

（1）了解《中华人民共和国反间谍法》和《中华人民共和国反恐怖主义法》等相关法律知识。

（2）树立坚持和发展中国特色社会主义、坚持党的统一领导、人民当家作主、全面依法治国等重大原则的理念。

（3）体会政治安全面临渗透、分裂、颠覆等敌对活动的威胁，抵制和平演变、"颜色革命"等行为。

2. 模块二：国土安全

（1）理解国土安全的相关内涵，掌握维护国土安全的方法。

（2）体会我国提出增强国土安全的国际话语权和增强国土安全对外法律斗争能力的现实意义。

（3）领会我国坚持兴边富民，强边、固边、稳边以及推进兴边富民工程和巩固边境安全的相关知识。

（4）了解国家加强边防、海防和空防建设所采取的必要防卫和管控措施。

3. 模块三：军事安全

（1）了解《中华人民共和国国防法》等，掌握军事安全等相关知识。

（2）了解军事科技分类、高技术武器装备类别、军事秘密的等级和范围。

（3）学习党在新时代的强军目标、战略思想等相关内容，意识到我国加强领导指挥体制与力量建设的重要意义。

（4）认识世界新军事革命深入发展带来的挑战；体会战争形态和作战样式发生的新变化；了解军事战略、作战思想和军事力量建设面临的新环境。

4. 模块四：经济安全

（1）了解国际金融危机、世界贸易战、经济霸权主义和霸凌主义对我国经济发展带来的影响。

（2）深刻领会维护国家经济方针政策自主制定、有效掌握重要战略资源和战略产业等权利的重要性。

（3）知道我国维护经济主权、经济秩序、经济安全所采用的途径和方法。

5. 模块五：文化安全

（1）传承中华优秀传统文化和革命文化，弘扬社会主义先进文化，深刻体会当代文化的时代价值，培养文化自信。

（2）理解文化的多样性，尊重中华优秀传统文化，领略人类共有的先进思想。

（3）了解文化产业、文化软实力和文化主权在国际博弈中的重要作用。

6. 模块六：社会安全

（1）了解社会安全法制体系的构成，提升应对社会安全事件的能力。

（2）掌握预防和妥善处置群体性事件的相关方法。

7. 模块七：科技安全

（1）学习加强科技安全基础设施建设的相关内容。

（2）意识到保护核心技术、知识产权和高端人才的重要性。

（3）认识到科学技术所带来的"双刃剑"效应以及我国在科技安全方面所面临的各种风险。

8. 模块八：网络信息安全

（1）了解依法治网等相关内容，掌握全面推进网络空间法治化、加强网络安全信息应急处置、网络安全审查制度等相关知识。

（2）学习网络管理相关知识，意识到采取监测、记录网络运行状态和网络安全事件等技术措施的重要性和必要性。

9. 模块九：生态安全

（1）学习《中华人民共和国环境保护法》等，掌握环境保护的相关法律知识。

（2）了解生态保护和修复制度，意识到保护生态环境对人类发展的重要性。

（3）了解我国的环保组织和环保机构，具备必要的环保知识和环保技能。

10. 模块十：资源安全

（1）意识到推进绿色发展和提高资源开发利用的重要性。

(2) 树立低碳出行、节约资源和保护能源的意识,并付诸行动。

11. 模块十一:核安全

(1) 学习《中华人民共和国核安全法》等,掌握核安全相关的法律知识。

(2) 了解核安全事故对公民生命健康和生态环境带来的危害,意识到核安全技术引进和合作开发的重要性。

(3) 了解我国在核安全方面的贡献和基本主张。

12. 模块十二:海外利益安全

(1) 了解构建国家海外利益安全网的相关内容等。

(2) 学习必要的国际法、国际公约和国际规则等,知晓我国海外利益面临着国际和地区动荡、恐怖主义和海盗活动等现实威胁。

13. 模块十三:新型领域安全

(1) 了解防范生物恐怖袭击、生物武器威胁的相关内容。

(2) 意识到资源短缺、太空碎片增加等对人类活动的威胁。

(3) 认识到探索深海所面临的未知风险和相关威胁等。

(4) 掌握推动新型领域国际治理及安全文化建设的相关内容。

(三) 国际安全教育

1. 模块一:国际人权保障

(1) 了解《世界人权宣言》《公民权利和政治权利国际公约》等内容。

(2) 掌握有关人权的普遍性内容,如认识到生命、平等和自由的权利适用于每一个人。

(3) 理解作为地方、国家和全球社会中的公民享有的权利和应尽的义务。

2. 模块二:国际和平与安全

(1) 了解《日内瓦公约》《世界版权公约》《上海公约》等有关国际和平的条约。

(2) 了解国家之间武装冲突的类型和原因及对人类发展和环境造成的不良影响。

(3) 认识到国家间经济、文化和政治关系的重要性;了解中国所倡导的互信、互利、平等、协作的新安全观。

3. 模块三：国际交流与合作

（1）了解《联合国反腐败公约》《南极公约》、"一带一路"倡议、亚太经合组织等相关内容。

（2）认识中国倡导的相互尊重、公平正义、合作共赢的新型国际关系，合作应对人类所面临的共同危机。

（3）树立国际责任意识，通过国际理解教育培养开放的国际视野和多元文化观念。

4. 模块四：全球生态环境

（1）了解《保护世界文化和自然遗产公约》《巴黎协定》《世界环境公约》等国际生态环境保护条约。

（2）加强对生态环境的关注，尊重自然、尊重生命，具备全球环境与人类发展息息相关的意识。

（3）掌握我国提出的创新发展模式、可持续发展道路、人与自然和谐发展理念等相关内容。

（4）认识到生态平衡的重要性以及温室效应、海洋污染、生物灭绝等生态问题对地球环境造成的巨大破坏。

5. 模块五：地球公民

（1）了解《联合国宪章》及其他重要国际公约等。

（2）加强国际人才的培养，处理好全球化与本土化之间的关系。

（3）树立世界公民意识，了解世界公民享有的权利与应尽的义务。

（4）树立人类命运共同体理念，了解人类相互依存、相互合作、相互影响的关系及全球化的必然性和不可逆性。

四、实施建议

（一）公共安全教育

公共安全教育的实施建议见表 3-5-1。

表 3-5-1 公共安全教育实施建议

内容范畴			实施建议
公共安全	预防和应对社会安全类事故或事件	防诈骗	1. 开展走进社区活动，组织学生宣传预防诈骗的相关知识 2. 组织学生观看典型诈骗案例的相关视频等，分析诈骗事件的起因和应对措施，引导学生学会正确应对诈骗事件
		防抢劫	1. 组织学生搜集预防抢劫的相关资料，分组进行汇报，学会正确应对抢劫的方法 2. 组织学生编演"预防抢劫"情景剧，掌握防抢劫的应对方法
		防踩踏	1. 组织学生观看国内外踩踏事故等视频，引导学生分享观后感 2. 组织学生进行"防踩踏"演练，书写心得体会并提出活动改进建议
		防性侵	1. 开展"保护自我，防范危险"等专题演讲，培养学生自我保护的能力 2. 邀请有关专业人士开展防性侵专题讲座，引导学生学习防性侵的相关知识 3. 采用编发手册、微博、微信、宣传栏等多种形式，开展防性侵教育
	预防和应对公共卫生事故	食品安全	1. 组织学生参观食堂，了解食堂卫生环境，发现存在的安全隐患并提出整改措施 2. 举办有关食品安全的讲座
		毒品防范	1. 结合"国际禁毒日"等时间节点开展活动，组织学生制作禁毒标语，充分了解毒品危害 2. 举办以"拒绝毒品"等为主题的文艺晚会，组织学生以演讲、小品等形式进行交流和展示
		传染病防护	1. 邀请相关专业人士进学校，进行预防传染病培训教育 2. 开展以"预防疾病"等为主题的安全讲座，设计交流环节，引导学生分享心得体会
	预防和应对网络信息安全事件	个人信息安全	1. 组织计算机等专业的同学讲解保护个人信息安全的基本知识 2. 组织学生利用网络资源撰写关于如何保护个人网络信息安全的论文
		防网络诈骗	1. 介绍校园内发生网络诈骗的主要类型及案例，引导学生认识网络诈骗的危害 2. 举行有关网络诈骗的讨论会，引导学生学习防范网络诈骗的相关知识
		抵制不良信息	1. 组织学生记录个人网络使用情况并进行交流，养成良好的上网习惯 2. 引导学生讲述身边的故事，吸取反面案例教训，科学合理上网

续表

内容范畴			实施建议
公共安全	预防和应对网络信息安全事件	预防网络攻击	1. 组织学生观看网络安全宣传片，保持警惕，拒绝点击不明来源链接 2. 开展"防网络攻击"等专题讲座，普及预防常见网络病毒和黑客入侵的方法
	预防和应对自然灾害		1. 组织自然灾害自救模拟演习，如模拟地震发生时，组织学生有序逃生以及引导学生学习被困时正确的自救与逃生方法等 2. 举办"自然灾害预防"等为主题的知识竞赛，引导学生学习应对自然灾害的基本知识
	预防和应对意外伤害事故	交通安全	1. 组织学生观看道路交通安全宣传片，引导学生清楚违反交通规则需要承担的法律责任，在日常生活中严格遵守交通规则 2. 邀请交警等相关人员来校作交通安全专题报告，鼓励学生积极发言互动等
		消防安全	1. 利用"11·9"消防日等开展消防安全教育活动。组织火灾逃生演练和灭火训练，引导大学生学习常用的灭火方法，熟练掌握灭火器的使用方法，在发生火灾时有序疏散逃生 2. 举办消防安全知识讲座。选择贴近大学生生活火灾案例（如宿舍不规范用电引起的火灾等），请专业人员讲授防火、灭火知识
		实验室安全	1. 组织学生参观实验室，认识实验室的各种仪器设备，讲解实验室安全规章制度，引导学生提高实验室安全意识、掌握实验室安全知识 2. 选择典型案例（如实验室中毒、实验室爆炸等），组织学生讨论应对实验室突发事件的方法
		运动伤害	1. 播放学生运动受伤的视频等，引导学生学习运动损伤的预防、自救与互救等相关知识 2. 鼓励学生分享运动训练受伤的事例，讲述运动训练中的注意事项
		防溺水	1. 举办以"预防溺水，关爱生命"等为主题的班会，向学生宣传防溺水知识，引导学生掌握溺水救护办法 2. 组织学生参加防溺水安全演练，提高学生自救互救能力
	影响学生安全的其他事件	防校园暴力与学生欺凌	1. 组织学生讲述有关校园暴力和学生欺凌的案例，并深入讨论正确应对校园暴力与学生欺凌的方法 2. 开展"预防校园暴力和学生欺凌"主题班会等，让学生意识到校园暴力和学生欺凌的危害及影响
		心理健康	1. 举办多种形式的心理健康教育活动，如心理健康教育专题讲座等，引导学生学会排解负面情绪 2. 选择贴近学生生活的典型案例并组织学生进行讨论 3. 组织学生分享交流大学生常见的不良心理表现、影响因素及调节方法

(二) 国家安全教育

国家安全教育的实施建议见表 3-5-2。

表 3-5-2　　　　　　　　国家安全教育实施建议

内容范畴		实施建议
国家安全	政治安全	1. 开展经典著作研读活动，培养学生树立正确的世界观、人生观和价值观 2. 组织大学生参观革命遗址、历史博物馆、纪念馆、国防园等教育场所，了解革命文化 3. 利用建军节、国庆节、全民国家安全教育日等时间节点，举行入党、入团宣誓仪式等，增强学生的爱国主义信念
	国土安全	1. 开展国土安全的讲座等，引导学生了解巩固国土边境安全的相关知识 2. 组织学生搜集有关国土安全的相关知识并进行小组汇报
	军事安全	1. 开展"走进军营"等主题活动，邀请现役军人开展讲座，普及军事安全知识 2. 组织学生参观军事博物馆、驻军部队军史馆等场所，深入了解军事文化，加强军事安全教育 3. 组织学生参加军训、军事夏令营等活动，体验军旅生活、感受军旅文化
	经济安全	1. 分享经济安全相关案例，引导学生掌握有关经济安全的知识 2. 组织经济类等专业的同学进行有关国家经济安全知识的讲座 3. 组织学生制作有关经济安全的推文、短视频和微电影等，加深对经济安全的了解
	文化安全	1. 举办学生作品展览活动，组织学生展示诗歌、音乐、绘画等作品，增强文化自信，自觉抵制不良文化的侵蚀 2. 举办文化安全的知识竞赛，引导学生掌握中华优秀传统文化和社会主义先进文化 3. 鼓励学生组织文化沙龙、文化兴趣小组等团体活动，了解人类共有的先进文化，正确对待多元文化
	社会安全	1. 关注国内外热点新闻，引导学生了解真实、客观的事件，提高信息辨别能力，自觉抵制不实言论 2. 开展社会安全技能培训，引导学生掌握预防和处置社会安全事件的方法 3. 查阅社会安全相关资料，了解我国在打击违法犯罪、维护社会治安等方面采取的措施和手段，深化对社会安全的认识
	科技安全	1. 利用《形势与政策》等课程渗透国家科技安全热点知识，加深大学生对我国当前科技安全环境的了解 2. 选择贴近学生生活的事例，组织学生进行小组讨论，增强学生的科技安全意识

续表

内容范畴		实施建议
国家安全	网络安全	1. 开展网络安全通识教育，引导学生了解我国依法治网的重要意义 2. 开展"网络安全"主题班会，引导学生注意保护网络信息，谨防个人信息泄露，造成财产损失和身心伤害
	生态安全	1. 组织学生开展"建设绿色校园"等活动，积极引导大学生在节假日参加生态安全宣传和维护活动 2. 举办专题讲座和辩论赛，引导学生了解目前我国生态安全现状 3. 积极引导学生参加志愿者行动，清理校园垃圾，改善环境质量，引导学生意识到环境质量对生态安全的重要性
	资源安全	1. 举办"节能宿舍评比""地球一小时"等活动，引导学生树立低碳出行、节约能源、绿色发展的理念 2. 引导学生树立合理的消费观念，为建设资源节约型社会努力
	核安全	1. 开展"核安全文化周"活动，宣传核安全相关内容 2. 通过播放视频、专题讲座等形式，引导学生重视核武器扩散等危害
	海外利益安全	1. 播放海外利益安全等相关视频，引导学生了解维护我国海外利益安全的方法和途径 2. 聘请专业人士举办与海外利益安全相关的讲座，引导学生意识到构建社会力量维护海外利益综合性安全网的重要性
	新型领域安全	1. 利用微博、微信公众号等网络资源，引导学生了解关于新型领域安全的相关知识 2. 在大学公共课程中渗透新型领域安全的相关内容

（三）国际安全教育

国际安全教育的实施建议见表 3-5-3。

表 3-5-3　　　　　　　　国际安全教育实施建议

内容范畴		实施建议
国际安全	国际人权保障	1. 开展关于国际人权知识问答活动，普及言论自由权、生命权、人身自由权等有关人权的基本知识 2. 组织学生访谈周围的朋友、亲人和同学，记录他们对国际人权相关知识的掌握情况 3. 开展小组活动，组织学生制作保护人权的宣传标语、海报、视频等

续表

内容范畴		实施建议
国际安全	国际和平与安全	1. 开展"维护和平，实现人类命运共同体"等专题讨论，组织学生分享自己对人类命运共同体和国际和平的认识 2. 邀请国际关系学院等老师和同学开展专题讲座，普及相关知识，引导学生了解和平对当今世界发展的重要意义 3. 通过微课的形式，组织学生定期学习有关国际安全的基本知识
	国际交流与合作	1. 利用国际文化节、世界卫生日等节日举办专题活动，开阔学生的国际视野 2. 组织学生搜集中国倡导的有关国际合作项目的相关资料，阐述中国的国际地位及在当今国际社会的影响力 3. 举办讨论会，鼓励学生对全球金融危机和文化冲突等人类所面临的共同问题提出自己的想法和见解
	全球生态环境	1. 鼓励学生参加保护环境的活动，增强环保意识，理解人与自然和谐相处的重要性 2. 邀请环境工程等专业的同学讲解如何预防环境污染以及环境保护的重要性 3. 组织学生分小组设计保护环境、节约资源的相关方案
	地球公民	1. 组织本土学生与留学生进行交流，感受不同国家的风土人情 2. 举办专题讲座，引导学生了解人类命运共同体理念，了解新型国际关系 3. 举行"保护地球"演讲比赛等，引导学生深刻认识到地球资源的有限性，树立节约资源的意识

五、评价建议

（一）公共安全教育

公共安全教育的评价建议见表3-5-4。

表3-5-4　　　　　　公共安全教育评价建议

评价内容			评价建议
公共安全	预防和应对社会安全类事件	防诈骗	问卷测评：组织在校大学生参与防诈骗问卷测试，设置"请列举1~2个校园贷的诈骗套路"等问题，根据学生的回答情况给予评价。在设置问卷时要注意问卷的结构、类型、题目和答案等

续表

评价内容			评价建议
公共安全	预防和应对社会安全类事件	防抢劫	情境模拟测试：如设置"遭遇抢劫怎么办？"等情境，根据学生表现进行评价
		防踩踏	1. 自我评价：教师组织学生自己对防踩踏知识的掌握情况进行评价，如评价自己是否掌握踩踏自救方法等 2. 情境模拟测试：设置"发生踩踏事件，如何应对？"等情境，根据学生表现进行评价
		防性侵	问卷测评：组织学生参与防性侵问卷测试，在问卷中设置开放性问题，如"作为大学生，如何有效预防性侵害？"等，根据学生的回答情况给予评价
	预防和应对公共卫生事故	食品安全	知识竞赛：组织学生参加网络食品安全知识竞赛，根据学生的回答情况给予评价
		毒品防范	问卷测评：组织学生参与毒品防范问卷测试，在问卷中设置开放性问题，如"大学生如何拒绝毒品？"等，根据学生的回答情况给予评价
		传染病防护	知识竞赛：组织学生参加预防传染病知识竞赛，根据学生的回答情况给予评价
	预防和应对网络信息安全事件	个人信息安全	自我评价：教师组织学生分享个人信息泄露的事件，引导学生根据自身认知和经历等对个人信息安全知识的掌握情况进行自我评价
		防网络诈骗	问卷测评：组织在校大学生参与防网络诈骗问卷测试，设置如"大学生该如何防范网络诈骗？"等问题，根据学生的回答情况给予评价
		抵制不良信息	小组评价：教师组织小组内交流分享抵制不良信息的做法，引导小组成员根据其他成员在日常学习生活中能否自觉抵制不良信息等行为进行评价
		预防网络攻击	考试：在课程考试中，设置1~2道相关试题，如"如何有效防止网络攻击？"等，根据学生的回答情况给予评价
	预防和应对自然灾害		情境模拟测试：组织学生进行自然灾害应急演练，如进行地震逃生应急演练，根据学生演练过程中的表现给予评价
	预防和应对意外伤害事故	交通安全	问卷测评：组织学生参与交通安全问卷测试，在问卷中设置开放性问题，如"你知道哪些交通安全政策法规？"等，根据学生的回答情况给予评价
		消防安全	知识竞赛：组织消防安全知识竞赛，根据学生回答情况进行评价
		实验室安全	1. 小组评价：教师组织小组成员在进行实验时观察其他成员的行为，引导小组成员根据其他成员日常学习中能否安全使用实验仪器等给予评价 2. 自我评价：教师引导学生根据自己对实验室安全知识的掌握情况进行自我评价

续表

评价内容		评价建议
公共安全	预防和应对意外伤害事故 — 运动伤害	问卷测评：组织学生参与运动伤害问卷测试，在问卷中设置开放性问题，如"进行体育运动前该做哪些准备？"等，根据学生的回答情况给予评价
	预防和应对意外伤害事故 — 防溺水	自我评价：学生根据对防溺水安全知识的掌握情况进行自我评价
	影响学生安全的其他事件 — 预防校园暴力与学生欺凌	问卷测评：组织学生参与预防校园暴力与学生欺凌问卷测试，在问卷中设置开放性问题，如"面对校园暴力你会如何做？"等，根据学生的回答情况对其安全意识和安全知识进行评价
	影响学生安全的其他事件 — 心理健康	问卷测评：组织学生参与心理健康问卷测试，在问卷中设置开放性问题，如"你是否总是感觉到悲伤？""你觉得世界是美好的吗？"等，根据学生的回答情况给予评价

（二）国家安全教育

国家安全教育的评价建议见表3-5-5。

表3-5-5　　　　　　国家安全教育评价建议

评价内容	评价建议
国家安全	1. 考试：在相关学科课程考试中设置有关国家安全的题目，如"总体国家安全观的内涵是什么？"等，根据学生的作答情况给予评价 2. 小组评价：教师组织学生组内分享自己对国家安全的认识与理解情况，引导小组成员根据其他成员的发言情况对其是否具备国家安全知识与安全意识进行评价 3. 知识竞赛：教师组织学生参加国家安全知识竞赛，根据学生的回答情况进行评价

（三）国际安全教育

国际安全教育的评价建议见表3-5-6。

表3-5-6　　　　　　国际安全教育评价建议

评价内容	评价建议
国际安全	1. 知识竞赛：教师组织学生参加国际安全知识竞赛，根据学生的回答情况进行评价 2. 考试：在相关学科课程考试中增设1~2道渗透国际安全知识的题目，如在《中国近代史纲要》课程中设置"请谈一谈你对当今国际关系、世界发展趋势以及世界格局的认识。"等问题，根据学生的回答情况给予评价 3. 问卷测评：组织学生参与国际安全问卷测试，在问卷中设置开放性问题，如"在当今的国际国内形势下，中国应该如何与其他国家交流？"等问题，根据学生的回答情况给予评价

例如，大学阶段安全教育评价，以提高学生安全素养为目标，发挥安全教育评价的导向和激励功能，引导大学生增强安全意识、丰富安全知识和提高安全能力。大学阶段的安全教育评价主要利用小组评价和问卷测评等方式进行评价。具体评价请参阅以下安全教育评价示例。

示例一："疫情下的爱国情"课程渗透评价示例

（一）活动建议

教师利用课程渗透的方式，在《思想道德修养与法律基础》（以下简称《思修》）课程讲解中渗透爱国主义教育，教师根据学生的课堂表现进行评价。

1. 视频导入。在思修课上，教师播放防疫的相关视频，请同学们谈谈面对如此严峻的疫情，大学生应当如何理性表达自己的爱国之情？

2. 学生课堂展示。教师请学生代表分享抗疫过程中的感人事迹。

3. 小组讨论，假如再次面临疫情，作为大学生应该如何应对，教师请学生发表感想。

4. 课后布置作业，以小论文的形式谈谈疫情背景下大学生应该做些什么。

（二）评价建议

1. 评价目标：学生是否具备应有的爱国意识、爱国知识和爱国行为。

2. 评价方法：口头评价、书面评语评价。

3. 观测点：

（1）学生的课堂表现。教师根据学生课堂发言和表现，对学生给予口头评价。

（2）学生课后作业完成情况。教师根据学生小论文的思想和论文内容等进行评价。

示例二：网络安全主题活动评价示例

（一）活动建议

在网络安全主题活动中，教师讲解网络安全知识，引导学生增强网络安全意识，提高防范网络诈骗的能力。教师根据学生的表现进行评价。

1. 观看视频案例。播放大学生网络安全教育的相关视频，组织学生讨论并分享对网络安全的认识与理解。

2. 小组展示。学生分小组展示并讲解网络安全主题内容,请其他小组点评。

3. 畅所欲言。请同学们分享自己亲身经历的网络安全事件,谈谈今后将如何提高网络安全意识和安全能力,教师根据学生发言,对学生给予评价。

(二)评价建议

1. 评价目标:学生是否具备应有的网络安全意识、安全知识和应对网络安全事件的能力。

2. 评价方法:口头评价、小组互评。

3. 观测点:

(1) 学生课上发言情况。在网络安全主题活动中,教师根据学生的发言情况,对学生的网络安全意识和安全知识给予口头评价。

(2) 学生小组课堂展示情况。根据小组展示过程中学生的表现进行小组互评。

4. 评价工具:小组互评表。(见表3-5-7)

表3-5-7　　　　网络安全主题活动小组互评表

小组成员	小组内互评(20分)				总分
	网络安全意识 (6分)	网络安全知识 (6分)	网络安全能力 (6分)	团队合作 (2分)	

示例三:"学校安全先行者"主题活动评价示例

(一)活动建议

1. 学校邀请校保卫处开展学校安全教育专题讲座,引导学生全面、深入了解学校内的安全隐患,组织学生听讲座并写一份总结报告。

2. 组织学生填写大学生学校安全意识调查问卷。

(二) 评价建议

1. 评价目标：学生是否具备应有的学校安全意识、安全知识和安全能力。

2. 评价方法：评语评价、问卷测评法。

3. 评价工具：问卷（详见附录3-2 大学生学校安全意识调查问卷）。

4. 观测点：

(1) 学生的总结报告。教师根据报告内容对学生给予评语评价。

(2) 学生问卷填写情况。统计学生问卷填写情况，整理和分析问卷，根据问卷结果对学生的学校安全意识和安全知识等给予评价。

附录3-1

心理健康观察记录表

观察对象				性别	
观察时间		观察环境		记录人	
观察目的					
观察内容	情绪表现				
	行为表现				
观察记录					

附录3-2

大学生学校安全意识调查问卷

亲爱的同学：

你好。这是一份测评学校安全意识的问卷，答案没有对错之分，你只需要按照真实想法填答即可。你的答案会对其他人保密，请放心作答。谢谢你的配合！

1. 你曾经在校内或校外是否发生过安全事故

  A. 是   B. 否

2. 你觉得学校是否有必要定期对在校大学生进行安全教育以及安全演练？

  A. 很有必要   B. 可有可无

  C. 没有必要   D. 不知道

3. 你是否知道学校内的灭火器存放地点？

  A. 知道并且了解灭火器使用方法

  B. 不知道但是了解灭火器使用方法

  C. 既不知道存放地点也不知道灭火器使用方法

4. 你觉得在学校安装校园监控有用吗？

  A. 很有用   B. 比较有用

  C. 一般有用   D. 没用

  E. 完全没用

5. 平时回到宿舍刷卡开门，你会让跟在你后面的人尾随进入吗？

  A. 会   B. 不会

  C. 看情况

6. 当你在学校面临食品安全问题时，你认为下列哪项做法正确？

  A. 报警   B. 找相关人员理论

  C. 当作无事发生   D. 找朋友倾诉

7. 【多选】当你发现学校内有危害到你和你同学人身安全时，你觉得应该如何处理？

  A. 报警   B. 自己解决

  C. 与同学一起解决   D. 在网络上匿名公布

  E. 报告学校   F. 保持沉默

8. 【多选】当你在学校遇到电信网络诈骗时，你认为下列哪些做法是正确的？

  A. 独自悲伤、哭泣   B. 拨打校园报警电话求助

  C. 及时告诉辅导员、班干部   D. 及时告诉家长

  E. 关闭手机，自己冷静一段时间

第四章

新时代学校安全教育一体化：课程建设

新时代学校安全教育一体化课程建设是系统规划设计学校安全教育课程要素，建构课程体系的过程。它是实现学校安全教育目标的重要抓手，也是提升学生安全素养水平、实现学校安全教育提质增效的关键路径。学校安全教育一体化课程建设包括课程开发、课程管理和课程实施三部分。课程开发注重建构一体化安全教育课程体系，课程管理侧重科学合理开发和使用安全教育课程资源，课程实施关注优化设计安全教育教学过程。近年来，党和国家高度重视学校安全教育一体化课程建设，以总体国家安全观为引领，不断拓展学校安全教育领域，要求实现学校安全教育进课程，努力推动学校安全教育课程化。学校安全教育一体化课程建设围绕为各级各类学校安全教育课程体系构建、安全教育内容更新与选择、安全教育教学开展提供指导这一出发点，旨在构建专门课程、跨学科课程和实践课程横向融合，幼小初高大纵向衔接的学校安全教育课程体系，建设包括学校安全教育文字类、实物类、数字类和活动类课程资源的课程资源体系，形成学校安全教育专门课程、跨学科课程与实践活动教学设计案例。

第一节　新时代学校安全教育一体化：课程体系构建

在学校教育教学中，课程体系是指在先进教育理念指导下，为完成既定育人目标，遵循一定的学科逻辑，对特定学科领域内的相关内容进行优化整合所形成的知识架构和学习体系。学校安全教育课程体系是以提升学生安全素养为宗旨，围绕安全教育主题，对安全教育内容进行合理整合而形成的学习体系。学校安全教育课程体系构建是保障和提高学校安全教育质量的基础性工程。依据《指导纲要》《课程方案》《生命安全与健康教育进中小学课程教材指南》等，各级各类学校应坚持以提升学生安全素养为目标，遵循不同学段学生身心发展规律，构建专门课程、跨学科课程和实践课程融会贯通、幼小初高大有序衔接的学校安全教育课程体系，努力提高学校安全教育的科学性和有效性。

一、专门课程、跨学科课程和实践课程横向贯通的课程体系

（一）专门课程

安全教育专门课程是指在学校教学计划中规定实施的、具有固定课时和内容的安全教育课程，旨在培育学生形成正确的安全意识、掌握系统的安全知识、形成相应的安全能力。

《指导纲要》《纲要》均对学校安全教育专门课程内容和课时做出相关规定。其一，公共安全教育。《指导纲要》在课程内容和课时保障方面均提出相关要求。在课程内容方面，其主要包括预防和应对社会安全、公共卫生、意外伤害、网络、信息安全、自然灾害以及影响学生安全的其他事故或事件6个模块。课时保障方面，其要求保证公共安全教育的时间，可根据实际情况，结合不同学段的课程方案，确保完成公共安全教育的教学内容。对此，许多省（市）对学校安全教育做出进一步规定。如《河南省教育厅关于印发全省学校安全教育工作方案的通知》（2022）规定，在课程内容方面，主要包括预防和应对自然灾害、事故灾难、公共卫生、社会安全四类事故事件。在课时保障方面，要求中小学每学年不少于12个课时。同时，规定本科高校、职业院校应把安全教育纳入教学计划，进行系统化安全教育。《山东省学校安全条例实施细则》（2022）要求，中小学幼儿园要将安全教育列入学校基础课程，保证每周1课时；高等学校应完成32学时的课堂教学，记2个学分。《山西省人民政府办公厅关于加强中小学幼儿园安全能力建设的意见》（2013）《山西省中小学幼儿园开展"珍爱生命，规避危险"安全能力建设的实施方案》（2017）等规定，山西省中小学校应保证安全教育专门课程每两周1课时，满足学生多样化的安全需求。其二，国家安全教育。《纲要》《实施意见》明确指出，要开设国家安全教育专门课程，并保障一定课时。在课程内容方面，构建完善国家安全教育内容体系，同时兼顾国际安全。深刻阐释总体国家安全观，科学设置教育教学的整体架构和主要内容，贯彻落实宪法和国家安全法的精神和原则；在课时保障方面，义务教育阶段国家安全教育教学原则上不少于32课时，要统筹落实到课程标准和教材中。高等学校国

家安全教育公共基础课不少于1学分。各省（市）均积极贯彻落实《纲要》《实施意见》中的相关内容，实现国家安全教育进学校、进教材、进头脑。如海南省教育厅印发《关于贯彻落实〈大中小学国家安全教育指导纲要〉的实施方案》（2021）指出，小学、初中、高中（含中职）各学段国家安全教育内容原则上不少于32课时；各高校依托校内相关教学科研机构，开设国家安全教育公共基础课，课程学分不少于1学分。

据此，各级各类学校应以相关政策文件为引领，开设内容全面、课时充足的安全教育专门课程。在内容方面，统筹公共安全、国家安全和国际安全教育等内容，实现安全教育课程内容一体化。其中，公共安全包括社会安全、公共卫生、意外伤害等6个模块；国家安全包括政治安全、国土安全等16个领域；国际安全包括地球生态环境、国际人权保障、国际和平与安全等5个模块（详见第二章第三节）。在课时方面，幼儿园阶段无固定课时要求，需以幼儿一日生活为抓手，根据幼儿实际开展安全教育；义务教育和高中教育阶段应至少开展每两周1课时的安全教育专门课程，确保学校安全教育专门课程常态化开展；大学阶段通过必修与选修课程相结合的方式，开展不少于1学分的安全教育公共基础课程。

（二）跨学科课程

安全教育跨学科课程指有机整合不同学科中的安全教育内容，并将其应用于学科教学中，以全面提升学生安全素养的课程。《指导纲要》《生命安全与健康教育进中小学课程教材指南》（2021）等指出，根据中小学各学科特点，着力挖掘学科教学中隐性的安全教育内容，将安全教育有机融入学科教学，提升学校安全教育实效性。各级各类学校应将学校安全教育内容有机纳入各学科教学中，全面发挥课程整体育人功能。

在渗透安全教育内容时，针对不同性质学科，需采用不同的渗透方式。其一，在人文属性较强的语文、历史、道德与法治等课程中，注重安全意识和情感等方面的融入。立足人文学科特点，遵循"应渗则渗、能渗必渗"原则，着重选择反映生命至上、爱国情怀、社会责任、个体命运与国家安危等相关内容的文章，在教学中进行适当延伸和拓展，以人文课程独有的思维方式呈现安全教育旨归，阐释安全教育内容。如小学五年级道德与法治课程

"我们神圣的国土"中，教师可在引导学生了解中国在世界地图上的位置，以及我国版图中各省、自治区、直辖市和特别行政区情况的基础上，使学生认识到祖国的每一寸土地都神圣不可侵犯，深化学生领土安全意识。其二，在自然属性较强的科学、信息技术等课程中，注重科学精神和科学思维等层面的融合。以《纲要》为依据，聚焦具体安全领域，结合安全热点问题，引导学生将科学知识与安全知识建立联系，强化学生运用所学知识解决生活中安全问题的能力。如小学五、六年级科学课程"自然环境"中，教师在讲授能源、生物资源、矿产资源等知识的过程中可渗透保护自然环境的思想，使学生认识到资源对人类生存和生活的重要性、树立正确的生态保护意识、掌握维护生态安全的途径。

（三）实践课程

安全教育实践课程是通过加强安全知识与学生日常生活经验之间的联系，有组织、有计划和有目的地开展的安全教育实践活动，主要包括主题活动、体验式活动和安全演练等。《纲要》要求，将安全教育内容融入讲座以及参观、调研等体验式实践活动，积极引导学生自主参与安全教育实践活动，培养学生综合运用知识解决问题的能力。《中华人民共和国爱国主义教育法》（2014）要求，将课堂教学与课外实践相结合，把爱国主义教育内容融入校园文化建设和学校各类主题活动，组织学生参观爱国主义教育基地等场馆，参加爱国主义教育校外实践活动。优质的学校安全教育实践课程，对于强化学生安全意识、深化理解安全知识、提高安全能力具有独特的功能。各级各类学校应根据不同年龄阶段学生特点，充分利用校内外教育资源，开展丰富多样的学校安全教育实践活动，促使学生在安全教育实践活动中提高安全意识，掌握安全知识，提升安全能力。学校安全教育实践课程一般表现为主题活动、体验式活动和安全演练等。

1. 主题活动

主题活动即围绕某一与安全相关的主题，组织开展的安全教育活动。在"全民国家安全教育日""国庆节""全国消防安全日""世界艾滋病日""全国交通安全教育日"等时间节点，围绕"国家安全""爱国主义教育""消防安全""性教育""交通安全"等主题，以专题讲座、安全知识竞赛、主题班会和戏剧展演等方式开展。如在"世界艾滋病日",开展"保护自己,远离性侵害"主题活动,引导学生认识性侵害,了解性侵害的主要形式,掌握防范和应对性侵害行为的主要措施和方法,形成正确的生命安全与健康意识;在"全国交通安全教育日",开展"文明交通 你我同行"主题活动,旨在从源头上预防和减少道路交通事故,进一步增强出行的安全感。主题活动对于普及安全专题知识,解决学校安全教育中的热点难点问题,具有易组织实施、收效快等特点。

2. 体验式活动

安全教育体验式活动即学校通过创设体验式环境或借助安全教育场馆,为学生提供可亲自体验、直接感知的安全教育场景,使学生在真实体验中掌握相关的安全技能。体验式活动需要有安全实训基地或其他有安全体验功能的场馆作保障。其一,借助虚拟现代教育装备,创设虚拟场景,开发安全体验课程,为安全教育提供生动的体验式环境,使学生获得真实安全体验。如中学阶段可开展交通安全体验课程,通过教师解说、现场演示、VR体验等多种形式,学生学习如何安全过马路以及遵守信号灯等交通安全常识。其二,借助安全教育场馆、基地等活动场所,开展丰富多样的实践活动,促使学生在实地体验中掌握消防、交通、法治、地震和禁毒等知识。如中学阶段组织学生参观防震减灾教育馆,开展防震减灾研学实践活动,通过声、光、电互动演示地震场景、震后倾斜小屋、地震体验台和逃生通道,获得直观的地震体验感受和模拟逃生训练,掌握地震中自我保护的基本技能。

3. 安全演练

安全演练即面向全体学生组织开展的,针对不同突发事件的紧急疏散和逃生自救演练活动。《中小学幼儿园应急疏散演练指南》(2014)要求,幼儿园每季度至少要开展一次应急疏散演练;中小学校每月至少要开展一次应急疏散演练;大学阶段每学期至少开展一次应急疏散演练。各级各类学校应充分考虑各自特色,将安全演练作为学校安全教育中重要的实践活动类课程,列入教育教学计划,拟定详细的演练方案后进行精细实施。其中,幼儿园阶段重点开展防踩踏、食品安全、交通安全安全演练。中小学校以开展消防安全、防学生欺凌、地震安全演练为主。在校生较多的城镇中小学、农村寄宿制学校要适当增加应急疏散演练的次数;使用校车的学校,还应定期组织学生进行校车安全事故应急处理演练。大学阶段则是以防网络诈骗、远离"黄赌毒"等为主，切实提高安全防范意识，增强应急避险能力。

二、幼小初高大纵向联通的课程体系

（一）幼儿园阶段：构建"3+1"安全教育课程体系

《幼儿园教育指导纲要（试行）》（2001）《3—6岁儿童学习与发展指南》（2012）强调，幼儿园应充分尊重和保护其好奇心和学习兴趣，为幼儿创设健康的活动环境，开设游戏化和生活化安全教育课程，使他们获得有益于身心发展的经验。作为学校安全教育一体化的起始阶段，幼儿园阶段应以幼儿一日活动为抓手，构建"3+1"安全教育课程体系。其中，"3"是指开设生活化、游戏化和自然化安全课程；"1"是指创设安全育人环境（见图4-1-1）。

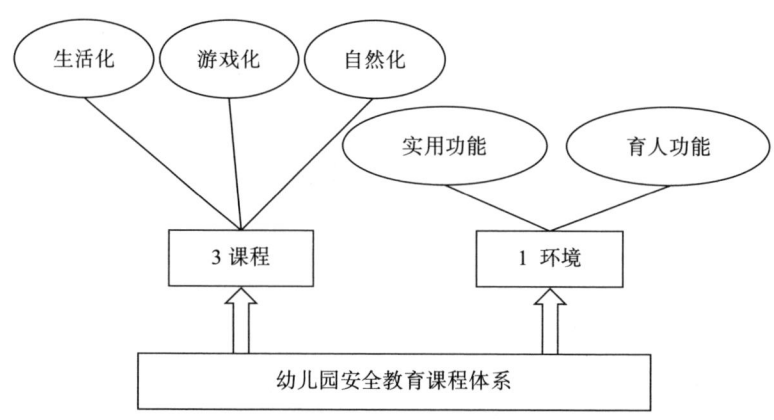

图4-1-1　幼儿园阶段安全教育课程体系示意

1. 生活化、游戏化和自然化安全课程

其一，生活化安全教育课程。以幼儿一日生活为基础，使安全教育课程回归幼儿现实生活。如山西省康乐幼儿园基于幼儿生活情景，针对大、中、小班幼儿生活场景，设计安全教育系列生活化课程。如小班教师围绕"洋洋为什么肚子疼"，引导幼儿开展一系列讨论，使幼儿了解基本的饮食卫生常识，逐步养成良好的个人卫生习惯。其二，游戏化安全教育课程。游戏化安全教育课程是幼儿园安全教育课程的基本特色，强调以游戏化方式开展安全教育，帮助幼儿在游戏过程中形成初步的安全意识，获得自我保护能力。如结合"防拐骗"安全教育主题，设计"小兔乖乖"的游戏，增强幼儿的自我保护意识；又如长治市沁源机关幼儿园结合幼儿身心发展特点，开展创编实景剧、制作工艺品等多种形式的安全教育游戏活动，提升幼儿的安全意识（详见第五章第一节）。其三，自然化安全教育课程。幼儿园充分挖掘大自然所蕴含的教育价值，重视幼儿与自然的连接，开展自然化安全教育。如教师带领学生在种植园中开展安全教育，向幼儿讲授蔬菜生长的过程及蔬菜变质的辨别方法，培养幼儿的食品安全意识。

2. 创设安全育人环境

其一，注重环境实用功能。幼儿园通过创设适切性、实用性的安全环境，投放安全、丰富和温暖的活动区材料，保障幼儿活动的安全性。如教学楼前铺设塑胶，院落小路铺设鹅卵石，建造椭圆形的沙池等；活动区内投放棉布抱枕、卡通靠垫等有温度的活动材料，保证幼儿活动区域周边的安全性。其二，注重环境育人功能。充分挖掘每面墙壁、每块绿地和每个角落的教育功能，创设安全文化环境，使幼儿随时随地受到安全教育的感染与熏陶，发挥环境潜移默化的教育功能。如开辟安全文化长廊、设计安全文化广场、运用多媒体等多种形式，推广安全理念，营造宣传环境，让幼儿在潜移默化中受到安全教育。

（二）义务教育阶段：构建"三位一体"安全教育课程体系

《课程方案》强调，课程建设要坚持基础、重视多样、关注融合等设计理念。根据学校安全教育课程性质，体现义务教育阶段课程基础性和综合性的特点，义务教育阶段应遵循常规教育与主题教育相结合、理论教育与实践教育相结合的原则，构建专门课程、跨学科课程和活动课程"三位一体"的安全教育课程体系（见图4-1-2）。

1. 专门课程

依据《纲要》《指导纲要》《实施意见》等要求，设置安全教育专门课程，并保证必要课时，引导学生系统掌握安全知识与防护技能。同时，注重国家、地方、学校三级安全教育课程管理的贯通和连接，实现安全教育国家

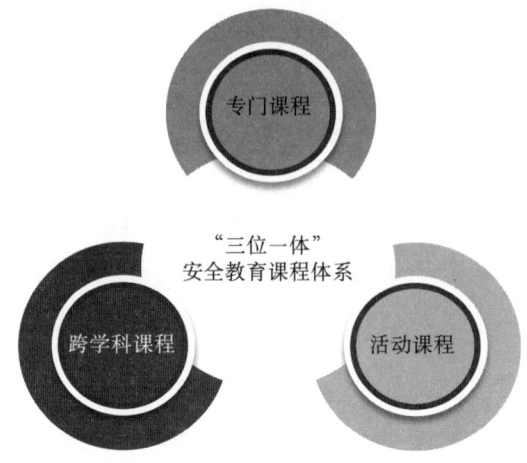

图4-1-2 义务教育阶段安全教育课程体系示意

课程、地方课程和校本课程的有机统一。如陕西师范大学附属小学基于《实施意见》要求，紧密结合校情，深入挖掘和利用校内外国家安全教育资源，开设"国家安全教育"专门课程，形成"12339"课程体系。

2. 跨学科课程

《义务教育课程标准》指出，将国家安全、生命安全与健康等重大主题教育内容有机融入课程，增强课程思想性。各学科教师应充分领会课程标准中的精神实质，充分挖掘课程和教材中有关安全教育的元素，适当延伸和拓展学科知识，在课程中有机融入安全教育内容。同时，避免简单添加安全知识，避免与学科课程生硬联系。

具体实施时，应根据各年龄段学生身心特点，有针对性地开展安全教育。其一，小学低年级注重与学前教育的衔接，主要依托科学、语文等课程开展，以心理健康、防欺凌、防拐骗等公共安全教育为主，适当拓展国家安全和国际安全内容。其二，小学高年级注重在道德与法治课程中渗透总体国家安全观总论、国土安全、军事安全、社会安全、科技安全、生态安全和海外利益安全等领域知识，在科学学科中渗透生态安全和资源安全等领域知识，在语文学科中渗透文化安全和生态安全等领域知识。其三，初中阶段注重在历史课程中渗透以国家认同为主的安全知识、文化自信、主权政权安全等内容，在地理教学中渗透环境保护、气候变化和地理信息保密等内容。

3. 活动课程

《义务教育课程标准》指出，加强课程与实践活动的结合，充分发挥活动课程的独特育人功能。义务教育阶段应结合学生身心发展特点，在开展实践活动课程的基础上，以主题活动和体验式活动为重点课程，助力学生掌握安全知识、提升安全能力。

其一，开展主题活动。一方面，结合入学教育、升旗仪式、军训、节日庆典、全民国家安全教育日等重要时间节点，开展"防火演练""纪念抗美援朝战争胜利"和"一二·九纪念"等主题教育活动，加强安全知识与学生生活经验之间的联系，激发学生学习自主性和探究意识，普及公共安全和国家安全知识。另一方面，利用青少年感兴趣的时事和热点话题进行相关主题的教育，如由华为和中兴被打压等事件谈科技安全，由网上入侵和网络窃密等事件谈网络安全等。其二，开展体验式活动。充分发挥各类学校安全教育场馆、基地等校外活动场所的作用，组织学生定期参观体验，开展专题调查等活动，强化学生的体验和感受，提升学生安全素养。

（三）高中阶段：构建"三级四类"安全教育课程体系

《纲要》《普通高中课程方案》要求，高中阶段可通过开设专门课程、融入各学科专业教育教学等途径开展学校安全教育。高中阶段需构建"三级四类"安全教育课程体系。"三级"是指"普及""拓展""提高"三层级；"四类"是指"普及"层级中的专门课程和跨学科课程、"拓展"层级的特色校本课程和"提高"层级的实践课程（见图4-1-3）。

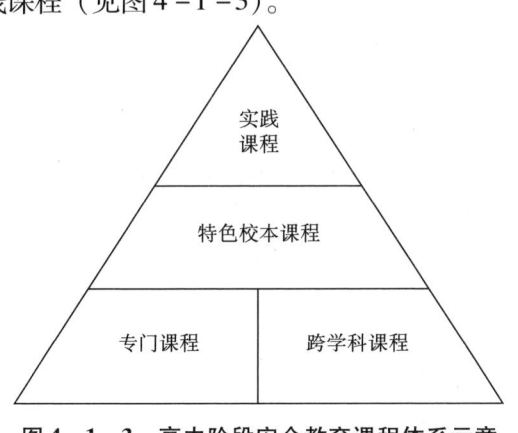

图4-1-3 高中阶段安全教育课程体系示意

1. "普及"课程

"普及"课程包括安全教育专门课程和跨学科课程，旨在普及安全知识，实现安全教育课程常态化。其一，专门课程。在有限课时前提下，依据《纲要》和《指导纲要》的要求，面向全体学生开设《安全教育》必修课程，确保学校安全教育常态化，使学生掌握必要的安全知识。其二，跨学科课程。依据《普通高中课程方案》和各学科《课程标准》，挖掘不同学科课程的安全教育元素，实现学科课程的安全育人功能。如在历史课程中，教师通过对中华民族近代以来的屈辱史、抗争史进行讲解，增强学生维护国家安全的决心；在地理课程中，教师通过对资源环境面临的挑战等内容进行讲解，增强学生维护资源安全、生态安全的责任感。

2. "拓展"课程

"拓展"课程特指结合学生兴趣特长，满足学生个性化发展需要，丰富学生安全体验，发挥本土资源优势和独特价值的特色校本课程。学校应努力将地方和校本文化资源有机融入安全教育课程，使学生在潜移默化中掌握安全知识、厚植安全情感。如国防类学校可充分挖掘和利用其地域特色文化资源和学校办学优势资源，构建层次丰富、结构完整的国家安全教育校本课程体系；又如上海市闵行区的中小学校可充分利用上海首家"队站+体验馆"新模式下建成的应急安全教育基地，开展形式多样、内容丰富的应急安全宣传和培训活动，提高学生的安全意识和自救互救能力。

3. "提高"课程

"提高"课程是在学生掌握安全知识的基础上进一步提高学生安全技能的实践课程。"提高"课程的独特价值在于促使学校安全教育真正从以口头说教为主转变为日常生活中的自觉践行。其一，以学生社团建设为契机，引导学生自主学习相应的安全技能。如组建国防爱好者协会和军事爱好者协会等社团，开展国防安全教育、军事安全教育等实践活动，加强安全教育实操训练，引导学生在日常生活中自觉践行安全技能，增强安全教育的实效性。其二，聘请当地公安民警、消防人员等校外专业人员参与指导安全教育专题实践活动。如学校与消防队联合开展"消防安全进校园"宣传教育实践活动，邀请消防员讲解灭火器的使用方法以及自救的措施，引导学生在遇到突发安全事故时能将自身所学知识转化为行动，提高学生处理各种实践问题的能力。

(四) 大学阶段：构建两大课堂融通的安全教育课程体系

在新时代，安全教育课程是高校课程体系中的重要组成部分。大学阶段的学生学习能力和独立能力较强，其安全教育课程应更具灵活性，可构建第一课堂与第二课堂两大课堂融通的安全教育课程体系，实现安全教育全过程和多元化（见图4-1-4）。

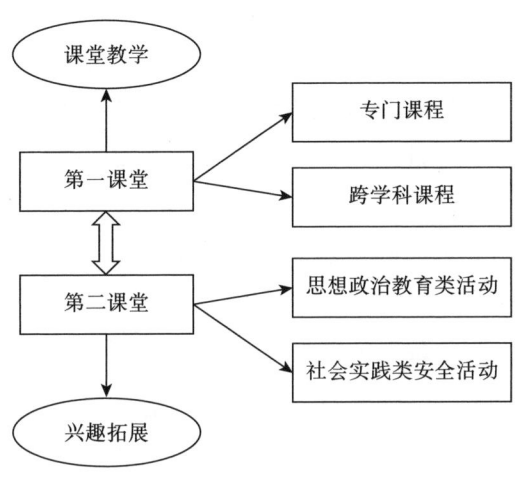

图4-1-4　大学阶段安全教育课程体系示意

1. 第一课堂

第一课堂作为高校人才培养主阵地，主要通过课堂教学习得各种知识和技能，可从专门课程和跨学科课程两方面入手，增强学校安全教育的针对性。其一，安全教育专门课程。借助《大学生安全教育（必修）》《军事理论（必修）》《世界大战与局部战争（选修）》等课程，系统学习各领域安全知识。如在军事安全方面，依托《军事理论》等课程，理解习近平强军思想的科学含义、主要内容和核心要义，学习军事安全法律知识，了解世界新军事革命深入发展带来的挑战，掌握维护我国军事安全的途径方法等。其二，安全教育跨学科课程。在大学阶段强调国家安全和国际安全等方面的安全教育，通过在公共课和专业课中融入安全教育相关内容，丰富学生的安全知识，提升学生的安全素养。在《毛泽东思想和中国特色社会主义理论体系概论》《大学语文》等基础课程中，全方位渗透安全教育相关内容。如太原幼儿师范高等专科学校依托"大学语文"课程，探究大学生文化安全教育（详见第五章第三节）。

2. 第二课堂

安全教育第二课堂指通过项目活动等形式开展的安全教育实践活动，主要包括思想政治教育类活动和社会实践类安全活动两部分。其一，思想政治教育类活动。思想政治教育类活动是通过思想政治教育，促进学生思想品德发展的重要手段，也是提高学生安全素养的重要途径。高校应以"总体国家安全观"为核心要义，开展思想政治教育类活动，将安全教育融入思想政治教育体系中。如以"新时代国家安全""树立总体国家安全观"等为主题，搭设宣传展台，举办专题讲座、军事文化节、知识竞赛、主题演讲和文艺汇演等活动，确保安全教育活动常态化开展。其二，社会实践类安全活动。社会实践类安全活动注重实践操作能力的培养和现场经验的积累，学生在实践中感受安全的重要性，同时也能够更好地传播和普及安全知识。通过组建安全教育相关社团、开展与所学专业相关的安全教育实践活动，提升大学生的安全技能。一方面，通过组建安全教育相关社团，开展社会实践类活动，提升学生的实践操作能力，如组建"平安校园"协会、国防知识爱好者协会、军事爱好者协会等安全教育相关社团。另一方面，可结合学生的专业能力素质要求、职业发展需求和教学计划安排，有序组织学生开展与专业相关的安全教育实践活动。如开设消防工程专业的高校可在高校小程序中创新高校消防安全教育体验模式，开发"开元新思学""元力筑安全""元宇宙飞传"等板块，学生登录平台，参与英模人物事迹学习、消防应急救援课程体验等活动。

第二节　新时代学校安全教育一体化：资源体系构建

学校安全教育课程资源是指有利于学校安全教育教学开展，有利于教师"教"和学生"学"的一切资源的总和，是提高学校安全教育教学质量的重要支撑。《实施意见》《纲要》指出，包括学校在内的各方主体应积极开发与利用安全教育课程资源。学校安全教育一体化课程资源建设，应构建包含文字类课程资源、实物类课程资源、数字类课程资源和活动类课程资源的学校安全教育课程资源体系（见图4-2-1）①，致力于为学校安全教育工作者提供有利于教育教学的物质条件和媒体条件等，努力提升学校安全教育教学工作的实效性。

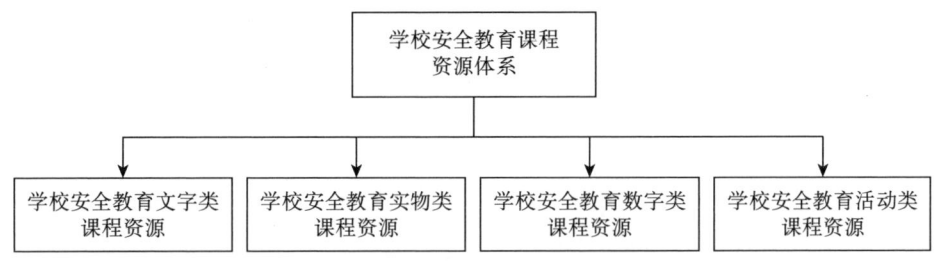

图4-2-1　学校安全教育课程资源体系示意

一、学校安全教育文字类课程资源

学校安全教育文字类课程资源主要以文字形式呈现，包括安全教育政策文件、安全教育教材和读本、安全教育学术研究成果等。学校安全教育文字类课程资源是传播安全知识的主要载体，是学校安全教育教学的重要内容，其建设情况直接影响着学校安全教育的开展。

（一）学校安全教育政策文件

学校安全教育政策文件是党和国家为提升学生安全素养，维护国家安全和社会稳定而制定的学校安全行为准则，是各级各类学校开展学校安全教育工作的基本依据。构建完善的学校安全教育政策体系，有利于为学校安全教育工作开展提供方向指导和制度规约。近年来，党和国家高度重视学校安全教育，围绕公共安全和国家安全两大主题，先后出台一系列与学校安全教育相关的政策法规，大力推进学校安全教育有效实施（见表4-2-1）。与此同时，各省市依据党和国家学校安全教育政策，出台地方性学校安全教育政策法规，对学校安全教育高质量开展起到很好的推动作用（见表4-2-2）。

---

① 刘旭东，张宁娟，马丽. 校本课程与课程资源开发 [M]. 北京：中国人事出版社，2002：8.

表4-2-1　　　　　　　　学校安全教育国家政策列举

政策名称	发文主体	发文时间	发文号
《中华人民共和国国防教育法》	全国人大	2024-9	主席令 第三十号
《中华人民共和国未成年人保护法》	全国人大	2020-10	主席令 第五十七号
《教育部中小学公共安全教育指导纲要》	国务院办公厅	2007-2	国办发〔2007〕9号
《新时代爱国主义教育实施纲要》	国务院办公厅	2019-11	
《关于深入开展首个全民国家安全教育日活动的通知》	教育部	2016-4	教思政厅函〔2016〕14号
《加强中小学生欺凌综合治理方案》	教育部等11部门	2017-11	教督〔2017〕10号
《教育部关于加强大中小学国家安全教育的实施意见》	教育部	2018-4	教思政〔2018〕1号
《高等学校学生心理健康教育指导纲要》	教育部党组	2018-7	教党〔2018〕41号
《大中小学国家安全教育指导纲要》	教育部	2020-9	教材〔2020〕5号
《生命安全与健康教育进中小学课程教材指南》	教育部	2021-11	教材函〔2021〕3号
……		……	……

表4-2-2　　　　　　　　学校安全教育地方政策列举

政策名称	发文主体	发文时间	发文号
《湖南省中小学幼儿园安全教育与管理工作规程》	湖南省教育厅	2010-7	湘教发〔2010〕33号
《天津市中小学公共安全教育指导意见（试行）》	天津市教育委员会办公室	2011-9	津教委办〔2011〕43号
《关于进一步加强学校安全法制教育工作的意见》	山西省教育厅	2012-6	晋教后勤〔2012〕14号
《关于本市实施中小学公共安全教育的指导意见》	上海市教育委员会	2013-8	沪教委基〔2013〕65号
《关于加强中小学幼儿园安全能力建设的意见》	山西省人民政府	2013-9	晋政办发〔2013〕93号
《关于加强网络安全教育工作的通知》	山东省教育厅	2016	鲁教信推办〔2016〕19号
《关于切实做好学校安全教育及学生心理健康工作的通知》	山西省教育厅	2018-10	晋教后勤〔2018〕36号
《2019年全省学校安全教育工作方案》	江西省教育厅	2019-4	赣教稳定字〔2019〕8号
《关于进一步强化中小学幼儿园安全教育工作的通知》	山西省教育厅	2019-9	晋教基函〔2019〕65号

续表

政策名称	发文主体	发文时间	发文号
《北京市中小学校幼儿园学生伤害事故处理办法》	北京市教育委员会等八部门	2020-5	京教策〔2020〕4号
《山西省学校学生人身伤害事故预防与处理办法》	山西省人民政府	2022-12	山西省人民政府令第304号
《关于加强普通高等学校教育教学安全工作的通知》	山西省教育厅	2023-11	晋教高函〔2023〕45号
……	……	……	……

（二）学校安全教育教材和读本

学校安全教育教材和读本是为实现学校安全教育目标，在安全教育教学中所使用的参考用书，是教师"教"和学生"学"的中介桥梁，是学生获得安全知识、提高安全能力的重要载体。近年来，教育部组织编写了多部学校安全教育读本，如教育部与联合国儿童基金会联合编写《让孩子远离伤害——幼儿安全教育与安全管理手册》（2021），重点介绍家庭、幼儿园和社会在幼儿安全教育和管理中的职责；教育部党组组织编写的《国家安全教育读本》（2021），以习近平总书记关于总体国家安全观的重要论述为统领，系统梳理国家安全教育知识；近年来，教育部还组织编写了《中小学公共安全教育知识读本》（2020）、《小学生消防安全知识必读》（2006）、《中学生消防安全知识必读》（2006）、《小学生应急避险读本》（2004）、《中学生应急避险读本》（2004）等读本，内容涵盖交通安全、消防安全、食品卫生安全等各个方面，为学校安全教育提供了全方位的素材。各地市教育部门结合当地实际情况，依据《中小学教材管理办法》（2019）等，组织编写地方安全教育教材和读本，为学校安全教育区域化协调发展提供支撑。如山西、福建、山东、广西、湖北等地均组织编写符合地方特色的学校安全教育教材，作为该省安全教育的必备用书，均衡提升学校安全教育质量。济南市教育局联合交警编写《交通安全知识读本》（2014），针对不同年级学生特点设计内容：小学生版强调识别常见的交通标志和标线，高中生版涉及交通法规以及驾照考试的规定。山西省太原市杏花岭区教育局编写《杏花岭区中小学生安全知识和避险能力主题教育手册》（2022），汇集个人安全、国家安全和国际安全各领域安全知识（详见第五章第四节）。与此同时，许多学校也根据自身办学特点和发展理念，自行组织编写安全教育校本教材和读本，促进学校安全教育高效发展。如《生命安全与健康教育》（高燕，2024），引导学生深入理解健康生命的意义和价值，树立正确的健康观、审美观、生命观、恋爱观和就业观，主要包括了解疾病预防、毒品安全、社会交往、劳动就业、心理安全等。上海市宝山区区直机关幼儿园教师结合学生身心发展特点，编写《安全教育出真招》（2020）。该书分为教师用书和幼儿操作资源包，以简洁明了的图画形式，直观呈现学生在日常生活中需注意的安全知识；山东省泰安市英雄山双语学校编写《中小学生交通安全读本》（2019），从行走安全、骑行安全和乘车安全等方面系统介绍交通安全常识。还有许多开发机构也积极关注学校安全教育，凝心于学校安全教育教材和读本编写，为学校安全教育工作的开展提供支持（参见表4-2-3学校安全教育教材和读本列举）。如山西省学校安全教育中心研究团队编写《国家安全知识教育读本》（详见附录1国家安全知识宣传手册）、《新时代学校安全教育读本（1-12年级）》（详见附录2新时代学校安全教育读本）。同时，针对初中年级，设计《新时代学校安全教育读本教案》［详见附录3新时代学校安全教育读本教案（示例）］，为学校安全教育教学提供参考。

表4-2-3　　　　　　　学校安全教育教材和读本列举

教材和读本名称	出版单位	适用学段	出版时间
《高等学校安全教育与管理》	人民出版社	大学	2023年
《大学生安全教育教程》	人民出版社	大学	2022年
《大学生安全教育》	新华出版社	大学	2022年
《大学生安全与法纪教育读本》	中国人民大学出版社	大学	2019年
《大学生安全教育知识读本》	中国海洋大学出版社	大学	2017年
《大学生安全知识读本》	北京师范大学出版社	大学	2016年
《大学生公共安全教育》	高等教育出版社	大学	2021年
《高职学生安全教育》	高等教育出版社	大学	2018年
《中小学生国家安全教育丛书》	人民教育出版社	中小学	2022年
《国家安全教育》系列读本	人民出版社	中小学	2021年

续表

教材和读本名称	出版单位	适用学段	出版时间
《中小学国家安全教育教程》	陕西师范大学出版社	中小学	2020 年
《中小学安全教育读本》	光明日报出版社	中小学	2018 年
《安全教育》	山东科学技术出版社	中小学	2019 年
《我不跟陌生人走》	北京教育出版社	幼儿园	2021 年
《我会远离这些"危险"》	北京教育出版社	幼儿园	2021 年
《安全第一花小聪》	中国少年儿童出版社	幼儿园	2021 年
《了解自己，学会保护自己》	北京日报出版社	幼儿园	2018 年
《我能保护自己》	北京日报出版社	幼儿园	2018 年
《学会爱自己》系列	青岛出版社	幼儿园	2016 年
《我的安全宣言 儿童安全绘本》	二十一世纪出版社	幼儿园	2012 年
……	……		……

（三）学校安全教育学术研究成果

学校安全教育学术研究成果即围绕学校安全教育或其中某一安全主题，研究者通过一系列科学研究活动，在对客观教育现象进行观察分析的基础上，凝结出的具有一定学术意义或实用价值的创新性结果，主要以著作和论文等形式呈现。其中，著作是对学校安全教育深入研究的重要成果，具有系统性和深刻性等特点。如《国家安全学》（刘跃进，2004）结合现实系统、全面阐述国家安全学相关知识，详细介绍国家、国家利益、国家安全、国民安全、国土安全、经济安全、主权安全、政治安全、军事安全、文化安全、科技安全、生态安全、信息安全、国家安全环境、民族和宗教问题对国家安全的影响、恐怖主义及其对国家安全的危害、国家安全保障体系、国家安全观、国家安全战略等具体内容。《中小学生命教育课程开发的理论与实践》（闫守轩，2016）基于当下中国转型的风险社会，立足生命哲学、发展心理学、社会学与教育学的理论基础，深入把握中小学生命教育课程开发的实践基础，借鉴与超越课程开发的经典模式和流程，从自然生命与精神生命两个层面，以认识生命、敬畏生命、珍爱生命、发展生命与超越生命五个维度，构建中小学生命教育课程开发模式、框架和实施路径，并以生命知识库、生命故事屋、生命活动角、生命美文欣赏、生命视频链接和生命感悟六大板块，开发出中小学生命教育课程文本。随着学校安全问题日渐突出，诸多学者围绕学校安全教育发表论文，服务学校安全教育教学工作的开展。如《总体国家安全观视域下加强高校国家安全教育的多维思考》，提出新时代加强高校国家安全教育是维护新时代国家安全的客观要求，是落实立德树人根本任务的重要举措，也是适应新时代国家安全战略布局的需要。在分析当前存在的问题基础上，从宏观、中观和微观层面提出优化高校国家安全教育的路径，构建中国特色国家安全教育体系。《总体国家安全观的基本特征》系统归纳总体国家安全观的基本特征，包括旗帜鲜明的人民性、统筹全局的总体性、兼收并蓄的兼容性、思维方式的非传统性、指导现实的实践性和不断发展的开放性等（见表4-2-4）。

表4-2-4　　　　　　　　学校安全教育研究成果列举

类型	名称（作者）	来源	时间
著作	国家安全学（刘跃进）	中国政法大学出版社	2004-1
	中小学生命教育课程开发的理论与实践（闫守轩）	中央编译出版社	2016-1
	世界主要国家安全体制机制研究（刘胜湘）	经济科学出版社	2018-6
	中国学校生命与安全教育（王野川）	吉林人民出版社	2019-9
	学校安全：理论、实务与案例（董新良）	中国财政经济出版社	2019-11
	百年变局与国家安全（中国现代国际关系研究院）	时事出版社	2021-4
	国家安全学与总体国家安全观（赵磊）	中国民主法制出版社	2023-3
论文	美国中小学安全教育的实施及其启示——以南卡罗来纳州为例	《外国教育研究》	2011-11
	国家安全教育融入高校思想政治理论课的新思考	《思想理论教育导刊》	2019-8
	新时代高校网络安全教育的意义、困境与路径	《中国高等教育》	2020-10
	总体国家安全观视域下学校安全教育一体化：理念、目标与体系构建	《中国教育学刊》	2021-11
	总体国家安全观视域下加强高校国家安全教育的多维思考	《思想理论教育》	2021-11
	日本生命安全教育的建构逻辑论析	《比较教育学报》	2022-4
	新时代国家安全教育：基本遵循与实现路径	《中国教育学刊》	2023-3
	……	……	……

二、学校安全教育实物类课程资源

学校安全教育实物类课程资源是以实物或场所的形式存在，供学校安全教育使用的资源，一般由场馆资源、设施设备资源与自然资源等组成。学校安全教育实物类课程资源有助于学生更高效了解安全知识、掌握安全技能，帮助教师更生动地开展安全教育，提高学校安全教育实效性。

（一）学校安全教育场馆资源

《新时代爱国主义教育实施纲要》（2019）指出，各级各类爱国主义教育基地是激发爱国热情、凝聚人民力量、培育民族精神的重要场所，要建好用好爱国主义教育和国防教育基地。《纲要》指出，要有效利用各类场馆、基地和设施等，开发实践课程，组织现场教学，强化体验感受。学校安全教育场馆资源是集安全知识普及、安全技能培训和安全意识强化为一体，可进行安全教育活动的场所。根据场馆涉及的安全领域，可分为侧重公共安全的安全教育场馆和侧重国家安全的安全教育场馆；根据场馆的功能，可分为综合性安全教育场馆和专题性安全教育场馆。侧重公共安全的安全教育场馆大多涉及消防安全、卫生安全、交通安全、毒品安全、户外活动、自然灾害、应急救援、防溺水等领域，包括综合性公共安全教育场馆和专题性公共安全教育场馆。如北京市朝阳区公共安全馆，设置消防安全、卫生健康、生产安全、交通安全、人民防空、治安反恐和自然灾害七大主题展区；燕山应急安全实训体验中心，涵盖消防安全、自然灾害安全、意外事故、公共卫生安全、交通安全、社会安全、校园安全等主题；全国第一座专业化的地震灾害紧急救援训练基地——国家地震紧急救援训练基地，以地震为主题，模拟设计多种与地震灾害相关的场景，还原强震现场的综合训练废墟、断裂的水泥板、折断的房梁和倾斜的建筑等，让学生在不同的地震情景中掌握避险逃生和自救互救技能。侧重国家安全的综合性安全教育场馆大多包含政治安全、国土安全、军事安全、经济安全、文化安全、科技安全、网络安全、生态安全、资源安全、生物安全等内容，包括综合性国家安全教育场馆和专题性国家安全教育场馆。如山西省长治市建设的"太行国家安全教育馆"是山西省首个

"全国国家安全教育基地",对于深入宣传总体国家安全观、弘扬伟大抗战精神和党的隐蔽战线优良传统等发挥积极作用;江苏国家安全教育馆,是以国家安全教育为主题建立的国内首家独立成馆的综合性展馆。场馆通过展示史料图片和仿真模型,运用场景再现和情景互动等形式,展现政治安全、科技安全、网络安全、国土安全、军事安全、经济安全等多个安全领域知识,提高学生国家安全意识;郑州网络安全科技馆,是国内首个以网络安全为主题的专题科技馆,场馆围绕个人日常生活情境,设置寻找藏匿的偷拍摄像头、你的快递安全吗、AI人脸识别、模拟黑客入侵汽车系统等主题,丰富学生对网络安全的认识,提高学生自我保护的意识(见表4-2-5)。此外,综合实践基地也是开展安全教育的重要场所。如作为国内校外教育基地样板的临沂市青少年示范性综合实践基地,以德育实践、生存体验、科学探究、素质拓展和军事训练五大领域构建24个模块和131个活动项目。一是开展户外拓展活动项目,包括攀岩、断桥等20个固定器材的拓展项目和安营扎寨、不倒森林等42个移动器材拓展项目以及孤岛求生、穿越沼泽等30个新研发的活动项目。二是开展室内活动项目。包括影视录播、消防体验、地震体验等场馆项目。三是开展周边资源整合活动项目。整合开发国防讲堂、猛兽识别、饲料管理等项目;太原市平民中学开设爱国主义教育基地,基地内设展馆,展馆内陈设爱国人物的相关照片,定期对学生进行时事政治宣讲,力求讲好中国故事。

表4-2-5 学校安全教育场馆列举

主题	类型	名称	地区
公共安全教育场馆	综合性	海淀公共安全馆	北京
		深圳市安全教育基地	广东
		朝阳区公共安全馆	北京
		襄阳公共安全体验馆	湖北
		公共安全教育实训基地	上海
	专题性	上海市禁毒科普教育馆	上海
		中国消防博物馆	北京
		北京航空航天大学安全教育体验馆	北京
		四川省防灾减灾教育馆	四川
		交通安全警示教育基地	陕西

续表

主题	类型	名称	地区
国家安全教育场馆	综合性	上海国家安全教育馆	上海
		江苏国家安全教育馆	江苏
		太行国家安全教育馆	山西
		香港国家安全展览厅	香港
	专题性	中国人民革命军事博物馆	北京
		中国核工业科技馆	北京
		侵华日军南京大屠杀遇难同胞纪念馆	江苏
		抗美援朝纪念馆	辽宁
		中国人民抗日战争纪念馆	北京
		侵华日军第七三一部队罪证陈列馆	黑龙江
		中国航天博物馆	北京
		网络安全科技馆	河南
		……	……

（二）学校安全教育设施设备课程资源

学校安全教育设施设备课程资源是指服务于学校安全教育的安全防护建筑或物品，包括学校安全设施和学校安全设备。学校安全设施是以维护师生生命安全为目标而设置的各种建筑物，如防火墙、消防栓、消防门等。学校安全设备是用于保护师生安全，具有动态的和操作性的设备，包括监测设备、防护设备和警示标志。其中，监测设备有烟雾报警器、电力监测仪和监控器等；防护设备有灭火器、救生圈、安全防护装置等；警示标志包括逃生指向等标志。学校安全设施设备是维护学校师生安全的重要工具，也是进行学校安全教育的重要资源。

（三）学校安全教育自然课程资源

学校安全教育自然课程资源指存在于自然界中，可用于安全教育的资源，包括土地资源、水资源、生物资源等。一方面，自然课程资源直接作用于学校安全教育教学，成为教学要素的重要组成部分，是开展生态安全和资源安全教育教学的重要来源。教师通过讲解自然资源的重要意义、文化常识和历史知识，引导学生认识到自然资源保护的重要性和紧迫性，树立自觉保护资源的观念，培养人与社会和谐共生的意识。另一方面，自然课程资源为学校安全教育教学开展提供活动场所和外部条件，是学校安全教育开展的重要载体。教师可根据安全教育主题选择适切的自然资源开展安全教育主题活动，如利用森林、沙滩等开展野外生存教育，通过荒野求生和海难演习等活动，帮助学生掌握如何生火、如何辨别方向、如何系绳结等生存技巧，提高学生自救意识和生存能力；还可以开展自然探索、研学实践等活动，带领学生深入大自然认识动植物等，让学生真切感受动植物的珍贵、认识到保护环境的重要性。

三、学校安全教育数字类课程资源

学校安全教育数字类课程资源指以数字媒体形式呈现，有利于学校安全教育教学开展的资源。学校安全教育数字类课程资源是学校安全教育教学内容的重要来源，包括教学视频、网络课程、教学课件、在线学习网站等，具有多样性、丰富性、开放性、生成性和情境性等特点。资源库作为资源整合的重要载体，是集资源存储、资源管理、资源评价于一体的资源管理媒介，具有检索迅速、查询方便、存储量大等特点，对于整合优化课程资源、提高资源利用率、发挥优质资源功效、提高学校安全教育质量具有重要意义。

学校安全教育课程资源库包括在线资源库、案例库、课件库、试题库、网址库等。在线资源库即 24 小时不间断、自动更新的安全教育新闻栏，包括国内、国外、个人、经济、社会安全等模块，体现新闻迅速、及时、真实的独特之处，同时为安全教育教学提供丰富及时的热点材料。案例库即按学校安全教育课程顺序存储案例。整理各级各课所需要的教案，建立一整套完整的教案。案例库提供的学校安全教育课程相关的最新资料信息，不仅为教师上课提供最新、实用的第一手案例，还为学生的学习提供所需的相关信息，以拓宽知识面。课件库即整合安全教育教学课件，教师在教学时选择适合自己使用的课件并进行适时拓展。试题库是一个经过精心设计和构建的系统，它包含了一整套完整且多样化的单元测试和综合测试，为学生提供及时自我测试和反馈的空间。网址库是为教师提供的学校安全教育相关网址资源信息。

学校安全教育课程资源库多在学校安全教育平台中呈现，为教师开展安全教育信息化教学提供空间。目前，教育部、学校与社会机构等积极探索，建立多个学校安全教育课程资源平台，如教育部与中国教育学会联合创办的"学校安全教育平台"，为教师提供相关教学资源、课程设计和评估工具，帮助教师高效开展安全教育教学，促使学生自主进行安全教育活动。"校园安全管理平台"建设管理资源、教育资讯、法制安全、德育在线、家校互动、智能校园卡等模块内容，致力于提高学校安全教育教学水平。北京麦课教育开发的"无忧安教"中小学安全教育平台和"安全微伴"高校安全教育平台，以动漫、游戏化教学策略、微视频、H5页面动画等形式，构建内容全面、课程多样的安全教育系统（详见第五章）。北京超星公司创建的学校安全教育和管理平台，包括安全课程、安全微课、安全图书、安全活动、直播讲座、安全巡检、安全活动、安全政策和安全资讯等模块内容，为中小学安全教育开展提供全方位参考。国家中小学智慧教育平台中也设置"安全教育专区"，以"生命与安全"栏目资源为基础，设置心理健康公开课、生命与成长、安全知识互动等模块内容。

四、学校安全教育活动类课程资源

学校安全教育活动类课程资源指以活动形式呈现，有利于提高学校安全教育质量的资源，包括以安全知识掌握为主的活动、以安全技能培训为主的活动和以安全情意深化为主的活动等。《指导纲要》指出，学校应充分利用班会、团会、校会、升旗仪式、专题讲座、墙报、板报、参观、演练、游戏、实际体验、影片欣赏、角色扮演等活动，全方位、多角度地开展安全教育，帮助学生系统掌握安全知识和技能。各级各类学校应结合各自实际，灵活选择活动方式，不断提高学校安全教育教学效果。

（一）以安全知识掌握为主的活动

"安全知识掌握"是安全教育教学的首要目标。以学生掌握必备的安全知识为旨设计安全教育教学活动，如安全教育讲座和报告会、安全教育知识竞赛和辩论赛、安全教育调研等活动。其中，安全教育讲座和报告会是邀请专人开展的，围绕安全某一主题做讲解和报告。学校通过邀请交警、法官和专家学者等，围绕各自擅长的安全领域开展专题安全教育活动，系统传授安全知识。安全知识竞赛和辩论赛即以竞争方式开展的，帮助学生全面了解安全知识的活动。安全教育调研活动是引导学生围绕某一安全问题或安全现象，通过深入实践调查，在了解现实情况、剖析问题的基础上提出针对性解决措施的过程。学校应开展丰富的安全教育活动，调动学生参与的积极性，加深学生对安全知识获取和应用的主动性和深刻性。

（二）以安全技能培训为主的活动

"安全技能培训"是安全教育教学的重要目标，强调的是以学生安全技能的掌握为目标选取安全教育活动方式，如安全教育演练、安全教育研学实践、安全志愿服务、安全技能培训等活动。培养学生的安全技能，鼓励学生主动参与，使学生由旁观者转变为参与者，在体验中获得必备的急救知识和逃生技巧。其一，学校邀请交警、消防员、医生和专业救援队等不同行业的专业人士到校开展安全教育培训，指导学生掌握安全器械的使用方法、心肺复苏急救技巧等。其二，学校联合消防队等，定期开展安全教育研学活动，通过现场参观、实操体验等方式，学习更全面的安全器械使用方法，掌握更专业的安全技能。其三，学校定期组织学生开展应急疏散演练和防溺水、防踩踏演习等活动，掌握正确逃生的方法，提高学生在应对突发事件时的应变处置能力。

（三）以安全情意深化为主的活动

"安全情意深化"是安全教育教学的升华阶段，以深化学生安全情意为主设计安全教育活动，包括安全情景剧展示、安全演讲比赛等。安全情景剧以小品或话剧的形式，真实再现生活中常见的安全现象。它通过生动有趣和贴近实际的故事情节调动学生积极性，使学生感同身受地关注和了解身边的安全问题，提高学生自我防护的意识。安全演讲即通过生动的语言和协调的体态，针对某一安全问题发表自己的主张和见解进行宣传鼓动的活动。其他具有直接性、生动性和感染性等特点。它通过生动有趣的形式，以求引起学生对安全的情感共鸣，激发学生的安全情感，增强学生的安全意识。同时，学校利用校园广播站、校园电视台等，在就餐或课间播报安全事故典型案例等，将安全教育知识渗透到日常生活中，增强安全学习的广度、深度和强度。

第三节　新时代学校安全教育一体化：教学设计

教学设计是教师遵循教学过程的基本规律，为优化教学效果，对教学活动各要素进行系统规划，制订实施方案的系统的计划过程。好的教学设计对优化教学过程、提高教学质量具有重要意义。遵循《总体国家安全观视域下学校安全教育一体化研究》课题指导思想和研究思路，在明确新时代学校安全教育一体化课程和实施要求基础上，结合各阶段学生认知发展规律，对学校安全教育教学设计进行系统规划，形成学校安全教育专门课程教学设计案例、跨学科课程教学设计案例与实践活动教学设计案例，旨在为教师开展安全教育教学实践指明方向、提供参考。

一、学校安全教育专门课程教学设计案例

学校安全教育专门课程教学设计包括以教师为主导的传递—接受教学设计和以学生为中心的新型教学设计。其中，传递—接受教学设计是我国中小学教学实践中长期以来普遍采用的教学设计模式，强调通过教师的系统讲解使学生获得知识。传递—接受教学设计适用于任何学科、任何阶段的学生，易于发挥教师的主导作用，使学生在短时间内获得系统的安全知识。学校安全教育专门课程的传递—接受教学设计包括新课导入、新课讲授、练习巩固、课堂小结、作业布置等环节。本节主要介绍以学生为中心的新型教学设计，传递—接受教学设计在此不再赘述。

以学生为中心的新型教学基于知识表征方式与安全知识内在逻辑体系，形成"三阶段"混合式教学设计案例、"自主学习"教学设计案例、"主题型活动"教学设计案例与大单元教学设计案例。其一，基于知识表征方式，安

德森将知识分为陈述性知识和程序性知识①。据此，设计适用于陈述性知识的"三阶段"混合式教学设计案例、"自主学习"教学设计案例和适用于程序性知识的"主题型活动"教学设计案例。其二，基于安全教育自身的知识逻辑架构，形成大单元教学设计案例。

（一）"三阶段"混合式教学设计案例

"三阶段"混合式教学设计强调利用在线课程优势，以课堂教学设计为基准，形成课前在线学习、课堂教学与课后实践拓展教学阶段（见图4-3-1），"三阶段"混合式教学设计案例适用于小学四年级及以上学段的中小学生。其一，课前在线阶段。这一阶段依托学校安全教育平台、国家中小学智慧教育平台等数字类教学平台进行，要求学生预习教材，登录线上教育平台，学习相应的安全教育内容，完成课前自测，总结疑难问题，初步获得安全知识。其二，课堂教学阶段。这一阶段包括学生汇报及教师授课两个环节。一是在学生汇报环节，学生以小组为单位，汇报关于课前学习的安全知识要点梳理情况、自测的习题完成情况与难点问题等；教师对学生的学习情况进行点评与小结，解答疑难问题。二是教师授课环节。一方面，教师基于学生课前学习情况，对安全教育知识要点进行串讲，引导学生系统掌握安全知识、提升安全意识、获得安全技能。另一方面，教师根据安全教育主题和学习内容设置拓展性问题，学生以小组为单位通过分组讨论和合作探究形式进行交流并探讨答案，营造积极学习气氛。其三，课后实践拓展阶段，教师布置实践类安全教育作业，引导学生在作业完成过程中内化安全知识，提升安全能力。

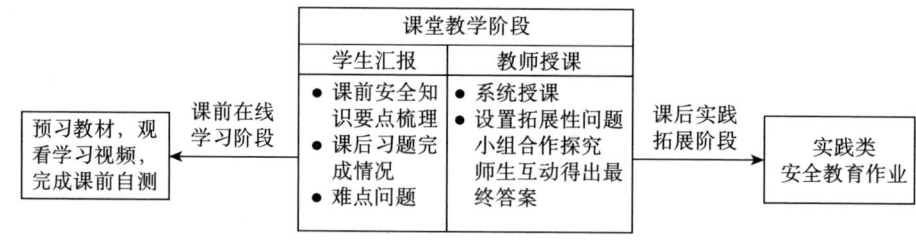

图4-3-1 "三阶段"混合式教学设计案例示意

---

① Anderson JR. Cognitive Psychology and It's Implications [M]. New York：Freeman, 1980.10：134.

案例1：初中阶段教学设计——发生火灾要冷静

1. 课前在线学习阶段

学生登录学校安全教育平台等，选择"消防安全"预学课程进行学习。课程结束后，进入题库完成自测试题，总结疑难问题与重点知识。

2. 课堂教学阶段

（1）学生汇报环节

学生汇报：学生以小组为单位，汇报线上学习阶段习得的消防安全知识、自测的习题完成情况与难点问题。

教师小结与答疑：教师对学生课前学习情况进行点评总结，并针对学生提出的问题答疑解惑。

（2）教师授课环节：以"家庭火灾"板块为例

①案例引入，呈现有关家庭火灾的视频。

②师生互动：

问题一：

教师提问："近年来，住宅区的火灾事件频发。同学们想一想，在家庭中，哪些行为易导致火灾的发生？"

师生交流，形成结论：厨房用火不慎、易燃物品使用不慎、电器线路短路或接头接触不良、电器设备故障或使用不当、电动自行车充电等均易引发火灾。

问题二：

教师提问："许多家庭会存在火灾隐患，我们应该怎样预防和应对？"

师生交流，形成结论：注意厨房用火，检查燃气是否关闭；注意易燃物品，如汽油、酒精等；使用各类电器前，检查线路，避免因线路老化、线路超负荷运行等引发火灾；电动自行车应在充电桩处充电。

问题三：

教师提问："假设自己家中发生火灾，应如何自救？"

师生交流，形成结论：首先要拨打火警电话，说清小区名称、道路名称、门牌号码、燃烧物质、火势大小、报警人姓名以及报警电话号码等。当发生火灾时，要判断火势的方向，发现楼道烟雾很浓时，向反方向烟少处逃生，或者紧闭房门，用湿毛巾等堵塞门缝，防止烟雾进入。身上着火要迅速扑灭身上的火焰，冷敷或浸泡肢体，降低皮肤温度，减轻烧伤程度。当火势较大时，可以将床单打结成绳，然后将其拴在牢固的窗框、床架或其他牢固物件上，再沿着绳缓缓滑到地面或下层安全区域。

问题四：

教师提问："小明家中因燃气泄漏发生火灾，小明该如何自救呢？"

学生以小组为单位进行讨论。

学生 A："小明应该首先拨打119火警电话，消防员叔叔会利用灭火器灭火"。

学生 B："小明不能拨打119火警电话，每次路过加油站，都能看到一条注意事项'禁止拨打电话'，石油与燃油都属于油，原理应该一样"。

……

各小组展示观点，学生互评并与教师探讨结论是否正确。

教师明确结论：小明第一时间应该关闭燃气阀门，打开门窗通风，然后在室外拨打119火警电话。撤离时要注意，请勿乘坐电梯。若通道已被烟火封阻，则应背向烟火运动方向离开。

3. 教学评价

教师运用口头评价方式，针对学生在课前学习情况、课中表现以及小组合作方面，对学生的课堂参与程度、小组讨论积极性等给予口头评价。

4. 课后实践拓展阶段（两个作业，任选一个完成）

作业一：学生以小组为单位设计"消防安全知识"测试题，设计完成后，两个小组互换试题，进行测试。

作业二：学生与家长共同绘制家庭逃生路线图。要求：以"家"为中心，确定方向，标出所有可能逃生的出口，包括家中的窗户、阳台、楼层的步梯等。

（二）"自主学习"教学设计案例

"自主学习"教学设计源于澳大利亚埃迪斯·科文大学的"学习设计"项目，包括合作学习、情境学习与角色扮演等，适用于大学阶段的学生。基于大学生的身心发展特点，"自主学习"教学设计强调利用多样化的教学资源，运用便捷的学习工具实现师生、学生之间有效的互动探讨，满足不同学生的学习需求。

1. 合作学习

合作学习强调基于学生实际情况，教师合理划分小组或学生自发形成学习小组，学生共同思考、群策群力解决安全问题。如"网络安全"教学模块，教师设计"电信诈骗套路如何应对？""网络舆情如何引导？"等案例和问题，并为学生提供《网络安全——应用技术与工程实践》MOOC 链接和 PDF 书籍资源、《人在网络》《Trap》等网络安全视频资源。学生以小组为单位，探讨上述问题。

2. 情境学习

情境学习即教师创设真实的安全问题情境，并提出真实性的安全问题。教师引导学生学习基础性安全知识，丰富学生的安全知识储备。学生通过自主学习或协作学习分析安全问题，深化安全意识，提升安全能力。如"经济安全"教学模块，教师将教室设计为股票交易所，为学生提供虚拟"交易资金"，并设置"金融危机有哪些弊端？如何保障个体及国家经济安全？"等教学任务，为学生提供《国家经济安全》《卖橘者言》等经济安全类书籍资源。学生可自行阅读书籍，体验股票购买或教育投资活动。在"投资"体验中，教师引导学生了解世界局势对我国经济发展所带来的影响，探讨保障经济安全的路径。

3. 角色扮演

角色扮演强调学生基于问题情境，扮演与安全教育主题相关的角色，立足角色定位，探究问题解决的途径。如"生态安全"教学模块，首先，教师采用"模拟圆桌会议"形式，组织学生探讨当前水资源、全球气候变化与生物多样性等生态环境中存在的问题。其次，学生通过扮演渔民、工人与政府官员等角色，在角色扮演中理解保护生态环境对人类发展的重要性。最后，教师举办生态问题讨论会，师生共同探讨生态环境问题与应对举措。

（三）"主题型活动"教学设计案例

"主题型活动"教学设计强调基于教学目标和教材内容等，在课程教学中，按章节确定教学主题，以主题为线索设计教学活动。安全教育"主题型活动"教学设计包括主题游戏式活动、主题案例式活动与议题式活动等，强调围绕具体的安全教育主题线索，将安全教育教学任务与主题活动相衔接，促进学生习得安全知识、深化安全情意、发展安全能力。安全教育"主题型活动"教学设计适合小学四年级及以上学段的中小学生学习。

1. 安全教育"主题游戏式活动"教学设计案例

主题游戏式活动指运用学生感兴趣的教学方式开展课堂教学，强调围绕教育主题，设计相应的游戏方式，将主题游戏化，引导学生全身心投入课堂教学中，是激发学生求知欲的关键。安全教育"主题游戏式活动"教学设计包含游戏情境创设、游戏体验和问题挑战等教学基本要素，强调围绕某一安全教育主题，将安全知识有机融入主题游戏式活动，以游戏方式开展安全教育教学，引导学生在游戏中快乐学习，获得安全知识，提升安全技能。

案例2：初中阶段教学设计——《抵制烟酒的诱惑》

1. 教学目标

认识吸烟、喝酒对健康和环境的危害，学习戒烟戒酒的方法，培养珍爱生命的意识。

2. 教学环节

（1）课前导引：以"吸烟者的肺、喝酒者的肝"等图片引入。

（2）游戏环节：设计"拼图、举牌、议方法"等闯关游戏。

①"拼图游戏"环节：教师呈现相关案例和视频，学生小组合作，在白板上完成关于"烟酒有哪些不良影响"的拼图，如吸烟对人体健康、生态环境和消防安全等方面的不良影响。

②"举牌游戏"环节：师生共同制作关于"烟酒深层次危害"的卡牌。学生以小组为单位，上台讲述与"烟酒深层次危害"有关的故事，其他同学举相应卡牌，辨别故事中提到了哪些烟酒的危害。

③"议方法游戏"环节：师生思考抵制烟酒诱惑的方法。

3. 教学评价

教师运用口头评价和小组互评方式对学生进行评价。教师根据学生在课堂讨论环节和展示环节的表现给予口头评价；组内成员根据其他成员交流、发言表现对其进行评价。

4. 作业

以小组为单位，制作"拒绝烟酒，珍爱生命"的海报。

2. 安全教育"主题案例式活动"教学设计案例

主题案例式活动是引导学生探究真实问题的基础,强调围绕教育主题,选择适当的真实案例,将主题案例化,引导学生进入真实的案例情境,通过直观感受,理解知识、探究问题,提升学生知识运用的能力。安全教育"主题案例式活动"教学包含主题案例情境创设、活动体验与问题探究等要素,强调基于真实的安全教育案例,引导学生探究安全问题,在对安全问题的讨论中,强化安全意识、建构安全知识。

案例3 小学阶段教学设计——《食物中毒可避免》

1. 教学目标

认识食物中毒的基本特征,掌握预防和应对食物中毒的方法,培养关爱生命的情感,养成健康的生活方式和良好的生活习惯。

2. 教学环节

(1) 课前导引:以"酸汤子食物中毒事件"案例①引入。

(2) 课堂讨论:学生小组讨论"食物中毒的类型""引起食物中毒的原因""预防食物中毒小贴士""不幸发生食物中毒怎么办"等问题,对"食物中毒"的相关知识进行探究。

(3) 观点展示:小组代表汇报讨论情况,展示各小组形成的观点。

(4) 师生交流,形成结论:常见食物中毒原因有食品烧制时间不足、烧制量太大、烹调前未彻底解冻等。加热食品时中心温度达到70℃以上可预防食物中毒。如果发生食物中毒,在两个小时之内可以采取食盐加白开水搅拌溶解的方法进行催吐等。

3. 作业

暑假天气格外热,小明和妈妈去超市购物,看到打折处理的西瓜,西瓜上有裂痕,这个西瓜可以买吗?为什么?

---

① 2020年10月5日,黑龙江省鸡西市鸡东县兴农镇居民王某某及亲属9人在其家中聚餐,食用自制"酸汤子"引发食物中毒,经救治无效死亡。

3. 安全教育"议题式活动"教学设计案例

议题式活动是探究思辨性问题的核心,强调围绕安全教育主题,设置相应议题,创设真实情境,以议论为形式、问题为载体,引导学生形成正确的价值观念,促进学生深度学习。安全教育"议题式活动"教学包含议题选定、议题情境创设、议题探究等要素,强调教师基于安全教育教学内容,凝练安全教育总议题与分议题,创设安全教育情境。学生围绕议题深入讨论,整合安全教育知识,提升安全能力。安全教育"议题式活动"教学适合高中及以上阶段学生学习。

案例4 高中阶段教学设计——《军事安全》

1. 教学目标

理解军事安全的含义,明确军事安全对中华民族与国家安全的重要性,增强国防观念和国家安全意识,培养爱国之情。

2. 教学环节

(1) 借助视频,引入议题:观看纪录片《中国》第三季——一场中华文明的精神溯源,引入"为什么中华民族源远流长"的议题。

(2) 拟订分议题,小组讨论:以"军事安全"为总抓手,基于"我国的军事力量"话题,设计"从古至今我国先进的武器装备""杰出的军事首领故事""优秀的军事战争案例"三个分议题,最后回归到"军事安全为中华民族源远流长提供的支持与保障"问题上。

(3) 学生发言,展示讨论结果。

(4) 教师总结:军事安全为中华民族延绵不息发挥巨大作用,是中华民族源远流长的重要保障。

3. 教学评价

教师可采用口头评价方式对学生进行评价。针对学生在课堂讨论环节和展示环节的表现给予口头评价。

4. 作业

以小组为单位,以"青年一代的责任使命"为主题进行演讲。

（四）大单元教学设计案例

《义务教育课程方案（2022年版）》明确要求，探索大单元教学，积极开展主题化、项目式学习等综合性教学活动，加强知识间的内在关联，促进知识结构化。大单元是对单元进行结构化组织，使单元内容呈现出有机、有序的结构化组织样态。[①] 大单元教学是在一定学科主题下由主任务和任务问题链引领的系列学习活动。[②] 学校安全教育大单元是基于安全教育学科知识体系，以安全内容为主题，结合学生身心发展特点形成的安全教育知识图谱和学习任务架构。学校安全教育大单元教学设计强调基于安全教育主题任务，生成系列安全教育任务问题链，组织多样化教学方式，促进学生生成安全知识、意识与能力。

其一，设定安全教育主题任务群。基于《纲要》《指导纲要》等相关文件，围绕公共安全、国家安全两类安全教育主题，设计"个体生长发育与身心发展、生命品质与价值养成、一般安全事故应对与处理、突发公共卫生事件应对与处理"，以及"总体国家安全观概论，政治安全、军事安全等国家安全领域面临的形势与挑战，国家安全问题防范与应对，人类命运共同体与国际视野"等任务群。其二，设计主题任务。基于主题任务群中的核心概念，生成相互关联、层层递进的主题任务。如"生命品质与价值养成"任务群中，明确以"生命"为核心概念，设计"敬畏生命""守护生命"与"塑造生命"等主题任务。每一主题任务以问题为核心，生成系列任务链。其三，采用多样化教学方式。教师基于主题任务，可选择恰当的教学方式，如议题式教学方式、项目式教学方式等，激发学生积极性，推动教学目标的实现。其中，议题式教学与上文"'主题型活动'教学设计"部分一致，此处不过多赘述。项目式教学是一种建构性"教"与"学"的方式，强调教师将学生的学习任务项目化，引领学生围绕真实情境与问题开展研究，最终解决问

[①] 于泽元，边伟，杨士连. 从松散联结到意义建构：大单元教学设计的理想图景 [J]. 现代远程教育研究，2023，35（4）：39-46.

[②] 张孟孟. 初中道德与法治大单元教学的设计和实施 [J]. 思想政治课教学，2023（9）：35-39.

题。① 项目式教学包括项目主题确定、子项目设计、项目方案或任务制定、项目执行等环节。在项目式教学中,学生是项目执行的关键角色,教师是设计者与引导者。学生在解决真实任务过程中,提升安全能力。

案例 5:"生命品质与价值养成"教学设计

以初中阶段"生命品质与价值养成"任务群为例,进行大单元教学设计。

1. 设计主题任务

基于初二年级学生身心发展水平,对"敬畏生命、守护生命与塑造生命"主题任务进一步延伸,设计主题任务链(见表 4-3-1)。这一任务贯穿初二年级一学年,教师可根据教学进度适当安排课时任务。初一、初三教师可依据本年级学生身心特点与学习需要,对表格中的主题任务链进行更新、修正。

表 4-3-1　　"生命品质与价值养成"主题任务链列举表

主题任务	主题任务链	设计意图与目标
敬畏生命	1. 生命是永恒的吗? 2. 人的一生只有短短数十载,我们活着的意义是什么? 3. 你觉得动植物有存在的必要吗?	引导学生热爱生命、尊重生命,形成生命至上的安全意识。
守护生命	1. 生命为什么可贵? 2. 我们的生命会遭遇什么威胁? 3. 我们应该学习哪些技能以保障生命安全? 4. "我"与他人是什么关系?你愿意舍己为人吗?	帮助学生掌握自我保护知识与技能,具备自救和他救能力。
塑造生命	1. 如果遇到挫折你会怎么做? 2. 鲁迅先生曾说过:"人固有一死,或轻于鸿毛,或重于泰山。"什么样的生命是轻于鸿毛?什么样的生命是重于泰山? 3. 你怎么理解"逆行者"?	帮助学生形成正确的生命观,用积极向上的理念与态度去应对挫折与挑战;明确人生目标,追求有价值的人生。

---

① 杨明全. 核心素养时代的项目式学习:内涵重塑与价值重建[J]. 课程·教材·教法,2021,41(2)57-63.

2. 开展教学：以"议题式教学"与"项目式教学"为例

（1）采用议题式教学方式："敬畏生命"主题教学片段

教师以"敬畏生命"主题任务的各个任务链为分议题，将学生分成若干组，开展生命安全教育议题式教学。

在"生命是永恒的吗？"分议题中，设定"生命有时尽""生命有延续"小议题。

①生命有时尽：

导入环节：分享"我"的出生故事

教师提前布置任务，引导学生向父母提前了解"十月怀胎"的故事、收集自己从小到大的照片等。

学生：分享自己的出生故事，发表感想。

课堂活动一：讨论电影片段

教师播放视频：《返老还童》电影片段

教师提出问题："对比你的出生故事和本杰明·巴顿的出生故事，探究返老还童可能吗？为什么？"

学生探究，形成结论：生命不可逆，生命有其发展规律，每个人都无法抗拒这一规律。

课堂活动二：猜猜"他"是谁？

教师布置任务：每个学生写一段自我介绍，统一放于封闭箱中。教师随机抽取学生的介绍，猜猜"他"是谁。

教师："通过'猜猜"他"是谁？'游戏，想一想为什么我们能分清不同的同学？"

学生探究，生成观点：每位同学在外貌、性格、爱好等方面都有区别，世界上没有两片完全相同的叶子，每一个生命都是独特的。

课堂活动三：算一算你的"人生余额"还有多少？

教师："以100岁为生命终点，算一算你自己、爸爸妈妈的生命还剩多少天，算完之后有什么感受？"

学生思考，形成观点：生命是短暂的，要珍惜时间，珍惜生命。

②生命有延续：

播放视频：《长安三万里》电影片段

教师提问:"看到李白、杜甫等杰出诗人为后人留下宝贵的诗作,他们在历史上留下浓墨重彩的一笔。想一想你将会给家庭带来什么价值、为国家作出什么贡献?"

学生讨论,形成观点:生命虽然有尽头,但如果正确认识和规划自己的生命,懂得生命的意义与价值,就可以为家庭带来欢乐与幸福,为强国建设贡献青春力量,做一个有家国情怀的人。

教师总结:"生命有时尽,生命有延续。正是一代又一代的中国人民接力奔跑,实现了人类生命和文化的延续。江山代有才人出,各领风骚数百年。同学们记住,生命不仅仅是'我'的,也是'我们'的。我们不仅在身体上接续祖先的生命,也在精神上继承和创造人类的文明成果。"

(2)采用项目式教学方式:"塑造生命"主题教学片段

①确定项目阶段:在主项目"你怎么理解逆行者?"中,教师设计"寻找最美逆行者""逆行者的一次尝试""最美逆行者宣讲活动"等子项目。

②项目准备阶段:教师向学生下发项目任务书(见表4-3-2),学生以组为单位填写。

表4-3-2　　　　　　"你怎么理解逆行者?"项目任务书

项目名称		
学习小组		组　长
小组成员		
组长职责		
纪律制度		
具体任务		
目标实施计划		
其他		

③项目实施阶段：

项目一：寻找最美逆行者

各小组积极搜集各行各业逆行者的先进事迹，并进行交流展示；主要展示不同时代涌现出的"逆行者"，包括逆行者的个人简历、感人事迹、演讲视频等，让学生感受榜样的力量，坚定内心信仰，追逐正能量。

项目二：逆行者的一次尝试

学校和老师提前联系医院、敬老院、交警队等，为同学们提供真实的实践场所。各小组学生在专业人员陪同下，亲自体验逆行者的每日工作，体会逆行者如何尽职尽责，实现人生价值。

项目三："最美逆行者"宣讲活动

在教师指导下，各小组为最美逆行者撰写颂词，颂词可以是小诗歌、小作文等。小组成员可在学校、社区等公共场所开展线下宣讲或网上云宣讲，把逆行者的感人事迹传播给更多人。

④项目成果展示与评价阶段

项目成果展示：各小组展示本小组项目任务书、任务过程及结果。

项目结束之后，教师向学生发放项目评价表，包括教师评价表、学生他评表与学生自评表。其中，教师评价表主要为教师针对小组项目完成与展示情况给予评价（见表4-3-3）；学生他评表主要为小组组长基于学生在项目完成中的活动表现给予评价（见表4-3-4）；学生自评表为学生针对自身在项目完成中的表现给予评价（见表4-3-5）。最后教师综合三类评价表，对小组与学生的表现进行最终评价。

表4-3-3　　　"你怎么理解逆行者？"主题项目教师评价表

展示小组					
项目名称					
一级指标	二级指标	评定等级			
		A	B	C	D
作品质量	创新性程度				
	逻辑清晰度				
	项目完成度				
	……				

续表

一级指标	二级指标	评定等级			
		A	B	C	D
展示者表现	语言表达清晰程度				
	思维清晰程度				
	……				
教师评价意见					
结果评定					
备注					

表4-3-4　"你怎么理解逆行者？"主题项目组长评价表

项目名称					
被评价人					
评价内容		评定等级			
		A	B	C	D
项目活动中搜集资料的能力					
项目活动中的参与度（每项任务的参与程度）					
项目活动中团结协作度（与他人的交流程度）					
项目活动中能力的提高和知识的积累					
项目活动中的独创性					
项目完成质量					
……					
评语					
结果评定					
备注					

表 4-3-5　　　　　"你怎么理解逆行者？"主题项目自评表

项目名称					
小　　组			评价人		
评　价　内　容	评　定　等　级				
	A	B	C	D	
项目活动中搜集资料的能力					
项目活动中的参与度（每项任务的参与程度）					
项目活动中团结协作度（与他人的交流程度）					
项目活动中能力的提高和知识的积累					
项目活动中的独创性					
项目完成质量					
……					
备　注					

二、学校安全教育跨学科课程教学设计案例

《纲要》明确指出，国家安全教育内容要有机融入各学科专业教学，强化各学科专业教师的国家安全意识。《生命安全与健康教育进中小学课程教材指南》强调，依据中小学各学科特点，选取生命安全与健康教育的相关内容，有机融入学科教学。针对学科性质与特点，创设语文、政治与历史类学科教学设计案例，物理、化学与体育类学科教学设计案例。

（一）语文、政治与历史类学科教学设计案例

语文、政治与历史类学科侧重于渗透安全情意，强调培养学生安全情感及价值观。在语文、政治与历史等学科中融入安全教育知识，应立足本学科，秉持"渗透有度"原则，寻求与各安全领域的契合点，通过适当延伸和拓展，将安全教育的知识点渗透于主题升华部分，在氛围烘托与情感渲染中，着重深化学生安全情意。

案例 6：初中阶段教学片段——语文《天净沙·秋思》

《义务教育语文课程标准（2022）》明确要求，在语文学习过程中，培养

爱国主义、集体主义、社会主义思想道德，逐步形成正确的世界观、人生观、价值观。同时，在7~9学段中明确要求，通过诗文名篇，体会作者通过语言和形象构建的艺术世界，借鉴其中的写作手法，表达自己对自然的观察和思考，抒发自己的情感。《天净沙·秋思》属于统编人教版七年级语文上册第一单元。第一单元各篇课文用优美的语言，描绘了多姿多彩的四季美景，抒发了亲近自然、热爱生活的情怀。

《天净沙·秋思》一课既引导学生学习意象及写作手法等知识，也重在激发学生热爱祖国的情感，这正与学校安全教育中"国家安全教育"主题有所契合。

1. 体悟——情景交融

（1）感受氛围：配乐朗读这首散曲，感受凄凉萧条的意境。

（2）分析意象：教师引导学生找出曲中所描绘的景物"藤、树、鸦、桥、水、人家、道路、风、马"，并与学生探讨"意象"的含义与特点。

（3）情景交融：学生通过朗读本曲，体味作者的思乡之感，感受景物与情感之间的关系。

2. 觉醒——主题升华

（1）教师设置"我想我家"活动，引导学生联想自身的思乡经历。

学生分组展示：对"家"的内涵发表看法。

（2）教师设置"我思国家"活动，由"我的家"联想到我们的国家。

学生们朗诵有关"爱国"的诗句，抒发学生的爱国之情。

（3）教师设置"自然之家"活动，引导学生由国家联想到人类的家园——自然。

学生分组讨论并分享：小家、国家与自然之家的关系。

3. 作业

学生改写《天净沙·秋思》，不限体裁。要求：①至少使用本曲中的2~3个意象。②阐释自己对"家国"的理解。③表达自己对家国的热爱之情。

（二）物理、化学与体育类学科教学设计案例

物理、化学与体育等学科以渗透安全技能为主，旨在提升学生的安全应对与防范能力。在物理、化学和体育等学科中融入安全技能性知识，应明确

相关学科知识对应的安全领域，结合热点问题，引导学生将学科知识与公共安全、国家安全、国际安全教育知识建立联系，着重培养其运用所学知识解决安全现实问题的能力。

案例7：小学阶段教学片段——体育《足球——脚内侧运球》

《义务教育体育与健康课程标准（2022）》明确要求，通过体育与健康课程的学习，掌握与运用体能和运动技能，提高运动能力；学会运用健康与安全的知识和技能，形成健康的生活方式。在课程目标"水平一"中，强调引导学生感受体育锻炼对健康的重要性，参与校内外体育活动；知道个人卫生保健、安全避险等健康知识和方法，并将其运用于日常生活中。《足球——脚内侧运球》属于人教版小学四年级第三部分"体育运动技能"。这一部分明确在运动技能教学过程中教师通过采用适宜的教学方法和手段，让学生在获取体育运动知识、技能和方法的同时，树立起良好的情感态度和坚强的意志品质，使学生逐步形成正确的价值观。

《足球——脚内侧运球》一课包括"学习脚内侧运球过杆技术"与"脚扭伤后的处理"两个知识点。教师引导学生学习脚内侧运足球知识、掌握相关技能，进一步使学生学会脚扭伤后的处理等技能。这正与学校安全教育课程中"公共安全"的"预防和应对意外伤害事故"主题相契合。

1. 学习脚内侧运球过杆技术

（1）辅助性练习——直线运球听口令换脚运球：

教师明确要点：步幅小，身体前倾，膝关节微屈，脚跟抬起脚尖外展，用脚跟内侧踢球的中下部。

学生练习：学生以小组为单位，依次练习。

（2）尝试完整动作过一个杆练习：

教师明确练习要求并示范：轻踢球，快追球，变方向。

学生练习：学生尝试过一个杆练习，有能力的学生可以尝试过多杆练习。

2. 脚扭伤后的处理

（1）教师提问："同学们，如果我们在进行足球过杆练习时，出现脚扭伤情况，应如何应对？"

师生交流，得出结论：立即停止行走，用衣物把脚垫高；用冰袋进行冷敷，切记不要立即热敷，受伤24小时后可热敷；冷敷后用绷带固定住脚踝。

（2）教师设定情境：小明同学脚突然扭伤了，如何进行紧急处理？

学生练习：两人为一组，轮流扮演患者和救护人员，进行脚扭伤处理。

三、学校安全教育实践活动课程教学设计案例

《纲要》强调，学校要在综合实践活动课程中渗透公共安全教育内容。《指导纲要》明确提出，通过组织讲座、参观、调研、体验式实践活动等方式，加强知识学习与实践活动相结合，增强育人实效。学校安全教育实践活动适用于幼小初高大各个学段。学校应根据不同年龄阶段的学生，组织开展有针对性的安全教育实践活动。学校安全教育实践活动课程教学设计强调在活动准备阶段、活动开展阶段和活动评价阶段，合理利用多样化安全教育资源，帮助学生将习得的安全知识应用于生活，实现"内化于心、外化于行"的安全教育目的。

学校安全教育实践活动课程教学设计包括活动准备、活动开展和活动评价三阶段。一是活动准备阶段。活动准备阶段包括明确活动主题、选择活动形式及制定活动方案三部分。其一，明确活动主题。选择切合实际、操作性强的主题是安全实践活动开展的前提。活动负责人以《指导纲要》《纲要》等相关政策中涉及的公共安全与国家安全热点问题为导向，选择合适的活动主题。其二，选择活动形式。选择活动形式参照《3—6岁儿童学习与发展指南》《纲要》等政策规定。基于不同学段学生的认知特点，教师选择恰当的安全教育活动形式。其中，幼儿园阶段以游戏为主；义务教育阶段以游戏、模拟为主；高中阶段以体验和辨析为主；大学阶段兼顾模拟、体验及辨析活动等。二是活动开展阶段，师生根据活动方案，依次进行活动环节，完成活动任务。三是活动评价阶段，教师针对活动中学生的表现进行评价。

案例8：幼儿园阶段户外游戏活动——《地道战》

1. 活动准备阶段

（1）活动主题：基于《地道战》电影情节，设计《地道战》户外游戏。

（2）活动目标：启蒙热爱祖国的情意，培养反应能力和协作精神。

(3) 活动材料：波纹管、安吉筒、攀爬架、桌子、椅子、地垫、音响、沙包、红旗等。

(4) 活动流程：观看影片《地道战》，组织开展地道战游戏。

2. 活动开展阶段

(1) 观看《地道战》，教师询问学生观看影片的感受。

(2) 组织开展地道战游戏。

(3) 招募民兵：创设情境，学生应征民兵上战场。

(4) 敌人来袭：播放音乐引导学生准备游戏，一名民兵代表吹号开始准备战斗。

(5) 大水浸灌与偷袭敌人：分组游戏。每组五人准备过河游戏，过河后学生登山使用沙包偷袭敌人，下山后学生进入地道内躲避敌人，敌人撤退，学生登上哨塔，告知村民战争胜利。

3. 活动评价阶段

教师运用口头评价方式，针对学生在地道战游戏中的表现以及学生发表的感想给予评价。

案例9：大学阶段"总体国家安全观"知识竞赛活动

1. 活动准备阶段

(1) 活动目标：了解总体国家安全观形成的相关背景、基本内涵和内容；具备辨识损害国家安全行为的能力，从不同层面了解国家安全观的意义；提升国家安全意识，培养爱国情感。

(2) 确定活动流程、竞赛内容与比赛时间：

①活动分为初赛、复赛及决赛三个环节，参赛选手采取自愿报名方式。

②竞赛内容为基本法律部分和政策理论部分，两者占比5:5。基本法律部分包括《中华人民共和国国家安全法》《反分裂国家法》等，政策理论部分包含习近平总书记关于总体国家安全观、我国反恐工作等系列重要论述精神。

③规定初赛、复赛及决赛时间与成绩公示时间。

2. 活动开展阶段

将报名学生统一拉入活动联系群，宣布初赛时间、地点及答题形式。

（1）初赛：答题限时 1 个小时左右，设置单选题、多选题和判断题与简答题等题型。

初赛结束后，工作人员统计成绩，按比例筛选复赛选手，并将复赛名单公示于选手群中，宣布复赛时间及答题形式。

（2）复赛：答题限时 1 个半小时左右，设置单选题、多选题、判断题及简答题等题型。

复赛结束后，工作人员统计成绩，按比例筛选决赛选手，并将决赛名单公示于选手群中，宣布决赛时间及答题形式。

（3）决赛：以口试为考试方式，设必答题、抢答题与加赛题等题型。

（4）颁奖环节：颁发奖品，并采访获奖人员。

3. 活动评价阶段

活动负责人采用口头评价方式，对学生在知识竞赛中的表现、总体国家安全观知识学习程度给予评价。

附录 4-1

《国家安全知识宣传手册》

一、《国家安全知识宣传手册》（小学版）

1. 国家安全，你知道吗？
2. 国家安全到底多重要？
3. 国土安全是什么？
4. 维护国土安全有哪些主要任务？
5. 什么是军事安全？
6. 为什么要高度重视军事安全？
7. 什么是文化安全？
8. 维护文化安全有什么重要意义？
9. 什么是社会安全？
10. 如何认识维护公共安全的重要意义？
11. 如何确保"舌尖上的安全"？
12. 什么是科技安全？

13. 维护科技安全有什么重要意义？

14. 什么是网络安全？

15. 保护生态环境有哪些重要意义？

16. 怎样看待我国水安全面临的挑战？

17. 什么是资源安全？

18. 我国能源发展面临哪些挑战？

19. 维护海外利益安全的法定要求是什么？

20. 我国海外利益面临哪些主要威胁？

二、《国家安全知识宣传手册》（中学版）

1. 什么是国家安全？

2. 如何理解"国家利益高于一切"？

3. 中央国家安全委员会是何时决定成立的？

4. 总体国家安全观是何时首次提出的？

5. 总体国家安全观的核心要义是什么？

6. 总体国家安全观有哪些鲜明特征？

7. 国家安全法是何时颁布施行的？

8. 国家安全法主要包括哪些内容？

9. 党的十九大关于国家安全的重要论述有哪些？

10. 如何理解以人民安全为宗旨？

11. 公民在维护国家安全中有哪些权利？

12. 为什么说开展国家安全宣传教育正当其时？

13. 什么是政治安全？

14. 维护政治安全有哪些主要任务？

15. 国土安全的定义是什么？

16. 维护国土安全有哪些主要任务？

17. 我国国土安全的基本情况如何？

18. 什么是军事安全？

19. 为什么要高度重视军事安全？

20. 什么是经济安全？

21. 如何理解经济安全是国家安全的基础？

22. 什么是文化安全？

23. 维护文化安全有哪些主要任务？

24. 如何理解维护文化安全的重要意义？

25. 什么是社会安全？

26. 如何理解维护社会安全的重要意义？

27. 如何认识维护公共安全的重要意义？

28. 如何确保"舌尖上的安全"？

29. 什么是科技安全？

30. 为什么要高度重视科技创新？

31. 什么是网络安全？

32. 如何认识网络安全的重要性？

33. 什么是生态安全？

34. 保护生态环境有哪些重要意义？

35. 怎样看待我国水安全面临的挑战？

36. 什么是资源安全？

37. 如何理解维护能源安全的重要意义？

38. 我国的核安全观是什么？

39. 维护海外利益安全的法定要求是什么？

40. 新型领域安全的主要内容是什么？

三、《国家安全知识宣传手册》（高中版）

【法律篇】

1. 《中华人民共和国国家安全法》

2. 《中华人民共和国反恐怖主义法》

3. 《中华人民共和国反间谍法》

4. 《中华人民共和国网络安全法》

5. 《中华人民共和国核安全法》

6《中华人民共和国刑法》

【问题篇】

1. 什么是国家安全？

2. 如何理解"国家利益高于一切"？

3. 阴霾不散的传统安全威胁是什么？
4. 日益凸显的非传统安全威胁有哪些？
5. 中央国家安全委员会是何时决定成立的？
6. 总体国家安全观的核心要义是什么？
7. 如何增强做好国家安全工作的底线思维？
8. 如何理解人民安全、政治安全、国家利益至上的关系？
9. 如何理解科学统筹是做好国家安全工作的根本方法？
10. 国家安全法是何时颁布施行的？
11. 国家安全法主要包括哪些内容？
12. 党的十九大关于国家安全的重要论述有哪些？
13. 党的十九届四中全会如何阐述完善国家安全体系？
14. 如何理解坚持党对国家安全工作的绝对领导？
15. 什么是政治安全？
16. 维护政治安全有哪些主要任务？
17. 政治安全为什么是国家安全的根本？
18. 什么是"颜色革命"？
19. 为什么要时刻警惕"颜色革命"？
20. 什么是国土安全？
21. 维护国土安全有哪些主要任务？
22. 为什么说国土安全与其他领域安全息息相关？
23. 我国国土安全的基本情况如何？
24. 什么是军事安全？
25. 维护军事安全有哪些主要任务？
26. 为什么要高度重视军事安全？
27. 什么是经济安全？
28. 维护经济安全有哪些主要任务？
29. 如何理解经济安全是国家安全的基础？
30. 什么是文化安全？
31. 维护文化安全有哪些主要任务？
32. 如何理解维护文化安全的重要意义？

33. 什么是社会安全？
34. 维护社会安全有哪些主要任务？
35. 什么是科技安全？
36. 维护科技安全有哪些主要任务？
37. 如何理解维护科技安全的重要意义？
38. 为什么要高度重视科技创新？
39. 什么是网络安全？
40. 当前网络安全具有哪些主要特点？
41. 维护网络安全的主要任务有哪些？
42. 什么是生态安全？
43. 维护生态安全有哪些主要任务？
44. 什么是资源安全？
45. 维护资源安全有哪些主要任务？
46. 如何理解维护能源安全的重要意义？
47. 我国能源发展面临哪些重大挑战？
48. 我国的核安全观是什么？
49. 维护核安全的主要任务有哪些？
50. 维护海外利益安全的法定要求是什么？
51. 如何理解维护海外利益安全的重要意义？
52. 我国海外利益面临哪些主要威胁？
53. 怎么看海上通道的重要性？
54. 生物安全的重要意义是什么？
55. 维护生物安全有哪些重要任务？
56. 极地安全是指什么？
57. 维护新型领域安全的任务是什么？
58. 维护国家安全我们应该怎么做？
59. 公民在维护国家安全中有哪些权利？
60. 新时代怎样推进大有可为的学校国家安全教育？

【案例篇】

1. 致敬"圆梦中国人"

2. 湖北高院副院长覃文萍被党内严重警告
3. 伊力哈木·土赫提攻击国家和政府
4. 我国官兵誓死捍卫祖国领土，维护边境安全
5. 日本公民来江西非法测绘
6. 军事安全在身边
7. 随处可见的经济安全
8. 国家坚决打击走私活动
9. 加强红色文化资源保护利用
10. 小心！谣言！
11. 云南昆明火车站暴力恐怖事件
12. 围棋人机大战
13. 美方TikTok交易条款严重侵害中国网络空间主权
14. 上海首例"洋垃圾"污染环境案件
15. 生物物种安全——生物入侵
16. 核事故造成的巨大伤害
17. 火山或将爆炸式迸发，我国急派飞机抢接同胞
18. 中国警方与各国警方联手打击跨国犯罪
19. 罗杰尼希教生物恐怖攻击事件

四、《国家安全知识宣传手册》（高校版）

总　　论

问题1. 什么是国家安全？

问题2. 如何理解"国家利益高于一切"？

问题3. 总体国家安全观有哪些鲜明特征？

问题4. 党的十九届四中全会如何阐述完善国家安全体系？

问题5. 党的十九大关于国家安全的重要论述有哪些？

问题6. 总体国家安全观的五大要素和五对关系是什么？

问题7. 如何理解人民安全、政治安全、国家利益至上的关系？

专题一：政治安全

问题1. 什么是政治安全？

问题2. 维护政治安全有哪些主要任务？

问题 3. 政治安全为什么是国家安全的根本？

问题 4. 如何理解坚持党对国家安全工作的绝对领导？

问题 5. 怎样认识意识形态的重要性？

问题 6. 为什么要警惕"颜色革命"？

问题 7. 领导干部如何提高防范政治风险能力？

专题二：国土安全

问题 1. 国土安全的定义是什么？

问题 2. 维护国土安全有哪些主要任务？

问题 3. 为什么说国土安全与其他领域安全息息相关？

问题 4. 我国国土安全的基本情况如何？

专题三：军事安全

问题 1. 什么是军事安全？

问题 2. 维护军事安全有哪些主要任务？

问题 3. 为什么要高度重视军事安全？

问题 4. 中央军事委员会在维护国家安全中的职责是什么？

问题 5. 如何认识军民融合发展战略的重要性？

专题四：经济安全

问题 1. 经济安全的主要内容是什么？

问题 2. 维护经济安全有哪些主要任务？

问题 3. 如何理解经济安全是国家安全的基础？

问题 4. 中央提出"六稳""六保"的具体内容是什么？

问题 5. 怎样认识金融安全的极端重要性？

专题五：文化安全

问题 1. 什么是文化安全？

问题 2. 维护文化安全有哪些主要任务？

问题 3. 如何理解维护文化安全的重要意义？

问题 4. 社会主义核心价值观的基本内容是什么？

问题 5. 文化安全面临的威胁与挑战有哪些？

专题六：社会安全

问题 1. 什么是社会安全？

问题 2. 维护社会安全有哪些主要任务？

问题 3. 如何理解维护社会安全的重要意义？

问题 4. 如何确保"舌尖上的安全"？

问题 5. 突发事件是什么？

问题 6. 大学生应如何增强预防和应对突发事件的意识？

专题七：科技安全

问题 1. 什么是科技安全？

问题 2. 维护科技安全有哪些主要任务？

问题 3. 如何理解维护科技安全的重要意义？

问题 4. 为什么要高度重视科技创新？

问题 5. 科技领域风险日益突出并呈现出哪些新特点？

问题 6. 如何有效防范和化解科技领域风险？

专题八：网络安全

问题 1. 为什么要维护国家网络空间主权？

问题 2. 怎样才能切实保障国家数据安全？

问题 3. 维护网络安全的主要任务有哪些？

问题 4. 如何认识网络安全的重要性？

问题 5. 如何认识网络安全和信息化的关系？

问题 6. 为什么要高度重视网络意识形态安全？

专题九：生态安全

问题 1. 什么是生态安全？

问题 2. 维护生态安全有哪些主要任务？

问题 3. 保护生态环境有哪些重要意义？

问题 4. 怎样看待我国水安全面临的挑战？

问题 5. 我国生态安全面临的主要威胁与挑战有哪些？

问题 6. 维护我国生态安全的途径与方法有哪些？

专题十：资源安全

问题 1. 什么是资源安全？

问题 2. 维护资源安全有哪些主要任务？

问题 3. 如何保障我国的资源安全？

问题 4. 推进绿色发展的重要意义是什么？

问题 5. 如何理解维护能源安全的重要意义？

问题 6. 我国能源发展面临哪些重大挑战？

专题十一：核安全

问题 1. 我国的核安全观是什么？

问题 2. 维护核安全的主要任务有哪些？

问题 3. 核设施指的是什么？

问题 4. 核材料指的是什么？

问题 5. 如果遇到核事故，可以采取哪些自我防护措施？

问题 6. 维护核安全的途径与方法有哪些？

专题十二：海外利益安全

问题 1. 海外利益安全主要包括哪些方面？

问题 2. 维护海外利益安全的法定要求是什么？

问题 3. 如何理解维护海外利益安全的重要意义？

问题 4. 我国海外利益面临哪些主要威胁？

问题 5. 怎么看海上通道的重要性？

问题 6. 如何加强海外利益保护能力建设？

专题十三：新型领域安全

问题 1. 维护新型领域安全的任务是什么？

问题 2. 维护新型领域安全的重要性是什么？

问题 3. 如何认识生物安全问题？

问题 4. 维护我国新型领域安全的途径与方法有哪些？

问题 5. 太空安全面临的威胁与挑战有哪些？

附录 4-2

《新时代学校安全教育读本》目录

一、一年级

1. 我是中国人
2. 56 个民族是一家

二、二年级

1. 文化和节日
2. 祖国是我家

三、三年级

第一单元：救援电话会拨打

1. 救援电话我知道
2. 拨打电话要注意
3. 报警电话我会打

第二单元：课间活动要安全

1. 课间危险在身边
2. 课间危险有哪些
3. 课间活动要注意
4. 课间活动要科学

第三单元：学会防范陌生人

1. 诱人招数要防范
2. 应对方法我知道
3. 正确做法会辨认

第四单元：保家卫国"小卫士"

1. 威武军队我知道
2. 违法泄密我不做
3. 争当人民解放军

四、四年级

第一单元：揭开网络的面纱

1. 网络安全的"创口"
2. 贴上安全"创可贴"
3. 遇到问题会应对

第二单元：人群拥挤防踩踏

1. 踩踏原因要明了
2. 后果严重易受伤
3. 踩踏事件可预防
4. 应对方法不能少

第三单元：守护自己的身体

1. 隐私部位我知道
2. 不当行为会识别
3. 防范意识不能少
4. 机警勇敢会应对

第四单元：资源宝贵要珍惜

1. 资源宝贵用处多
2. 我国资源要了解
3. 受到威胁的资源
4. 资源安全"小卫士"

五、五年级

第一单元：成瘾物品要远离

1. 成瘾物品有哪些
2. 成瘾物品我不碰
3. 积极行动最有效

第二单元：电子产品会使用

1. 电子产品真不少
2. 沉迷其中让人恼
3. 使用时间要适度
4. 户外活动更健康

第三单元：电器使用要小心

1. 这些东西都带电
2. 这些电器易漏电
3. 安全用电记心间
4. 万一触电怎么办

第四单元：我是国土"小卫士"

1. 国土安全真重要
2. 领陆一寸不能少
3. 领海主权不退让
4. 领空神圣不可犯

六、六年级

第一单元：人际交往有"秘籍"

1. 朋友交往有"秘诀"
2. 交友不慎有危害
3. 正确择友有方法

第二单元：疫情防控靠大家

1. 公共疫情有哪些
2. 公共疫情危害大
3. 要做健康好孩子

第三单元：地震来临不要慌

1. 地震来临有前兆
2. 地震带来的危害
3. 地震来了怎么办
4. 地震生存小口诀

第四单元：科技先进促发展

1. 科技安全知多少
2. 科技引领发展
3. 科技是把"双刃剑"
4. 做科技安全卫士

七、七年级上

公共安全篇

主题一：青春期 学会爱自己

第一节　青春悄悄来
第二节　成长不烦恼

主题二：远离校园暴力

第一节　校园暴力的危害
第二节　对校园暴力说"不"

主题三：交通安全

第一节　交通规则要遵守
第二节　交通事故会应对

国家安全篇

主题一：国家安全 人人有责

第一节　神秘的国家安全
第二节　国家安全 有你有我

主题二：生态安全

第一节　生态安全面面观
第二节　保护水环境
第三节　防治荒漠化

八、七年级下

主题一：避免意外伤害

第一节　发生火灾要冷静
第二节　危险水域莫涉足
第三节　文明礼让防踩踏

主题二：注重健康生活

第一节　食物中毒可避免
第二节　抵制烟酒的诱惑

主题三：勇敢应对性侵害

第一节　自我保护防性侵
第二节　勇敢应对不要怕

国家安全

主题一：国土安全

第一节　认识国土安全
第二节　应对海洋权益争端
第三节　反对分裂活动

主题二：科技安全

第一节　科技与人类
第二节　培养科技人才
第三节　应对科技风险

九、八年级上

【公共安全篇】

主题一：网络与信息安全

第一节　网络是把"双刃剑"

第二节　筑牢信息安全"防火墙"
主题二：预防传染病
第一节　了解传染病
第二节　预防传染病
【国家安全篇】
主题一：政治安全
第一节　认识政治安全
第二节　制度安全
主题二：社会安全
第一节　认识社会安全
第二节　社会群体性事件
主题三：文化安全
第一节　认识文化安全
第二节　"三种文化"安全
第三节　文化遗产的保护与利用

十、八年级下
【公共安全篇】
主题一：应对自然灾害
第一节　地震来了莫惊慌
第二节　雷雨天气要注意
第三节　洪水来了有办法
第四节　沙尘暴来了会应对
【国家安全篇】
主题一：经济安全
第一节　认识经济安全
第二节　基本经济制度安全
第三节　经济主权安全
主题二：军事安全
第一节　认识军事安全
第二节　我国的武装力量

主题三：资源安全
第一节　可再生资源安全
第二节　不可再生资源安全

十一、九年级上
【公共安全篇】
主题一：意外伤害会应对
第一节　体育运动重防护
第二节　实验操作有规范
主题二：守护财产安全
第一节　机智应对诈骗
第二节　沉稳应对抢劫
【国家安全篇】
主题一：政治安全
第一节　意识形态安全
第二节　反对民族分裂
第三节　抵御"颜色革命"
主题二：海外利益安全
第一节　海外利益安全
第二节　维护海上通道安全
第三节　打击跨国犯罪

十二、九年级下
【公共安全篇】
主题一：居家生活无意外
第一节　用药常识要牢记
第二节　安全用电
主题二：拒绝毒品
第一节　认识毒品
第二节　拒绝毒品
【国家安全篇】
主题一：核安全

第一节　认识核安全
第二节　维护核安全
主题二：新型领域安全
第一节　了解新型领域安全
第二节　维护新型领域安全

十三、十年级

第一单元　国家安全总论
第一节　走进国家安全
第二节　树立总体国家安全观
第二单元　军事安全
第一节　认识军事安全
第二节　严防军事泄密
第三节　了解军事外交
第三单元　社会安全
第一节　认识社会安全
第二节　应对突发公共事件
第三节　完善社会综合治理体系
第四单元　网络安全
第一节　认识网络安全

第二节　正确面对网络舆情
第三节　加强网络空间治理

十四、十一年级

第一单元　政治安全
第一节　加强政治认同
第二节　反对腐败现象
第三节　抵制西方意识形态渗透
第二单元　社会安全
第一节　应对暴力恐怖事件
第二节　正确认识社会舆情
第三节　抵制境外势力渗透
第三单元　生态安全
第一节　生物物种安全
第二节　大气安全
第三节　生态系统的保护与修复
第四单元　海外利益安全
第一节　认识海外利益安全
第二节　海外利益安全面临的威胁
第三节　维护海外利益安全

附录 4-3

《新时代学校安全教育读本教案》示例

示例一：《青春悄悄来》教案

课程名称	青春悄悄来
课程单元	主题一　青春期 学会爱自己
课时	1 课时
教学目标	1. 正确认识青春期生理和心理发育发生的变化 2. 思考并交流从变化中引发的困惑和烦恼 3. 探讨正确应对青春期困惑和烦恼的方法，增进心理健康，引导学生顺利度过青春期

续表

教学重难点	探讨正确应对青春期困惑和烦恼的方法
课前准备 （教具、活动准备等）	PPT、图片、音乐（《青春修炼手册》）
教学方法	讲授法、讨论法、案例分析法

教学过程

一、新课导入

歌曲导入：播放《青春修炼手册》，并播放人一生中不同阶段形体变化的动态图片。

老师："同学们，人的一生会经历不同的成长变化，具体可以分为七个阶段（胎儿期—婴儿期—幼儿期—童年期—青春期—成年期—老年期），每个阶段都有各自的特征，那么大家现在正处于哪个阶段呢？"

学生抢答："我们正处在青春期。"

老师："青春期是人生当中最灿烂最阳光的时期，在这个美好的时刻，男生和女生究竟有什么不同？我们又会遭遇怎样的烦恼？现在就请同学们和我一起走进这个特殊的时期——青春期。"

二、新课讲授

（一）理解青春期

老师："有人认为，青春期是'封闭期'，也有人认为青春期是'变化期'，还有人认为青春期是'花季''雨季'，同学们根据自己的经历，谈一谈你对青春期的认识。"

学生自由回答。

老师总结："青春期是从儿童期向成人期过渡的阶段，是人一生中的重要发展时期，也是身体各部分迅速发生变化的时期，不仅包括生理上的变化，也包括心理上的变化。"

（二）青春期的生理发育变化

老师："同学们，你们从小学升入初中，步入了青春期，在这个过程中，你们感受到自己的身体发生了哪些变化吗？大家根据图片与自身的成长，从男生和女生两个方面来总结一下这些变化。"（绘制表格）

	青春期女孩	青春期男孩
如：体重	如：体重增加	如：体重增加

小组讨论后抢答填空。

老师综合各个组的回答，整合成完整的表格。

续表

	青春期女孩	青春期男孩
体重	体重增加	体重增加
身高	身高开始突增	身高开始突增
肌肉	皮下脂肪逐渐蓄积	肌肉变得强壮有力
声音	声音变化，童音消失，嗓音变细	声音变化，童音消失，嗓音变粗
皮肤	皮肤变化，可能出现青春痘	皮肤变化，可能出现青春痘
第二性征	乳房发育	喉结发育
	臀部发育，出现女性体态和曲线	骨骼发育，肩膀变宽
	腋毛、阴毛出现，体毛增多	胡须、腋毛、阴毛出现，体毛增多
	性器官的发育	性器官的发育
	卵巢开始排卵	睾丸开始产生精子
	月经	遗精

老师总结："在青春期，人的身体会发生很多变化，包括内脏器官的显著变化、身体机能的迅速发育、第二性征的出现、生殖能力迅速发展等，这些都是人身体发展的正常现象，我们应该积极正视这些变化，敞开心扉，学会接纳。"

（三）青春期常见的生理和心理问题以及预防与应对方法

1. 生理问题

（1）常见的生理问题

案例分析一：（小杰的困惑）

老师："小杰他怎么了？进入青春期之后，男生出现过什么类似的生理问题吗？"

老师简单介绍相关知识。

案例分析二：（体育课上的故事）

老师："这两位女生是怎么了？女生们有类似的生理问题吗？"

老师介绍相关的知识。

（2）有效预防与应对生理问题

小组讨论：如何预防与应对生理健康问题？

老师总结：应从5个方面入手：

①饮食：多吃水果、蔬菜，补充维生素，多吃鱼、肉、蛋等，补充蛋白质，切忌食用生冷、不卫生的食物。

②卫生：注意个人以及环境干净，勤换洗内衣、内裤，女生月经期间要勤换卫生巾，勤打扫卧室、教室，保持干净、整洁。

③作息：不熬夜，不睡懒觉，保持早睡早起的生活作息；控制使用电子设备的时长；制定个人作息时间表并严格遵守。

④生活习惯：保持良好的阅读与写作习惯，正确的阅读与写作姿势；坚持适度运动；尽量穿比较

续表

宽松的衣物。

⑤寻求帮助：多与人相处、交流，在遇到问题时积极寻求家长、老师的帮助，严重时及时就医。

2. 心理问题

（1）常见的心理问题

老师："在青春期，除了出现了一些生理问题，同学们的心理是否发生了变化呢？"

小组讨论：结合自身经历，举例说明各类心理问题（焦虑、叛逆、敏感、学习障碍、抑郁等）。

教师总结各类型心理问题的特点。

（2）有效预防和应对心理问题

小组讨论：如何有效预防心理问题？一旦出现了心理问题，我们该如何应对？

老师总结：从心理问题未出现前的预防与心理问题出现后的应对两方面展开：

①预防：a. 保持积极乐观的心态
　　　　b. 控制消极情绪
　　　　c. 提高抗挫折能力
　　　　d. 积极交往
　　　　e. 定期就诊

②应对：a. 宣泄法
　　　　b. 注意力转移法
　　　　c. 丰富日常生活
　　　　d. 改变自我陈述
　　　　e. 积极寻求帮助

三、课堂小结

老师与学生通过"一问一答"的形式，回忆这一专题的重要知识，包括青春期的概念，青春期的生理发育变化，青春期常见的生理与心理问题及预防与应对措施，请学生谈谈本专题知识学习的收获。

四、作业设计

以小组为单位，每组设计一个以"安全度过青春期"为主题的黑板报。

板书设计
青春悄悄来

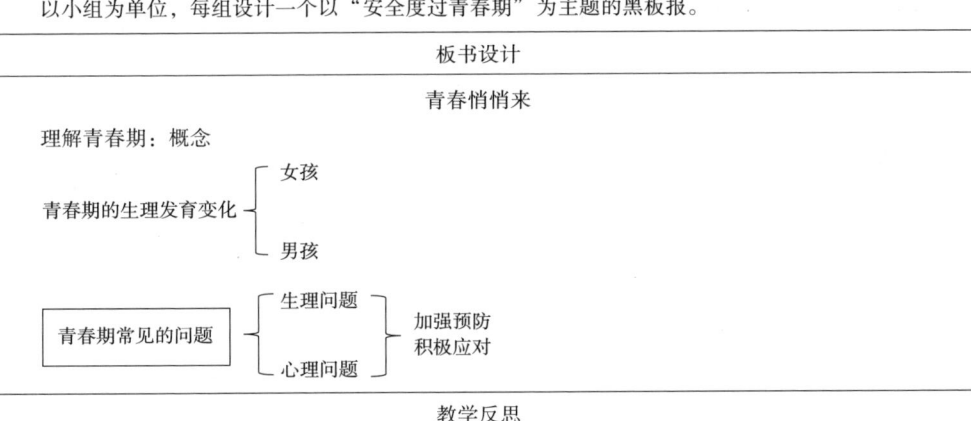

教学反思

示例二：《经济主权安全》教案

课程名称	经济主权安全
课程单元	主题一 经济安全
课时	2 课时
教学目标	1. 了解经济主权的基本内容 2. 了解经济主权受到的威胁 3. 掌握维护经济主权安全的措施
教学重难点	经济主权受到的威胁，维护经济主权安全的措施
课前准备 （教具、活动准备等）	教学课件、真实案例（"风暴中的中国经济安全"）、视频（损害国家主权安全发展利益，必将自食恶果）
教学方法	讲授法、讨论法、直观演示法
教学过程	

一、新课导入

展示案例：《风暴中的中国经济安全》。

老师："案例讲述了在金融风暴中中国的经济发展状况，经济安全包括哪些方面？"（学生发言）

学生 A：经济主权安全。

学生 B：粮食安全。

老师："同学们的回答都是正确的。我国的经济安全主要包括：经济主权与重大经济利益安全、产业与贸易安全、金融安全与粮食安全等。通过本专题对经济主权安全的学习，同学们会对经济主权安全有更加全面的认识，一起来学习吧。"

二、新课讲授

（一）经济主权的基本内容

1. 老师："早在 1952 年 1 月，联合国大会第六届会议通过决议，率先肯定和承认各国人民享有经济上的自决权。这是历史上有关经济主权的第一项决议。同学们知道经济主权是什么吗？"

老师总结：国家经济主权是国家主权在经济领域的表现，国家在国际经济活动中有权选择国家经济制度，参与、协调国际经济秩序等重大经济问题上的最高独立决策权，具有对内的最高属性和对外的独立性。同学们知道国家经济主权对内的最高属性和对外的独立性表现在哪些方面？

学生 B：制定本国的经济发展战略。

老师总结：对内的最高属性表现为主权国家有权自主选择自己的经济制度，自主决定自己的经济发展战略，自主立法建立本国国内的市场经济运行规则，自主开发和利用本国的经济资源。

对外的独立性表现为主权国家无论是否参与国际经济活动，都有自己的生存权和发展权；主权国家可以自主决定是否参与国际经济活动；在承担国际经济规则义务的同时，享有平等的权利；国家之间的经济交往以平等互利为基础，主权国家有权保护自己不受外来经济势力的掠夺和剥削。

2. 老师："经济主权是国家在经济领域的表现，具有对内的最高属性和对外的独立性，经济主权的内容具体有哪些？"（学生发言）

学生 A：能够参与国家经济秩序的制定。

老师总结：国家经济主权主要内容包括：①一国能够保证本国人民自主选择经济制度而不受外国干涉；②一国能够独立自主地决定本国的经济发展方针和政策而不受外国操纵；③一国能够有效地掌

续表

握自己的重要资源和战略产业而不受外国控制;④一国能够平等参与国际经济秩序的制定而不受外国排斥;⑤一国能够自由地利用国际市场和通道而不受外国封锁。所以说一个国家在经济主权受到侵害甚至失去控制的情况下发展经济,是毫无安全可言的。

(二)经济主权受到的威胁

(展示经济主权受到的威胁的图片)老师:"以上三幅图片都展示了在经济全球化大背景下,我国经济主权受到威胁,如欧债和主权债务等,同学们知道应该如何应对?"(学生发言)

学生 A:增强主权意识。

老师总结:经济全球化正在侵蚀国家经济主权。诸如经济全球化和国家间相互依赖的加深;在人权和环保等领域里的国际合作在逐步加强;国际组织的职能在不断扩大;现代科学技术的迅猛发展等。但是,我们必须看到,在经济全球化进程中,作为资本主义生产关系在全球范围的扩展,世界经济全球化更有利于西方发达国家的政治经济利益,而广大发展中国家则处于不利、不平等的地位,使其经济安全和经济主权受到很大压力,在一定程度上弱化和限制了发展中国家的主权行使。也许正是意识到国家主权所遭受的挑战,发展中国家的主权意识不仅没有削弱,反而更加增强了。如在国家利益观念方面,发展中国家正致力于维护本国的经济安全,积极参与建立国际经济新秩序的斗争,最大限度地谋求全球化过程中国家的生存权、发展权和平等权,而这也正是经济主权所追求的。

(三)维护经济主权安全

播放视频:损害国家主权安全发展利益,必将自食恶果。

老师:"视频中的一方感到恐慌,是因为其企图损害国家主权安全,损害国家主权安全是不正当的行为,必将自食恶果。同学们知道该如何维护经济主权安全吗?"(学生发言)

学生 A:俗话说"弱国无外交",所以要增强我国的综合国力。

老师总结:第一,增强综合国力是维护我国经济主权和保障经济安全的基础条件。第二,积极参与对外经济合作,维护国家经济安全。第三,全方位地维护国家经济主权。

老师:在全球化进程中,我国只需要维护在经济领域的安全。这种说法正确吗?

学生 B:不正确,还应该维护政治、社会、思想文化领域的安全。

老师:当今世界,经济因素在维系国家关系中居于首位,但非唯一。全球化虽然主要在经济领域,但它同样会对政治、社会和思想文化领域产生深刻的影响。美国等西方国家极力向发展中国家推销其政治模式,一直致力于将其民主制度和价值观念的全球推广作为其对外政策的重要内容;挟其强大的经济、科技和军事实力,以文化作为其推行对外战略的手段,实施文化殖民主义,企图实现西方文化的一统天下。发展中国家应对西方发达国家所采取的种种干涉、渗透以及施压政策保持清醒的认识,依据本国国情,对西方文化采取扬弃的态度,逐步建立具有本国特色的政治经济体制模式。具体到我国来说,就是在坚持对外开放的过程中坚持走具有中国特色的社会主义道路。

三、课堂小结

本专题主要学习了三大块内容,经济主权的基本内容、经济主权受到的威胁以及维护经济主权安全的措施。通过学习,意识到经济主权安全的重要性。希望同学们能树立经济主权安全的意识,进一步保护经济主权安全。

四、作业设计

同学们查阅资料,深入了解我国经济主权受到的威胁。课后与家人或朋友一起分享。

续表

板书设计

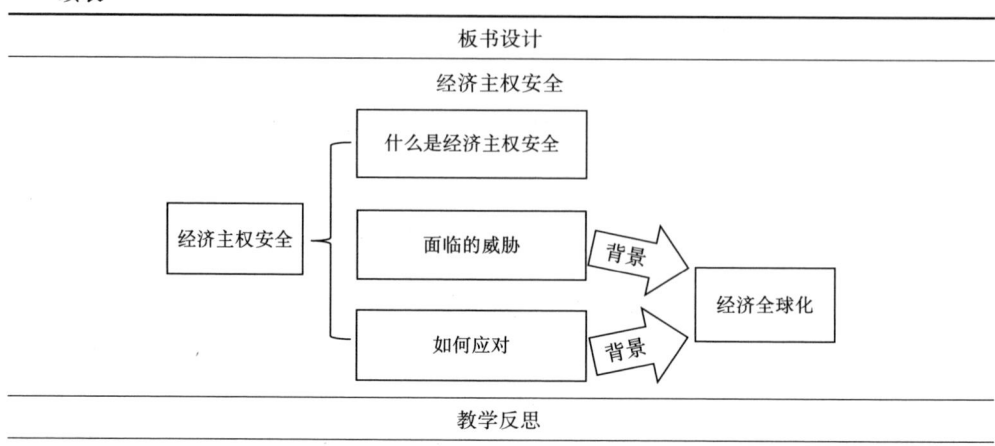

教学反思

示例三：《打击跨国犯罪》教案

课程名称	打击跨国犯罪
课程单元	主题二：海外利益安全
课时	1课时
教学目标	1. 认识跨国犯罪 2. 了解跨国犯罪的典型活动 3. 知道中国对打击跨国犯罪所做的贡献，培养学生的海外利益安全意识，增进爱国情感
教学重难点	培养学生的海外利益安全意识
课前准备 （教具、活动准备等）	教学课件、真实案例（中欧警方联合打击跨国犯罪、亮剑，利刃出击严惩跨国犯罪）、视频（湄公河惨案、国际执法合作 打击跨国犯罪）
教学方法	讲授法、讨论法
教学过程	

一、新课导入

（大屏幕播放"湄公河惨案"视频）教师导入："湄公河案件的审理充分反映了在全球化背景下中国与周边国家紧密合作、全力打击跨国犯罪，切实维护中国公民合法权益及海外利益安全的信心和决心。湄公河惨案是众多跨国犯罪案件中的一个缩影，打击跨国犯罪之路任重而道远。这节课我们将一起来了解打击跨国犯罪的相关知识。"

二、新课讲授

教师："随着科学技术的迅速发展，国家关系趋于缓和，国家之间的交往日益增多，各国公民出入境越来越频繁，但跨国犯罪问题亦日趋突出。因此，加强国际执法合作，打击跨国犯罪已显得非常迫

续表

切和需要,首先我们通过真实的案例来对跨国犯罪进行一个直观的认识。"

（一）认识跨国犯罪

1. 教师引导:"请同学们四人为一小组讨论案例（中欧警方联合打击跨国犯罪）中的跨国犯罪行为,并思考什么是跨国犯罪。"

2. 组间讨论:讨论案例（欧警方联合打击跨国犯罪）中的跨国犯罪行为,思考跨国犯罪的内涵。

3. 教师总结:"跨国犯罪是指犯罪行为、犯罪交易违反一个以上国家的法律。联合国将跨国犯罪分为洗钱、恐怖行动、盗窃文艺品、侵犯知识产权、买卖武器、劫机、海盗、抢劫工具、骗保、生态犯罪、计算机犯罪、贩卖人口、器官交易、贩卖毒品、虚假破产、合法经营和受贿行贿17类。"

（二）警惕跨国犯罪

教师:"跨国有组织犯罪被列为'世界三大犯罪灾难'之一,犯罪活动有多发态势,并呈现跨国性、群体性和常发性等特点,不仅严重威胁国家和人民生命财产安全,还是对人类命运共同体的挑战和对全球治理的阻碍。那典型的跨国犯罪活动有哪些呢?我们一起通过实际的案例来了解一下。"

1. 组间讨论:谈谈案例（亮剑,利刃出击严惩跨国犯罪）带给你的启发,思考典型的跨国犯罪活动有哪些?

2. 教师总结:"跨国犯罪活动层出不穷,且日趋猛烈。典型的跨国犯罪活动有跨国贩毒犯罪活动呈现出上升趋势,对我国的安全造成极大的威胁;跨国贩枪犯罪活动猖獗,直接危及我国国家安全和公共安全;跨国贩卖人口犯罪活动相当突出,威胁到妇女儿童的人身安全。"

（三）加强国际合作,打击跨国犯罪

（大屏幕播放"国际执法合作 打击跨国犯罪"的视频）教师:"当今全球经济一体化的背景下,频频发生跨国犯罪的活动。由于目前许多国家还是习惯于使用国内法这种单一的手段来处理跨国犯罪行为,使跨国犯罪不能得到有效的遏制。因此,开展国际合作,打击跨国犯罪就显得尤为重要。"

三、课堂小结

教师:"本节课我们一起认识了跨国犯罪以及跨国犯罪的主要活动。了解到我国积极参与打击跨国有组织犯罪,并与联合国及其他国际和区域组织保持良好合作,通过深入推进国际执法安全合作,以便更好维护海外利益安全。"

四、作业设计

请搜集我国在严惩跨国犯罪方面的相关资料,并与同学们进行交流。

板书设计

打击跨国犯罪

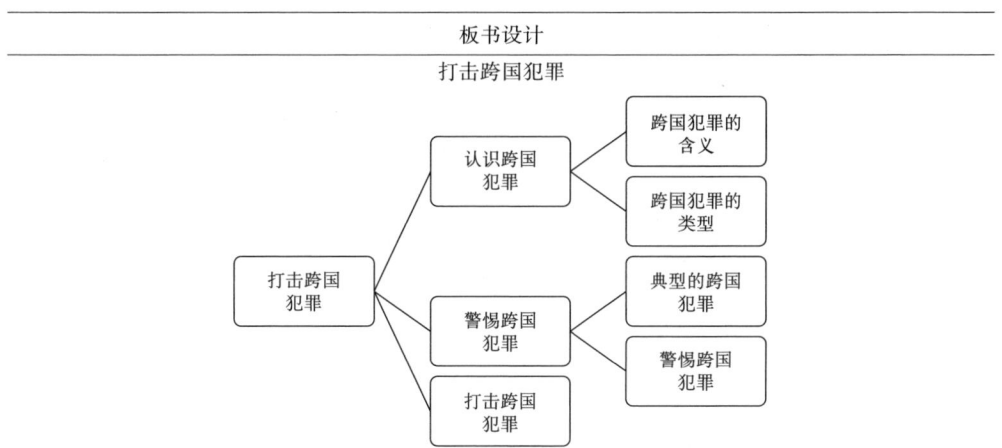

续表

教学反思

第五章

新时代学校安全教育一体化：实践探索

新时代学校安全教育一体化实践探索，是各级各类学校更新安全教育理念、践行总体国家安全观的关键环节；是打造学校安全教育工作典型案例、提升学生安全素养的重要举措。为了探索总体国家安全观视域下学校安全教育一体化实现机制，推动《指导纲要》《纲要》等政策落地，"总体国家安全观视域下学校安全教育一体化研究"课题组组建学校组、区域组和产学研等子课题组，从2021年开始，开展了学校安全教育一体化实践探索。其中，学校组下设幼儿园、中小学校与大学等小组，在全国范围内选取27所学校作为实践基地校（园），含幼儿园8所，中小学校11所，大学8所，开展学校安全教育一体化实践探索；区域组以山西省太原市杏花岭区为合作实践区域，以区域为单元开展区域学校安全教育一体化实践探索；产学研组以山西省学校安全教育中心、北京麦课在线教育技术有限责任公司（以下简称"北京麦课教育"）与相关实践基地校三方共建，构建产学研一体化学校安全教育机制。

第一节 幼儿园安全教育一体化实践探索

在幼儿阶段进行安全教育，有助于培养幼儿的安全意识，激发幼儿爱国主义情感，提高幼儿自我防护能力，全面提升幼儿安全素养。《中小学幼儿园安全管理办法》（2006）明确规定，幼儿园应当将安全教育纳入教学内容，对幼儿进行安全教育。《幼儿园工作规程》（2016）要求，幼儿园应把安全教育融入一日生活，并定期组织开展多种形式的安全教育和事故预防演练。山西省学前教育中心实验园、山西省康乐幼儿园、山西省太原市万柏林区兴华礼仪幼儿园、山西省长治市沁园机关幼儿园、河南省军区幼儿园、山西省太原幼专附属幼儿园、新疆阜康市甘河子镇中心幼儿园、甘肃省保育院等园所作为课题实践基地园，以总体国家安全观为引领，以《总体国家安全观视域下学校安全教育一体化方案》为指导，结合园所特色，开展各具特色的学校安全教育实践探索。如山西省长治市沁源机关幼儿园结合园所红色文化特色，构建"地方党委和政府、幼儿园、家庭、社会"共育制度，有机融合德、智、体、美、劳等，结合县情、校情、学情、生情和重要时间节点多渠道推进的"415"安全文化育人模式，根植红色文化基因，建构安全文化育人长效机制；河南省军区幼儿园以儿童化、情境化、材料化、自主化和时序化"五化"为抓手，践行"三军三红"，将国防教育融入幼儿教育；山西省太原幼专附属幼儿园基于"心理安全"教育理念，积极探索"以幼儿发展为中心"的心理安全教育路径和方式；新疆阜康市甘河子镇中心幼儿园结合多民族特色，启蒙幼儿对文化多样性的理解；山西省康乐幼儿园编写《幼儿园安全教育课程纲要》《幼儿园安全教育案例集》等安全教育相关文本资料，完善安全教育资源库；山西省学前教育中心实验园开展感觉统合训练活动，培养幼儿安全意识；山西省太原市兴华礼仪幼儿园开展"梦想军营"主题活动，培养幼儿爱国意识；甘肃省保育院从幼儿视角出发，注重激发幼儿学习安全知识的兴趣，以实践操作为主，多样化开展安全教育活动，加强幼儿的自我保护和安全意识。总体来看，在课题组引领下，各实践园所努力将总体国家安全观理念转化为学校安全教育实践行动，均取得了一定的成效。其中，沁源机关幼儿园和河南省军区幼儿园的安全教育实践探索较为全面、深入。

一、山西长治沁源机关幼儿园：安全文化育人模式构建与实践

山西省长治市沁源机关幼儿园创建于1981年，是沁源县"省级优秀示范园""长治市一级一类幼儿园""市级平安校园"。截至2024年1月，园所共有教学班24个，幼儿935名，在岗教职工128名。自2021年8月起，园所着力构建安全育人长效机制。经过两年多的实践研究，形成了特色鲜明的"415"安全文化育人模式。

（一）"415"安全文化育人模式

长治市沁源机关幼儿园以总体国家安全观为引领，开展融公共安全、国家安全和国际安全为一体的安全教育，形成"415"安全文化育人模式。"4"即四种力量，强调"地方党委和政府、幼儿园、家庭、社会"共育；"1"即一个抓手，促进与德、智、体、美、劳五育的有机融合；"5"即五大渠道，结合县情、校情、学情和生情，保障安全文化育人特色化。

1. 四种力量：强调"地方党委和政府、幼儿园、家庭、社会"共育

《加强中小学幼儿园安全风险防控体系建设的意见》（2017）指出，要充

分发挥政府、学校、家庭和社会各方面作用，强调相关部门组织专门力量，积极参与学校安全教育；鼓励各种社会组织为学校开展安全教育提供支持，着力参与家庭、社区的安全教育。在相关政策引领下，幼儿园以地方党委和政府为主导，注重发挥幼儿园主体作用，联合家庭和社会力量，助力安全文化育人工作开展。

以地方党委和政府为主导，发挥相关职能部门力量。地方党委和政府通过构建安全管理机制和加大财政投入等方式，支持学校安全文化育人事业；建立领导包片、部门包校、捆绑考核管理体系，全面落实安全管理主体责任；建立县、乡（镇）、校三级巡查和部门协同机制，与消防、公安、交通、地震、疾控和市监等相关职能部门建立联合执法长效机制，加强园内外安全隐患排查治理。

同时，幼儿园充分发挥能动性，统筹校内和校外两方力量。校内从安全制度、安全演练和师风师德等三方面营造安全文化育人氛围。校外则注重与家庭、社会联动，积极动员家庭和社会潜在力量，深入挖掘县域内安全文化资源，采用"引进来+走出去"方式，拓展安全文化育人的资源和场域。

2. 一个抓手：促进与德、智、体、美、劳五育的有机融合

安全教育在进学校、进头脑的过程中，与德、智、体、美、劳五育密不可分。《3—6岁儿童学习与发展指南》（2021）指出，儿童的发展是一个整体，要注重领域之间、目标之间的相互渗透和整合，促进幼儿身心全面协调发展。遵循这一思想，在生命安全教育方面，注重传授与生命安全有关的安全常识，适时开展实践活动；在国家安全教育方面，依托红色文化基因，以红色文化教育活动为载体，注重红色教育活动与德育、智育、美育、劳动教育的有机结合，启蒙幼儿的爱国情感。

3. 五个渠道：结合县情、校情、学情、生情和重要时间节点，保障安全文化育人特色化

一是结合县情，充分挖掘红色文化资源。以《幼儿园教育指导纲要》为导向，以"太行精神"为指引，充分挖掘沁源县红色文化资源，以红色教育为载体，开展特色化、接地气、富有感染力的国家安全教育。带领幼儿参观太岳军区司令部旧址、抗日围困战纪念馆等红色文化基地；将敌后抗战中的模范典型"沁源围困战"作为红色文化资源；以游戏活动、文艺表演等形式

传授国家安全教育内容。在延续和发展本地红色文化的同时，启蒙幼儿爱国主义情感。

二是结合校情，打造安全文化阵地。以幼儿红色文化为载体，打造红色文化微阵地，让红色教育在幼儿园更有感染力。将县域内红色文化资源和园内环境创设相结合，建设多种形式红色文化微阵地。在室内，创设红色长廊，打造红色主题墙，为幼儿创造轻松、愉快的红色教育氛围。在室外，利用废旧的麻袋、木屑、轮胎、油桶和破损的幼儿床、跳跳床等资源，打造《沁源围困战》野战游戏区，为红色文化教育提供真实情境，让幼儿身临其境，提升红色文化教育品质和实效。

三是结合生情，注重文化育人游戏化。《幼儿园工作规程》（2016）规定，以游戏为幼儿基本活动，通过角色扮演、想象等形式，满足幼儿健康成长需要。幼儿园结合幼儿身心发展特点，开展创编实景剧、制作工艺品等多种形式的安全文化育人游戏活动。其一，依托红色故事，创编实景剧。《沁源围困战》是沁源人民在抗日战争中创造的世界反法西斯战争的一个典型缩影，是先辈留给沁源人民宝贵的精神财富。以"儿童体验营"为场地，自导自演"沁源围困战"儿童实景剧。在故事演绎中，启蒙幼儿爱国主义情感。其二，聚焦垃圾分类，开展生态安全教育。利用科普漫画小长廊、"每日一分类"家长宣传栏、班级主题活动墙等形式大力宣传垃圾分类知识，强化幼儿生态安全理念。

四是结合学情，将安全文化育人教学活动有机融入幼儿一日活动。具体表现为，在纵向上注重小班、中班和大班教学内容的连贯性和递进性，有侧重地开展安全育人课程；在横向上统筹安全知识教育和安全演练两方面内容，合理安排在幼儿一日活动中。

五是借助重要时间节点，常态化开展安全文化育人专题活动。根据各年龄段幼儿的认知特点，选择恰当的教育内容，依托清明节、国际儿童节（六一）、"七一"建党中国共产党日等重要节点，有计划地对幼儿进行安全文化熏陶。如清明节，教师带领幼儿走进烈士纪念馆，体验抗战的峥嵘岁月；"六一"儿童节，组织以"讲——红色故事""舞——红色经典""唱——红色歌曲"为理念，开展主题为"花儿朵朵心向党 红星闪闪耀童年"的庆"六一"系列活动；"七一"党的生日，组织开展"党的故事我来讲""党的光辉照我心""唱支红歌给党听""师幼同唱一首歌"等活动。通过系列活动，使爱家乡、爱祖国的情感在幼儿心中萌发。

（二）根植红色文化基因，建构安全文化育人长效机制

沁源机关幼儿园以总体国家安全观为引领，以红色教育为载体，在幼儿园根植红色文化基因，启蒙幼儿爱国主义情感，着力构建安全文化育人长效机制，全面落实立德树人根本任务。

1. 打造红色微阵地，增强红色故事体验

一是创建园所红色文化活动场地。《幼儿园教育指导纲要》明确指出，环境是重要的教育资源，应通过环境创设和利用有效促进幼儿发展。为了激发幼儿对红色传统教育的兴趣，萌发民族自豪感，幼儿园将本地红色文化资源和幼儿园环境创设相结合，各班级内创设红色主题墙，大厅创设红色长廊，给幼儿创造一个轻松、愉快的红色教育氛围。

二是依托红色故事，创编实景剧。2018 年开始，学校定期为大班幼儿播放《沁源围困战》《铁道游击队》等战争影片，激发幼儿的爱国情怀。同时，教师们基于战争影片经典情节，将幼儿园户外场地布置成富有挑战性的游戏场景，让幼儿通过游戏的方式，演绎红色故事，培植幼儿的家国情怀。

2. 注重与家庭、社会联动，孕育幼儿家国情怀

一是利用"家长助教"开展活动。《幼儿园教育指导纲要》明确指出，家长是幼儿教师的重要合作伙伴。"家长助教"活动是指家长主动参与幼儿园教育工作，与教师共同研究、探讨、实践、反思、总结幼儿教学活动，形成有效教育合力，提升幼儿的安全学习效果。如幼儿园教师、幼儿及家长走进红色教育基地，共同参观沁源省级红色文化遗址，接受本地红色文化熏陶教育。

二是积极与公安局、消防队等联动。幼儿的红色教育、安全教育不仅需要家长的配合，还需要公安、消防等社会多部门协同配合。开展反恐、消防、防拐等安全演练时，邀请公安、消防等部门的警员、消防员走进幼儿园，与师生联合开展演练，提高教师的安全防范技能和应对突发事件的处理能力。

3. 促进安全教育与艺术教育、体育教育的有机融合

艺术作品能够最大程度表达幼儿的情感。幼儿园教师结合幼儿的年龄特

点开展相应活动，丰富幼儿的自我认知，锻炼幼儿各方面的能力，最大限度开发本地红色资源，挖掘其教育内涵。如幼儿画展中中小班幼儿用画笔叙写沁源的红色记忆，用色彩点燃爱国情怀，让红色基因代代相传。"唱支红歌给党听"小小歌会上，幼儿们用歌声讲述历史，用歌声诉说情怀。此外，园所基于"心理安全"教育理念，积极探索"以幼儿发展为中心"的心理安全教育路径和方式，以"保持生命力"为核心开展安全教育工作。

二、河南省军区幼儿园：筑牢国防大堤 构建"三·五"国防教育体系

河南省军区幼儿园创建于1952年10月，是一所全日制公办军队幼儿园。截至2024年1月，该园占地11000平方米，教学班20个，在园幼儿700余人，教职工100余人。该园所坚持一流"小红军"的建设目标，秉持"小红军、大体魄"的办园理念，将国防教育融入幼儿教育，将红色基因注入幼儿血脉，逐步构建起以"三种红色文化环境"和"五大课程"为主干的幼儿园国防教育体系。在全国率先成立幼儿军校和幼儿国防教育学院，为幼儿国防教育普及深化和军队幼教事业特色发展立标打样，先后被评为"全军示范幼儿园""河南省示范幼儿园""郑州市领航幼儿园""河南省家园共育幼儿园"。

（一）创设红色文化环境

1. 小红军长廊

小红军长廊是一个相对开放的空间，位于幼儿园教学楼一楼走廊，与幼儿园教学楼中间的4个主题活动区相连。小红军长廊具体包括园史展示区、军事模型展示区、老将军红色物品展示区三部分。园史展示区以"灯箱图片+文字"的方式，展示幼儿园70多年的建园历史、办园初心和发展历程，激发幼儿的爱园、爱家与爱国情感；军事模型展示区以军事模型实物展示和幼儿园开展的相关课程活动的照片、幼儿表征为主，旨在营造"幼儿军事博物馆"的氛围，丰富幼儿的国防常识，培养幼儿对现代强军科技的兴趣；老将军红色物品展示区包括军功章、抗美援朝等时期的老物件，通过实物展示、

人物介绍等方式，进一步弘扬和传承红色文化，增强幼儿对党和国家的热爱之情。

2. 小红军操场

小红军操场以淮海战役、巧渡金沙江、大别山战役等革命经典战役为蓝本，结合河南当地红色资源主题，巧妙地将红色历史与户外环境、主题游戏相结合。该园利用坡地、洞穴、草坪、沙地、泥潭、廊架和塑胶跑道等地势地形，为幼儿创建小兵建构基地游戏区、地道战游戏区、抢占高地游戏区、红旗渠游戏区、造纸印刷游戏区、淮海支前游戏区、"小兵训练场"游戏区和饲养种植区等主题游戏区，在游戏中培养幼儿的爱国主义情感。

3. 小红军园服

该园以班级为依托，借助"红军军装""八路军装""65式军装"三种园服，引导幼儿从小接触并了解我国伟大的革命历史，时刻铭记革命前辈的丰功伟绩。三种园服与班级特色名称相对应，小班为小红军营，中班为小八路营，大班为小解放军营。通过特色园服，传递红军、八路军、解放军英勇顽强、团结奋进的精神风貌，激发幼儿的集体荣誉感，培养幼儿爱国情怀，帮助幼儿养成良好的品德和行为习惯。

（二）开发国防教育课程

1. 军武课程

军武课程是幼儿园国防教育课程体系中最重要的一部分内容，主要包括军操、军演、军练和连队化生活活动。军操指促进幼儿身体发展的各种徒手操、韵律操和日常的队列练习。军演指幼儿园的各种军事游戏和学军大型活动，如"小长征拉练""对抗游戏""秋收启毅"和"军事运动会"等。军练指幼儿日常体育锻炼，主要包括练习走、跑、跳、钻、爬等基本动作。同时，幼儿园还会提供各种具有一定挑战性的材料，如跳马、跳箱、单杠、矮墙等。连队化生活是指参考部队建制改变年级、班级、小组称呼，设"营""连""班"，进行连队化生活体验。军武课程的开设有利于幼儿养成健康的体魄，培养幼儿吃苦耐劳的精神。

2. 根据地课程

该园以"南泥湾精神"为蓝本，开设了根据地课程，具体包括"种、养、织、染、膳"等内容。"种"即种植，是指通过种植符合河南地域特点的粮食作物和果蔬作物，使幼儿在活动中了解植物的生长变化，获得种植经验，萌发其热爱劳动、珍惜劳动成果的品质；"养"即养殖，是指通过开展饲养、孵化等主题活动，使幼儿在活动中了解常见家禽生长的知识，满足幼儿对自然物的好奇与兴趣，培养幼儿的爱心和责任心，提升科学素养；"织"即编织，通过开展编、织、缝、绣等主题活动，发展幼儿手、眼、脑的协调能力，培养幼儿做事认真、细致、有条理等良好品质，在活动中体验通过自己的劳动创造出各种作品的成功感，培养幼儿动手解决生活中问题的能力；"染"即扎染，指在班级内组织幼儿借助棉布、丝绸及麻等天然植物进行扎染，提升幼儿发现问题和解决问题的能力；"膳"即备膳，是指结合种植内容，根据时令、节气和特色小红军餐开展"小红军炊事班"活动，引导幼儿初步学会使用简单的厨房工具，掌握刮、切、搅拌等基本动作，促进手部动作发展。同时，通过自制餐点，感受一餐一饭来之不易，体验"自己动手丰衣足食"的乐趣。

3. 兵工坊课程

兵工坊课程是在主题运动中延展出以"枪、炮、坦克、勇士车"为主题，具体包括"拼、声、水、械、印"等内容，增进幼儿对武器装备的了解，提高创新创造意识和动手动脑能力。"拼"是指建构拼搭，如通过参观运20基地，开展相关课程，让幼儿自主搭建运20飞机，国庆阅兵的各种新型军事武器等；"声"是指运用先进科学设备，将国防知识以多元化、多媒体、多通道参与的方式呈现在幼儿面前；"水"是指在不同季节开展水、冰的相关课程，如夏天将打水仗军事对战游戏与武器相结合，引导幼儿制作水枪、水弹等材料对战、制作护身用的盾牌、掩体等，冬天进行《冰雪长津湖》《冰雪长城》等主题课程；"械"是指基于幼儿的兴趣和经验，依托小红军特色，利用身边废旧材料自制各种军事器械，如在《我是神枪手》班本课程中自制水枪、自制水弹和弹弓弹药等道具；"印"是指开展造纸、活字印刷等课程，如利用季节特点和幼儿园的有利条件，鼓励幼儿利用树皮、各种形状的树叶、菜叶、石头、果实等进行拓印。

4. 志愿课程

志愿课程以"爱国、拥军"为核心，采用"请进来、走出去"的形式，与老首长、战斗英雄近距离接触，引导幼儿学习英雄、崇尚英雄。"请进来"是指通过邀请战斗英雄讲述父辈故事，启发幼儿感悟什么是英雄、什么是新时代的英雄精神；通过邀请老首长进园讲述红色故事、走进干休所接受传统教育，引导幼儿缅怀革命先辈、传承革命精神。"走出去"是指通过走进军营，感受军营整齐划一的环境氛围、军人紧张干练的作风养成，培养幼儿意志品质和法纪观念，让幼儿从小爱党、爱军、爱国防，树立远大志向。

5. 人文课程

人文课程通过"说、学、扮、演、搭"等多种沉浸式感官体验，引导幼儿走进红色经典，传承优良传统。"说"是指通过故事、儿歌、游戏等形式，发展幼儿语言表达能力，萌发幼儿对革命前辈、英雄人物的崇敬之情，树立正确的价值观，培养良好的道德品质。"学"是指通过穿军装、饭前一支歌、整理内务等实践活动激发幼儿对军人、英雄的向往之情，提升幼儿良好的行为习惯和自我管理能力。"扮"是指通过角色化、情境化的游戏活动，培养幼儿良好的人际交往能力、团队协作能力和责任感。"演"是指通过讲故事、演红色剧等活动，提高幼儿艺术表现力，培养幼儿审美情趣和创新思维。"搭"是指通过各类型的建构拼搭活动，培养幼儿的科学精神和探究能力，激发幼儿对周围事物的探究兴趣。

第二节 中小学校安全教育一体化实践探索

中小学安全教育是我国学校教育的重要内容，其安全教育教学质量关系学生的健康发展与国家的安全稳定。《指导纲要》指出，把中小学公共安全教育贯穿于学校教育的各个环节，坚持专门课程与学科渗透相结合，课堂教育与实践活动相结合。《意见》指出，中小学生应接受国家安全系统化学习训练，并在相关课程中丰富和充实国家安全教育的内容。《纲要》强调，将总体国家安全观纳入课程思政教学体系，依托思政等课程开展国家安全教育。近年来，陕西师范大学附属小学、四川省成都冠城实验中学、山西省原平市特殊教育学校、山西省万柏林区中心实验小学、山西省迎泽区第二实验小学、山西省忻州市忻府区北关小学、山西省太原市小店区东中环小学、山西省长治市沁源县实验小学、山西省原平市第九小学、山西师范大学实验中学和陕西省西安市锦园国际学校等作为课题实践基地校，在总课题组的指导下，以总体国家安全观为引领，以党和国家有关安全教育的政策为准绳，结合各校办学实际，积极开展学校安全教育一体化实践探索，积累了宝贵的经验。如陕西师范大学附属小学构建"12339"国家安全教育模式，努力加大国家安全教育一体化建设的力度、拓展国家安全教育一体化建设的深度；四川成都冠城实验中学建构国家安全学校教育体系，对国家安全教育进行顶层设计、整体建构，形成国家安全教育合力；山西省原平市特殊教育学校开展"4+"融合安全教育，开辟了特殊教育学校安全教育工作新的天地；山西省太原市万柏林区中心实验小学开展"一核三进三化"安全教育实践探索；山西省太原市迎泽区第二实验小学通过"红色经典阅读"教学活动，实施爱国主义教育；山西省忻州市忻府区北关小学践行"3+5"学校安全育人模式；山西省太原市小店区东中环小学以"班队会"形式开展安全教育，为每一位学生健康安全成长助力；山西省沁源县实验小学充分挖掘红色文化基因，打造魅力红色小学；山西省原平市第九小学加强家校共同协作，突出以心理安全教育为重点的学校安全教育；山西师范大学实验中学拟定包括公共安全、国家安全和国际安全3个方面26个模块的教学计划，全面推行安全教育课程化；陕西省西安市锦园国际学校创新开展"安全知识进校园"系列活动，从不同层面对新时代学校安全教育进行了卓有成效的探索。本节重点介绍陕西师范大学附属小学、四川省成都冠城实验中学、山西省原平市特殊教育学校、山西省太原市万柏林区中心实验小学、山西省太原市迎泽区第二实验小学和忻州市忻府区北关小学的安全教育实践案例。

一、陕西师范大学附属小学：构建"12339"国家安全教育模式

陕西师范大学附属小学（以下简称"陕师大附小"）是陕西师范大学附设的实验小学，创建于1958年。建校60多年来，全体师生共同遵守"健康的身，温暖的心"校训，以"注重细节、日常浸润"为教育方式，坚持"协同教育"特色发展道路，着力提升学校办学水平。《中华人民共和国国家安全法》明确规定应将国家安全教育纳入国民教育体系。自此，从2015年起，

该校启动国家安全教育工作。2020年,《纲要》颁布后,学校进一步加大国家安全教育实践探索的力度、拓展国家安全教育实践探索的深度,逐渐形成独具特色的"12339"国家安全教育模式。

(一)"1"个核心目标:树立总体国家安全观

国家安全教育的核心目标,即在师生、家长中牢固树立总体国家安全观。在中小学阶段开展国家安全教育具有重要意义,从政治意义的角度思考,可以贯彻落实总体国家安全观,走中国特色国家安全道路,强化师生的责任担当,筑牢国家安全防线,发挥中小学的"辐射"作用,推动全社会形成维护国家安全的强大合力。从育人意义的角度思考,增强师生国家安全意识,有效提升师生维护国家安全的能力,切实维护国家安全,培养国家安全的维护者以及担当民族复兴大任的时代新人。陕师大附小通过宣传可视化、畅通宣教渠道等创新形式,让师生家长了解总体国家安全观的内容,从而牢固树立总体国家安全观。

(二)"2"条实施路径:"理论"与"实践"相结合

陕师大附小在开展"国家安全教育"中确定了"2"条实施路径,即"理论"与"实践"相结合。依托陕西师范大学雄厚的教育科研资源,向教育学部、马克思主义学院、计算机科学学院、总体国家安全研究院、社会科学处等专家学者寻求理论指导。依托书籍、党建活动和专家讲座等扎实学习理论,通过课堂教学、班队会和研学等丰富实践活动,用理论指导实践,在实践中反复践行理论。基于此,陕师大附小再根据校情、学情开展讲求实效的实践活动。

(三)"3"进要求:"国家安全观"进课程、进教材、进校园

国家安全教育是一个宏观的国家安全观问题,陕师大附小密切结合校情,在小学阶段落实国家安全观,在特色课程、专题教育方面发扬自身特色,让"国家安全观"进课程、进教材、进校园。其一,陕西师范大学依托校内相关教学科研机构,开设了国家安全教育公共基础课,陕师大附小基于陕西师范大学相关课程,深入挖掘和利用校内外国家安全教育资源,形成了"梧桐

之声"等特色课程。其二,陕师大附小围绕总体国家安全观和国家安全各领域,确定综合性或特定领域的主题,通过邀请相关专家学者走进校园,开展参观、调研以及讲座等活动;组织学生参与体验式实践活动,通过案例分析、实地考察、访谈探究、行动反思等环节,引导学生自主参与、体验感悟。如2019年,学生走进委内瑞拉大使馆,对领土、主权意识等概念有了更加深刻的认识。

(四)"3"方力量:家、校、社协同开展国家安全教育

《中华人民共和国国民经济和社会发展第十四个五年规划和2035年远景目标纲要》(2021)明确指出,健全学校家庭社会协同育人机制。在国家安全教育工作中,陕师大附小积极联动家庭和社会。其一,通过"家长学校""家长委员会"等面向家长开展"国家安全教育",强调国家安全教育的重要性,使家长重视起来、行动起来。其二,学校利用主题活动、知识竞赛等多种形式开展国家安全教育,指导学生参与国家安全相关实践活动、体验服务等。其三,社会提供各类国家安全教育主题场所,让学生身临其境,切实感受国家安全教育相关知识,树立国家安全意识。

(五)"9"门学科:同步渗透

陕师大附小积极探索在学科中渗透国家安全教育,主要从教材渗透、内容渗透和课堂渗透3方面进行探索。作为学科渗透的设计者和实施者,教师理解新课标、对话教材,高度重视总体国家安全观教育,厘清国家安全教育的具体内容和学科渗透内在关联。在每一节常态课上,老师们的日常浸润尤为重要。为抓好课堂渗透这一关键,学校邀请省市区级各学科教研员到校指导各学科教学工作。学校根据中小学各学科课程标准,将"国家安全教育"的具体实施内容渗透9门不同学科的不同课程当中——语文学科、数学学科、英语学科、体育学科、音乐学科、美术学科、综合学科(心理健康教育、科学、信息技术)、思政课程、"梧桐之声"特色课程,形成了以主题教学方式渗透总体国家安全观的基本策略。同时,注重依据学科课程性质和特色,因科制宜、因课制宜。

(1)语文学科。小学语文涉及的题材很广,可挖掘的内容较多。军事、爱国主义等题材都是很好的"国家安全教育"素材。如《圆明园的毁灭》《狼牙山五壮士》《我的战友邱少云》《小英雄雨来》等课文，都是进行国家安全教育的最好素材。

（2）英语学科。陕师大附小在英语学科教学过程中，特别重视对中华优秀传统文化的讲授。学生在学习英文的过程中，增强民族自豪感，产生文化认同感。教师在英语教学的过程中渗透"文化安全""海外利益安全"的相关内容。

（3）思政课程。陕师大附小思政学科是开展"国家安全教育"的主阵地。教师在给学生们讲"国家安全教育"前都要强化自身的国家安全意识，通过延伸、拓展学科知识，引导学生主动运用所学知识分析国家安全问题，强化国家安全意识。思政学科教师更要理解总体国家安全观，掌握国家安全基础知识，结合学科专业领域特点，在课程中有机融入国家安全教育内容，避免简单添加、生硬联系，注重教学实效。

（4）"梧桐之声"特色课程。"梧桐之声"课程是陕师大附小形成的特色课程。学校在开展"国家安全教育"的过程中开展了博物馆课程、戏剧（秦腔）课程、主题实践活动等。例如，在博物馆课程实施中组织学生走进陕西历史博物馆，认真聆听"杜虎符"的前世今生，了解它在我国古代国家安全中的重要作用；在戏剧课程中，重现影片《永不消逝的电波》等经典内容，引导学生们感受仁人志士为守护国家安全而不畏牺牲的赤胆忠心。

（5）综合学科。综合学科（心理健康教育、科学、信息技术）在不同学段会为学生开设不同的"国家安全教育"内容。如《信息技术》六年级上册第三单元中有专门的信息安全模块——"网络安全与文明"，包括"网络安全别大意"和"计算机病毒莫忽视"两课，向学生普及了"正确上网""保护自己""不泄露国家秘密"等知识。心理健康课程则面向二年级的学生传递保护个人信息不外泄、保守秘密等内容，锻造学生"诚信"的好品质，为国家安全教育打下坚实的基础。

二、四川省成都冠城实验中学：建构国家安全学校教育体系

四川省成都冠城实验学校是由冠城集团于 2003 年兴办的 12 年一贯制大

型民办学校。学校办学秉承"为了民族复兴,为了生命成长"办学思想。近年来,成都冠城实验中学以总体国家安全观为指导,以国家安全教育为主题,注重顶层设计和整体建构,营造国家安全教育的浓厚氛围,形成国家安全教育合力,丰富国家安全教育的课程资源,优化国家安全教育的途径,不断增强国家安全教育的吸引力、感染力和影响力。

(一)国家安全教育实施理念与做法

1. 基本理念:以爱国主义教育为基础

正确的教育理念是学校安全教育的基础,爱国主义教育是国家安全教育的基础和前提。国家安全教育的关键在于引导广大青少年树立"国家安全、荣誉和利益高于一切"的安全观,始终做到爱国情感、理性认识和实际行动相一致,随时与祖国同呼吸、共命运,成为坚定的爱国主义者。国家安全教育与爱国主义教育融为一体,通过对青少年进行历史教育、国情教育和时事教育等,让青少年树立正确的国家观、民族观、历史观等,培养其国家归属感、报国责任感、兴国使命感。

2. 基本目标:以培养担当民族复兴大任的时代新人为目标

国家安全教育的价值追求是为实现中华民族伟大复兴的中国梦提供安全保障和发展基石,确保国家长治久安和人民安居乐业。学校对广大青少年开展国家安全教育,唤醒他们的忧患意识和报国情怀,激发他们维护国家安全的责任心,是"为党育人,为国育才"的具体体现和必然要求。培育时代新人充分体现在爱国情怀、社会责任感、创新精神、实践能力等核心素养的培育上狠下功夫,引导广大青少年认识国家安全形势,愿意担当国家安全责任,也能够维护国家安全。

3. 基本环节:以课堂教学渗透为主,国家安全教育专门课程为辅

《实施意见》(2018)明确提出,把国家安全教育覆盖国民教育各个学段,融入教育教学活动各层面,贯穿人才培养全过程。要求教师准确理解和把握总体国家安全观的内涵与表现,深挖、宣扬和彰显本学科知识所蕴含的国家安全教育素材和意蕴,促进国家安全教育的常态化和潜在化。学校加大对教师的引导和培训,将国家安全教育内容精细化和具体化,落实到教学目标之中,有机、自然地融入教学全过程。

4. 基本渠道：以国家安全教育主题活动为主，多渠道开展其他安全教育

青少年好奇心和自我意识强，喜欢在活动中体验和感悟。学校引导学生在丰富多彩的活动中体悟和感受国家安全，增强国家安全意识。其一，开展主题明确的国家安全教育活动，如军训、国际形势报告、纪念抗美援朝战争胜利活动、纪念抗日战争胜利活动、"一二·九"纪念活动、国家安全主题报告会等，以唤醒和激发青少年的爱国热情，增强国防意识。其二，以青少年感兴趣的时事和热点话题展开教育，如运用华为和中兴被打压等事件谈科技安全，运用美国将中国的中央广播电视总台等五家驻美媒体机构作为外国使团列管而进行政治打压来谈舆论安全，借助网上入侵和网络窃密事件来谈网络安全等。其三，用好主题班会和班级文化展台等，潜移默化开展国家安全教育，如设计国家安全专题黑板报、开展致敬英雄主题班会、张贴英烈画像和名言警句、将国家安全列入研究性学习课题等。开展国家安全主题宣讲活动，学校领导和教师借用升旗仪式讲话、国防教育活动等进行宣讲引导，专家学者、科技人才、英雄模范、军队教官等进行专题报告。为了更好地进行国家安全教育，学校借助人工智能等现代技术手段，将国家安全的相关素材以纪录片、TED演讲、微电影、微视频等青少年喜闻乐见的形式呈现。

5. 基本力量：以校为主，多元整合各方力量

学校主动作为，构建学校、社会、家庭"三位一体"的协同育人体系，不断拓展青少年国家安全教育的实施场域和师资力量等。

第一，整合校内力量。教师是国家安全教育实施的重要力量，学校加大力度提升教师的师德师风水平和教育教学能力。"教师即课程"，教师的身上蕴含着丰富的课程资源，其价值立场、德性修养、思维方式、知识水平、生活教育等都对学生潜移默化地起着熏陶和示范作用。教师通过学科教学或班级管理等承担立德树人的根本任务，根据任教学科、个人特长等开设国家安全教育类的选修课，其素养和教学水平直接决定学生的能力和素养。

第二，整合社会力量。"社会即学校"，学校是小的社会，社会是大的学校，学校在发挥为社会培养人才的功能的同时，充分调动和整合社会的教育资源和力量。例如，开设研学课程，组织和引导学生参观历史遗迹、红色教育基地、烈士陵园、科技馆、高科技企业、部队营房、国防生产或科研单位等，引导学生实地感受国防的重要性。

第三，整合家庭力量。家庭是学生的第一所学校，家长是学生的第一任教师。良好的家风家训、家庭氛围等有利于帮助学生"扣好人生的第一粒扣子"，奠定坚实的成长基础。学校通过家委会、家长学校、家长会等渠道，引导和帮助家长提高自身素养和家庭教育能力，强化家长"教育合伙人"意识，充分发挥协同育人作用，形成国家安全教育合力。

（二）国家安全教育实践探索案例展示

1. 开展"校园安全伴我行"活动

为了筑牢广大师生安全意识、打造平安校园，成都冠城实验学校开展了"校园安全伴我行"第六十九期"校长约你面对面活动"。活动第一部分由小学、初中、高中各班班长围绕校园物防、饮食健康、体育运动、课间活动、情绪管控和疫情防护等多方面开展小组讨论式座谈会。会上班长自由分组讨论并发言，班长们发言结合倡议、告诫提醒同学们安全教育是一项长期的、细致的班级管理工作。第二部分由学生发展中心副主任用生动具体事例教育学生，让同学们牢固树立"珍爱生命、安全第一"的意识，真正把安全工作做到实处。第三部分由副校长进行宣讲，进一步明确校园安全管理的具体要求并向同学们提出希望：一是树立个人安全意识，做个人安全的守护者；二是树立集体安全意识，做集体安全的维护者；三是树立国家安全意识，做国家安全的肩负者。在各班集中开展安全教育的同时，常抓班级具体的安全管理，全方位做好校园安全工作，进一步强化学生的安全意识。

2. 战旗村研学行

战旗村位于四川省成都市郫都区唐昌镇，红色文化浓厚，为学生接受红色教育创造了良好条件。2023年3月30日，成都冠城实验学校的同学们抵达战旗村，了解战旗村及其发展历程，探究战旗村振兴史，感受新农村的新景象和新风貌。游览完战旗村，教师还组织同学们来先锋村感受了舞龙、耕田、耙田、播种等农耕文化，了解先锋村在探索文旅结合、发展乡村旅游方面，勇于探索、争当先锋的积极贡献。讲解员通过讲解"巴蜀沃野，耕作天府""天人合一，海纳百川""开拓创新，乡村振兴"三大板块的基本内容，让同学们了解农耕文明基本概况。同学们动手体验了非遗三编，参观了农耕博物馆，同学们热情高涨地重走了习近平总书记来到战旗村视察的路线，感受传统文化的魅力,树立文化自信,培养文化安全意识。

三、山西省原平市特殊教育学校:开展"4+"融合安全教育

山西省原平市特殊教育学校是一所对智障、孤独症、唐氏综合征、脑瘫,具有言语障碍、情绪和行为障碍的儿童进行义务教育的九年一贯制学校。近年来,学校充分结合自身办学特色,实行"4+"融合安全教育,为学生安全健康成长助力。

(一)"校内+校外"融合

其一,充分利用校内教育资源。学校利用多种形式积极开展安全教育,教师利用每天最后一节课的3分钟讲安全,每周最后一节课的5分钟讲安全,学校领导利用每月的30分钟进行安全教育总结。切实做到每周一节安全教育课,每个月确立一个主题开展安全教育活动,不定期组织学生开展各种安全应急演练。学校对学生开展上下学道路交通安全、防溺水安全、食品安全、防火安全、防恐防暴安全、自防自救等教育教学工作,创建平安校园。其二,充分挖掘校外教育资源。学校充分利用校外的各种安全教育实践基地,提高学生的安全意识和安全技能。其三,让安全宣传教育活动进学校、进家庭,让校内知识向校外延伸,努力让每一位学生、每一位家长充分认识到安全工作的重要性,增强自我防护意识和能力,逐步树立正确的安全观,促进全体学生安全健康成长。

(二)"教师+家长"融合

学校安全教育不再局限于课堂之内、学校之内,家长和教师在学生安全教育过程中保持平等的伙伴合作关系,以沟通为基础,相互配合,形成教育合力。让学生在学校健康快乐地成长是每位教师的职责,需要家长的全力配合,助力安全教育提质增效。一方面,教师在学校要担起安全教育的重担,通过主题教育、安全活动等形式对学生开展安全教育。另一方面,家长充分认识到学校安全教育的重要性,通过家长会、家访、家长开放日等形式,参与学校安全教育活动中,提高家长的安全意识和安全能力,形成家校安全教

育的新格局，共建教师和家长合作共管模式，双重教育相辅相成、各显特色，促进学生更好地成长。

(三)"学校+终生"融合

学校安全教育的目的是实现学生安全，即让学生拥有安全健康的人生。学校安全教育不能只停留在当下安全任务的完成，将安全教育终生化，让学生学到的安全知识内化于心、终生运用。学生在学校的安全是进行教学活动的前提，对特殊教育学校的学生来说，安全教育最主要的是加强学生的生命教育，从生命立场出发，立足当下、着眼未来，将"珍爱生命、规避危险"的安全理念贯穿学校教育始终，引导学生树立积极认同和主动践行的终身安全观，不断提升自身安全知识、安全意识和安全能力。同时，注重实践演练，促进知行合一，使之真正将安全防范意识内化于心、外化于行，以确保个体始终具备较高水平的安全素养，保证自身安全发展。在突发的灾害面前将伤亡降低到最小，最大程度保证追求生命的"质量"，生命的"长度"。

(四)"家庭+国家"融合

学生在家庭中是孩子，在社会中是公民，既要注意个人安全，也要注重国家安全。一方面，通过家庭教育引导学生提高自身安全素养，有效应对安全问题，学习安全知识，提高安全能力，保证个人安全。另一方面，注重培养学生的家国情怀，从"小我"安全实现"大我"安全。引导学生树立国家安全意识，发现危害国家安全的行为时，积极向国家安全机关举报。家庭和国家共同发力，助力学生健康成长、国家幸福稳定。

四、山西省太原市万柏林区中心实验小学：开展"一核三进三化"安全教育实践

山西省太原市万柏林区中心实验小学是一所六轨制全日制公立小学，以"文化润心，泽惠一生"为办学理念，以培养具有"山西情、中国魂、世界心"的润泽少年为育人目标。学校长期坚持学校安全教育实践探索，形成了"一核三进三化"学校安全教育模式。

（一）一核：总体国家安全观

维护国家安全，人人有责，扣好人生的第一粒扣子，启蒙国家安全意识，对学生成长至关重要。学校围绕"总体国家安全观"这一核心，开展国家安全教育，安全教育深入人心。安全教育实践围绕总体国家安全观一个核心理念，全方位渗透安全教育。其一，利用特殊节日开展安全教育。如4月15日国家安全教育日之际，学校组织各班学生学习安全知识，通过观看视频和线上安全问卷答题等方式，增强学生的安全意识。其二，通过多样化活动开展安全教育。学校组织绘制海报、剪纸、写小诗歌等活动，引导学生表达对国家安全教育的理解，提升学生的安全情意。

（二）三进：进校园、进课程、进头脑

《意见》等政策文件强调，把集中教育活动与日常教育活动、课堂教育教学相结合，不断充实教育内容，完善教学体系，建立国家安全教育长效机制。学校开设安全课程，间周一节，以安全教材为主，以交通安全、食品安全、用电安全等为主题，开展安全教育主题班会课。在"4·15"全民国家安全教育日、"5·12"防灾减灾日、"11·9"消防宣传日和节假日、寒暑假前等不同时节，开展安全教育专题教育，全方位对学生开展安全教育。学校还借助于"国家安全教育平台"资源，丰富安全教育内容，做到随时随地开展安全教育。

（三）三化：常态化、多样化、特色化

其一，安全教育常态化。学校通过在学期初开展开学安全第一课，利用节假日和寒暑假期开展安全教育，积极推行教育部"1530"安全教育模式等实现安全教育常态化。在每天放学前1分钟、每周五放学前5分钟以及节假日放学前30分钟进行安全教育，包括交通安全教育、食品安全教育、防疫防传染病教育、用电安全教育、防溺水安全教育、外出安全教育和网络安全教育等。其二，安全教育多样化。安全教育主讲人多样化，由班主任、学生、家长、法治副校长担当安全教育主讲人。其三，安全教育特色化。学校开展"润泽父母学堂"特色活动，与家长携手开展"牢筑安全线，家校协同聚合

力"等主题教育，维护学生安全，促进学生成长。

五、山西省太原市迎泽区第二实验小学：开展"红色经典阅读"爱国主义教育

山西省太原市迎泽区第二实验小学是一所六轨制小学，该学校坚持"办知名学校造福一方，办优质教育回报社会"的办学方向，在"养成教育""教育科研""传统文化""社团活动"4个方面形成办学特色。其中，"红色经典阅读"是该学校基于总体国家安全观开展的特色项目，旨在通过"红色经典阅读"教学活动，引导学生了解革命历史，传承和弘扬革命精神，培养学生的爱国主义情感和社会责任感。

（一）制定红色经典阅读学习指南

1. 制定小学语文统编教材红色经典阅读学习指南

依托统编教材课内的课文，通览整个统编小学语文教材，梳理教材中的红色经典阅读篇目，以单元整体架构的形式制定了《小学语文统编教材红色经典阅读项目学习指南》。该指南主要分为篇目、年级、人文主题、语文要素、项目设计、培养能力、根植品质等7个部分，为教师准确解读红色经典单元教材，创设真实任务情境提供了方向和思路。以六年级学习指南为例，统编版六年级上册第二单元以"革命岁月"为人文主题，语文要素是"了解课文是怎样点面结合写场面的"，编排了《七律·长征》《狼牙山五壮士》《开国大典》《灯光》4篇红色经典课文。依托教材内容，教师设计了"寻力量之光 迎时代挑战"项目学习。结合单元语文要素以制作"英雄人物传"献礼建党百年为项目驱动，通过制作《革命英雄传》、编写2020年《当代英雄传》和在喜马拉雅App上写给革命英雄的一封信3个项目活动，将语文教学与项目活动有机融合，最后形成《革命英雄传》《当代英雄传》《敬爱的英雄，我想对你说》等音频。在活动过程中，学生拉近了与红色经典之间的距离，激发了爱国之情。

2. 制定小学语文统编教材红色经典阅读拓展篇目及项目设计指南

根据学生的年龄特点，梳理了教材中涉及的红色经典拓展阅读篇目，制

定出《三至六年级红色经典阅读拓展篇目项目学习指南》。指南包括：年级、主题、拓展篇目、阅读小支架、推荐项目设计等栏目，为一线教师更好落实红色经典阅读，提升学生阅读兴趣，赓续红色血脉提供了具体的方法和路径。以六年级为例，教师根据六年级的课内篇目和学生的能力发展，依托教材推荐学生阅读《红岩》《闪闪的红星》《红日》《红星照耀中国》等小说，设计了"读红色经典·制作英雄谱"项目活动。实践活动与学生阅读紧密结合，在阅读教学中激发学生爱国情感。

（二）形成红色经典阅读项目学习精品案例

依托语文课堂，聚焦学生语文核心素养的提升和对红色基因的传承，实现语文与爱国主义教育的有效融合。如在《小英雄雨来》教学中，教师组织学生撰写《小英雄雨来》6个片段报幕稿，担当情景剧的小演员，引导学生主动感受人物形象，以语文课堂为主阵地，渗透爱国主义教育。

（三）形成红色经典阅读项目成果"传承交接七步法"

学校将红色经典项目学习成果转化成红色经典课本剧，形成了"红色经典演绎传承七步法"。"红色经典演绎传承七步法"主要包括经典剧目展演、参演经历分享、传承剧目发布、举行交接仪式、表达接棒决心、校长深情寄语和定格难忘瞬间7个部分。在实践演练中，经过学生一次次传承演绎，学校形成了浓厚的红色经典阅读氛围。学生用最真情的演绎诠释了自己对红色经典的认识、拉近了他们与红色经典的距离，将红色种子深深根植在心中。

六、山西省忻州市忻府区北关小学：践行"3+5"学校安全育人模式

山西省忻州市忻府区北关小学是一所九年义务教育全日制非寄宿制小学，有两个校区，共有教学班58个。学校重视安全教育，积极开展各类安全教育活动，形成了以"3个结合""5字特色"为主的"3+5"学校安全育人模式。

（一）"3个结合"

1. 安全教育与养成教育相结合

学校把安全教育作为养成教育的重要组成部分，从规范学生行为养成入手，开展安全教育。学校规定每学期的第一周为"安全教育强化周"，要求班主任上好安全教育第一课，各班级认真组织学生学习安全常识、安全规章制度和《中小学生安全守则》等。学校通过主题班会、黑板报、宣传栏等形式开展丰富多彩的安全教育活动，提高学生的安全意识，使安全教育内化于心，外化于行。

2. 安全教育与教学常规相结合

学校从组建安全教育兼职教师队伍、编写安全教材和规定安全教育课时等方面入手，助力安全教育课程做到教师、教材、课时三落实。如教材方面，学校编写校本教材——《北关小学安全教育三字经》，内容包括避震安全、自我保护、防溺水安全、防火安全、用电安全、预防传染病、防踩踏安全、课间活动安全、交通安全、疫情防控、反恐防暴、饮食卫生安全、集体活动安全、雷雨天气安全、洪水应急安全和体育活动安全等。同时，学校贯彻《生命安全与健康教育进中小学课程教材指南》《全面加强和改进新时代学生心理健康工作专项行动计划（2023—2025年）》等政策要求，高度重视学生心理健康问题，将心理健康教育纳入教育教学计划，并建立心理名师工作室，定期举办心理健康教育专题讲座，为学生心理安全保驾护航。

3. 安全教育与排查整改相结合

学校安全工作领导小组经常定期与不定期进行安全检查，每月对分管范围内的安全隐患进行一次彻底排查，摸清学校可能存在的安全隐患和潜在的矛盾，发现问题，及时解决。每位教职工及时呈报发现的安全隐患或问题，针对安全问题对学生进行有针对性的安全教育，提升学生安全素养。

（二）"5字特色"

1. 加强组织机构，围绕一个"全"字

学校成立了安全工作领导小组，校长任组长，德育副校长、年级执行校长为副组长，政教主任、教导主任、后勤主任及班主任为组员。学校强化工作人员的安全管理责任意识,近距离服务,形成了一套由上而下、左右兼顾的富有特色的网格化学校安全管理和教育模式。

2. 完善制度建设,强调一个"严"字

完善学校六大类制度:第一类是安全保卫制度,如门卫制度、值班制度等;第二类是教学安全制度,如上课点名制度、社会实践制度、重大活动请示制度等;第三类是公共卫生安全制度,如防疫制度、紧急救护制度;第四类是消费安全制度;第五类是交通安全制度;第六类是应急机制,如处置突发群体性事件预案、处置学生伤亡事故预案等。严格落实制度建设,助力学校安全工作。

3. 创新安全教育,体现一个"活"字

学校每学期邀请公安、司法等部门来学校做报告,对学生进行法制安全教育。通过国旗下讲话、法制报告、黑板报、主题班会、手抄报等形式,增强学生的法制意识和安全意识,引导学生做到遵纪守法和自我保护。同时,学校结合禁毒日、消防宣传日、艾滋病日、交通安全宣传月等重要时间节点,开展主题鲜明的安全教育活动,如禁毒日进行预防毒品教育、暑假前进行防溺水教育等。

4. 开展安全教育,坚持一个"恒"字

学校每周制定一个安全教育主题,开展安全教育活动。学校要求班主任在安全工作上做到"三勤":一是"口勤",安全问题要天天讲、时时讲,班主任每周五利用周会对学生进行安全和健康教育;二是"腿勤",学生在课间、体育活动时出现突发小事件(如互相吵架、运动伤害等),班主任要亲自到班级了解情况并及时解决;三是"眼勤",要求值周教师、班主任时刻关注班级安全动向,关注每个学生的变化。

5. 彰显安全绩效,注重一个"实"字

学校注重落实安全工作,彰显安全实效。其一,重视消防工作,教学楼安排消防通道,各专用教室、学校过道和教师办公室配置灭火器,严禁学生在学校使用明火。其二,认真开展安全预防演练,每月进行一次安全应急演练活动,使地震、消防应急演练制度化、常态化、规范化。其三,加大学生欺凌事件的预防和整治工作。组织全校师生进行法制宣讲,采用约谈、家访、心理辅导等多种方法及时化解学生间矛盾纠纷,严防学生打架斗殴、学生欺凌事件发生。

第三节　高校安全教育一体化实践探索

　　青年兴则国家兴，青年强则国家强。《关于进一步加强和改进新形势下高校宣传思想工作的意见》（2015）指出，高校作为意识形态工作前沿阵地，应加强国家观和民族团结教育，加强国家安全教育。这些政策明确指出，将国家安全教育纳入国民教育体系。《新时代爱国主义教育实施纲要》（2019）强调，在全社会弘扬爱国主义精神，以全体人民为主体，开展新时代爱国主义教育。高校安全教育事关社会主义事业合格建设者和可靠接班人的培养，事关党和国家的长治久安。作为课题实践基地校，太原幼儿师范高等专科学校、杭州医学院、北京工业大学、重庆交通大学、贵州轻工职业技术学院、遵义医药高等专科学校、贵州中医药大学和遵义医科大学等高校，积极开展学校安全教育一体化实践探索，并形成了各具特色的学校安全教育模式，实现了从"安全知识习得"向"安全素养提升""阶段育人"向"整体育人"转型。如太原幼儿师范高等专科学校依托"大学语文"课程，探究大学生文化安全教育；杭州医学院以培养学生仁者爱人、敬畏生命的意识为宗旨，构建安全教育、安全实训、安全管理、安全服务的"四位一体"安全育人模式；北京工业大学依托学生安全素养实践基地，构建"课程学安全，竞赛促安全、数据研安全及队伍保安全"安全教育工作矩阵；重庆交通大学形成"线上+线下"安全教育育人体系，创新安全教育方式；贵州轻工职业技术学院构建"线上线下相结合、课内课外同开展、常态与重要节点互补充"的"2+2+2"学校安全教育体系；遵义医药高等专科学校开展多样化安全应急演练；贵州中医药大学形成"安全宣传教育周""反诈视频大赛"等品牌活动；贵州遵义医科大学创新开展"校园安全知识宣传周"系列活动。其中，太原幼儿师范高等专科学校与杭州医学院的安全教育实践探索相对较为成熟。

一、太原幼儿师范高等专科学校：依托"大学语文"课程，探究大学生文化安全教育

太原幼儿师范高等专科学校是一所公办全日制普通幼儿师范高等专科学校，创办于 2018 年。作为山西省太原市培养培训学前教育、早期教育、艺术教育和小学公共服务类师资人才重要基地，学校确立"办学有特色、教学有特点、学生有特长"的办学宗旨，坚持走"法治、德治相结合""以人为本，走发展内涵"的道路，秉持"民主、和谐、科学、规范"管理理念，实施"质量工程、安全工程、管理工程、服务工程与和谐工程"五大工程。其中，安全工程始终强调"安全文化育人"思想。学校依托"大学语文"课程，开展大学生文化安全教育实践，正是在"安全工程"基础上形成的。

（一）"大学语文"在文化安全教育中的独特优势

高校是意识形态工作的前沿阵地，也是文化安全教育的主阵地。太原幼儿师范高等专科学校以"大学语文"课程为载体，开展安全文化教育实践探索。"大学语文"课程在文化安全教育中具有独特优势。其一，"大学语文"课程兼具基础性与工具性，有利于培育学生综合素养。一方面，教师围绕课程培养目标、课程内容等方面，对学生的文学欣赏能力、应用写作能力、语言交际能力进行系统指导和训练，培养大学生的口头表达能力、听说能力、阅读和写作能力；另一方面，"大学语文"重在完善学生对社会、历史、国家和民族的认知，旨在培养大学生的文学审美情趣，提高大学生的文学鉴赏水平。其二，"大学语文"课程以文学经典为依托，培育学生人文精神。通过阅读文学经典、品味名家思想等一系列学习可以在塑造学生正确的世界观、人生观与价值观基础上，增强学生的文化自信、文化自觉与文化自强等意识。其三，"大学语文"课程隐含思政教育元素，培育时代新人。通过"文学"介质，从青年大学生兴趣出发，引导大学生自主思考，培育学生成为复合型和创新型的时代新人。

（二）体系建构："大学语文"课程一体化设计

以"大学语文"课程为载体，大学生安全文化教育围绕"提升大学生文

化安全素养"核心目标，构建"五模块"课程内容体系，进行一体化课程设计。其一，实现课程目标一体化。教师以"文化安全"为主题，对课程目标进行整体性设计，包括文化安全意识、文化安全知识与文化安全能力等方面。在文化安全意识目标方面，强调引导学生形成正确的民族观与文化观，强化中华民族的归属感与认同感，坚定四个"文化自信"；在文化安全知识目标方面，旨在引导学生学习名家思想，深刻把握中华优秀传统文化的本质要义；在文化安全能力方面，引导学生坚持古为今用、推陈出新，有鉴别地加以对待、有扬弃地予以传承传统文化。其二，实现课程内容一体化。在"一体化课程设计"理念下采用"模块化"结构组织课程内容，包括中华优秀传统文化模块、中国红色文化模块、社会主义先进文化模块、当代世界与文化反思模块、生活实践与文化自信模块等，实现课程内容系统化。如中华优秀传统文化模块，设计了"修身""国运""哲思"等主题。在"修身"主题中，教师基于《论语》经典选读融合"修身、齐家、治国、平天下"的中华基本思想观念，探究孔子"仁"与"天下大同"的爱国主题思想。其三，实现课程资源一体化。以"课程目标一体化"为中心，研究团队紧扣文化安全主题下各教学模块目标，对线上线下资源、教材内外课程资源进行遴选和整合，创设线上课程资源库、交流论坛，线下实践基地、社团组织等，便于学生进行交流与学习。如学校设立了汉服社，由专门教师指导学生学习传统礼仪等活动。在学习《苏武牧羊》一课时，学生身着汉服，扮演苏武、汉武帝与单于等角色，感受苏武贫贱不能移、威武不能屈的爱国之情。

（三）课程实施：文化安全教育多样化实施

课程实施是把课程计划付诸实践的过程。多样化的课程实施是实现预期课程目标的基本途径。"大学语文"主要运用实例教育、思辨教育和生活教育等方式开展。其一，实例教育强调充分利用"大学语文"课程资源中的相关案例，强化文化安全教育效果。如教师在"大学语文"课程中，适时引入"感动中国人物""全国道德模范"等励志素材，按教学主题进行分类编排，用榜样示范力量筑牢学生的文化安全堤坝。其二，思辨教育强调通过思考和辩论，改变学生的认知观念。教师在教学过程中采取"专题辩论，明理求真""分析新闻，明辨是非"等方式，潜移默化改变学生的思想观念。其三，生活教育强调以学生生活中的故事为素材，拓宽学生的文化视野。教师组织学生搜集身边人、身边事等鲜活的生活故事，将活生生的故事作为教学导入的素材，激活学生已有的安全文化知识。学生通过讨论、辨析，深入探究故事背后的文化观念与价值，切身感受文化魅力。

近三年的实践显示，"大学语文"课程实现了文化安全教育理论涵养与实践改造的双向互动，为学生生活与社会实践提供了指向明确的指导，增强了学生实践的时代感，有效提升了学生的安全素养。

二、杭州医学院：构建"四位一体"安全育人模式

杭州医学院创建于1925年，是一所全日制公办普通本科高等医学院校。学校以"团结、创造、求实、奋进"为校训，以培养和造就具有诚信博爱、创新求真理念和德医双馨的高素质医学人才为使命。近年来，学校以引导学生树立正确的伦理道德观与生命价值观为根本，以培养学生仁者爱人、敬畏生命的意识为宗旨，开展安全教育、安全实训、安全管理、安全服务的"四位一体"安全育人实践探索。

（一）以安全教育为基础

学校秉持立德树人根本任务，以党的二十大精神为指引，以学生安全素养为核心理念，充分利用《"互联网+"大学生安全教育》线上课程和线下安全教育实践活动等教育途径，在前置学习、正式课程学习与安全专题教育活动等方面着重加强安全教育、法治教育和心理健康教育，把维护个体生命安全与健康贯穿在学校育人工作的全过程。其一，前置学习，在新生入校前培养安全意识。学生拿到录取通知书即可登录安全教育平台，进行《"互联网+"大学生安全教育》线上学习，学生可自主学习感兴趣的安全板块和专题，为学生之后系统化学习奠定基础。其二，正式课程学习，培养学生系统化安全知识与技能。正式课程主要为《"互联网+"大学生安全教育》线上课程。该课程遵循不同年级学生的需求与特点，大学一年级至大学四年级均有相应专题计划与课时安排，保障学生系统化学习安全知识。并在此基础上，依据学生成绩与喜好倾向，为其匹配个性化的安全主题课程，调动学生学习

的主动性。例如,为即将毕业的学生重点匹配求职、法律等方面的课程,强调学生个性化学习。其三,安全专题教育活动,提升学生安全能力。安全专题教育活动强调在特殊的时间节点,开展讲座、游戏和演讲等活动,引导学生运用安全知识,掌握安全技能。如利用"4·15"国家安全日、"11·9"全国消防日、"12·2"全国交通安全日和"12·4"国家宪法日等时间节点,组织开展线上和线下安全教育活动,全力打造学校安全文化育人环境,营造良好的学校安全教育氛围。

(二)以安全实训为核心

2019年,为了提升学校师生与社区居民安全意识与技能,杭州医学院与社区联合建立200余平方米的安全体验馆。学校将安全实训馆作为《大学生安全教育》课程实训基地,安排学生开展安全体验活动。实训馆中设立了消防实训区、防诈骗区、禁毒教育区、宣教学习区、安全文化长廊、交通安全区、VR安全体验区等区域(见图5-3-1)。其中,消防实训区包括火灾逃生结绳训练、模拟灭火、烟雾逃生与火灾逃生标志标识等。体验者可置身于虚拟的火灾场景,根据指示,作出正确的逃生动作,提升其火灾逃生能力。防诈骗区两侧墙上罗列着多种诈骗类型、典型案例和相关法律法规,大屏幕滚动播放反电信网络诈骗的基础知识和新型诈骗手段破解方法,引导参观者加强自我防范意识,提升识骗防骗能力。交通安全区包括公交车逃生实训、交通安全标识、交通法律法规、安全带碰撞测试等,提升体验者的交通安全意识与自救技能。

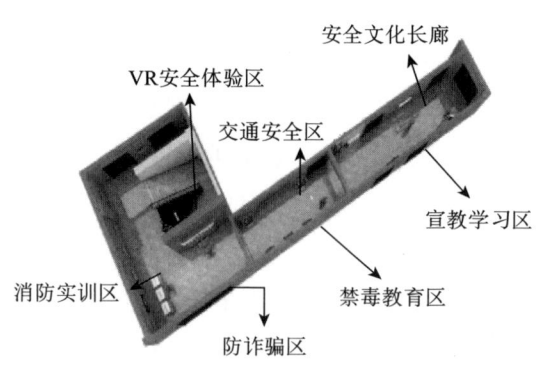

图5-3-1 安全实训馆构造图

(三) 以安全管理为保障

安全管理是学校安全教育工作的重要保障。在安全教育过程中，杭州医学院规范学校安全管理努力将外显的防范规则内化为学生的安全理念和行为。其一，建立健全"党政同责、一岗双责、齐抓共管、失职追责""三管三必须"等责任体系。明确安全职责、安全管理等内容，落实全员安全责任制。其二，开展安全体验与管理组块化建设。学校将安全体验馆、微型消防站、应急指挥中心、警务站和保卫处办公室等置于一个区域，便于为师生服务。其三，加强物防建设。在教学楼、宿舍与大门等区域配齐配足灭火器、监控摄像头等安防设施，并且经常性地开展监督检查，确保安防设施正常运行。

(四) 以安全服务为补充

为了充分发挥安全体验馆的教育宣贯作用，安全体验馆作为杭州市临安街道锦南街道公检的公共安全学习基地，为附近的社区居民提供群众性、多类型的应急安全文化活动。在体验馆中，安保人员、安全教师带领居民实景体验各类安全事故发生场景，教授居民心肺复苏、海姆立克急救等急救方法，全面增强居民的应急安全意识，提高居民的安全技能。这一独特的服务实现了学校与社区主动对接，形成了家校社安全教育一体化的新经验。

第四节 学校安全教育"区域一体化"实践探索

总体国家安全观视域下的学校安全教育"区域一体化"强调的是，以总体国家安全观为引领，以区域为单位，将学校安全教育目标、内容、途径和评价等要素有机整合、整体构建，统筹推进学校安全教育，旨在实现区域内学校安全教育协同共进、共同发展。山西省太原市杏花岭区多年来高度重视学校安全教育工作，积极开展学校安全教育实践。为此，课题组选取太原市杏花岭区为学校安全教育实践区域，开展学校安全教育"区域一体化"实践探索。在总课题组的指导下，2021年初杏花岭区教育局颁布《总体国家安全观视域下学校安全教育一体化实施方案》。该方案明确规定"区域一体化"

实践探索的目标任务与具体要求,为课题实施提供政策支持。杏花岭区各实践基地校依据相关政策与课题运行要求,积极开展学校安全教育一体化实践探索,在教育内容一体化、教育途径一体化、主体一体化和保障一体化等方面,均形成了宝贵的经验。

一、区域推进学校安全教育内容一体化

太原市杏花岭区结合实践校发展特点,一体化设计学校安全教育内容体系。其一,夯实公共安全教育基础。杏花岭区教育局统一编制、推广和使用《杏花岭区中小学生安全知识和避险能力主题教育手册》(以下简称《手册》),并针对性设计《杏花岭区幼儿园安全知识和避险能力主题教育纲要与活动设计》(以下简称《设计》)(详见附录5-1杏花岭区幼儿园安全知识和避险能力主题教育纲要与活动设计)。《手册》涵盖幼儿园、小学和中学等全学段,主要包括生命安全、交通安全、卫生安全、用电安全、劳动安全、生活安全等20多个主题;《设计》规定学期安全教育教学计划,从教学目标、课时安排和教学过程等全面设计安全教育教学活动,力求为各实践校的主题教育活动提供比较系统和全面的指导。其二,以总体国家安全观为引领,注重学校国家安全教育。杏花岭区教育局组织编写《杏花岭区中小学幼儿园开展国家安全教育体系化设计》之《总体国家安全观重要论述读本》,为杏花岭区中小学幼儿园完善国家安全教育体系提供了全面系统的教育资源保障。该读本主要包含总体国家安全观重要论述和习近平总书记对14个重点领域国家安全论述精要等内容。其中,"总体国家安全观重要论述"部分明确坚持总体国家安全观,统筹发展和安全,增强忧患意识,做到居安思危,是党治国理政的重大原则;强调坚持国家利益至上,以人民安全为宗旨,以政治安全为根本,统筹外部安全和内部安全、国土安全和国民安全、传统安全和非传统安全、自身安全和共同安全,完善国家安全制度体系。"习近平总书记对14个重点领域国家安全论述精要"部分分别总结了习近平总书记对政治安全、国土安全、军事安全、经济安全、文化安全、社会安全、科技安全、网络安全、生态安全、资源安全、核安全和其他新型安全领域的精要思想。

二、区域推进学校安全教育途径一体化

以《总体国家安全观视域下学校安全教育一体化方案》等为指导，各校（园）结合各自的办学实际等，采用多种途径对学校安全教育一体化展开探索，具有一定的代表性。

杏花岭区第一幼儿园为加强幼儿安全教育，利用"全国交通安全日"等重要时间节点，结合校内校外两种渠道，采用线上线下两种方式，灵活开展安全教育。一方面，在校内开展内容丰富的演练活动，包括消防疏散演练、反恐防暴应急演练、地震逃生安全演练、防诱拐演练和踩踏应急疏散演练等。另一方面，在校外开展安全社会实践活动，让学生参与现实安全活动中，发现存在于身边的安全隐患。同时，幼儿园还关注学生心理健康教育，成立"学校儿童心理发展指导中心"，建设个体辅导室、沙盘辅导室、心理阅览室、心理社团活动室以及心理拓展训练功能空间，投入个体沙盘、集体沙盘、沙具、图书和欧卡牌等心理专业设施设备。通过开设心理健康教育活动课，采用角色扮演、情景体验、讨论分析、谈话沟通、行为训练和心理陈述等教学形式，让学生在活动中体验、觉察、调适和培养健康的人格。此外，学校还会在假期内开展线上居家安全教育活动，针对不同年龄阶段幼儿的不同特点选择合适的教育内容与方式，使幼儿对居家安全产生更深入的认识。杏花岭区北大街小学采用"引进来＋走出去"的方式，注重安全教育课程建设。一方面，学校利用"全国中小学生安全教育日""全国防灾减灾日"等时间节点，每年聘请天龙救援队的志愿者、法制副校长等不同行业的专业人士到校开展体验课程、进行安全讲座等，为全校师生普及安全知识；开展安全疏散消防演练、主题升旗仪式、主题班会等活动，如以一年级学生为主举办的防震演练活动，让学生们以绘画的方式动手制作防灾减灾的主题小报与地震来临时的逃生路线，帮助学生掌握各种灾害来临时的应对技能；针对不同年级学生编制和推广安全教材和安全手册，按照学生年龄特点，设计安全内容。另一方面，学校组织学生前往消防队、山西省女子强制隔离戒毒所、太原市少年宫等实地参观，通过实际体验，增强学校师生安全意识。同时，学校高度重视食品安全和心理健康教育，一方面开设饮食安全与健康课，通过组织

开展食品安全实践调查活动，使学生认识到食品安全的重要性，逐步形成健康的饮食观念。另一方面创建"五进五实五连接"心理健康教育模式，即心理健康教育内容进学校计划总结，落实部署，连接各部门工作；心理健康测评进起始年级，落实普查，连接各个原生家庭；心理健康课程进每个班级，落实教学，连接各学科心理教育渗透点；心理教师培训进校园，落实教研，连接各个专家团队；心理健康教育进媒体，落实宣传，连接校园内外。杏花岭区柏杨树小学从专门课程和主题活动的两方面开展安全教育。其一，开设安全教育专门课程，采用线上教育与线下教育相结合的方式，积极开展安全教育。线上利用学校安全教育平台，教师定期在平台上发布安全课程，组织学生定期观看线上安全微视频，参与多种专题活动，进行线上答题测评等；线下定期开设安全课，教师主要采用讲授法和演示法等教学方法，为学生传授安全知识和技能。其二，积极开展安全演练等安全教育主题活动。学校结合"安全教育活动月"、班会课、升旗仪式、课间操等时间，开展"扫黑恶·反欺凌·防暴力""文明交通伴我行·爱护铁路创和谐""小手拉大手·亮眼找隐患"等主题活动。

三、区域推进学校安全教育主体一体化

家校社共育是促进学生健康成长、构建良好安全教育生态的必然要求。太原市杏花岭区要求各校统筹校内校外教育力量，逐步建立起一支热心学校安全事业、具有一定专业水平的安全队伍，形成维护学校安全的组织体系，构建"护校安园"和"平安校园"。

杏花岭区北大街小学不仅关注校内教育主体一致性，还联合社会和家庭力量，打造"六大"心理教育枢纽平台，形成教育链条。一是"知心姐姐信箱"，敞开心扉说悄悄话。同学们通过书信的形式，向"知心姐姐"倾诉烦恼，寻求帮助。心理辅导员每周五开箱，在3个工作日内以书信、电话等方式给学生回信，帮助学生减压抗挫、心理疏导。二是"心灵小屋辅导室"，打开心扉畅心灵。每天下午第二节课后休息时间，心理辅导员与同学们相约心灵小屋谈心交流。三是"心灵彩虹社团"，培养心理宣传"小义工"。参与心灵彩虹社团的同学充当"小义工"，向广大同学宣传心理健康知识，引导

周围同学形成阳光的心态,健全的人格,全面健康地成长。四是"三方会诊会",寻找行为背后的原因。针对班中存在行为偏差、心理问题的学生,学校邀请家长、班主任、心理教师"三方会诊",全方位了解该生的个性特点、家庭教养方式和成长背景,共同剖析其行为背后的心理动机,帮助学生解决心理问题。五是"学生成长导师制",制定个性化教育方案。学校选聘责任心强,具有较强教育能力和心理辅导能力的"导师"。导师通过心理上疏导、行为上引导、学业上辅导和生活上指导等方式,关注、帮助受导学生。六是家校互动频繁,指导家庭教育细微。学校利用家长会、家长开放日活动、掌上家庭、家长学校,提高家长对心理健康的认识,共同做好学生的心理健康工作。杏花岭区柏杨树小学调动全校师生力量,建立由校长牵头,联合教导主任、教研室主任、总务主任、少先队辅导员、年级组长、班主任和任课教师协同负责的安全工作领导小组。其中,分管安全副校长总负责学校的全部安全工作,总体指导学校安全工作的开展;教导主任主管安全教学,包括安全课的开设及相关的安全教育教学活动开展;教研室主任主管安全教科研活动,积极组织安全教师、班主任及其他任课教师开展各项科研活动;总务主任主管学校安全总务工作;少先队辅导员主要负责宣传安全教育,并在校内活动开展时关注学生的安全问题;年级组长负责各年级开展的全部教学管理工作;班主任负责班级管理工作,并在班会课上对学生进行安全知识教育,全面监管学生的课上课下活动;任课教师负责在各学科课堂教学中渗透安全知识,并负责在课堂范围内的活动安全。同时,柏杨树小学通过"家长学校""致家长一封信",召开安全教育报告会等形式,与社会、家庭互相配合共同开展安全教育活动,对学生的交通工具进行检查,排除隐患;充分发挥广大师生、家长和社会参与学校安全管理的积极性,探索校园安全义务监督员机制建设,加强平安校园志愿者管理,完善校园安全隐患排查渠道。

四、区域推进学校安全教育保障一体化

为了规范学校办学秩序,各实践校根据自身实际,发挥政策和物质保障机制作用,营造学校安全教育文化氛围,为区域推进学校安全教育提供支持与保障。

杏花岭区第一幼儿园通过制定安全宣传、教育和培训制度，学生行为规范安全教育制度，食品卫生与传染病防疫安全制度、安全演练方案等，明确安全教育规范和要求，为学校安全教育开展提供依据。同时，学校还不断强化安全文化的育人功能，设置明显的安全疏散指示标志，保证教室、办公室、学生宿舍等重要场所安全出口、疏散通道的畅通；在校车车箱内张贴学生乘车须知和乘车规范，让学生时刻注意自身安全。杏花岭区北大街小学以创建"零上访、零事故、零案件"（三零）学校为目标引领，发布《安全管理工作实施办法》，明确安全宣传、教育和培训制度，学生行为规范安全教育制度等，学校还根据特殊学生制定特殊体质摸底表、特殊学生安全信息登记表和学生体质家长告知书，加强对特殊学生的关注与支持。学校还充分挖掘各类安全标志、警示标牌、疏散图、校风校纪等要素功能，划分重点区域，对楼梯口、校门口等学校重点区域进行划分并标识。杏花岭区柏杨树小学建立消防安全教育、培训制度，强调通过消防安全宣传、教育、培训增强广大师生员工的消防意识，充分利用会议、网络、板报、广播等多种形式广泛开展消防法规、制度、消防知识的宣传教育活动，坚持每年开展全校性的消防活动，组织师生员工积极参与消防宣传，进行灭火演练等各项活动。学校还强化校园"四防"建设，在走廊、宿舍等场所张贴应急疏散示意图，设置"上下楼梯靠右行"的温馨提示，在楼道中张贴了逃生指示标志，校门墙上写着紧急求助电话"110、120、119"，时刻提醒学生注意安全。

第五节 深化产学融合，构建"安全文化育人"模式

《深化产教融合的若干意见》（2017）强调，深化产教融合，促进教育链、人才链与产业链、创新链有机衔接。该意见明确指出，各地教育行政部门和学校要充分吸纳社会力量参与国家安全教育。基于课题研究与实践需要，课题组依托山西师范大学学校安全教育中心（山西省学校安全教育中心），构建学校研究机构（山西省学校安全教育中心）、第三方教育服务机构（北京麦课教育）与幼小中大实践基地校相结合，三方相互交织、相互渗透，协作运行学校安全教育的产学研一体化机制。其主要运作模式为：在"总体国

家安全观视域下学校安全教育一体化"课题框架内,山西省学校安全教育中心研发工作团队致力于构建总体国家安全观视域下、多维复合的学校安全教育一体化理论框架且统筹安排课题运行工作。北京麦课教育作为专业从事教育领域课程开发和技术开发、营销的国家高新技术企业,致力于学校安全教育课程研发、课程资源(包括教具、实训基地等)开发以及以学校为主的推广应用。各实践基地校全程参与课题组理论与实践研究工作。同时,在课题组指导下,发挥各自办学优势和特色,开展学校安全教育一体化实践探索。作为产学研一体化运行的初步成果,已初步形成"安全文化育人"模式和"线上+线下"相结合的安全教育课程体系。

一、构建"安全文化育人"模式

习近平总书记指出,用中华民族创造的一切精神财富来以文化人、以文育人。以文化人、以文育人,是文化固有的功能与使命。安全文化育人是学校安全教育的核心思想,强调通过安全教育的形式影响学生内心,使学生掌握基本的生存知识与能力、形成正确的生命价值观、不断提升学生安全素养。受到马努基博士的《安全文化:实施并推进航空与医疗行业文化变革程》[1]启发,基于学校安全教育一体化理论框架,形成了学校"安全文化育人"模式。"安全文化育人"模式是由安全绩效、安全氛围、安全策略和安全价值观等构成的校园安全文化金字塔(见图5-5-1)。

安全文化金字塔的最底层是安全价值观,又被称为"安全理念",是校园中师生群体对安全问题与安全意义的总看法,是安全文化育人的基础,组织中所有的安全行为都基于该组织的安全理念;安全策略,是在某个安全区域内,用于所有与安全相关活动的一套规则,是基于安全文化而产生的具体行为措施,包括制定规范、多样化的安全教育,形成安全领导力等;安全氛围,也称"安全态度和观点",是学生对校园环境中安全重要性的共同认知,主要体现于在校学生对学校安全的态度。在组织实行安全策略后,会自然形

---

[1] [美]马努基 S. 帕坦卡等著:安全文化:实施并推进航空与医疗行业文化变革程[M]. 孙佳等译. 北京:中国工人出版社,2015:1, 2.

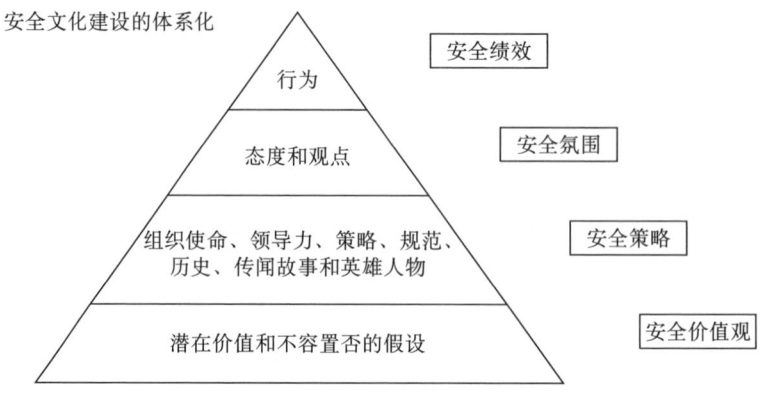

图 5-5-1　安全文化金字塔示意图

成特定的安全氛围，即在校师生对于安全的态度和观点；最顶层为安全绩效，也可称为"安全行为"，是基于学校安全目标，形成学校安全可测量的结果，主要包括学校安全事故发生起数等。安全绩效是校园安全文化理念落地程度、安全策略实施情况的最直观的、最外在的体现。

二、运行实践："线上+线下"相结合的安全教育实践

为了解决当下学校安全教育易受学校教学计划、教学场地与器材等条件限制的问题，以"安全文化育人"模式为引领，在总结多年学校安全教育实践经验基础上，贯彻"立德树人 文化育人"理念，以"优秀传统文化、当代安全文化"为文化支撑，进一步研发并推出"线上+线下"相结合的安全教育实操体系，并率先在高校推广应用，逐步推广至中小学校。其中，线上主要利用"安全微伴"（高校）与"无忧安教"（中小学）安全教育系统开展学校安全教育教学；线下以安全实训馆为主要场所，建立各具特色的安全文化资源库，组织开展学校安全教育实践活动。同时，基于学生的学习与身心需要，开展多次安全测评，以了解学生安全素养变化，为学校后续安全教育工作提供指引。

截至 2024 年初，全国 600 余所普通高校、300 余所中小学与北京麦课教育开展合作，涵盖清华大学、中国人民大学及北京四中教育集团等学校，累计学习人数突破 1000 万人。"安全文化育人"模式的普遍应用，营造了"人

人懂安全、时时想安全、处处讲安全"氛围,推动了学校安全教育进教材、进课堂、进学生头脑。

(一)线上安全教育课程

1. 高校:"安全微伴"安全教育系统

(1)课程设计体系化。"安全微伴"安全教育系统是专门为高校学生研发的线上安全教育教学工具。"安全微伴"安全教育系统包含740余门安全教育微课,是目前国内较为完整的大学生安全教育课程体系(图5-5-2 大学生安全教育课程体系图)。课程体系以总体国家安全观为引领,基于《纲要》《指导纲要》等政策,设计公共安全、国家安全与国际安全三大模块。其中,公共安全板块涵盖交通安全、学业安全、运动安全、禁毒教育等单元;国家安全和国际安全板块涵盖总体国家安全观总论、反恐安全教育等单元,共计740余门微课。

图5-5-2 大学生安全教育课程体系图

(2)课程形式多样化。为了更好利用学生的碎片化时间,"安全微伴"安全教育系统设计并引进符合大学生认知偏好的动漫、游戏化教学策略、微视频、H5 页面动画等形式课程，调动学生学习的积极性。例如，安全知识大 PK 游戏，游戏内容涉及新生安全、国家安全、反诈、消防安全等，且答题进度适中，学生在 3~5 分钟内可完成一局答题游戏，充分利用学生的闲暇时间，有助于学生内化安全知识。

（3）学习时段设计人性化。线上安全教育按照学生的学习时段分时段进行，包括前置学习、全程学习和专题学习等多时段。

其一，前置学习阶段，考虑到大学生安全需求，将安全教育时段适当前置至大学生入学之前。即学生拿到录取通知书但还未入学时段开展安全学习。学生可扫码进行线上安全学习，通过前置学习，可有效避免新生入学的很多安全事故。例如，北京工业大学为做好新形势下的大学生安全教育工作，推进更高水平的平安校园建设，提升学生安全素质及安全意识，推导"互联网+""大数据"元素，以企业微信 App 为对接设置入口，在大一新生未开学前开展"北京工业大学安全教育"安全微课学习活动，旨在让学生通过手机学习到生动、形象、喜闻乐见的安全知识。其中，2021 级新生安全教育共 3220 名学生进行"互联网+大学安全教育"学习。本期安全教育课程主要涉及交通安全、人身安全、人际交往、反恐安全教育、回家及返校安全、国家安全等 26 个类别，共计 249 门微课。这一时段，学生整体登录率为 98.01%，考试通过率为 98.46%，平均成绩为 88 分。学习周期约 78 天，学习积极性高，完成效果好，整体学习情况良好。

其二，全程学习，即贯穿于学生一个学期、一个学年或全部大学时光的学习，有助于不断强化学生的安全意识，拓展学生的安全视野。如贵州轻工职业技术学院以微信公众号"安全微伴"为对接设置入口，进行"贵州轻工职业技术学院安全教育"安全微课学习活动。贵州轻工职业技术学院 2021 级安全教育共 5037 名学生进行"互联网+大学安全教育"学习。本期安全教育课程内容涉及 20 个类别，共计 86 门微课。其中，5037 名学生参与本期安全教育学习，登录率为 97.99%，课程完成率为 96.33%，考试通过率为 93.86%，平均成绩为 87.8 分，学习周期约 53 天。

其三，专题学习，即在特殊的时间节点开展安全教育。例如，重庆交通大学、北京工业大学等学校于每年"4·15 国家安全日""11·9 消防安全日"和"12·2 全国交通安全日"等时间节点，配合保卫部组织开展线上线下相结合的网络安全教育及活动。

2. 中小学："无忧安教"安全教育系统

为了解决中小学校无安全师资、无安全教材、无安全教育活动等难题，针对中小学学段学生研发了"无忧安教"安全教育系统，旨在打造全方位、多层次和立体化的中小学安全教学活动支撑平台。目前，"无忧安教"已经在全国300所中小学开展试点教学，受到普遍认可。

"无忧安教"安全教育系统为学校提供"一键上课"的安全教育系统。其一，采用"双师"课堂模式。安全教育课程包含"40分钟线上教学—线下思考讨论—教具使用环节—作业布置环节"，一年级至九年级全覆盖，教学环节设计合理。其二，设计海量安全教育学习资源。"无忧安教"依照《纲要》中社会安全、公共卫生与意外伤害等安全板块要求，为中小学校安全教育课程提供无限量安全教育资源。教师可根据教学安排灵活组合各类安全教育主题与资源。其三，配备体验式安全教具。"无忧安教"不仅涵盖线上课堂与资源等，而且协同设计了线下教具（包括防溺水教学工具箱、消防教育教学工具箱等）。如防溺水教学工具箱是防溺水教育课程的辅助教具，内含淤泥模拟器、水草缠绕模拟器、暗流观察期等教学设备，使学生切实提升防溺水能力，真正识别危险水域。

（二）线下实训活动

1. 安全实训馆建设

安全实训是落实"安全文化育人"的重要环节。实训馆是学校安全教育的前端窗口，是帮助学习者掌握安全知识技能，增强安全意识的关键场所。安全实训馆集安全知识科普与体验学习为一体，一般包括安全文化长廊、宣教学习区、国家安全教育区、交通安全体验区、禁毒教育区、防身术训练区、急救训练区和消防实训区等九大区域（见图5-5-3）。师生可借此开展多样化安全教育活动，提高安全技能。此外，北京麦课教育与浙江万里学院、中国科学技术大学和杭州医学院等学校合作建成虚拟安全体验馆，即VR安全体验馆。VR安全体验馆以"文化、人、科技"为主题，推出线上线下的互动性综合学堂。让学习者足不出户就可进行多类型、全方位的安全教育学习体验，达到实用、实效、高效的安全教育效果。

图 5-5-3　某校实训馆示意图

2. 建立各具特色的安全文化资源库

各实践基地校通过搜集具有地域特色或优秀的安全素材，如代表性的英雄人物、卓有成效的安全工作方法等，在加工与设计中形成各具特色的安全文化资源库，包括学校安全教育优秀做法、常见事故案例、线下实训与活动方案、优秀传统文化中与安全结合的经典故事等。并据此设计每月的安全教育活动（见表 5-5-1）。

表 5-5-1　　　　　　　　安全教育活动月示意表

时间	安全教育活动	开展形式
1 月	寒假安全宣传——安全秀	安全秀
2 月	心理健康专题学习	线上学习
	治安安全专题学习	线上学习
3 月	反诈专题学习	线上学习
	实验室安全专题学习	线上学习
4 月	"4·15" 国家安全专题学习	线上学习
	"4·15" 主题线下安全知识竞赛	线下活动
	流行病专题学习	线上学习
	国家安全专题讲座	线下讲座
5 月	"5·12" 专题活动（如防地震等 VR 沉浸式体验）	线下活动
	学校安全志愿者队伍相关活动	志愿者活动
	应对灾害主题的应急演练	应急演练
	防灾减灾专题讲座	线下讲座
6 月	安全生产月主题的线下实训活动，包括交通安全、禁毒、环境安全等	线下活动
	毕业与就业安全专题学习	线上学习

续表

时间	安全教育活动	开展形式
7月	饮食安全专题学习	线上学习
	暑假社会实践安全宣传——安全秀	安全秀
	防溺水专题学习	线上学习
	防溺水线下实训活动	线下活动
8月	新生前置安全教育	线上学习
	辅导员安全教育专题讲座	线下讲座
9月	实验室安全专题学习	线上学习
	基于上半学年大数据的反诈专题学习	线上学习
	治安安全专题学习	线上学习
10月	开展实验室线下检查，查找现场与管理体系的隐患和风险点，也可进行实验室安全认证	现场检查
	反恐主题的应急演练	应急演练
11月	"11·9"消防主题实训活动	线下实训
	消防主题的应急演练	应急演练
	消防趣味活动（如消防运动会、寻找安全宝贝等）	线下活动
	心理健康专题学习	线上学习
12月	流行病防治专题学习	线上学习
	学校安全宣教总结表彰会	会议

（三）安全测评

1. 安全素质测评

安全素质测评是明晰学生安全素养的重要手段，可以被应用在学生学习安全微课之前与学习之后两个时段。其一，在学生学习安全微课之前。通过对学生进行线上安全素质测评，了解学生安全素质整体情况和各项目表现，根据测试结果为学生推荐个性化的课程、活动安排等。其二，在学生学习安全微课之后。再次对学生进行安全素质测评，了解学生的安全学习状况，判断学生安全素养变化，为后续安全教育和管理提供依据。

2. 校园安全感指数测评

学生安全感是学生的安全心理体验，一般会反映出学生对自身所处的生存和发展条件的态度。为了更好了解在校学生的整体安全感水平，设计安全问卷供学校对学生进行校园安全感指数测评。校园安全感指数测评使用"事故情况+学生在校安全感情况"2个参数来表征安全绩效,既包含客观的事故情况,又包含学生在校安全体验的主观意愿。其中,事故情况主要由安全管理者进行填写,"安全微伴"平台将高校发生的事故种类和严重程度进行分类,安全管理者对本校发生的事故种类和严重程度进行填写,系统自动计算并生成分数;安全感指数测评主要是由学生填写安全感问卷以获得相关数据。安全感问卷包括对校内环境的评价、对安全管理的评价、对校园氛围的评价、自身安全状态4个评价维度(见附录5-2校园安全感指数自测问卷)。通过开展校园安全感指数测评,了解在校学生的真实安全感,并结合真实发生事故情况,动态把握学生的安全需求,为学校保卫工作提供明确方向。

3. 个人安全感测试

在了解学校整体安全感同时,学生也可了解自身的个人安全感。"安全微伴"平台提供个人安全感测评问卷,可供学生进行自测。个人安全感测评主要通过问卷形式,使学生了解自身安全感的情况。问卷主要依据临床心理学家马斯洛编制的《安全感——不安全感问卷》进行编制,包括情绪安全感、人际安全感、自我安全感3个内容维度。通过测评,使学生对自我安全感有明确的认知,明确下一步学习方向。

4. "特别关注"群体的筛选

"特别关注"群体的筛选与关注,是安全工作闭环的重要体现,也是安全工作改进的有效抓手(见图5-5-4)。为保障学生安全素养均衡发展,建立大数据下的"特别关注学生"筛选模型,即通过学习行为数据、问卷结果、联动数据等的综合结果,对安全意识低、安全技能薄弱及可能存在安全行为风险的学生进行筛选,形成"特别关注名单"。并对此进行了事故验证,不断改进以提升模型的准确性。安全管理者持此名单可对名单上的学生进行特别关注或加强安全教育。同时,将历年的事故发生情况与"特别关注名单"结合,进行综合分析,并采取相应措施,有效降低事故发生的概率,提升学校的安全工作质量。

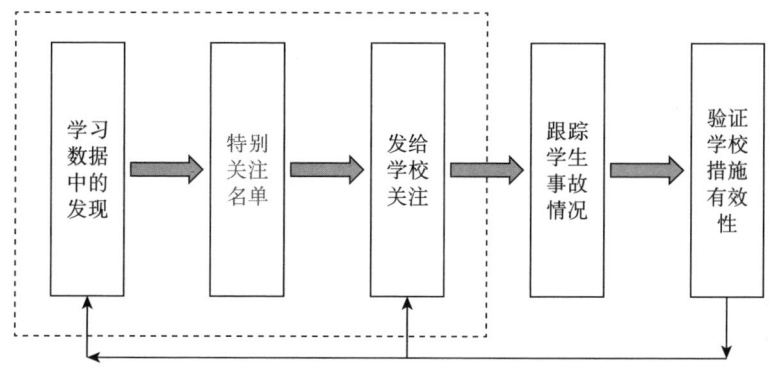

图 5-5-4 "特别关注"群体的筛选与关注示意图

附录 5-1

《杏花岭区幼儿园安全知识和避险能力主题教育纲要与活动设计》目录（活动示例）

一、幼儿园中班

（一）公共安全主题教育纲要

安全主题之一：安全行为规范教育

安全主题之二：交通安全

安全主题之三：防溺水

安全主题之四：自然灾害疏散逃生

安全主题之五：消防安全

安全主题之六：卫生安全

安全主题之七：居家安全

安全主题之八：自我救助

（二）国家安全主题教育纲要

安全主题之九：爱国主义教育

安全主题之十：文化安全教育

安全主题之十一：国际安全教育

安全主题之十二：生态资源安全教育

安全主题之十三：科技安全教育

（三）安全主题教育活动设计

主题一：安全行为规范教育

主题二：交通安全

主题三：防溺水

主题四：自然灾害疏散逃生

主题五：消防安全

主题六：卫生安全

主题七：居家安全

主题八：自我救助

主题九：爱国主义教育

主题十：文化安全教育

主题十一：国际安全教育

主题十二：生态、资源安全教育

主题十三：科技安全教育

（四）幼儿园安全主题教育活动日

二、三年级

1. 第一单元　交通安全

第一课　读懂交通信号灯

第二课　读懂交通标志和标线

第三课　行走的安全

第四课　乘车的安全

第五课　停驶的车辆也危险

第六课　绘制交通安全线路图

2. 第二单元　卫生安全

第七课　讲卫生防疾病

第八课　健康饮食好习惯

第九课　生病吃药有讲究

3. 第三单元　生活安全

第十课　安全快乐过课间

第十一课　警惕校园暴力

第十二课　警惕不安全的触摸

第十三课　游泳、滑冰要小心

第十四课　安全使用电梯和旋转门

第十五课　外出游玩讲安全

第十六课　不轻信陌生人

4. 第四单元　应对自然灾害

第十七课　应对大风和沙尘暴

第十八课　沉着应对暴雨

三、六年级

1. 第一单元　生活安全

第一课　防盗、防骗、防敲诈

第二课　远离绑架的危险

第三课　恶作剧引发大危害

第四课　自我管理保安全

2. 第二单元　外出安全

第五课　休闲旅游的安全

第六课　野外迷途会求生

3. 第三单元　网络安全

第七课　合理使用手机

第八课　正确使用网络

4. 第四单元　生活安全

第九课　吸烟危害健康

第十课　抵制酒的诱惑

第十一课　养成良好的健康的生活方式

第十二课　小心食物中毒

第十三课　常见的简单急救（一）

第十四课　常见的简单急救（二）

第十五课　常见的简单急救（三）

5. 第五单元　应对自然灾害

第十六课　雾霾天气的自我保护

第十七课　台风海啸来临会应对

第十八课　保护环境减少灾害

四、九年级

第1课　遵守交通规则

第2课　防溺水安全教育

第3课　远离拥挤踩踏事故

第4课　家庭用电的安全措施

第5课　火灾的预防与逃生

第6课　地震中的逃生与自救

第7课　洪涝灾害的预防与救助

第8课　独自在家我机灵

第9课　对性骚扰说"不"

第 10 课	慧眼识骗局	第 13 课	警惕宠物带来的伤害
第 11 课	灵活机智应对绑架	第 14 课	预防艾滋病
第 12 课	谨防网络游戏成瘾	第 15 课	远离毒品的危害

附录 5-2

校园安全感指数自测问卷

	问卷内容	问题	1~10 分的区间，请根据实际情况酌情选择
1	学生对校园环境的态度	校内的学习环境（如教学楼、图书馆等）安全吗	1 分表示"一点也不安全"……10 分表示"非常安全"
		宿舍有没有安全隐患（如大功率电器的使用）	1 分表示"非常多，到处都是"……10 分表示"没有隐患，非常安全"
		校内交通安全吗	1 分表示"一点也不安全"……10 分表示"非常安全"
		校内治安情况怎么样	1 分表示"一点也不好"……10 分表示"好"
		你担心财物损失吗（包括发生网络诈骗）	1 分表示"非常担心"……10 分表示"一点也不担心"
2	学生对安全管理工作的态度	学校的安防、消防设备（如灭火器、门禁、摄像头、烟雾报警、急救电话等）怎么样	1 分表示"不齐全、大部分都是破损的"……10 分表示"非常齐全、有效"
		学校开展的安全宣传教育有帮助吗	1 分表示"一点也没用处"……10 分表示"非常实用、有帮助"
		学校的安全管理工作怎么样	1 分表示"很差"……10 分表示"非常好"
		安全工作者应对突发事件的能力怎么样	1 分表示"很差"……10 分表示"非常好"
		同学与安全相关部门是否可以很好地沟通与互动	1 分表示"毫无沟通"……10 分表示"沟通、交流地非常好"

续表

	问卷内容	问题	1~10分的区间，请根据实际情况酌情选择
3	学生对安全氛围的态度	你感觉校内总体人际关系	1分表示"矛盾重重"……10分表示"友好融洽"
		你感觉学校整体学业、科研的压力	1分表示"压力巨大"……10分表示"毫无压力"
		大家都主动遵守学校的安全规定吗	1分表示"一点也不遵守、经常违反"……10分表示"非常遵守"
		大家经常谈论有关安全的话题吗	1分表示"完全不讨论"……10分表示"经常积极讨论"
		你觉得学校安全事故的数量	1分表示"非常多"……10分表示"一点也没有"
4	学生自身的安全状态	当发现安全隐患时，你会	1分表示"根本不在乎"……10分表示"非常慎重对待"
		你和老师们相处地怎么样	1分表示"关系非常差"……10分表示"相处地特别好"
		你的室友关系	1分表示"关系非常差"……10分表示"相处地特别好"
		你在学校能找到合适的方法及时排解负面情绪吗	1分表示"关系根本不能"……10分表示"找到了非常适合的方法"
		大学生活让你有更好的目标感吗	1分表示"完全没有"……10分表示"让我非常有目标感，感觉很棒"
5	你觉得校园安全感能得多少分	60~100分	请根据实际情况，酌情选择

注：校园安全感指数自测问卷主要在"安全微伴"与"无忧安教"安全教育系统呈现，本处仅介绍问卷相关内容。

第六章

新时代学校安全教育一体化：主要问题及优化对策

第六章 新时代学校安全教育一体化：主要问题及优化对策

近年来，为贯彻落实《意见》《指导纲要》《纲要》等政策要求，各级各类学校在安全教育方面进行了积极探索与实践，对提高学生安全素养起到了较好作用。但在政策落实过程中仍存在许多亟待突破的难点。以新时代学校安全教育及相关政策为指引，充分拓展和利用各种社会资源，努力推进和实施学校安全教育一体化、全面提升学校安全教育质量，是促进总体国家安全观落地生根需要面对的现实问题。

为了充分了解各级各类学校安全教育开展状况，准确研判新时代学校安全教育存在的问题，课题组以中部省份山西省为主要样本区域，依据学校安全教育相关政策文件，围绕公共安全教育和国家安全教育两大主题，就各级各类学校安全教育开展情况进行了实地调研和分析。另以学生安全素养为主题，在全国18个省（市、自治区）进行了调研。[①] 同时，结合实践基地校等提供的反馈信息，就各级各类学校安全教育状况进行了梳理。研究显示，在课程建设方面，各级各类学校能够普遍开设公共安全教育课程和多种形式的主题教育、安全演练活动，但一些学校国家安全教育课程还存在开设不足、比较碎片等现象，普遍存在安全教育内容缺项、学科渗透不足、教学方式比较单一等问题。在师资队伍建设方面，多数学校安全教育教师由辅导员或思政教师兼任，存在专任教师严重短缺、培养培训机制不完善等问题。在保障机制方面，普遍存在学校安全教育制度体系不完善、安全教育经费短缺等问题。在此基础上，从完善课程建设机制、教师队伍建设机制，健全协同育人机制和运行保障机制等方面提出优化对策。鉴于安全教育课程建设及实现机制已在第四章进行详细阐述，本章不再赘述。

---

① 课题运行期间，课题组围绕学校公共安全教育和国家安全教育两大主题，分别开展了中小学校安全状况（包括学校安全教育）、中小学校国家安全教育和高等学校国家安全教育三次实地调研，形成《山西省中小学校幼儿园安全调研报告》（2021年）《山西省中小学校幼儿园国家安全教育状况调研报告》（2021年）和《山西省高校国家安全教育状况调研报告》（2022年）等研究报告，分别获山西省教育厅（2021年）和山西省委国安办（2021年、2022年）批复。同时，以"学生安全素养"为主题，选取全国18个省市、156所学校、37317名学生进行了全国中小学生安全素养调研，形成《全国中小学生安全素养状况调研报告》，获教育部基础教育司批复（2023年）。这些研究报告，为课题研究提供了重要的实证信息。特别提示：随着近年来学校安全教育政策的逐步落实，一些问题已得到初步解决，如关于国家安全教育课程落实和学分规定等方面。为保持调研数据的真实性和完整性，本章在问题描述部分，依据前期课题调研实证信息，未作变动。

第一节 新时代学校安全教育一体化：主要问题

一、学校安全教育课程建设不到位

（一）课程内容缺项

《指导纲要》指出，公共安全教育内容包括预防和应对社会安全、公共卫生、意外伤害、网络和信息安全、自然灾害以及影响学生安全的其他事故或事件6个模块。《纲要》要求，构建完善的国家安全教育内容体系，科学设置教育教学的整体架构、主要内容和各学段具体的教育内容要求。在调研中发现，公共安全教育和国家安全教育的课程内容均存在缺项。

在公共安全教育方面，多数学校公共安全教育内容集中于社会安全模块的消防、食品和交通安全等主题，对公共卫生、网络和信息安全模块的学生欺凌、网络信息安全和性教育等方面关注较少，缺项较多。部分学校没有配备安全教育教材，加之多数学校选购的安全教育教材多是仓促编写，一定程度上导致安全教育内容完整性、系统性不足。同时，存在常态化安全教育教研不能有效开展以及教师在安全教育教学中讲授随意，知识点零散、碎片和无序堆积现象，难以保证安全教育的系统性和有效性。

在国家安全教育方面，中小学校和高校均已开设国家安全教育课程，但尚未形成比较完整系统的课程体系。对中小学校而言，存在对课堂教学这一主阵地利用不足、地方课程和校本课程开发不足等现象。调研显示，借助相关校本课程开展国家安全教育的学校，主要依托国防教育课程开展，但学校相对较少。① 对高校而言，多数学校主要依托《大学生安全教育》《毛泽东思

---

① 实地调研（2021）显示，在调研样本中，怀仁四中的国防教育有一定借鉴意义。怀仁四中努力打造国防教育示范校，将国防教育纳入学校教学计划，匹配专门的国防教育课程、教师和国防演练教官（新生入学的军训）等。同时，学校按照解放军的三大纪律命令，强化队列训练，组织"三防"综合演练，开展军事游戏活动，增强学生体质，使学生学会在遭受核、化、生武器袭击时的正确防护动作，适应未来需要。

想和中国特色社会主义理论体系概论》《形势与政策》等公共课程开展国家安全教育，国家安全相关知识仅为其中一个专题，教育内容多集中于国家安全基础性知识。部分学校国家安全教育的内容仍停留在军事安全、政治安全等传统国家安全范围，对于总体国家安全观中的文化、经济和科技安全等非传统安全内容鲜有涉及；由此导致学生所获得的国家安全知识比较零散，难以构建比较完整的国家安全知识体系。

（二）学科渗透不足

《纲要》规定，各学科专业教师要结合学科专业领域特点，在课程中有机融入国家安全教育内容。在调研中发现，各级各类学校普遍存在公共安全教育和国家安全教育学科渗透不足的现象。

在公共安全教育方面，中小学校和高校均存在公共安全教育在学科课程中渗透较少，"两张皮"现象比较严重。在实际的教育教学活动中，渗透内容不全面、渗透方法单一等问题仍较为突出。一是渗透科目不全面。科目多集中于思政（道德与法治）、语文和历史等文科性质的学科，物理、化学、生物等理科性质学科渗透较少。二是渗透方法单一。相关学科教师为刻意讲解公共安全的有关知识而渗透，未能将公共安全知识有机融入学科教学中。

在国家安全教育方面，对中小学校而言，多数学校努力探索根据中小学各学科课程标准，将"国家安全教育"的具体实施内容系统渗透不同学科课程当中，但仅处于起步阶段，尚未取得整体突破。在渗透科目上，多数学校能够将国家安全教育渗透于道德与法治、思想政治、语文、历史和地理等文科性质的课程，但在物理、化学、数学、信息技术等偏理科性质的学科渗透较少或是难于找到渗透点。对于高校而言，大部分高校多在《大学生安全教育》《形势与政策》等公共基础课程中涉及国家安全知识，在学科专业课程中渗透国家安全教育内容略显不足。部分专业院校仅在兵器类等相关度较高的课程中进行渗透，而艺术类等相关度较弱的专业因难以找到合适的国家安全教育渗透点，不渗透或渗透效果不佳。此外，一些教师没有较好掌握渗透方法，存在为了刻意讲解国家安全有关知识而渗透，简单添加、强行联系，或将渗透节点安排在不合适的教学环节等现象。

(三) 教学方式单一

《指导纲要》指出,要充分利用班会、校会、升旗仪式、专题讲座、墙报、板报、参观和演练等方式,全方位、多角度开展公共安全教育。《意见》指出,开展知识竞赛、演讲比赛、文艺表演、社会实践等形式多样的国家安全教育主题活动。在落实过程中,公共安全教育和国家安全教育存在教学方式单一的问题。

在公共安全教育方面,多数学校安全教育教学形式单一,侧重知识讲授。多数教师不能灵活使用多种教学方式,多使用说教、强调、要求和警告等方式进行安全知识教学,学生主动参与和实践体验机会不多,难以充分调动学生学习积极性。

在国家安全教育方面,已有学校采取知识传授、图片视频展示和情景模拟等多样化的教学方式①。总体上,多数学校安全教育教学方式比较单一,侧重知识讲授。对中小学校而言,较多采用讲授法等形式进行教学,仅有部分学校采取知识传授、图片视频展示和情景模拟等多样化的教学形式进行国家安全教育。对高校而言,多数高校存在教学方式单一和活动效果不佳的问题。主要表现为:一是在课堂教学中主要采用讲授法来传授国家安全知识,学生处于被动接受状态,国家安全教育实效性差;二是主要在"全民国家安全教育日"或《中华人民共和国国家安全法》颁布实施的重要时间节点,采用主题班会、网络宣传和知识竞赛等形式进行国家安全教育。相关主题活动开展次数有限且间隔时间较长,活动方式缺乏创新性,对丰富学生国家安全知识、全面提升学生国家安全素养,效果甚微。

(四) 课时不足

在公共安全教育方面,一是部分学校虽然安排了两周一节的安全教育课,在实际教学中却大打折扣,存在随时可以被其他课程、重要活动等所替换或

---

① 实地调研(2021)显示,山西省长治市沁源县机关幼儿园制作"沁源围困战"儿童实景剧,学生亲临战争情境,增强爱国情感。山西省长治市沁源实验小学将国家安全教育与研学旅行相结合,定期组织"传承红色基因,争做红色少年"为主题的研学旅行,编制《研学旅行手册》,注重研学过程中的安全防护,让红色基因代代相传。

调整的现象，这在初高中学段尤为突出。二是少部分学校未设置安全教育课程，安全教育主要在班会课中进行。安全教育在每周一节班会课中的占比不一，一般 5~20 分钟，课时被压缩严重。

在国家安全教育方面，多数学校能做到《纲要》关于国家安全专题教育每学年不少于 1 次，每次不少于 2 课时的要求。但对于《纲要》关于小学、初中和高中（含高职）国家安全教育内容安排原则上不少于 32 课时以及高等学校国家安全教育公共基础课不少于 1 学分的规定，大部分学校未能贯彻执行。

二、学校安全教育师资队伍建设不到位

（一）师资队伍力量薄弱

《指导纲要》规定，各级教育行政部门和学校要重视教师队伍建设，不断提升教师开展公共安全教育的水平。《纲要》要求，培养从事国家安全教育专业人才，选拔、培育一批专门从事国家安全教育的专业骨干教师，形成专兼结合的国家安全教育师资队伍。在调研中发现，公共安全教育和国家安全教育师资队伍力量较为薄弱。

在公共安全教育方面，部分中小学教师队伍结构不合理。少数中小学配备了专兼职结合的安全教育教师，但专职安全教育教师年龄偏大、数量较少。多数中小学只配备了兼职安全教育教师，主要有校内兼职和校外兼职两种，其中校内兼职安全教育教师基本由班主任、思政课教师（小学为道德与法治教师）、体育教师或安全副校长担任，校外兼职安全教育教师主要是聘任的法制副校长。

在国家安全教育方面，大多数中小学没有专职的国家安全教育教师，多由班主任或道德与法治等其他相关学科教师兼任。部分高校配置专职国家安全教育教师，其专业背景为思想政治、哲学和心理学等。多数高校没有配备国家安全教育专职教师，国家安全教育教学任务由班主任、辅导员和思政课教师兼任，学科背景较复杂。

(二) 师资队伍培训不足

《指导纲要》规定，把公共安全教育列入全体在职教师继续教育的培训系列和教师校本培训计划，分层次开展培训工作。《纲要》规定，分级开展大中小学教师全员培训，将国家安全教育纳入"国培计划"、高等学校新入职教师培训、思政课教师培训等各级各类培训；分层次举办校级领导总体国家安全观专题研讨班，对国家安全教育关联度较高的学科教师进行专项培训。《意见》规定，教育部门和学校分级开展教育行政管理者专题培训。在调研中发现，公共安全教育和国家安全教育均存在培训不足的问题。

一是培训对象覆盖人数较少。学校安全教育实际培训参与名额有限，主要以安全副校长、政教主任、班主任和部分任课教师等人员为主，培训覆盖率不高。二是培训频次较低。多数县级教育行政部门对校长、部分安全教师等相关人员进行一年一次的培训。但系统性、常态化的培训尚未形成，涉及安全教育的培训较少且时间间隔较长。三是培训内容偏理论化，实操性培训占比较少，培训针对性不强。对公共安全教育而言，培训内容仅以消防安全知识、急救知识等为主。对国家安全教育而言，各县（区）未将国家安全教育内容纳入培训计划中，未对相关学科教师进行国家安全教育培训。

(三) 教师安全教育素养不高

具备较高的安全教育素养对于教师开展学校安全教育至关重要，在调研中发现，公共安全教育和国家安全教育领域均存在教师安全素养不高的问题。其共同表现为：一是多数学校安全教育教师由班主任、思政教师来兼任，既没有相关专业学科背景，也未经过专门的培训；二是相关学科教师安全教育意识普遍较弱，对公共安全教育和国家安全教育领域的知识知之甚少，安全教育素养整体较缺乏；三是部分安全教育教师因编制、待遇、个人专业发展等现实问题，思想不稳定，无法安心兼职工作；四是少数教师政治素养和敏感性不强，不能从内心深处认识到新时代学校安全教育的重要性和紧迫性，对学校安全教育工作不用心、不作为。

三、学校安全教育保障不到位

(一) 学校安全教育制度不健全

在公共安全教育方面,一是安全教育教研制度不完善。多数学校未能定期开展安全教育教研活动,主要通过语文、数学等学科教研后的碎片时间进行讨论;二是安全教育制度落实效果较差。由于部分职能部门和学校人员安全教育意识薄弱、相关激励措施缺失,导致学校安全教育制度执行不到位,并进一步引发安全教育课程被压缩、安全教育师资配备不足、安全教材配备率和使用率低等问题。

在国家安全教育方面,制度建设不完善。少数高校针对国家安全教育设置相关制度[1],但多数学校未出台国家安全教育及相关制度。究其原因,除重视程度不够外,学校在开展国家安全教育工作时,缺乏具体的上位政策指导,使学校层面的国家安全教育制度体系建设依据不明确、进程缓慢,无法为国家安全教育的有效开展提供制度保障。

(二) 考核体系不完善

在公共安全教育方面,多数县(市、区)教育行政部门制定了安全教育课程考核办法,主要涉及安全教育课程计划制定、课程开设、课程内容和安全教育平台完成率等内容。部分学校将安全教育纳入学校综合考核中,安全教育的考核分数在学校综合考核中占比不一,比重区间在5%~15%。但仍有部分县(市、区)教育行政部门和学校尚未形成完善的安全教育考核体系。一是考核内容不确定,随机性较大。二是多数学校未制定专门的安全教育考核办法,安全教育考核办法仅在学校综合考核中略有体现。三是考核方式较为单一,对集体或个人的表现并未形成详细的奖惩措施,考核效果不佳,并未起到良好的督促和激励作用。

---

[1] 实地调研(2022年)显示,山西工商学院制定《国家安全教育工作领导小组例会制度》《国家安全教育检查督导制度》等,对国家安全教育工作计划制定、国家安全教育工作问题研究、国家安全教育工作责任督促检查与责任追究等方面进行了规定。

在国家安全教育方面，各市、县（区）教育局和学校没有依据《意见》中国家安全教育目标和内容要求，明确评价要求和评价要点，没有将国家安全教育内容纳入学生学业评价范畴。国家安全教育考核体系尚需完善。

（三）安全教育经费短缺

在公共安全教育方面，各地教育行政部门存在安全教育经费申请困难或划拨不及时的现象。

在国家安全教育方面，中小学和高校国家安全教育专项资金投入不足。一是国家安全教育经费在学校教育经费中占比少。教育主管部门对于学校教育经费的具体支出没有硬性规定，在经费数额基本固定的前提下很少有学校能够主动将有限的教育经费投入国家安全教育工作上。多数高校未设立国家安全教育专项经费，对国家安全教育资金投入较少。二是国家安全教育经费来源渠道单一。中小学国家安全教育经费主要来源于政府拨款，各级教育行政部门对国家安全教育的财政支持不充足，社会筹集经费渠道尚不畅通。

第二节　新时代学校安全教育一体化：优化对策

一、构建师资队伍建设机制

学校安全教育质量关系到国家安全、社会稳定和家庭幸福。教师是立教之本、兴教之源，教师承载着传播知识和思想、塑造灵魂、生命和人的时代重任，教师队伍的质量和水平决定着学校安全教育的质量和效果，是保障学校安全教育质量的关键。应从设置相关专业、保障师资供给，构建师资队伍在职培训体系和优化教师队伍结构等方面入手，构建学校安全教育队伍建设机制，全面提升教师安全教育素养，促进学校安全教育高质量实施。

（一）设置相关专业，保障师资供给

学校安全教育教师"师出无门"、专业化安全教育教师供给不足，阻碍

学校安全教育教学工作的开展。建议有条件的高校，特别是高师院校，开设学校安全教育或相关专业，着重从培养目标、课程建设和设施设备等方面入手，培养具有较高安全教育素养的专业人才，增加学校安全教育专业师资力量供给。

其一，明确培养目标。学校安全教育专业主要培养具有马克思主义理论素养，了解党的教育方针政策和国家法律法规，热爱学校安全教育工作，具备基本的公共安全、国家安全知识与技能，掌握学校安全教育课程与教学理论及方法，能够在各级各类学校等从事学校安全教育工作的专门人才。

其二，加强课程建设。一是明确课程内容。学校安全教育专业兼具"会安全"和"会安全教育"双重特性，着重解决在公共安全教育和国家安全教育中"教什么"和"怎么教"的问题。由此，课程内容设置需涵盖"安全"本体性知识和"教育教学"条件性知识。其中，"安全"本体性知识包括与公共安全、国家安全有关的学科专业知识，涉及安全的一般理论知识、公共安全知识和国家安全知识（总体国家安全观及若干重点领域安全知识）；"教育教学"条件性知识包括教育理论基础知识和学校安全教育课程教学理论知识和方法论知识。二是推动课程实施。系统实施安全教育专业课程，使人才培养落到实处。在低年级，注重学校安全教育专业基础知识的学习，强化专业意识；在高年级，注重理论学习与实践教育相结合，全面提升学生专业理论水平、知识储备和专业能力。同时，创新人才培养模式，注重全过程育人，推动课程落地。一方面，构建"内部导师"培养模式。学校为每位学生指定专业相近、学术水平高的教师为导师，从师德师风、理论学习和教育教学实践等方面提升学生的水平。另一方面，构建"现代学徒制"培养模式。加强与第三方安全教育机构深度合作。尤其是加强学生见习、实习和就业等方面的合作，实现"产学研用"一条龙培养和服务，校企联手，多方共育，提高学校安全教育人才培育目标达成度。三是建设课程资源。加强学校安全教育相关教材、讲义等静态课程资源和学校安全教育平台等动态课程资源建设，确保高校安全教育教学活动课程资源供给。积极借鉴梳理国内外较为成熟的学校安全教育文献、案例和权威教材等课程资源，编制学校安全教育配套讲义、教材。同时，建设学校安全教育线上平台，完善学校安全教育资源库建设，增强学生在线学习能力，满足学生全时全域学习需求。

其三，加强设施设备建设。一是立足专业需求建设学校安全教育相关实验室，为学校安全教育教学提供技术支撑。同时，借助专业实验室，在社会安全、公共卫生、意外伤害、网络与信息安全、自然灾害及影响学生安全的其他事故或事件等方面开展桌面推演教学。鼓励有条件的学校建立虚拟仿真演练室，保障学生安全模拟演练，提高学生安全应急能力。学生可利用VR应急训练模拟器中事故情景、逃生训练等模拟平台，体验地震逃生、溺水自救和灭火等学校安全VR虚拟场景，操作VR手柄进行情境互动，"身临其境"进行安全学习。二是建设实践基地。立足学校安全教育实践需求，高效整合利用已有安全教育体验馆、禁毒教育基地、国防教育基地、博物馆等校外活动场所，加强与国安、公安、司法、应急、交通和消防等学校安全相关部门的合作，为学生提供更多实践机会。

此外，亦可利用既有国家安全专业、应急管理专业和师范类学科教育专业等，设置学校安全教育方向或辅修专业，培养学科专业与学校安全教育专业融合互通的复合型人才，满足教育行政部门和各级各类学校安全教育教师队伍建设需求。当条件成熟时，可考虑设置学校安全教育专业硕士学位，满足各水平学校安全教育师资需求。

（二）构建师资队伍在职培训体系

在较长时期内，学校安全教育兼职教师队伍是学校安全教育的"主力军"。完善培训内容、拓展培训方式和培训渠道，构建完整、可行、覆盖面大的学校安全教育师资队伍在职培训体系，是全面提升学校安全教育师资队伍专业化水平，满足学校安全教育需求的基本应对之策。

其一，完善培训内容。考虑到公共安全教育与国家安全教育的特殊性，针对国家安全教育教师和公共安全教育教师，培训内容应各有侧重。对于公共安全教育教师，侧重于对公共安全知识、课程资源开发、学科渗透等内容的培训，全面提升教师的公共安全知识和教学技能。对于国家安全教育教师，侧重于对总体国家安全观、国家安全及相关政策精神、国家安全专业理论知识、国家安全教育教学等内容的培训，不断完善国家安全教师国家安全知识储备。

其二，拓展培训方式。一是组织开展活动。组织安全教育教师参加听评课、教学大赛、专项课题和参编教材等活动,邀请经验丰富的专家举办教育学术沙龙等,以提升教师安全教育教学水平。二是组建教研团队。鼓励相关学科教师形成安全教育教研团队,对安全教育理论、教育教学活动及课程实施等进行专门研讨。根据相关政策要求与具体实施情况,及时调整安全教育计划与课程方案。

其三,拓展培训渠道。继续落实国家、省、市、县层面举办的学校安全教育教师培训活动,包括"国家安全教育教师国家级培训""强师计划""省培计划"等,实现在职安全教育教师培训全覆盖。同时,在针对各学科教师的各类"国培""省培"和新教师岗前培训及校长任职资格培训中,增加安全教育主题,增强各类学科教师和学校后备干部主动开展公共安全教育的意识和能力。

(三) 优化教师队伍结构

其一,培养专职教师队伍。鼓励有条件的县(区)培养一批学校安全教育专职教师。专职教师可吸纳社会专业人员,也可在现有师资力量中有针对性地进行选任和培养,积极引进从事公共安全和国家安全教育研究的专业人才,发挥其"领头羊"的示范引领作用。同时,鼓励有条件的区域组建学校安全教育专家库,充分发挥不同专业领域专家的引领作用,助推安全教育教师专业成长。

其二,组建兼职教师队伍。各级各类学校应依据实际情况,组建相对稳定的兼职学校安全教育师资队伍。依据公共安全和国家安全等不同教育需求,由道德与法治、语文和体育等学科教师组建兼职教师队伍,各学科教师结合主授学科特点,充分挖掘各学科中安全教育的可开发利用要点,发挥好安全教育兼职教师队伍"主力军"作用。此外,针对专业性较强的国家安全教育知识,可以聘任在此领域具有深厚造诣的专家学者担任兼职教师,以自身的专业知识从国家安全的角度入手,向学生阐述国家安全相关原理和要求。

其三,打造教研员队伍。《关于加强和改进新时代基础教育教研工作的意见》(2019)提到,应按照国家课程方案配齐所有学科专职教研员,有条件的地方应分学段配齐所有学科专职教研员。对学校安全教育而言,应以县(区)为单位,打造一批学校安全教育教研员队伍。县级教育行政部门教研室配置1~2名专职安全教育教研员，负责辖区中小学国家安全教育研究和教师培训工作的同时，加强国家安全教育教研和课题研究。同时，学校应确定安全教育教研负责人，定期进行教研活动。推动以研促教、以教促学，为学校安全教育教学提供专业引领。可建立县（区）、学区、片区三级教研体系，邀请专家参与学校安全教育中，组织专家带头上安全教育示范课，鼓励专家参与学校安全教育课程设计和研讨会等活动，建立良好的互动机制，切实提高学校安全教育质量。

二、建立健全协同育人机制

协同育人机制是指为实现育人目标，学校、家庭和社区三个子系统之间相互协作，形成同生共长、多方育人的机制。党的二十大报告特别指出，健全学校家庭社会协同育人机制。《中华人民共和国家庭教育促进法》《关于健全学校家庭社会协同育人机制的意见》等系列政策法律文件强调，增强协同育人共识，积极构建家校社协同育人新格局。就学校安全教育一体化而言，建立健全协同育人机制应明确学校、家庭和社会的育人职责，促进三方各展优势、密切配合，在三方场域渗透安全教育理念，促进学生安全行为养成，使其成为具备较高安全素养的时代新人。

（一）学校层面：发挥协同育人主导作用

作为安全教育的主阵地，学校应积极发挥协同育人的主导作用，推动家庭和社区等主体的共同参与，协调各方资源，搭建"家校社"一体化安全教育的桥梁。

其一，积极开发家长人力资源。一是统筹家长委员会、家长学校、家长会、家访、家长开放日和家长接待日等各种家校沟通渠道，积极举办各类面向家长的家庭教育类讲座、志愿者活动、亲子运动会等活动，鼓励家长积极参与到学校安全教育工作中。同时，帮助家长提升安全教育素养，营造重视安全教育的家庭氛围。如四川省成都冠城实验中学通过家委会、家长学校和家长会等渠道，引导和帮助家长提高自身素养和家庭教育能力，强化安全教育育人合力。二是建设"家长志愿者"小分队，强化家长在学校安全教育教学活动与管理等方面的作用。一方面，建设"安全活动助教"小分队，基于家长专业背景与职业，分类组建安全活动助教队伍，帮助教师纠正学生不安全行为，关注学生的安全问题。另一方面，在条件允许的前提下，可采取家长自愿参与的方式，建设"家长护校"小分队，负责学生上下学的交通安全问题。如北京市顺义区推出"家长联勤护校"，护校队的家长由孩子所在学校、幼儿园安排出勤班次，轮流佩戴"家长联勤"的红袖标在校园门口及周边值守。①

其二，大力拓展社会育人资源。一是各级各类学校积极挖掘社会人力资源，外聘安全教育教师、社会安全领域相关人员协助开展学校安全教育工作。如邀请消防员、警察等开展紧急救援、逃生、动植物救助等主题活动；聘请"五老"（老干部、老战士、老专家、老教师、老劳模）担任班级辅导员并开展讲座等交流活动；邀请安全领域专家学者共同研制各学段安全教育课程、家庭安全教育课程、家庭安全教育指导手册等。如陕西师范大学附属小学邀请省市区级各学科教研员到校指导各学科安全教育渗透教学工作。二是积极挖掘社会物力资源，利用场馆资源、设施设备资源及自然资源开展学校安全教育。如组织学生参观公共安全教育场馆和国家安全教育场馆；利用救生圈、安全防护装置等开展安全专题教育；利用森林、沙滩等进行安全演练活动。

（二）家庭层面：强化家长主体责任意识

家长自身教育观念、责任意识及言行举止对学生安全意识形成和安全行为养成有着潜移默化的影响作用，家庭需做好创设安全育人环境、主动协同学校与社会开展安全教育工作等。

其一，创设家庭安全育人环境。依据《中华人民共和国家庭教育促进法》《关于健全学校家庭社会协同育人机制的意见》（2023年）等政策法律文件要求，家庭要强化自身权责意识和角色定位，树立安全为本的安全观，开辟安全教育第二课堂，形成教育影响的一致性与连贯性。家长要将安全教育与家庭日常生活紧密关联，从学生的安全习惯入手，培养学生良好的安全行为习惯，明确"安全第一"的家庭教育理念，营造家庭全员"安全第一"的

---

① 中国新闻网：https://www.china news.com.cn/edu/edu-xyztc/news/2010/05-22/2298279.shtml。

良好生态。如家长在生活起居、家务劳动、待人接物、个人卫生、体育锻炼和行为习惯等方面作出安全示范，在潜移默化中养成学生良好的安全行为习惯。

其二，主动协同学校与社会进行安全教育工作。一是家长可通过关注学校微信公众号或微博等官方账号，了解学校的安全教育与管理工作；通过家校联系卡、家校信息平台等共享安全教育信息，与学校进行积极沟通，达成安全教育共识，共同助力开展学校安全教育。二是家长充分发挥自身专业特长，主动参与并服务学校安全教育课程建设与教学工作，助力安全教育课程建设，为安全教育资源开发与利用、安全教育实施等建言献策。此外，积极参与学校、社区举办的公益性家庭教育指导和实践活动，全面学习安全知识，系统掌握安全教育理念和方法，同时将现实中的安全教育问题反馈给学校和社区，时时处处用正确行动、正确思想和正确方法教育、引导孩子，为家校协同开展安全教育打好基础。

（三）社会层面：充分发挥社会支持力量

各类社会力量在学校安全教育工作中发挥着支持和保障作用，助力学校和家庭，形成安全教育一体化共生合力。

其一，发挥社会专业力量。一是地方教育行政部门、企事业单位、爱国主义教育基地、国防科技场馆、博物馆、红色文化基地和风景区等社会机构应加强与学校的联系，支持并协助开展校外实践活动。如深圳市教育局联合市应急办、消防局等部门建立"深圳市现代安全实景模拟教育基地"[1]，基地以实景模拟的形式向广大参观者宣传安全知识技能。其显著特点是实景展现，模拟互动，寓教于乐。整个教育基地有15个分场馆，涵盖消防、建筑、机械、交通、家具、电器、职业卫生和自然灾害等各方面，成为综合式一站式服务中学学生的安全体验场所。二是公安、消防、交通、卫生、地震等部门应与学校建立密切联系，派遣有关人员担任安全辅导员，进行师资培训和专业指导等，并协助学校制订相应的急疏散预案和组织疏散演习活动。同时，根据学生特点开展安全知识专题讲座，让学生切身体会公共安全与国家安全的重要性。如2024年新学期伊始，浙江杭州各消防救援站联合辖区内中小学

---

[1] 中国教育新闻网：http://www.jyb.cn/rmtzcg/xwy/wzxw/202204/t20220429_691501.html。

校组织开展安全常识讲座、应急逃生演练和"消防站开放日"等活动,讲好消防安全"开学第一课",推动消防安全知识进校园。①

其二,积极开发线上安全教育平台。线上安全教育平台是推动安全资源共享、实现个体泛在学习的重要手段。高校、科研机构及相关企业应充分发挥各自的专业优势和特色,开发面向教师与家长的安全教育平台,提供多类型、针对性的安全教育资源。一是为教师提供全学段安全教育教学方案和各类安全教育主题活动方案;提供实时数据报告,包括班级管理、学生管理、评价管理及学期结课报告等内容。如北京麦课教育服务机构开发"安全微伴"(高校)与"无忧安教"(中小学)安全教育系统。其中,"安全微伴"安全教育系统包含750余门安全教育微课,"无忧安教"安全教育系统配备体验式的安全教具,为大中小学有效开展安全教育教学活动提供了支撑平台。二是开发面向家长的安全教育指导平台,为家长提供安全教育理念、内容与实施方法。设置安全教育指导专栏、安全教育互动交流与模拟练习等模块为家长提供针对性、互动性的安全教育资源,切实引导家长掌握安全教育方法与技术。如国家中小学智慧教育平台开设"安全教育专区"。"安全教育专区"以国家中小学智慧教育平台"生命与安全"栏目资源为基础,重点突出"呵护身心健康 促进快乐成长"主题,设置心理健康公开课、生命与成长、安全知识互动等栏目,汇聚丰富的优质数字资源,满足家长陪同学生多种场景进行安全教育的需求。②

三、建立健全运行保障机制

《纲要》指出,要重视对公共安全教育活动的评价和督导。《实施意见》指出,建立健全国家安全教育教学评价机制、开展教育督导、确保经费投入。建立和完善质量监控制度、考核评价制度和经费保障制度等学校安全教育运行保障机制,是新时代学校安全教育有序推进的重要"基石"。

---

① 中国新闻网:http://www.chinanews.com.cn/sh/2024/02-27/10170739.shtml。
② 中国教育部:http://www.moe.gov.cn/jyb_xwfb/gzdt_gzdt/s5987/202304/t20230403_1054053.html?eqid=ff5f3a9e0004e8de00000006642b7a03。

(一) 健全质量监控制度

质量监控制度旨在对学校安全教育的源头、过程和结果进行监控，确保安全教育的落实和教育教学质量的提高，促进新时代学校安全教育有效实施。

一是源头监控。源头监控主要是指在学校安全教育之前的工作监控。应着重对学校安全教育方案的制定和实施情况进行监控。应将学校安全教育工作，作为政府教育质量"监控"的重要领域，实行县（市、区）和学校自评、市级复核、省级评价、国家抽查监测。学校对本校安全教育方案制定及实施情况进行自评。县级党委政府对学校安全教育方案实施情况进行评价，并对本县域学校安全教育质量和党委政府履职情况进行自评，自评报告报上级教育督导部门。市级政府教育督导部门对县域安全教育方案制定及实施情况及教育质量自评工作情况进行复核。省级政府教育督导部门组织对行政区域内各县（市、区）安全教育方案制定及实施情况进行评价，并将评价情况报国家教育督导部门备案。国家教育督导部门对省级开展县域学校安全教育方案制定及实施情况进行抽查，对学生安全教育质量情况进行监测。

二是过程监控。过程监控是指对学校安全教育进行事中监控，即立足于学校安全教育教学过程，对教师教学和学生发展质量进行监控。在过程监控方法和流程上，依据《深化新时代教育评价改革总体方案》（2020）《义务教育质量评价指南》（2021）等要求，组织实施；在过程监控内容上，依据《纲要》《意见》等，主要对安全教育内容是否全面、安全教材是否配备、专业建设是否完备、教育教学活动是否丰富、师资队伍是否专业、教育资源是否有效利用等进行监控，保障安全教育过程监控全方位覆盖。

三是结果监控。结果监控是指对学校安全教育进行事后监控，即运用一定的监测手段对学校安全教育效果进行监控。对于学生发展质量监控，主要监测学生的安全意识、安全知识及安全能力，检查教育实效，检验学生思想认识、态度情感、行为表现等方面的状况。一是传统手段：依据《国家义务教育质量监测方案（2021年修订版）》等政策，运用专家研制测试卷及表现性测试工具等手段，对学校安全教育进行监控。测试卷监测学生在安全领域的发展水平，重点关注学生安全知识的掌握程度。表现性测试工具即通过安全演练和体验、监测安全能力等，对学校安全教育情况进行测试。二是现代手段:可运用"互联网+教育""智能+教育"等手段建立教育质量监测等信息化平台,对各年级安全教育效果进行全过程、全方位的实时动态监控。

(二) 完善考核督导制度

完善的考核督导制度是推动学校安全教育工作顺利开展的必要条件。《实施意见》提到,统筹建立国家安全教育督导评价制度,将国家安全教育开展情况纳入年度督导计划,并根据实际需要开展专项督导检查。针对国家安全教育实施中的问题和难点,尤其应注重对各级各类学校国家安全教育的考核督导。教育督导部门、教育行政部门等部门应采取多种措施,不断完善国家安全教育考核体系,促进学校安全教育有效实施。

其一,确定考核内容。教育督导部门应将国家安全教育开展情况作为新时代教育督导的重要内容,组织开展国家安全教育督导。着重督导国家安全教育教学计划和实施、条件保障和教育实效等方面,并将督导检查结果纳入年度考核范围。其中,教育教学计划和实施涉及专门课程开设(重点课程开设和课时落实情况)、学科教学渗透(注重考察渗透内容和方式)和国家安全教育教学专项教研等方面;条件保障涉及师资队伍建设和经费配置、社会资源利用以及国家安全文化建设等方面;教育实效侧重检验学生有关国家安全的思想认识、情感态度,国家安全知识技能和行为表现等;督导考核对象包括教育行政部门和各级各类学校等。

其二,考核结果运用。各级党委、政府应将考核结果作为学校奖惩、政策支持和校长任用等的重要依据。例如,推荐考核结果合格的中小学校进入省、市平安校园评审;将高校安全教育开展情况,作为"文明单位"等申报的重要依据。同时,将国家安全教育开展情况酌情纳入科任教师、班主任绩效考核内容。对此,一些省份已出台相关措施,可以借鉴①。

(三) 落实经费保障制度

必要的经费支持,是学校安全教育开展的经济基础。对此,许多政策法

---

① 如海南省教育厅《关于贯彻落实〈大中小学国家安全教育指导纲要〉的实施方案》(2021)规定,将国家安全教育纳入教育督导体系,明确督导办法,联合省级党委有关办事机构等定期开展专项督导,督导检查结果向社会公开,并纳入年度考核范围。同时,学校应将安全教育纳入每年度教师(班主任)绩效考核内容,以促进安全教育有效落实。

规都有明确要求。如《实施意见》提到，各地教育行政部门和学校要充分利用各种经费渠道，积极支持国家安全教育工作。经费保障的关键在于"落实"。应通过依法划拨安全教育经费、合理配置安全教育经费等，完善学校安全教育经费供给，为学校安全教育有效实施提供保障。

其一，依法划拨安全教育经费。《中华人民共和国教育法》规定，各级人民政府的教育经费支出，在财政预算中单独列项。《中华人民共和国国防法》（1997）规定，各级人民政府应当将国防教育纳入国民经济和社会发展计划，保障国防教育所需经费。《中华人民共和国国防教育法》（2018）规定，各级人民政府应当将国防教育纳入国民经济和社会发展计划，并根据开展国防教育的需要，在财政预算中保障国防教育所需的经费。在进行安全教育经费划拨时，地方各级人民政府可根据《中华人民共和国国防法》等相关要求，在每年财政预算中，根据学校规模设立一定比例的安全工作专项经费，用于学校安全教育。各级各类高校应结合自身情况，根据教育教学活动开展需要及时划拨安全教育经费。[①] 同时，学校要开拓多元化经费投入渠道。通过加强与政府企业、第三方机构和其他社会组织的联系，争取和吸纳社会资金，依法依规合理使用社会捐资经费，保证安全教育工作正常开展。

其二，合理配置安全教育经费。《教育部 司法部 全国普法办关于印发〈青少年法治教育大纲〉的通知》（2016）规定，统筹安排相关经费，支持青少年学生法制教育，支持法制教育基地、教育普法网站建设和教师法制培训、法制教育教学研究工作。在配置安全教育经费时，教育行政部门要把安全教育工作与教学工作一并列入经费投入的重点，合理规划安全教育经费支出结构，力求在安全教育优质资源配置、硬件设施、教育培训、实践调研和表彰激励等方面的投入支出比例合理，以发挥安全教育经费的最大功效，保障安全教育有序发展。对此，一些省份已出台相关规定，可以借鉴。[②]

[①] 如山西工商学院高度重视安全稳定工作，设置安全专项经费，自2018年开始共投入近800万元用于安全稳定工作，国家安全教育经费包含在内。

[②] 如《广州市学校安全管理条例》（2022）规定，学校安全管理经费包括校舍安全维护改造、安全设施设备配置和管理、安全视频监控平台建设和联网、保安员聘用和管理、安全教育和培训、心理健康教师和卫生保健人员的聘用及校园责任险的购买等费用。

附 录

附录1

国内学校安全教育及相关政策名录

一、法律

1. 《中华人民共和国保守国家秘密法》（1988 年 9 月通过，2024 年 2 月修订）
2. 《中华人民共和国传染病防治法》（1989 年 2 月通过，2013 年 6 月修订）
3. 《中华人民共和国教育法》（1995 年 3 月通过，2015 年 12 月修订）
4. 《中华人民共和国未成年人保护法》（1991 年 9 月通过，2020 年 10 月修订）
5. 《中华人民共和国国防法》（1997 年 3 月颁布，2020 年 12 月修订）
6. 《中华人民共和国防震减灾法》（1997 年 12 月通过，2008 年 12 月修订）
7. 《中华人民共和国消防法》（1998 年 4 月通过，2008 年 10 月修订）
8. 《中华人民共和国预防未成年人犯罪法》（1999 年 6 月通过，2012 年 10 月修订）
9. 《中华人民共和国国防教育法》（2001 年 4 月颁布，2018 年 4 月修订）
10. 《中华人民共和国道路交通安全法》（2003 年 10 月通过，2011 年 4 月修订）
11. 《中华人民共和国义务教育法》（2006 年 10 月通过，2011 年 4 月修订）
12. 《中华人民共和国食品安全法》（2009 年 2 月通过，2015 年 4 月修订）
13. 《中华人民共和国反间谍法》（2014 年 11 月通过，2023 年 4 月修订）
14. 《中华人民共和国国家安全法》（2015 年 7 月通过）
15. 《中华人民共和国反恐怖主义法》（2015 年 12 月通过，2018 年 4 月修订）
16. 《中华人民共和国网络安全法》（2016 年 11 月通过）
17. 《中华人民共和国家庭教育促进法》（2021 年 10 月通过）
18. 《中华人民共和国爱国主义教育法》（2023 年 10 月通过）

二、法规

1. 《关于保证学生、教师身体健康和劳逸结合问题的指示》（1960 年 5 月，国务院）
2. 《学校卫生工作条例》（1990 年 6 月，国务院）
3. 《校车安全管理条例》（2012 年 4 月，国务院）
4. 《突发事件应急预案管理办法》（2013 年 10 月，国务院）
5. 《中小学（幼儿园）安全工作专项督导暂行办法》（2016 年 11 月，国务院）
6. 《关于加强中小学幼儿园安全风险防控体系建设的意见》（2017 年 4 月，国务院）

7.《未成年人网络保护条例》(2023年10月,国务院)

三、部门规章及规范性文件

1.《关于开展学校保健工作的联合指示》(1954年6月,教育部等4部门)

2.《进一步开展爱国卫生运动,做好学校卫生工作的通知》(1963年,教育部、卫生部)

3.《关于进一步加强中小学生卫生教育的几点意见》(1975,教育部、卫生部)

4.《全国重点中、小学的体育、卫生工作检查验收实施方案》(1982年6月,教育部)

5.《中国教育改革和发展纲要》(1993年2月13日,国务院)

6.《关于对严防中小学生安全事故发生进行专项督导检查的紧急通知》(2000年,教育部)

7.《关于2001年开展中小学"校园安全"主题教育活动的通知》(2001年1月22日,教基厅)

8.《关于进一步做好中小学毒品预防教育工作的通知》(2002年,教基厅)

9.《学生伤害事故处理办法》(2002年8月,教育部)

10.《关于加强学校消防安全工作的通知》(2004年,教育部、公安部)

11.《中小学幼儿园安全管理办法》(2006年6月,教育部等十部门)

12.《关于进一步加强中小学校校舍建设与管理工作的通知》(2006年11月14日,教育部)

13.《中小学公共安全教育指导纲要》(2007年2月7日,国务院)

14.《关于推行校方责任保险完善校园伤害事故风险管理机制的通知》(2008年4月15日,教育部、财政部、中国保险监督管理委员会)

15.《关于加强中小学网络道德教育抵制网络不良信息的通知》(2010年1月13日,教育部)

16.《关于加强中小学消防安全宣传教育工作的通知》(2010年12月6日,教育部基础一司、公安部消防局)

17.《关于进一步加强青少年学生法制教育的若干意见》(2013年6月,教育部、司法部、中央综治办)

18.《中小学幼儿园应急疏散演练指南》(2014年2月,教育部)

19.《中小学心理辅导室建设指南》(2015年7月,教育部)

20.《关于开展校园欺凌专项治理的通知》(2016年5月9日,国务院教育督导委员会办公室)

21.《关于进一步加强学校校园及周边食品安全工作的意见》(2016年6月,国务院食品安全办)

22.《关于防治中小学生欺凌和暴力的指导意见》(2016年11月，教育部等九部门)

23.《关于做好学校食品安全与传染病防控工作的通知》(2017年3月16日，教育部)

24.《关于开展中小学（幼儿园）校车安全隐患排查整治工作的紧急通知》(2017年5月11日，教育部)

25.《关于加强中小学（幼儿园）周边安全风险防控工作的紧急通知》(2017年6月16日，教育部)

26.《加强中小学生欺凌综合治理方案》(2017年11月，教育部等十一部门)

27.《义务教育学校管理标准》(2017年12月，教育部)

28.《关于防范学生溺水事故的预警通知》(2018年5月16日，教育部)

29.《关于开展校园不良网贷风险警示教育及相关工作的通知》(2018年7月19日，教育部)

30.《关于进一步加强中小学（幼儿园）预防性侵害学生工作的通知》(2018年12月12日，教育部)

31.《教育部关于加强大中小学国家安全教育的实施意见》（简称《意见》）(2018年4月)

32.《关于做好高等学校消防安全工作的通知》(2019年4月，教育部办公厅)

33.《关于完善安全事故处理机制，维护学校教育教学秩序的意见》(2019年7月，教育部等五部门)

34.《新时代爱国主义教育实施纲要》(2019年11月12日，国务院)

35.《大中小学国家安全教育指导纲要》（简称《纲要》）(2020年10月20日，教育部)

36.《中小学教育惩戒规则（试行）》(2020年12月，教育部)

37.《反间谍安全防范工作规定》(2021年，国家安全部)

38.《关于做好2021年中小学幼儿园安全管理工作的通知》(2021年1月21日，教育部)

39.《防范中小学生欺凌专项治理行动工作方案》(2021年1月，教育部)

40.《未成年人学校保护规定》(2021年9月，教育部)

41.《国防教育进中小学课程教材指南》(2021年10月，教育部)

42.《生命安全与健康教育进中小学课程教材指南》(2021年11月，教育部)

43.《义务教育课程方案和课程标准（2022年版）》(2022年3月，教育部)

44.《关于做好预防中小学生溺水工作的通知》(2022年7月28日，教育部)

45.《关于开展农村义务教育学生营养改善计划专项督导的通知》(2022年11月7日，教育部等七部门)

46.《关于开展大中小学思政课一体化共同体建设的通知》(2022年12月，教育部办公厅)

47.《全球安全倡议概念文件》(2023年2月,外交部)

48.《全面加强和改进新时代学生心理健康工作专项行动计划(2023—2025年)》(2023年4月,教育部等十七部门)

49.《校园食品安全排查整治专项行动实施方案》(2023年12月,国务院食安办、教育部、公安部、国家卫生健康委、市场监管总局)

50.《学生欺凌防范处置工作指引(试行)》(2024年7月,公安部、教育部、中央网信办)

51.《关于强化集中用餐单位食堂承包经营食品安全管理工作的通知》(2024年7月,市场监管总局、教育部、民政部、国家卫生健康委、国管局)

52.《关于加强中小学实验室安全工作的通知(2024年9月,教育部办公厅)

53.《家校社协同育人"教联体"工作方案》(2024年11月,教育部办公厅)

54.《关于印发中小学校园食品安全和膳食经费管理工作指引的通知》(2024年11月,教育部办公厅)

55.《学校食堂和校外供餐单位复用餐饮具清洗消毒工作指引》(2024年11月,市场监管总局办公厅、教育部办公厅)

56.《学校等重点场所诺如病毒感染防控消毒技术指南》(2024年11月,国家疾控局)

四、国家标准和行业标准

1.《学生用品的安全通用要求》(GB 21027 – 2007)

2.《教学仪器设备安全要求总则》(GB 21746 – 2008)

3.《中小学校设计规范》(GB 50099 – 2011)

4.《中小学校传染病预防控制工作管理规范指南》(GB 28932 – 2012)

5.《学生心理健康教育指南》(GB/T 29433 – 2012)

6.《中小学与幼儿园校园周边道路交通设施设置规范》(GA/T 1215 – 2014)

7.《学校安全与健康设计通用规范》(GB 30533 – 2014)

8.《学生宿舍卫生要求及管理规范》(GB 31177 – 2014)

9.《小学体育器材设施配备标准》(JY/T 0466 – 2015)

10.《学生军训卫生安全规范》(WS/T 480 – 2015)

11.《中小学生校服》(GB/T 31888 – 2015)

12.《健康促进学校规范》(WS/T 495 – 2016)

13.《中小学校地震避险指南》(GB/T 33735 – 2017)

14.《公共体育设施室外健身设施应用场所安全要求》(GB/T 34284 – 2017)

15.《公共体育设施室外健身设施的配置与管理》(GB/T 34290 – 2017)

16. 《学生餐营养指南》（WS/T 554 – 2017）

17. 《道路交通标志和标线第 8 部分：学校区域》（GB 5768.8 – 2018）

18. 《食品安全国家标准》（GB 19304 – 2018）

19. 《信息安全技术 个人信息安全规范》（GB/T 35273 – 2020）

20. 《中小学生安全教育服务规范》（GB/T 38716 – 2020）

21. 《传染病疫情居家隔离期间儿童青少年近视防控指南》（WS/T 773 – 2020）

22. 《新冠肺炎疫情期间重点场所和单位卫生防护指南》（WS/T 698 – 2020）

23. 《中小学、幼儿园安全防范要求》（GB/T 29315 – 2022）

24. 《高等学校实验室消防安全管理规范》（JY/T 0616 – 2023）

附录 2

国外学校安全教育及相关政策名录

一、美国

1. 《儿童营养法》（1966 年）

2. 《教育法修正案第九条》（1972 年）

3. 《青少年暴力预防法》（1974 年）

4. 《克莱瑞法》（1990 年）

5. 《校园安全法》（1990 年）

6. 《2000 年目标：美国教育法案》（1994 年）

7. 《校园禁枪法》（1994 年）

8. 《安全、无毒品的学校和社区法案》（1995 年）

9. 《性骚扰指南：学校员工、学生或第三方对学生的骚扰》（1997 年）

10. 《提前预警、及时回应：学校安全指南》（1998 年）

11. 《反校园欺凌法》（1999 年）

12. 《保护我们的孩子：行动指南》（2000 年）

13. 《反暴力安全学校教育法》（2000 年）

14. 《儿童互联网保护法》（2000 年）

15. 《不让一个孩子掉队法案》（2001 年）

16. 《儿童营养和妇女、婴幼儿重新授权法案》（2004 年）

17. 《高等教育机会法案》（2008 年）

18. 《每个孩子都成功法案》（2009 年）

19. 《新泽西州反欺凌法》（2010 年）

20. 《2018 年学生、教师和军官预防（制止）学校暴力法案》（2018）

21. 《提高校园安全系数的政策杠杆》（2019 年）

22. 《2021 年 k-12 网络安全法案》（2021 年）

23. 《两党更安全社区法》（2022 年）

二、英国

1. 《工作健康与安全法案》（1974 年）

2. 《教育改革法案》（1988 年）

3. 《学校标准与框架法》（1988 年）

4. 《1993 年教育法》（1993 年）

5. 《1996 年教育法》（1996 年）

6. 《性与关系教育指南》（2000 年）

7. 《学习与技能法案》（2000 年）

8. 《教育和检查法案》（2006 年）

9. 《教育和督学法案》（2006 年）

10. 《关于合法职权的健康与安全建议——面向地方政府、学校领导、教职工和董事会》（2012 年）

11. 《教育（独立学校标准）条例》（2014 年）

12. 《预防和应对欺凌——给班主任、教职工和管理机构的建议》（2014 年）

13. 《学校中行为与纪律：给校长和学校职工的建议》（2016 年）

14. 《安全学校宣言》（2018 年）

15. 《关于人际关系教育、关系与性教育（RSE）以及健康教育的法定指南》（2019 年）

16. 《每个女孩都上学、保持安全并学习：2021 年至 2026 年 5 年的全球行动》（2021 年）

17. 《可持续性和气候变化：教育和儿童服务系统的战略》（2022 年）

18. 《保障儿童教育安全》（2023 年）

三、日本

1. 《学校给食法》（1926 年）

2. 《教育基本法》（1947 年）

3. 《学校教育法》（1947 年）

4. 《高中夜校午餐法》（1956 年）

5. 《学校保健安全法》（1958 年）

6. 《学校保健安全法施行规则》（1958 年）

7. 《交通安全对策基本法》（1970 年）

8. 《交友类网站限制法》（2003 年）

9. 《通过环境教育推进环境保护活动法》（2003 年）

10. 《食品安全基本法》（2003 年）

11. 《体育基本法》（2011 年）

12. 《学校安全推进计划》（2012 年）

13. 《国家安全保障战略》（2013 年）

14. 《防止欺凌等的基本方针》（2013 年）

15. 《防止欺凌措施促进法》（2013 年）

16. 《实施心肺复苏等急救训练》（2014 年）

17. 《学校卫生安全法实施条例》（2014 年）

18. 《食品教育基本法》（2015 年）

19. 《关于运用自行车指导警告票信息推进交通安全教育》（2015 年）

20. 《学校午餐中食物过敏应对指南》（2015 年）

21. 《关于学校安全的进一步的措施的推进》（2015 年）

22. 《学校事故应对指南》（2016 年）

23. 《第二次推进学校的安全计划》（2017 年）

24. 《确保儿童上下学途中的安全》（2018 年）

25. 《关于学生上学时的安全》（2018 年）

26. 《预防逃学犯罪计划》（2018 年）

27. 《强化学校自然灾害防灾体系，推进实用防灾教育》（2019 年）

28. 《学校安全教育资料》（2019 年）

29. 《关于实施 2022 年秋季全国交通安全运动》（2020 年）

30. 《性犯罪·性暴力对策强化方针决定》（2020 年）

31. 《关于学校环境中结构和设备的安全检查》（2021 年）

32. 《关于 2021 年秋季全国交通安全运动的实施》（2021 年）

33. 《为了不被性侵犯生命安全教育》（2021 年）

34. 《防止教育工作人员对儿童进行性暴力的法律》（2021 年）

35. 《关于 2022 年春季全国交通安全运动的实施》（2022 年）

36. 《在学校生活中使用公共汽车时，对学生进行彻底的安全管理》（2022 年）

四、韩国

1. 《教育法》（1948 年）

2. 《第二次教育课程改革方案》（1962 年）

3. 《国民教育宪章》（1968 年）
4. 《学校供餐法》（1981 年）
5. 《校园暴力根治对策》（1995 年）
6. 《儿童福利法修订版》（2000 年）
7. 《学校安全事故预防及赔偿的特别法》（2004 年）
8. 《校园暴力预防及对策法》（2004 年）
9. 《道路交通法修订版》（2006 年）
10. 《儿童饮食生活安全管理特别法》（2008 年）
11. 《饮食教育支持法案》（2009 年）
12. 《交通事故处理特例法修订版》（2009 年）
13. 《强化儿童保护区域交通安全的对策方案》（2010 年）
14. 《校园暴力根治综合办法》（2012 年）
15. 《"以学校现场为中心"校园暴力应对政策》（2013 年）
16. 《2014 年度"以学校现场为中心"校园暴力应对政策的促进计划》（2014 年）
17. 《人性教育振兴法》（2015 年）
18. 《学校安全教育七大标准方案》（2015 年）
19. 《人性教育五年综合计划》（2016 年）
20. 《2018 年校园暴力预防教育推进方案》（2018 年）
21. 《学校安全教育七大标准方案修订版》（2018 年）
22. 《教育设施安全和维护法》（2019 年）
23. 《学校供餐法修订版》（2020 年）
24. 《性暴力预防和受害者保护法》（2020 年）
25. 《饮食教育支持法案修订版》（2021 年）
26. 《保护儿童和青少年免受性侵犯法》（2021 年）
27. 《学校安全教育七大标准方案修订版》（2022 年）
28. 《新学期安全学校推进方案》（2023 年）

五、俄罗斯

1. 《关于俄罗斯普通学校青年应征训练》（1991 年）
2. 《关于在俄罗斯组织和开展安全学校的实验（草案）》（1994 年）
3. 《在全俄创立儿童少年安全学校运动及职能（草案）》（1995 年）
4. 《普通教育国家教育标准联邦成分（草案）》（2003 年）
5. 《俄联邦国家安全战略》（2021 年）
6. 《俄罗斯联邦宪法》（修正版）（2020 年）

7. 《关于打击恐怖主义措施的命令》（2006 年）
8. 《俄联邦反恐法》（2006 年）
9. 《关于与恐怖主义作斗争新措施法》（2013 年）
10. 《俄罗斯联邦公民爱国主义教育纲要》（2016 年）
11. 《俄罗斯联邦公民爱国主义教育构想》（2003 年）
12. 《俄罗斯青少年公民教育和爱国主义教育纲领》（2014 年）
13. 《俄罗斯联邦公民爱国主义教育项目》（2021 年）

附录3

"学校安全教育一体化"实践基地信息表

组	别	实践基地名称	基地负责人	负责人
学校组	幼儿组	山西省太原幼专附属幼儿园	何东亮	范永丽
		甘肃省保育院	宋增林	
		新疆阜康市甘河子镇中心幼儿园	李怡贤	
		山西省学前教育中心实验园	王新艳 王晴语	
		山西省康乐幼儿园	郭海燕	
		山西省太原市万柏林区兴华礼仪幼儿园	郭伟	
		山西省长治市沁源机关幼儿园	武一瑰	
		河南省军区幼儿园	李爽	
	中小学组	陕西师范大学附属小学	薄秀竹	董新良
		四川省成都冠城实验中学	魏优	
		山西省忻州市原平市特殊教育学校	兰键新	
		山西省太原市万柏林区中心实验小学	张晓东	
		山西省太原市迎泽区第二实验小学	辛会云	
		山西省长治市沁源县实验小学	王贵峰	
		陕西省西安市锦园国际学校	杨海伟	
		山西师范大学实验中学	辛小英	
		山西省忻州市原平市第九小学	刘艳	
		山西省忻州市忻府区北关小学	王伟	
		山西省太原市东中环小学	韩清华	

续表

组　别		实践基地名称	基地负责人	负责人
学校组	高校组	北京工业大学	杜海滨	刘义光
		重庆交通大学	黄廷强	
		贵州轻工职业技术学院	李雅竹	
		太原幼儿师范高等专科学校	李乐萍	
		杭州医学院	边慧祥	
		贵州中医药大学	梁娟	
		遵义医药高等专科学校	钟华	
		遵义医科大学	李毅	
区域组（山西省太原市杏花岭区）		山西省太原市杏花岭区第一幼儿园	田晓东	郝爱保
		山西省太原市杏花岭区北大街小学	张蕊	
		山西省太原市杏花岭区柏杨树街小学	王赟	
		山西省太原市杏花岭区第六中学	黄晋明	
产学研组		山西省学校安全教育中心	董新良、刘义光	
		北京麦课在线教育技术有限责任公司		
		"学校安全教育一体化"幼小中大各实践基地校		

参考文献

一、著作类

［1］习近平. 高举中国特色社会主义伟大旗帜 为全面建设社会主义现代化国家而团结奋斗——在中国共产党第二十次全国代表大会上的报告（2022年10月16日）［M］. 北京：人民出版社，2022.

［2］中共中央党史和文献研究院编. 习近平关于总体国家安全观论述摘编［M］. 北京：中央文献出版社，2018.

［3］总体国家安全观研究中心著. 总体国家安全观透视：历史长河、全球视野、哲学思维［M］. 北京：时事出版社，2023.

［4］赵磊著. 国家安全学与总体国家安全观：对若干重点领域的思考［M］. 北京：中国民主法制出版社，2023.

［5］马瑞映，杨松编. 普通高等学校国家安全教育课程教材新时代高校国家安全教育通论［M］. 北京：高等教育出版社，2022.

［6］中国法制出版社编. 国家安全法律法规学习汇编［M］. 北京：中国法制出版社，2022.

［7］王宏伟. 国家安全体系和能力现代化研究［M］. 北京：中国人民大学出版社，2022：35-47.

［8］中国现代国际关系研究院著. 百年变局与国家安全［M］. 北京：时事出版社，2021.

［9］范维澄. 国家安全科学导论［M］. 北京：科学出版社出版社，2021：1.

［10］释清仁著. 中国共产党国家安全战略思想研究［M］. 北京：人民出版社，2020.

［11］马丁·阿尔布劳著. 中国在人类命运共同体中的角色——走向全球领导力理论［M］. 北京：商务印书馆，2020.

［12］王野川著. 中国学校生命与安全教育［M］. 长春：吉林人民出版社，2019.

［13］孔养涛著. 大学生安全教育理论与实践［M］. 北京：九州出版社，2019.

［14］董新良. 学校安全：理论、实务与案例［M］. 北京：中国财政经济出版社，2019.10：20.

[15] [德] 乌尔里希·贝克. 风险社会 [M]. 何博闻, 译. 南京: 译林出版社, 2004.07: 7-10.

[16] 罗希明, 王仕民著. 教育安全论基于国家文化安全的视域 [M]. 广州: 中山大学出版社, 2018.

[17] 刘胜湘等著. 世界主要国家安全体制机制研究 [M]. 北京: 经济科学出版社, 2018.

[18] 陈刚著. 青少年网络素养读本 黑客与网络安全 [M]. 宁波: 宁波出版社, 2018.

[19] 刘铁芳著. 追求生命的整全: 个体成人的教育哲学阐释 [M]. 北京: 高等教育出版社, 2017.

[20] 闫守轩著. 中小学生命教育课程开发的理论与实践 [M]. 北京: 中央编译出版社, 2016.

[21] 崔祥烈主编. 聚焦学校安全18类校园事故专业应对指南 [M]. 北京: 新华出版社, 2016.

[22] 闫守轩. 课程与教学论: 基础、原理与变革 [M]. 北京: 北京师范大学出版社, 2015.

[23] 李丰主编. 保教知识与能力幼儿园2016最新版 [M]. 北京: 光明时报出版社, 2015.

[24] 向铭铭, 顾林生编译. 日本学校安全教育与管理 [M]. 上海: 同济大学出版社, 2014.

[25] 全国十二所重点师范大学联合编写. 教育学基础 [M]. 北京: 教育科学出版社, 2014.

[26] 丛鹏. 大国安全观比较 [M]. 北京: 时事出版社, 2004.

[27] 杜克著. 创建安全的学校: 学校安全工作指南 [M]. 唐颖, 译. 北京: 中国轻工业出版社, 2006: 9.

[28] 王鹰. 创建安全的学校—学校安全管理与法律研究 [M]. 北京: 北京师范大学出版社, 2010: 33.

[29] 方益权. 中国学校安全治理研究 [M]. 北京: 中国社会科学出版社, 2017: 15.

[30] 沈艳华, 孙善强. 安全素养 责任素养 [M]. 保定: 河北大学出版社, 2012.

[31] 刘跃进. 国家安全学 [M]. 北京: 中国政法大学出版社, 2004: 65.

[32] 夏保成, 刘凤仙著. 国家安全论 [M]. 长春: 长春出版社, 2008: 4.

［33］施索华，裴晓涛主编.新时代高校思政课的打开方式［M］.广西：广西师范大学出版社，2021.

［34］方益权，尹晓敏等著.中国学校安全立法研究［M］.北京：中国社会科学出版社，2013.

［35］沈艳华，孙善强主编.安全素养责任素养［M］.保定：河北大学出版社，2012.

［36］朱明权.国际安全与军备控制［M］.上海：上海人民出版社，2011.

［37］奈尔·麦克法兰，云丰空著.人的安全与联合国：一部批判史［M］.浙江：浙江大学出版社，2011.

［38］周兢，徐则民著.行进在攀登学前教育专业高峰的路上［M］.上海：上海三联书店，2011.

［39］段兆兵.课程资源开发与利用原理与策略［M］.芜湖：安徽师范大学出版社，2011.

［40］马雷军主编.学校安全工作［M］.吉林：吉林大学出版社，2011.

［41］［英］巴里·布赞.人、国家与恐惧：后冷战时代的国际安全研究议程［M］.闫健，李剑，译.北京：中央编译出版社，2009：4-14.

［42］陈珍国编著.学校安全管理［M］.上海：复旦大学出版社，2008.

［43］皮连生，刘杰.现代教学设计［M］.北京：首都师范大学出版社，2005.

［44］许卓娅编著.幼儿园健康教育与活动设计［M］.长春：长处出版社，2013.

［45］刘旭东，张宁娟，马丽.校本课程与课程资源开发［M］.北京：中国人事出版社，2002.

［46］拉里·埃里奥特，丹·阿特金森著，不安全的时代［M］.北京：商务印书馆，2001.

［47］王逸舟主编.全球化时代的国际安全［M］.上海：海人民出版社，1999.

［48］杨子主编.中国"九五"改期与求是［M］.北京：海潮出版社，1997.

［49］国家技术监督局发布.学科分类与代码［M］.北京：中国标准出版社，1993.

［50］［日］青岛贤司著.中国有色金属工业总公司翻译组译.安全教育学［M］.成都：成都科技大学出版社，1990：11.

［51］王元龙著.中国金融安全论［M］.北京：中国金融出版社，2003.

［52］高铭喧.中国刑法学［M］.北京：中国人民大学出版社，1989.

［53］［美］沃尔特·李普曼.美国外交政策［M］.罗吟圃，译.重庆：人文出

版社，1944.

［54］［美］肯尼斯·华尔兹.国际政治理论［M］.信强,译.上海：上海人民出版社，2008：9.

［55］［美］吉尔平.世界政治中的战争与变革［M］.宋新宁,杜建平,译.上海：上海人民出版社，2007：1.

［56］［美］约翰·米尔斯海默.大国政治的悲剧（修订版）［M］.王义桅,唐小松,译.上海：上海人民出版，2014：9.

［57］［美］亚历山大·温特.国际政治的社会理论［M］.秦亚青,译.上海：上海人民出版社，2000.12：44-248.

［58］［美］彼得·J.卡赞斯坦.文化规范与国家安全［M］.李小华,译.新华出版社，2002：01.

［59］［美］纳西姆·尼古拉斯·塔勒布.黑天鹅：如何应对不可预知的未来［M］.万丹,刘宁,译.北京：中信出版社，2011：10.

［60］［美］米歇尔·渥克.灰犀牛：如何应对大概率危机［M］.王丽云,译.北京：中信出版社，2017：10.

［61］［美］马努基S.帕坦卡等著；孙佳等译.安全文化：实施并推进航空与医疗行业文化变革程［M］.北京：中国工人出版社，2015：1-2.

［62］ЛогиноваВ.И.плохиепривычкихорошихдетей［M］.Москва：Просвещение，2012：107-221.

［63］Grant Bowers，Rena Knox，Marvin A. Zuker. Sexual Misconductin Education［M］.Canada：Lexis Nexis Canada Inc，2003.

［64］Anderson JR. Cognitive Psychology and It's Implications［M］.New York：Freeman，1980.10：134.

［65］Rosemary A. Thompson，Crisis intervention and crisis manage-ment：strategies that work in schools and communities［M］.NewYork：Brunner-Rutledge，2004.

［66］Peter Mangold. National Security and International Relations［M］.London：New York：Routledge，1990：2.

二、报纸、期刊类

［1］习近平.坚持总体国家安全观走中国特色国家安全道路［N］.人民日报，2014-04-16（1）.

［2］刘跃进.统筹传统安全和非传统安全［N］.光明日报，2020-11-23（14）.

［3］吴庆荣.法律上国家安全概念探析［J］.中国法学，2006（4）：62-68.

［4］刘跃进．国家安全中的"国家"概念［J］．国际论坛，2013，15（1）：49－53＋80－81．

［5］谢程远．国家安全概念的国外研究向度和构建理路——基于SSCI数据库（2000年至今）的系统性文献综述［J］．情报杂志，2022，41（9）：55－61．

［6］薛小荣．华夷秩序与中国古代国家安全的理念特征［J］．探索与争鸣，2013（12）：97－100．

［7］颜旭．当前我国国家安全形势变化的新特点新趋势［J］．毛泽东邓小平理论研究，2016（1）：62－69＋93．

［8］刘跃进，王啸，陈将．总体国家安全观的基本特征［J］．甘肃政法大学学报，2021（2）：1－9．

［9］贾庆国．对国家安全特点与治理原则的思考［J］．国际安全研究，2022，40（1）：4－25＋155．

［10］严高鸿，张学明．论国家安全观的构成要素［J］．世界经济与政治论坛，2002（3）：52－55．

［11］鞠丽华．习近平总体国家安全观探析［J］．山东社会科学，2018（9）：17－22．

［12］申素平，周航．我国学生伤害事故处理立法的回顾与展望［J］．全球教育展望，2018，47（12）：118－128．

［13］熊贤培．全球化视野下的国家安全应对策略［J］．武汉理工大学学报（社会科学版），2010，23（6）：801－804＋818．

［14］于志刚．网络安全对公共安全、国家安全的嵌入态势和应对策略［J］．法学论坛，2014，29（6）：5－19．

［15］刘跃进．安全领域"传统""非传统"相关概念与理论辨析［J］．学术论坛，2021，44（1）：27－48．

［16］钟开斌．中国国家安全观的历史演进与战略选择［J］．中国软科学，2018（10）：23－30．

［17］董春岭．中国共产党国家安全思想的百年演进［J］．现代国际关系，2021（3）：5－14＋63．

［18］张琳，赵佳伟．中国共产党国家安全观的百年演进与现实启示［J］．学习与探索，2021（12）：1－10＋188．

［19］朱巧玲，杨剑刚，侯晓东．中国共产党经济安全思想的历史演进与启示［J］．财经科学，2022（2）：74－88．

［20］刘灿国，张艳．论列宁国家安全思想及现实启示［J］．理论学刊，2014（6）：21－25．

［21］柏坤，张伟．浅析总体国家安全观对马克思主义基本原理的运用［J］．当代世界，2019（6）：74-78．

［22］胡惠林．以总体国家安全观塑造国家文化安全新格局——马克思主义国家文化安全理论与实践的中国化［J］．福建论坛（人文社会科学版），2022（10）：29-42．

［23］郑先武，李峰．国际社会与国家安全——传统英国学派安全思想探析［J］．国际观察，2015（3）：83-94．

［24］石斌．美国国家安全战略的思想根源［J］．国际政治研究，2021，42（1）：5，11-27．

［25］孟祥青．把握后冷战世界发展趋势实现跨世纪国家综合安全——江泽民新安全观初探［J］．外交学院学报，1999（2）：31-36．

［26］刘国新．简论毛泽东的国家安全思想［J］．国际政治研究，2009，30（4）：104-107．

［27］冷舜安，张安．论邓小平国家文化安全思想的三个维度［J］．当代世界与社会主义，2013（2）：68-72．

［28］韩承鹏．习近平总体国家安全观的哲学基础［J］．求索，2018（6）：35-42．

［29］姬文波．习近平国家安全思想的核心要义［J］．党的文献，2018（2）：38-45．

［30］吴克明．毛泽东国家安全思想的历史贡献［J］．湖湘论坛，2021，34（5）：72-81．

［31］杨云霞，石映昕．毛泽东国家安全思想的四维论析［J］．毛泽东研究，2023（3）：67-77．

［32］马振超．微博时代维护国家安全与社会稳定面临的新挑战［J］．中国人民公安大学学报（社会科学版），2012，28（2）：92-96．

［33］吴韵曦．网络安全对国家安全的挑战及对策［J］．天津行政学院学报，2014，16（5）：21-25．

［34］李雯．以法治思维和法治方式完善学校安全事故处理机制——教育部等五部门《关于完善安全事故处理机制维护学校教育教学秩序的意见》的内容解析与落实建议［J］．中小学管理，2019（12）：46-48．

［35］史云贵．我国陆地边疆政治安全：内涵、挑战与实现路径［J］．探索，2016（3）：27-34．

［36］赵世军，董晓辉．新时代我国科技安全风险的成因分析及应对策略［J］．

科学管理研究,2021,39(3):27-32.

[37] 李建伟.总体国家安全观视域下金融安全法律规范体系的构建[J].法学,2022(8):52-67.

[38] 熊光清,张素敏.总体国家安全观视角下我国数据出境安全管理制度的完善[J].哈尔滨工业大学学报(社会科学版),2023(5):32-40.

[39] 李文良.国家安全学基础理论框架构建研究[J].国际安全研究,2022,40(5):3-29+157.

[40] 江涌.国家安全体系建构的困境、挑战与忧思[J].人民论坛·学术前沿,2014(11):21-34.

[41] 刘跃进,宋希艳.在总体国家安全观指导下健全国家安全体系[J].行政论坛,2018,25(4):11-17.

[42] 王贞会,林苗,胡发清.校园欺凌的现象观察及其治理路径重塑[J].中国青年研究,2021(3):83,103-109.

[43] 高金虎.论国家安全学的学科体系[J].情报杂志,2022,41(1):1-7.

[44] 劳凯声.学校安全与学校对未成年学生安全保障义务[J].中国教育学刊,2013(6):1-10.

[45] 姚建涛,黄明东.校园欺凌治理的重心调适:一种教育法学的思考[J].河北师范大学学报(教育科学版),2022,24(2):135-140.

[46] 刘映海,宋伟嘉.校园欺凌防治政策研究:基于PMC指数模型的分析[J].清华大学教育研究,2023,44(4):53-63.

[47] 李昕.论校园安全保障的制度现状与立法完善[J].首都师范大学学报(社会科学版),2011(3):43-50.

[48] 林鸿潮.论学校安全立法及其制度框架[J].教育研究,2011,32(8):13-19.

[49] 李继刚,李学莲.校园安全的立法保障研究——国外的经验与我国的选择[J].教学与管理,2014(1):13-16.

[50] 李祥,艾浩,韦卫.论我国反校园欺凌的实践困惑与立法构想[J].基础教育,2017,14(1):28-36.

[51] 方益权.社会安全视野下的学校安全立法研究[J].苏州大学学报(哲学社会科学版),2018,39(3):63-71.

[52] 尹晓敏.学校安全管理的人文关怀论[J].中国教育学刊,2006(8):32-35+74.

[53] 顾闻钟,徐勇.学校安全管理水平评价指标体系的构建[J].中国学校卫

生，2009，30（8）：685-686.

[54] 徐勇. 学校突发事件与安全管理中的科学问题[J]. 中国学校卫生，2009，30（8）：675-676.

[55] 宋良. 美国的使命：美国与世界争取民主的斗争（修订版）简介[J]. 冷战国际史研究，2013（2）：6.

[56] 王秉. 国家安全能力的内涵特征、生成要素及建设维度[J]. 人民论坛·学术前沿，2023（19）：56-67.

[57] 胡洪彬. 中国国家安全问题研究：历程、演变与趋势[J]. 中国人民大学学报，2014，28（4）：148-155.

[58] 凌胜利，杨帆. 新中国70年国家安全观的演变：认知、内涵与应对[J]. 国际安全研究，2019，37（6）：3-29+153.

[59] 孟祥青. 把握后冷战世界发展趋势 实现跨世纪国家综合安全——江泽民新安全观初探[J]. 外交学院学报，1999（2）：31-36.

[60] 童成帅，周向军. 习近平总体国家安全观的哲学意蕴[J]. 中南大学学报（社会科学版），2023，29（6）：30-40.

[61] 赵毅. 差异性与多样性：东南亚国家对国家安全的认知[J]. 国际政治研究，2022，43（5）：7，90-103.

[62] 孟晓旭. 日本国家安全保障战略调整评析[J]. 国际问题研究，2023（2）：103-121+126.

[63] 张家年，马费成. 总体国家安全观视角下新时代国家安全及应对策略[J]. 情报杂志，2019，38（10）：12-20+152.

[64] 李锋. 类ChatGPT人工智能背景下国家安全情报工作的机遇、挑战和应对[J]. 情报理论与实践，2024（4）：1-8.

[65] 石斌. "人的安全"与国家安全——国际政治视角的伦理论辩与政策选择[J]. 世界经济与政治，2014（2）：85-110+158.

[66] 方芳. 依法治教视域下中小学校园安全风险防控机制研究[J]. 教育科学研究，2019（7）：91-94.

[67] 芮必峰，张冰清. 建立国际网络空间新秩序[J]. 国际新闻界，2017，39（6）：6-19.

[68] 张凯，黄培，方靖雯. 国家信息安全治理体系和治理能力现代化建设面临的挑战[J]. 情报杂志，2023，42（4）：165-171.

[69] 肖晞，王一民. 人工智能赋能国家安全：理念、机理与路径[J]. 探索，2023（6）：53-66.

[70] 才领，石东坡．校园安全立法的内容结构及其属性新论［J］．教育与职业，2011（18）：170－172．

[71] 肖宝华，刘卫红．学校岗位安全职责需细化——从《中小学校岗位安全工作指导手册》看学校安全工作需细化的内容［J］．中小学管理，2013（8）：21－22．

[72] 申素平，周航．风险规制视角下的学校安全与教育法治［J］．华东师范大学学报（教育科学版），2020，38（10）：89－100．

[73] 刘南平．对建立学校安全保障长效机制的思考［J］．教育探索，2008（1）：80－81．

[74] 王鹏．中小学校园安全保障体系的现实反思与多维重构［J］．教学与管理，2011（7）：12－14．

[75] 郑红波．高校体育课程安全保障体系实施策略研究［J］．吉首大学学报（社会科学版），2017，38（S2）：221－223．

[76] 冯建军．生命教育的内涵与实施［J］．思想·理论·教育，2006（21）：25－29．

[77] 肖晞，刘治辰．中国国家安全学：生成逻辑、体系创新与未来展望［J］．国际安全研究，2024，42（2）：71－95＋164－165．

[78] 徐勇．学校突发事件与安全管理中的科学问题［J］．中国学校卫生，2009，30（8）：675－676．

[79] 池骋，罗建．"自甘风险"规则融入学校教育管理的实践争议与优化路径［J］．中国教育学刊，2023（7）：56－63．

[80] 黄恩洪，李圣傅．高校公共体育学生安全保障体系的构建［J］．武汉体育学院学报，2009，43（7）：70－73．

[81] 廖钰．学校安全事故的社会化救济机制［J］．山西财经大学学报，2021，43（S2）：120－122＋138．

[82] 索丰．韩国中小学的健康教育［J］．外国教育研究，2001（3）：12－16＋27．

[83] 吕君，韩大东．韩国青少年校园暴力情况及相关政策［J］．当代青年研究，2016（5）：16－20．

[84] 两部启动水上交通安全知识进校园活动［J］．航海技术，2014（4）：40．

[85] 周小李，王方舟．数字公民教育：亚太地区的政策与实践［J］．比较教育研究，2019，41（8）：3－10．

[86] 本刊编辑部．国外校车：如何实现"最安全"（下篇）［J］．平安校园，2014（4）：60－63．

[87] 刘敏，姜晓燕，金东贤，李协京，王小飞．看看法、俄、韩、日、美的校

园安全措施［J］．安全与健康，2014（10）：32－33．

［88］韩国加强学校周边交通安全管理［J］．基础教育参考，2011（5）：27．

［89］张本青，李红革．网络意识形态安全教育融入高校思想政治理论课的有效路径［J］．思想理论教育导刊，2019（7）：97－100．

［90］刘田博．高校网络安全教育策略［J］．山西财经大学学报，2023，45（S2）：198－200．

［91］张克勤．守护生命：日本中小学的安全教育［J］．外国中小学教育，2009（6）：33－38．

［92］庞敬礼，张军，杭建伟．大学生交通安全教育体系的构建［J］．湖北开放职业学院学报，2020，33（6）：31－33．

［93］杨本明，王妍，潘雪．日本校园欺凌的现状、防范机制及对我国校园安全教育的启示［J］．上海教育科研，2023（1）：37－41．

［94］马力晗．浅议日本对于小学生安全防护的对策［J］．科技风，2019（31）：193．

［95］喻问琼．日本防灾安全教育的经验和我国学校的安全教育［J］．教育探索，2011（7）：155－156．

［96］钟林凤，谭净．中小学研学旅行安全保障体系的构建［J］．教学与管理，2018（18）：71－74．

［97］刘海涵，孟阳，王宏桥．基于事故防范意识的学校安全管理工作方法思考——评《学校安全保障与事故预防》［J］．中国安全生产科学技术，2020，16（12）：189．

［98］崔岳．过错推定责任原则在处理学校事故中的应用［J］．教育科学研究，2010（11）：33－36．

［99］刘晓巍．论教师惩戒与体罚的法律界限与实践区分［J］．当代教育与文化，2020，12（6）：67－74．

［100］同雪莉，彭华民．抗逆力视角下高校学生自杀原因及干预路径探析［J］．中国青年研究，2014（8）：98－104＋110．

［101］李硕．论高校在学生自杀事件中的法律责任［J］．华中师范大学学报（人文社会科学版），2022，61（2）：31－39．

［102］吴鹏飞．校车安全与儿童权利保护：儿童福利的视角［J］．云南行政学院学报，2012，14（2）：121－122．

［103］潘立军，刘喜梅．校车安全事故故障树分析及安全运营对策研究［J］．湖南社会科学，2019（4）：127－132．

[104] 黄凯. 北京大学实验室安全教育体系建设的探索与实践 [J]. 实验技术与管理, 2013, 30 (8): 1-4.

[105] 杨震. 大学生安全教育的理念与原则 [J]. 中国高等教育, 2015 (2): 36-38.

[106] 刘建君. 托幼机构中安全教育的目标、内容、途径与方法 [J]. 学前教育研究, 2002 (6): 55-56.

[107] 张永红, 刘文良. 高校生态安全教育的现实依据、目标向度与实施路径 [J]. 思想理论教育, 2021 (11): 60-65.

[108] 陆锦冲. 关于高校安全教育新内容的思考 [J]. 思想教育研究, 2011 (4): 49-52.

[109] 胡鸿, 吴超, 廖可兵, 等. 安全教育学及其学科体系构建研究 [J]. 安全与环境工程, 2014, 21 (3): 109-113, 120.

[110] 韩标, 刘再起, 黄学永. 高校学生安全教育探索 [J]. 思想教育研究, 2013 (7): 86-89.

[111] 邓晓凌, 史大胜. 安全标识与婴幼儿安全教育 [J]. 学前教育研究, 2019 (1): 93-96.

[112] 邸军莲, 南小青. 大中小学思政课一体化背景下的文化安全教育探析 [J]. 学校党建与思想教育, 2022 (2): 55-57.

[113] 李少奇, 郑丽萍. 大学生安全素质培养研究 [J]. 重庆大学学报 (社会科学版), 2012, 18 (3): 162-166.

[114] 陆锦冲, 王金刚, 袁雄军. 高职院校学生安全素质培养模式研究 [J]. 教育与职业, 2012 (35): 45-46.

[115] 梁静, 宋乃庆. 生命旨归与危机理性: 全民安全教育体系的构建逻辑 [J]. 国家教育行政学院学报, 2021 (1): 66-75.

[116] 李一峰. 学校安全教育与思政教育融合探论 [J]. 中学政治教学参考, 2022 (28): 110-112.

[117] 白明凤. 信息化时代高校信息素养教育的现代转型 [J]. 图书馆理论与实践, 2016 (9): 87-90.

[118] 陈琦, 熊回香, 代沁泉, 顾佳云. 平台社会视阈下大学生网络信息安全素养能力评价及提升策略研究 [J]. 图书情报工作, 2022, 66 (7): 75-87.

[119] 丁喜旺. 生命共同体视域下的生命安全教育 [J]. 中学政治教学参考, 2020 (37): 57-58.

[120] 罗祖兵, 周俊良. 中小学生命安全教育的泛化及其矫正 [J]. 教育科学

研究, 2021 (12): 62-67.

[121] 谈苏欣, 范国睿. 日本生命安全教育的建构逻辑论析 [J]. 比较教育学报, 2022 (2): 75-88.

[122] 蒋燕玲. 新时代高校网络安全教育的意义、困境与路径 [J]. 中国高等教育, 2020 (20): 59-61.

[123] 谢英香. 青少年网络安全教育困境与对策研究 [J]. 上海教育科研, 2020 (7): 93-96.

[124] 张树启. 移动互联网时代大学生网络安全教育的策略研究 [J]. 学校党建与思想教育, 2022 (24): 63-65.

[125] 宋洋, 王雪松. 中小学生交通安全教育现状分析与改进策略研究 [J]. 中国安全科学学报, 2013, 23 (2): 153-159.

[126] 张雪, 罗恒, 李文昊, 左明章. 基于虚拟现实技术的探究式学习环境设计与效果研究——以儿童交通安全教育为例 [J]. 电化教育研究, 2020, 41 (1): 69-75+83.

[127] 吕国辉. 新时期大学生国家安全教育机制探析 [J]. 中国高教研究, 2010 (1): 75-76.

[128] 赵庆寺. 新时代高校国家安全教育的理念、逻辑与路径 [J]. 思想理论教育, 2019 (7): 99-105.

[129] 董晓辉. 国家安全教育融入高校思想政治理论课的新思考 [J]. 思想理论教育导刊, 2019 (8): 100-104.

[130] 李志强. 刍议国家安全教育大中小学一体化建设 [J]. 思想教育研究, 2022 (9): 125-130.

[131] 宋娴. 美国校园暴力及其治理模式 [J]. 外国中小学教育, 2007 (3): 14-18.

[132] 楚琳. 美国《高等教育机会法案》的内容、特点及启示 [J]. 外国教育研究, 2009, 36 (6): 84-87.

[133] 马文琴, 张斌贤. "9·11"事件后美国联邦政府加强公民教育的举措 [J]. 清华大学教育研究, 2011, 32 (6): 54-61.

[134] 李稚勇. 美国学校历史课程改革论析 [J]. 外国中小学教育, 2007 (9): 35-43.

[135] 窦营山, 沈晓敏. 同伴调解对校园欺凌防治的成效研究——以美国中小学同伴调解项目为例 [J]. 基础教育, 2021, 18 (5): 92-101.

[136] 李树峰. 国外学校的"零忍受"策略简介 [J]. 外国中小学教育, 2005

(9):47-49.

[137] 王荣. 英国中小学生命教育及其启示[J]. 中学政治教学参考, 2019 (8):19-22.

[138] 冯帮, 刘小云. 国外中小学反校园欺凌政策及启示[J]. 教育理论与实践, 2018, 38 (29):19-22.

[139] 刘艳. 日本学校安全教育与管理的经验及启示[J]. 教育理论与实践, 2019, 39 (35):25-27.

[140] 代志鹏. 浅析日本中小学防灾教育[J]. 外国中小学教育, 2009 (2):62, 63-65.

[141] 周琴, 杜琳, 施祖毅. 日本学校的新灾害教育基于舞子高中的个案研究[J]. 比较教育研究, 2013, 35 (2):82-86.

[142] 周小李, 王方舟. 数字公民教育:亚太地区的政策与实践[J]. 比较教育研究, 2019, 41 (8):3-10.

[143] 陶建国. 韩国校园暴力立法及对策研究[J]. 比较教育研究, 2015, 37 (3):55-60.

[144] 吕君. 韩国《"以学校现场为中心"校园暴力应对政策》述评[J]. 比较教育研究, 2016, 38 (1):84-89.

[145] 柳京淑. 韩国学校事故处理探析——以韩国汉城学校安全协议会为例[J]. 比较教育研究, 2005 (7):58-62.

[146] 赵伟. 俄罗斯中小学生安全教育述评[J]. 外国教育研究, 2011, 38 (8):38-42.

[147] 冯永刚, 员志慧. 俄罗斯中小学安全教育及其对我国的启示[J]. 外国中小学教育, 2017 (3):18-24.

[148] 马丽梅. 浅谈中国黑河与俄罗斯布市学前教育的差异[J]. 黑河教育, 2017 (11):23-24.

[149] 杨依依. 俄罗斯中小学安全教育课程安排及启示[J]. 新西部, 2019 (29):165-166.

[150] 唐宏贵. 俄罗斯学校的生命安全教育[J]. 中国学校体育, 2000 (6):64-65.

[151] 王道春. 西方中小学校园安全管理对我国的启示[J]. 江苏警官学院学报, 2011, 26 (2):124-128.

[152] 马莉. 俄罗斯:让安全伴孩子左右[J]. 辽宁教育, 2014, 509 (16):91-92.

[153] 马文琴. 普京执政以来俄罗斯的爱国主义教育政策与实践 [J]. 思想理论教育导刊, 2017 (2): 57-61.

[154] 林绪武, 张玉杰.《俄罗斯联邦公民爱国主义教育纲要》的特点及启示 [J]. 思想理论教育导刊, 2017 (7): 146-149.

[155] 韩莉. 解体后俄罗斯爱国教育体系的重构及其特点 [J]. 西北师大学报（社会科学版）, 2008 (1).

[156] 于水镜. 俄罗斯青年爱国主义教育举措探析 [J]. 中国高等教育, 2021 (1): 63-64.

[157] 李营辉, 毕颖. 新时代总体国家安全观的理论逻辑与现实意蕴 [J]. 人民论坛·学术前沿, 2018 (17): 84-87.

[158] 陈锡敏. 总体国家安全观教育需把握的几个着力点 [J]. 思想理论教育, 2021 (5): 97-101.

[159] 孟庆梅, 王晓君. 学前教育幼儿心理特点及应对对策的几点浅析 [J]. 教育现代化, 2019, 6 (54): 53-54.

[160] 谷佳颖. 从小学生思维发展特点出发分析学情设计教学 [J]. 中小学心理健康教育, 2021 (33): 69-70.

[161] 杨敏, 郑杭生. 个体安全：关于风险社会的一种反思及研究对策 [J]. 思想战线, 2007 (4): 82-89.

[162] 赵凌华. 增强幼儿自我安全防护教育的实践思考 [J]. 教育发展研究, 2006 (12): 77-79.

[163] 刘建君. 托幼机构中安全教育的目标、内容、途径与方法 [J]. 学前教育研究, 2002 (6): 55-56.

[164] 邸军莲, 南小青. 大中小学思政课一体化背景下的文化安全教育探析 [J]. 学校党建与思想教育, 2022 (2): 55-57.

[165] 吴刚平. 课程资源的开发与利用 [J]. 全球教育展望, 2001 (8): 24-30.

[166] 吴晗清, 高香迪. "教·学·评"一体化理念偏差与实践困境及其超越 [J]. 教育科学研究, 2022 (2): 54-58+66.

[167] 褚慧玲. 重视课程资源的开发和利用 [J]. 中小学管理, 2001 (3): 10-11.

[168] 徐继存, 段兆兵, 陈琼. 论课程资源的开发利用 [J]. 学科教育, 2002 (2): 1-5.

[169] 范兆雄. 课程资源系统分析 [J]. 西北师范大学学报（社会科学版）, 2002 (3): 101-105.

［170］范蔚．实施综合实践活动对课程资源的开发利用［J］．教育科学研究，2002（3）：32－34．

［171］张卫星．综合实践活动中家长资源的开发利用［J］．教学与管理，2012（32）：23－24．

［172］伍辉燕．家长资源课程化转变的问题及策略［J］．教育理论与实践，2020，40（2）：41－43．

［173］于泽元，边伟，杨士连．从松散联结到意义建构：大单元教学设计的理想图景［J］．现代远程教育研究，2023，35（4）：39－46．

［174］张孟孟．初中道德与法治大单元教学的设计和实施［J］．思想政治课教学，2023（9）：35－39．

［175］王鉴，张文熙．大单元教学：内涵、特点与实施策略［J］．中国教育学刊，2023（10）：5－9．

［176］杨明全．核心素养时代的项目式学习：内涵重塑与价值重建［J］．课程·教材·教法，2021，41（2）57－63．

［177］高晋蜀．信息资源开发利用向数字化、多媒体、网络化迈进［J］．四川图书馆学报，1997（4）：27－29．

［178］何克抗．我国数字化学习资源建设的现状及其对策［J］．电化教育研究，2009（10）：5－9．

［179］王凤琦．网络教学资源建设的现状与对策［J］．教育与职业，2013（9）：162－163．

［180］赵婧．基于大数据的课程资源建设：趋势、价值及路向［J］．课程·教材·教法，2015，35（4）：18－23．

［181］刘建君．托幼机构中安全教育的目标、内容、途径与方法［J］．学前教育研究，2002（6）：55－56．

［182］王景云，齐枭博．新时代加强民族高校国家安全意识教育的价值意蕴、目标导向与实践路径［J］．黑龙江民族丛刊，2023（2）：157－161．

［183］徐文闻，马治国．生命安全素养的基本构成要素、形成路径及教育建议［J］．教育科学，2013，29（1）：32－38．

［184］王子朴，孙学明．我国学校体育生命安全教育体系的建构［J］．体育学刊，2012，19（5）：93－95．

［185］张俊．强化新形势下的大学生网络安全教育［J］．思想理论教育导刊，2013（11）：116－118．

［186］郭小倩．浅谈幼儿园交通安全教育［J］．大连教育学院学报，2022，38

(3): 60-61.

[187] 张琳, 杨思. 统筹推进国家安全教育一体化建设思考 [J]. 中学政治教学参考, 2020 (37): 78-79.

[188] 李欧, 刘红叶. 大中小学国家安全教育内容一体化探析 [J]. 中学政治教学参考, 2021 (39): 32-34.

[189] 马喜宁, 王涛. 新时代推进大中小学国家安全教育多维探析 [J]. 中学政治教学参考, 2021 (24): 1+4-6.

[190] 宋承国. 寓国家安全教育于历史教学的思考 [J]. 上海教育科研, 2006 (9): 92-94.

[191] 曹晓飞, 唐少莲. 美国"国家安全教育计划"对中国国家安全的影响 [J]. 河北师范大学学报 (教育科学版), 2014, 16 (4): 106-111.

[192] 毕然. 国际中小学国家安全意识教育的借鉴意义 [J]. 中国德育, 2015 (4): 37-40.

[193] 李猷艺. 中美高校国家安全教育比较研究 [J]. 延边教育学院学报, 2020, 34 (4): 75-77.

[194] 杨化. 美国《克莱瑞法案》分析及其对高校个体安全预警的立法启示 [J]. 上海公安高等专科学校学报, 2013, 23 (2): 92-96.

[195] 王传军. 美国校园对垃圾食品说不 [J]. 基础教育论坛, 2013 (23): 59.

[196] 田颖. 美国校园安全的黄金标准 [J]. 现代世界警察, 2021, 428 (10): 26-30.

[197] 田茂, 李聪影. 美国中小学安全教育的经验与启示 [J]. 吉林省教育学院学报 (上旬), 2013, 29 (12): 17-18.

[198] 王桂岚. 英国中小学的教育督导 [J]. 外国教育研究, 1998 (1): 20-24.

[199] 徐秉国. 英国的生命教育及启示 [J]. 教育科学, 2006 (4): 84-87.

[200] 郭潇莹. 英国中小学校园安全教育 [J]. 中国德育, 2020 (23): 22-26+36.

[201] 胡树成. 英国儿童道路交通安全教育简介 [J]. 城市交通, 2009, 7 (1): 93-95.

[202] 赵芳. 英国政府提供在线服务助家长开展网络安全教育 [J]. 世界教育信息, 2015, 28 (19): 77.

[203] 黄新辉. 新加坡教育信息化对我国高校"数字化资源建设"的启示 [J]. 东南亚纵横, 2012 (9): 68-71.

[204] 吴凡. 美国高校国家安全学科专业建设和课程设置研究 [J]. 情报杂志, 2022, 41 (6): 72-79.

[205] 王振洲. 地方师范院校职前融合教育师资培养的路径探索与反思——以乐山师范学院为例 [J]. 现代特殊教育, 2022 (2): 33-38.

[206] 王勇. 论我国刑事保护性管辖权中的国家安全问题 [J]. 政治与法律, 2022 (1): 110-123.

[207] 刘跃进. 国家安全学理论中概念及其定义的几个问题 [J]. 中共中央党校 (国家行政学院) 学报, 2023, 27 (4): 29-40.

[208] 董新良, 桑晓鑫, 李县慧. 总体国家安全观视域下学校安全教育一体化: 理念、目标与体系构建 [J]. 中国教育学刊, 2021 (11): 50-54+92.

[209] 桑晓鑫. 后疫情时代学校安全教育: 挑战与对策 [J]. 高教论坛, 2021 (10): 63-66.

[210] 卢红, 赵越. 中国共产党国家安全教育: 演进、特征与展望 [J]. 教育科学, 2022, 38 (5): 16-22.

[211] 张俊姣, 董新良. 中小学国家安全教育的问题、成因及对策 [J]. 教学与管理, 2022 (15): 40-43.

[212] 卢红, 桑晓鑫. 风险社会理论视域下学校安全风险防控的实践路径 [J]. 教育理论与实践, 2022, 42 (10): 24-28.

[213] 关志康, 董新良. 新时代学校安全治理: 价值意蕴、现实困境与优化路径 [J]. 教育学术月刊, 2023 (8): 41-48.

[214] 王颖, 刘宇, 李广. 学校安全教育课程一体化: 目标追求、体系建构与实现路径 [J]. 教育理论与实践, 2023, 43 (20): 39-44.

[215] 王颖. 跨学科教学中教师课程决策权的问题检视与实践超越 [J]. 教师教育论坛, 2023, 36 (6): 24-26.

[216] 王颖, 李丹妮, 董新良. 新时代学校安全教育的实践困境与突围路径 [J]. 教学与管理, 2023 (10): 20-24.

[217] 刘义光, 强源, 纪婧. 大学生校园安全感现状及提升对策 [J]. 安全, 2023, 44 (3): 76-80.

[218] 董新良, 陈莹, 强源. 中小学生安全素养现状及对策研究 [J]. 教学与管理, 2023 (9): 18-22.

[219] 董新良, 李丹妮, 刘宇. 新时代国家安全教育: 基本遵循与实现路径 [J]. 中国教育学刊, 2023 (3): 1-5.

[220] 卢红, 强源. 20年来我国学校安全研究: 热点、演进与展望——基于Cite

Space 的知识图谱分析［J］. 教育理论与实践，2023，43（1）：22－27.

［221］陈国庆，刘琼，董新良. 总体国家安全观融入道德与法治课程的着力点［J］. 教学与管理，2023（29）：34－39.

［222］董新良，赵锐瑞. 新时期生命安全与健康教育：价值定位、实践理路与实施保障［J］. 中国德育，2023（19）：25－30.

［223］董新良，姜志峰. 对未成年学生伤害事故处理问题的再认识［J］. 教育科学研究，2007（5）：43－46.

［224］董新良，李玉华. 关于基础教育阶段教育惩戒的实践与思考［J］. 教育理论与实践，2006（15）：17－20.

［225］董新良，关志康，宋佳. 中学生安全素养测评指标体系的构建与运用［J］. 中国教育学刊，2018（11）：19－24＋83.

［226］董新良，姚真，王瑞朋. 英美两国欺凌防治比较研究——基于学校的视角［J］. 外国教育研究，2018，45（8）：68－78.

［227］董新良，姚真，王瑞朋. 英国中小学校反欺凌行动研究［J］. 比较教育研究，2017，39（9）：95－102.

［228］于珍，董新良. 汇聚多种力量：美国预防性侵儿童犯罪的举措及启示［J］. 比较教育研究，2015，37（3）：44－47＋60.

［229］董新良，王丽娜. 危机管理理论与校园暴力危机防控［J］. 中国行政管理，2007（4）：78－80.

［230］董新良，张盼盼. 我国网络暴力研究的现状与展望——基于 Cite Space 的知识图谱分析［J］. 少年儿童研究，2020（1）：48－55.

［231］董新良，刘艳，关志康. 学校安全风险防控：问题梳理与改进对策［J］. 中国教育学刊，2019（9）：65－69＋80.

［232］董新良，姚真. 英国中小学校健康与安全：理念、职责与风险管控［J］. 中国人民大学教育学刊，2019（2）：5－19.

［233］董新良，张盼盼. 疫情背景下的生命教育：理念、内容与实施途径［J］. 山西师大学报（社会科学版），2021，48（1）：106－111.

［234］董新良，李县慧，胡文端. 提升安全素养水平：为学生成长筑牢"防护墙"——基于山西省2806名小学生安全素养状况的调研与分析［J］. 中小学管理，2019（11）：41－43.

［235］Hartle, Terry. "Toward a Better Law on Campus Crime"［N］. Chronicle of Higher Education, 2001, 47（18）：10.

［236］Michelle Henault Morrone and Yumi Matsuyama School Safety in Japan: Mombusho and the Public/Private Di‐vide [J]. Childhood Education, 2008, 84 (6): 364-369.

[237] Sidney J. Williams. Education for Safety in America's Secondary Schools [J]. NASSP Bulletin, 1936, 20 (60): 18-26.

[238] John H. Herz. ldealist Internationalism and the Security Dilemma [J]. Wold Politics, VoL. 2, No. 2, 1950 (2).

[239] Robert Jervis. Cooperation Under the Security Dilemma [J]. World Politics, VoL. 30, No. 2, January, 1978.

[240] Hatzenbuehler ML, et aL. Associations betweer nanti-bullying policies and bullyingin 25 states [J]. JAMA Pediatrics, 2015 (10).

[241] Viviana Aguilar Muñoz, Barbara Carby, Enrique Castellanos Abella, Omar DarioCardona, Tania López-Marrero, VictorMarchezini, Lourdes Meyreles, Débora Olivato, Rachel Trajber, Ben Wisner. Success, innovation and challenge: Schoolsafetyand disaster education in South America and the Caribbean [J]. International Journal of Disaster Risk Reduc-tion, 2020, 44.

[242] Goldsmiths, University of London. The use and effectiveness of anti-bullying strategies in schools [J]. Department for Education, 2011.

[243] Aiman ElAsam & Muthanna Samara. Cyberbullying and the law: Are view of psychological and legal chall9. enges [J]. Computer in Human Behavior. 2016 (65): 127-141.

[244] Honglin L. The construction and Practice Path of Safety Education Mechanism in Colleges and Universities integrating the Psychological Characteristics of Students in the New Era [J]. Frontiers in Psychology, 2023: 131056021-1056021.

[245] Schachter H L. Reinventing government or reinventing ourselves: the role of citizen owners in making a better government [J]. 1997.

[246] Kitsantas, A. Students' Perceptions of School Safety: Effects by Community, School Environment, and Substance Use Variables [J]. The Journal of Early Adolescence, 2004, 24 (4): 412-430.

[247] Yamamoto, Tomoko. Current Status and Challenges of Safety Education for Children, Including Those Requiring Medical Care, in Japanese General Schools: Focusing on Disasters [J]. Children, 2020, 7 (6): 65-69.

[248] Robert D H. Unlocking the Learning Potential in Peer Mediation: An Evaluation of Peer Mediator Modeling and Disputant Learning [J]. Conflict Resolution Quaterly, 2005 (2): 141-164.

[249] Schachter H L. Reinventing government or reinventing ourselves: the role of citizen owners in making a better government [J]. 1997.

三、学位论文类

[1] 杨坤. 美国预防中小学校园暴力的法律措施研究 [D]. 沈阳师范大学, 2011.

[2] 文慧. 中小学校园欺凌法律治理研究 [D]. 陕西师范大学, 2021.

[3] 李灵. 美国新泽西州校园欺凌预防与干预措施研究 [D]. 辽宁师范大学, 2019.

[4] 任娟. 发展性学业评价之多元评价主体的研究 [D]. 西南大学, 2012.

[5] 那业冬. 中日中小学安全管理政策和法律比较研究 [D]. 东北师范大学, 2013.

[6] 肖忠华. 日本中小学安全教育的经验与启示 [D]. 湖南师范大学, 2016.

[7] 田娇娇. 小学安全教育问题与对策研究 [D]. 哈尔滨师范大学, 2016.

[8] 高敏莉. 日本中小学安全教育及安全防御现状探究 [D]. 陕西师范大学, 2017.

[9] 孟祥青. 高中思想政治课总体国家安全观教育研究 [D]. 山东师范大学, 2019.

[10] 李晔. 日本中小学安全教育课程体系研究 [D]. 辽宁师范大学, 2021.

[11] 刘川. 美国中小学校园安全治理研究 [D]. 广西师范大学, 2022.

[12] 马杰. 农村初中校园安全管理的制度研究——以山东省J市Z县为例 [D]. 华东师范大学, 2013.

[13] 张磊. 总体国家安全观视域下网络恐怖主义犯罪防控研究 [D]. 吉林大学, 2020.

[14] 张琳. 高中思想政治课教学中校园文化资源的开发利用研究 [D]. 山东师范大学, 2020.

[15] 马瑞芳. 韩国爱国主义精神探析 [D]. 首都师范大学, 2014.

[16] 杨亚丽. 初中历史教学中的国家安全教育研究 [D]. 西南大学, 2019.

[17] 朱洁. 初中《道德与法治》课加强国家安全意识教育研究 [D]. 扬州大学, 2020.

[18] 张盼盼. 生命教育一体化体系构建研究 [D]. 山西师范大学, 2022.

[19] 闫领楠. 学校安全教育政策执行研究 [D]. 山西师范大学, 2022.

[20] 彭学琴. 大学生国家安全教育课程体系建构研究 [D]. 山西师范大学, 2022.

[21] 张一晨. 安全教育教师专业素养测评研究 [D]. 山西师范大学，2022.

[22] 李县慧. 大学生国家安全素养测评研究 [D]. 山西师范大学，2022.

[23] 桑晓鑫. 中小学安全政策执行研究 [D]. 山西师范大学，2023.

[24] 张凯鹏. 高中生国家安全素养测评研究 [D]. 山西师范大学，2023.

[25] 张俊姣. 总体国家安全观视域下初中学校安全教育实效性研究 [D]. 山西师范大学，2023.

[26] 李丹妮. 国家安全教育融入小学课程研究 [D]. 山西师范大学，2024.

[27] 刘宇. 小学安全教育课程建设个案研究——以太原市 B 小学为例 [D]. 山西师范大学，2024.

[28] 郭鑫. 大学生校园安全感现状及提升对策 [D]. 山西师范大学，2024.

[29] 强源. 政策工具理论下中小学安全政策文本研究 [D]. 山西师范大学，2024.

[30] 赵越. 改革开放以来我国国家安全教育政策变迁研究——基于多源流理论视角 [D]. 山西师范大学，2024.

[31] 陈莹. 初中生安全素养测评模型构建研究 [D]. 山西师范大学，2024.

[32] 韩蕊蕊. 困境与纾解：学生欺凌防治政策执行研究——以《加强中小学生欺凌综合治理方案》为例 [D]. 山西师范大学，2025.

[33] 张梦娜. 秩序与活力：S 小学安全文化叙事研究 [D]. 山西师范大学，2025.

[34] 赵锐瑞. 中小学国家安全教育政策执行研究——以山西省 Y 市 2 个县为例 [D]. 山西师范大学，2025.

[35] 刘琼. "红色经典"阅读课程思政教学个案研究——以太原市 D 小学为例 [D]. 山西师范大学，2025.

[36] 李炫洁. 公共性视域下学校安全政策执行研究——以山西省为例 [D]. 山西师范大学，2025.

[37] 刘莉. 小学生安全素养评价指标体系构建研究 [D]. 山西师范大学，2025.

四、电子资源类

[1] Remarks by President Biden at Signing of S. 2938, the Bipartisan Safer Communities Act [EB/OL]. (2022-06-25) [2024-04-08]. https://www.whitehouse.gov/briefing-room/speeches-remarks/2022/06/25/remarks-by-president-biden-at-signing-of-s-2938-the-bipartisan-safer-communities-act/.

[2] Statement of President Joe Biden on Signing the K-12 Cybersecurity Act Into Law

[EB/OL]. (2021-10-08) [2024-04-08]. https://www.whitehouse.gov/briefing-room/statements-releases/2021/10/08/statement-of-president-joe-biden-on-signing-the-k-12-cybersecurity-act-into-law/.

[3] Peer Mediation [EB/OL]. [2024-01-16]. https://whmediation.org/peer-mediation/.

[4] Jeff S, Karin V. Managing School Conflict: the Peer Mediation Approach [EB/OL]. (2020-09-05). http://www.cfcj-fcjc.org/sites/default/files/docs/host-ed/16168-managing-schooL.pdf.

[5] GOV. UK. Every child matters [EB/OL]. (2003-09-08) [2023-08-10]. https://www.gov.uk/government/publications/every-child-matters.

[6] Department for Education. Relationships and Sex Education and Health Education [EB/OL]. (2019-06-25) [2023-08-10]. https://www.gov.uk/government/consultations/relationships-and-sex-education-and-health-education.

[7] GOV. UK. Every girl goes to school, stays safe, and learns: 5 years of global action 2021 to 2026 [EB/OL]. (2019-06-25) [2023-08-10]. https://www.gov.uk/government/publications/every-girl-goes-to-school-stays-safe-and-learns-5-years-of-global-action-2021-to-2026.

[8] Egislation.gov.uk. Education Act 2011 [EB/OL]. (2011-11-15) [2023-08-10]. https://www.legislation.gov.uk/ukpga/2011/21/contents.

[9] GOV. UK. Childhood obesity: a plan for action [EB/OL]. (2017-01-20) [2023-08-10]. https://www.gov.uk/government/publications/childhood-obesity-a-plan-for-action.

[10] GOV. UK. Sustainability and climate change: a strategy for the education and children's services systems [EB/OL]. (2023-12-20) [2023-08-10]. https://www.gov.uk/government/publications/sustainability-and-climate-change-strategy/sustainability-and-climate-change-a-strategy-for-the-education-and-childrens-services-systems#action-area-1-climate-education.

[11] GOV. UK. Keeping children safe in education [EB/OL]. (2023-12-20) [2023-08-10]. https://www.gov.uk/government/publications/keeping-children-safe-in-education-2.

[12] MARSHALLL, WISHARTR, DUNATCHIKA, SMITHN. Supporting mental

health in schools and colleges: Penpor traits of provision. [EB/OL]. (2018 – 05 – 08) [2024 – 01 – 10]. https: //assets. publishing. service. gov. uk/government/uploads/system/uploads/attachment – data/file/705083/Supporting – Mental – Health – pen – portraits. pdf.

[13] MARSHALLL, WISHARTR, DUNATCHIKA, SMITHN. Supporting mental health in schools andc olleges: Penpor traits of provision. [EB/OL]. (2018 – 05 – 08) [2024 – 01 – 10]. https: //assets. publishing. service. gov. uk/government/uploads/system/uploads/attachment – data/file/705083/Supporting – Mental – Health – pen – portraits. pdf.

[14] Anti – Bullying Alliance. About Anti – Bullying Week 2017 [EB/OL]. https: //www. anti – bullying alliance. org. uk/anti – bullying – week/about – anti – bullying – week – 2017.

[15] Anti – bullying alliance. antibullyingweek 2018 chooserespect [EB/OL]. [2024 – 01 – 10] https: //www. anti – bullyingalliance. org. uk/anti – bullying – week/anti – bullyingweek – 2018 – choose – respect.

[16] SCHOOL MEALS ACT [EB/OL]. (2020 – 01 – 29) [2024 – 01 – 18]. https: //www. law. go. kr/LSW/eng/engLsSc. do? menuId = 2&section = bdyText&query = DIET + EDUCATION + &x = 28&y = 15#liBgcolor21.

[17] SUPPORT FOR DIET EDUCATION ACT [EB/OL]. (2020 – 06 – 15) [2024 – 01 – 18]. https: //www. law. go. kr/LSW/eng/engLsSc. do? menuId = 2&section = lawNm&query = SUPPORT + FOR + DIET + EDUCATION + ACT&x = 31&y = 25#liBgcolor0.

[18] SEXUAL VIOLENCE PREVENTION AND VICTIMS PROTECTIONACT [EB/OL]. (2020 – 10 – 20) [2024 – 01 – 18]. https: //www. law. go. kr/LSW/eng/engLsSc. do? menuId = 2&section = bdyText&query = + Sexual + Harassment + and + Violence + Cases + in + Universities&x = 25&y = 28#liBgcolor3.

[19] CHILD SAFETY MANAGEMENT ACT [EB/OL]. (2020 – 05 – 26) [2024 – 01 – 18]. https: //www. law. go. kr/LSW/eng/engLsSc. do? menuId = 2&section = bdyText&query = Enforcement + order + of + personal + information + protection + law&x = 46&y = 24#liBgcolor21.

[20] ACT ON THE SAFETY AND MAINTENANCE OF EDUCATIONAL FACILITIES [EB/OL]. (2019 – 12 – 03) [2024 – 01 – 18]. https: //www. law. go. kr/LSW/eng/en-

gLsSc. do? menuId = 2&section = bdyText&query = &x = 20&y = 29#liBgcolor14.

[21]'밀집사고 방지'학교 안전교육 강화…"위험 인지-회피 방법 배워야"[EB/OL]. (2022 - 11 - 01)[2024 - 01 - 18]. https：//www. donga. com/news/article/all/20221101/116260387/1.

[22] 교육부."다시시작되는학교, 안심하고보내세요!"[EB/OL]. [2023 - 02 - 22]. https：//www. moe. go. kr/boardCnts/viewRenew. do? boardID = 294&boardSeq = 94001&lev = 0&searchType = null&statusYN = W&page = 1&s = moe&m = 020402&opType = N.

[23] Патриотическое воспитание граждан Российской Федерации на 2006 – 2010 годы[EB/OL]. http：//base. garant. ru/188373/#friends，2006 – 11 – 13/2024 – 02 – 27.

[24] Оролиограновуправленияобразованиемвобеспечениибезопасностишкольников[EB/OL]. http：//4bx. ru/nd/s03s3sec. htm，2010 – 08 – 06/2024 – 02 – 27.

[25] The contents of the National Center on Safe Supportive Learning Environments Web site. National Center on Safe Supportive Learning Environments[EB/OL]. https：//safesupportivelearning. ed. gov/topic – research/safety. 2023 – 07 – 27.

五、其他类

[1] 冯晓玲. 中小学课外体育活动的延伸——"步行校车"的启示及引入中国构想[C]//中国体育科学学会（China Sport Science Society）. 2015 第十届全国体育科学大会论文摘要汇编（一），2015：3.

[2] 董新良等.《全国中小学安全素养状况调研报告》[R]. 太原：山西师范大学，2023. 01.

[3] David J. Schonfeld, Newgass Scott. School Crisis Response Initiative. 2003.

[4] Nijs, M. M. , Bun, C. J. , Tempelaar, W. M. , Wit, N. J. , Burger, H. , Plevier, C. M. , & Boks, M. P. Perceived School Safety is Strongly Associated with Adolescent Mental Health Problems. Community Mental Health Journal，2014，50：127 – 134.

[5] Cornell DG, Mayer MJ, Sulkowski ML. History and Future of School Safety Research. School Psychology Review. VoL. 50，No. 2 – 3，2020，p. 143 – 157.

[6] Peter Bogason. Public Administration and Postmodern Conditions：Some American Pointers to Research After the Year2000. Adminis – trative Theory and Praxis, 1999，21（4）：508 – 515.

［7］U. S Department of Education, U. S Department of justice. Safeguarding Our Children: An Action Guide ［R］. 2000: 4 – 35.

［8］Sloan, J. J. 2007. Campus police ［A］. In The Encyclopedia of Police Science ［C］. ed. J. R. Green, 133 – 136.

［9］Margaret S. Crocco, Avner Segall, Anne – Lise Halvorsen, Alexandra Stamm, Rebecca Jacobsen. "It's not like they're selling your data to dangerous people": Internet privacy, teens, and (non –) controversial public issues. The Journal of Social Studies Research, 2020 (44): 21 – 33.

后 记

历时四年，由我主持的国家社会科学基金"十三五"规划 2020 年度教育学一般课题"总体国家安全观视域下学校安全教育一体化研究（BGA200060）"，基本实现预设目标，通过结项鉴定（等级："良好"）。作为课题研究的主要研究成果《新时代学校安全教育一体化研究》一书亦将正式出版。欣喜之余，与各位专家、同仁及读者朋友略作交代。

我大学毕业后一直任职于高师院校，多年的专业熏陶和教育教学实践，使我对与"教育"相关的话题格外敏感。2013 年，受命筹建山西省学校安全教育中心（几年后得知，这是在全国高校率先成立的以"学校安全"为主题，集研究、咨询和社会服务于一体的研究机构和新型智库）。由此，学校安全、国家安全、安全教育等"热词"，成为我职业生涯中新的研究主题。山西省学校安全教育中心成立 10 年来，虽人员构成无大的变化，但研究、咨询和社会服务领域在不断拓展。回首往事，能有机会参与教育部、省教育厅及相关部门的决策服务，有机会主持本课题及多项课题研究，得益于省领导的超前决策，得益于山西省教育厅和山西师范大学的大力支持，得益于学界同仁的鼎力相助。

本书的形成是全体课题组成员集体智慧的结晶。全书由董新良策划、组织撰写和主笔。卢红、王颖、刘义光、纪靖、韩蕊蕊、栗佳欣、赵锐瑞、刘莉、刘琼、张梦娜、李炫洁、高晓萌、张瑜、陈丽、马少敏、赵越、刘宇、强源、陈莹、李丹妮和郭鑫等参与了著作撰写工作。马雷军、范志忠、赵跃先、郝爱保、辛小英、刘海霞、范永丽、张芳芳、郭永红、苑丁、李海云、周芬芬、闫领楠、李县慧、张盼盼、张一晨、崔婧、彭学琴、桑晓鑫、张俊姣、张凯鹏、白永强、解兴秀、张滢、李敏和苗荣辉等参与了课题的策划、文献整理及部分研究工作。山西省长治市沁源机关幼儿园、河南省军区幼儿园、陕西师范大学附属小学、太原幼儿师范高等专科学校、北京麦课在线教

后　记

育技术有限责任公司等实践基地（详见附录3 实践基地信息表），开展了各具特色的学校安全教育实践探索，为深化课题研究提供了丰富的实践案例。李雯、马瑞映和侯怀银等专家学者参与了本课题的开题论证和中期交流工作，为深化课题研究和本著作的形成，贡献出了宝贵的思想。中国财政经济出版社李昊民、刘孺泾，精心策划编排，为本书的出版付出了辛勤的劳动。本书的出版，得益于山西师范大学教育学部"教授文库"基金的大力支持。在此，向积极参与、关心支持本课题研究的各位同志和上述单位致以衷心的感谢。

在本书撰写过程中，借鉴和参考了国内外学者的研究成果，谨致以深深的谢意。由于研究条件和水平有限，还有诸多难题尚未突破，书中缺憾甚多。恳请各位同仁和读者朋友，提出宝贵意见。

董新良

2024 年 12 月于山西师范大学